Ce livre est dédié à Milka Milatović qui m'a longtemps encouragé à écrire sur Chareau. À elle qui aurait tant aimé parcourir ces pages.
Marc Bédarida

Pendant ces longues années consacrées à cet ouvrage, mes fils Anthony et Simon m'ont supporté avec une infinie patience. Je le leur dédie avec toute mon affection.
Francis Lamond

Cet ouvrage a reçu le généreux soutien de : Galerie Jacques Lacoste, Paris ; Sotheby's ; Galerie MCDE – Édition Pierre Chareau ; l'équipe de recherche Architecture Histoire Technique Territoire Patrimoine (AHTTEP), unité mixte de recherche n° 3329 AUSser, CNRS/ministère de la Culture.

II.

ARCHITECTURE
INTÉRIEURE
ARCHITECTURE

PIERRE CHAREAU

MARC BÉDARIDA

avec la participation de
FRANCIS LAMOND

Norma éditions

Le grand escalier de la Maison de verre, 1933. Photographie de René Zuber.

DE LA DÉCORATION À L'ARCHITECTURE INTÉRIEURE

- 14 Les commanditaires
- 22 Concevoir un nouveau cadre de vie

40 ARCHITECTURE INTÉRIEURE : HABITATIONS

- 42 Jean et Annie Dalsace, 1919
- 46 Inconnu, 1920
- 48 René et Marcelle Dreyfus, 1920
- 50 Edmond et Madeleine Fleg, [1908]-1920
- 52 Philippe et Jacqueline Etlin, 1920
- 54 Edmond et Berthe Bernheim, 1920-1927
- 58 Pierre Gaspard et Georgette Lévy, 1922
- 59 Inconnu, 1922
- 60 Paul et Hélène Bernheim, 1923-1929
- 68 Armand Moscovitz, 1923
- 69 Madame F., 1923
- 70 Léon Bril, 1924
- 73 Madame Boinet, 1924
- 74 Pierre et Madeleine Lanique-Schauffler, 1924
- 78 Inconnu, 1924-1926
- 79 Charles et Marie-Laure de Noailles, 1925
- 80 Daniel et Gilberte Dreyfus, 1924
- 82 Philippe et Jacqueline Etlin, 1926
- 84 Robert et Andrée Dalsace, 1926
- 88 Jacques et Jacqueline Errera, 1926
- 89 Inconnu, 1926
- 90 Charles et Suzanne Guggenheim, 1926
- 94 Armand Moscovitz, 1926
- 95 M. G., 1927
- 96 Raymond et Madeleine Dior, 1927
- 98 Fernand Simon, 1927
- 100 Hélène de Mandrot, 1927
- 102 Hélène Reifenberg, 1927
- 108 Madame B., 1927
- 112 Inconnu, 1928
- 114 Monsieur et madame Brunschwig, 1928
- 115 Inconnu, 1929
- 116 Pierre et Marie Dreyfus, 1929
- 122 Inconnu, 1929-1930
- 124 Philippe Jacques Didisheim, 1929
- 125 Edmond et Madeleine Fleg, 1930
- 126 Daniel et Gilberte Dreyfus, 1930
- 130 Maurice et Hélène Farhi, 1930
- 136 Georges et Julie Ullmann, 1934

138 ARCHITECTURE INTÉRIEURE : HÔTEL, COMMERCE, BUREAUX

- 140 Hôtel-restaurant, Grand Hôtel de Tours, 1926-1927
- 152 Boutique de lingerie, Mariette Quesnay, 1929
- 153 Bureaux, *La Semaine à Paris*, 1930
- 156 Siège social, Lignes télégraphiques et téléphoniques, 1933
- 162 Bureau et salons de réception, Collège de France, 1938
- 165 Bureau, ministère des Affaires étrangères, 1938

PIERRE CHAREAU ARCHITECTE

168 CHAREAU AU REGARD DE SES PAIRS

- 170 Ensemblier, décorateur ou architecte ?
- 174 Les Congrès internationaux d'architecture moderne
- 178 Les organisations professionnelles
- 180 *L'Architecture d'aujourd'hui*
- 182 La question du dessin
- 184 Treize réalisations, projets ou études
- 184 Connivences intellectuelles

186 DES ANNÉES FOLLES AUX ANNÉES NOIRES

- 188 La Maison du travailleur intellectuel, 1923
- 188 Immeuble à étages spécifiques, avant 1923
- 189 Club-house, 1926-1929
- 194 Villa Vent d'Aval, 1927-(?)
- 198 Villa Tjinta Manis, 1936-1937
- 200 Parc de loisirs, pavillons et centre de services, 1937
- 201 Immeubles d'habitation à ossature en acier, 1938
- 201 Trois travaux sans appellation

202 LE CHAMP D'EXPÉRIMENTATION DE L'APRÈS-GUERRE

- 204 Maison en plastique, 1945-1946
- 205 Maison et atelier Robert Motherwell, 1946-1947
- 216 Pièce-maison Chareau, 1947-1950
- 220 Maison La Colline, 1949-1950

224 LA MAISON DE VERRE

- 226 « Le chef-d'œuvre qu'on voudrait avoir fait »
- 228 Annie et Jean Dalsace
- 232 Les vicissitudes du projet
- 246 Le déroulement du chantier
- 258 Le préalable de l'hygiène
- 260 La lumière comme impératif
- 270 La brique Nevada
- 273 La structure métallique
- 279 Étonnante intériorité
- 328 La propreté partout et dans tout
- 328 Cliniques domestiques
- 330 Fâcheuses mésaventures
- 332 Fascinantes maisons de verre
- 335 À l'heure de sa médiatisation
- 336 Approches critiques et interprétations

342 NOTES

352 ANNEXES

- 352 Liste des aménagements d'habitations
- 353 Chronologie
- 358 Bibliographie
- 363 Index

DE LA DÉCORATION
À L'ARCHITECTURE
INTÉRIEURE

LES COMMANDITAIRES

Au contraire des créations de Pierre Chareau en matière de meubles et de luminaires ou de ses réalisations architecturales, ses aménagements intérieurs ont longtemps semblé relever d'un exercice accessoire ne dépassant pas une quinzaine d'opérations. Or, une attention portée à ce volet de son travail conduit à recenser plus de quatre-vingts interventions, dont quelque soixante-quinze habitations. De tels chiffres donnent à voir une activité de Chareau jusqu'à ce jour insoupçonnée[1]. Aujourd'hui, seules des reproductions plus ou moins éparses, demandant à être rassemblées, permettent de rendre compte de ces travaux, désormais totalement disparus.

Ses commanditaires sont des « hommes dotés d'une sensibilité moderne » et non des « hommes qui se consument de la nostalgie pour la Renaissance ou le rococo[2] ». Ils relèvent de deux catégories distinctes. D'une part, les résolus à troquer leur ameublement de style pour du mobilier contemporain tout en rafraîchissant leur décoration, soit en modifiant tout ou partie de l'appartement sans en toucher la structure, comme René Dreyfus, Léon Bril ou, à Bruxelles, le couple Errera, soit en confiant à l'architecte le rajeunissement de l'aménagement d'une ou deux pièces, comme l'ont fait Raymond et Madeleine Dior, les frères Henri et Marcel Kapferer, Hélène de Mandrot, Paul Planus de Schotten, Philippe Jacques Didisheim… D'autre part, les tenants d'un aménagement entièrement renouvelé des pièces principales de leur appartement : Madeleine Lanique-Schauffler, Hélène Bernheim, Pierre Dreyfus, Maurice Farhi ou Daniel Dreyfus…

Avec sa clientèle, féminine tout spécialement, Chareau entretient des rapports privilégiés, comme en témoigne Gilberte Dreyfus, qui se souvient de leurs promenades au bois de Boulogne discutant de tout, par exemple du dernier concert de Yehudi Menuhin dont elle était amie[3]. Réfutant l'uniformité et l'idée de prescrire une manière d'habiter à ses interlocuteurs, Chareau cherche par une telle proximité à appréhender le mode de vie de ses clients[4]. S'imprégner de leur intimité lui permet d'ajuster sa conception. Concernant l'aménagement d'Hélène de Mandrot, un proche de la comtesse quelque peu envieux raconte, dans des propos délibérément outranciers, que Chareau serait venu toutes les semaines pendant dix-huit mois « afin de se pénétrer de la psychologie particulière de sa cliente et créer un cadre qui épouse sa personnalité[5] ». Frappé par une telle connivence à l'extrême opposé de son tyrannique « Manuel de l'habitation », Le Corbusier aurait dit, selon Dollie, l'épouse de Chareau : « Tu sais, Pierre, la différence entre nous est que tu prêtes attention à tes utilisateurs et tu travailles spécifiquement pour [eux] et moi je n'en ai rien à faire[6]. » Annie Dalsace témoigne elle aussi de cette prévenance quand elle rapporte avoir été constamment consultée par Chareau tout au long du projet de la Maison de verre[7].

Si Chareau rechigne parfois à se prêter aux requêtes de ses clients, il se rend souvent aux exhortations de Dollie, comme dans le cas du projet de la villa Vent d'Aval. De Beauvallon, elle lui écrit : « Il est très désirable que tu viennes ici pendant qu'[Edmond Bernheim] est encore ici. […] Cela serait une erreur grossière de ne pas le faire. Tu peux rester peu de

Mme Fernand Simon dans son salon de musique, vers 1927.

Pierre Gaspard Lévy, vers 1927.

Émile Bernheim.

Pierre et Marie Dreyfus, vers 1927.

De gauche à droite, Berthe et Edmond Bernheim et Jean Dalsace. Au premier plan à droite, Annie Dalsace et la jeune Aline. Villeflix, vers 1923. Mobilier en rotin par Pierre Chareau.

Edmond Bernheim.

LES COMMANDITAIRES

Trois propositions d'aménagement d'une chambre à coucher.
En haut, aquarelle sur carton fort, 1920.
En bas à gauche, dessin, graphite sur calque, 1929.
En bas à droite, plan, crayon de couleur sur calque, 1929.

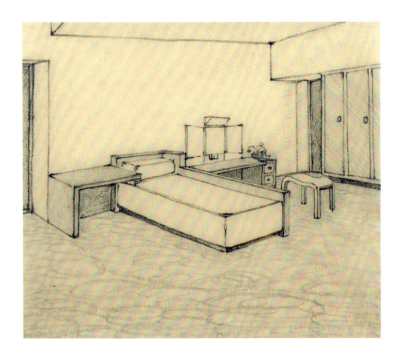
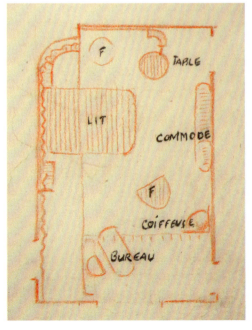

jours même, mais pour parler avec lui de tout, voir pour son emplacement, le gâter quoi ! Il aurait une joie profonde[8]. »

De rares fois, les rapports avec les clients sont moins idylliques. Tel est le cas avec Robert Dalsace, qui garde le souvenir pénible d'un bazar s'éternisant durant quinze mois, alors qu'il exerce son activité professionnelle et vit sur place. Excédé par la durée du dérangement ainsi que par l'absence de Chareau sur le chantier, le docteur se voit contraint de quitter plusieurs mois son appartement. Le coût total de l'opération constitue l'ultime sujet de mécontentement entre les deux protagonistes. À l'achèvement des travaux, au devis initial de 137 800 francs s'ajoute un brusque surcoût de 10 000 francs[9]. Par-delà ce cas conflictuel, plusieurs clients font à nouveau appel à Chareau, soit quand ils changent de lieu de résidence ou acquièrent une habitation supplémentaire (Edmond et Madeleine Fleg, Jean et Annie Dalsace, Philippe et Jacqueline Etlin, Armand Moss, Daniel et Gilberte Dreyfus), soit pour qu'il intervienne sur d'autres parties de leur domicile, voire simplement en vue de compléter leur mobilier.

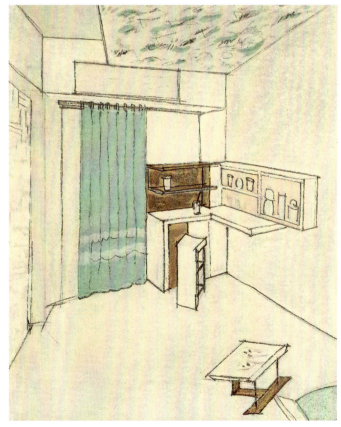

Études d'intérieurs : grand salon scindé en deux à l'aide d'un rideau coulissant vu depuis le coin-bureau ; bar aménagé dans l'angle d'une pièce. Dessins publiés dans *Le Répertoire du goût moderne*, Éditions Albert Lévy, 1929.

LES COMMANDITAIRES

Studio-salon. Illustration publiée dans *Le Répertoire du goût moderne*, Éditions Albert Lévy, 1929.

Page de droite : **Fumoir.** Étude en perspective, gouache et plan, crayon de couleur, s.d.

LES COMMANDITAIRES

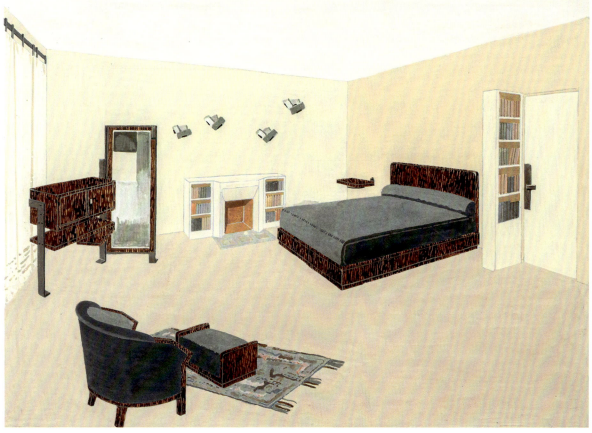

Étude d'une chambre de jeune homme, aménagement dont s'inspire le couple Robert Dalsace. Pochoir publié dans *Les Arts de la maison*, Éditions Albert Morancé, hiver 1924.

Étude d'une chambre avec une psyché-coiffeuse MS418-MS419. Contre la porte, une bibliothèque, disposée en épi, soustrait au regard une partie de la pièce en entrant.

Pierre Birel-Rosset jouant avec une maquette d'aménagement réalisée par l'atelier Chareau.

Il n'est donné ni de connaître la manière dont les projets se discutent avec les clients, ni sur quelle base — dessins ou devis — les travaux se valident. Néanmoins, si les propriétaires dans l'ensemble n'ont conservé aucun plan ou esquisse, c'est qu'ils n'en ont pas ou peu disposé[10]. Comme le démontre le dessin à main levée d'une proposition non retenue pour l'aménagement du salon d'Hélène Reifenberg, des documents graphiques s'avèrent, à certains moments, nécessaires afin d'échanger en vue de valider ou récuser l'option proposée. Outre ces plans hâtivement esquissés d'une pièce et de son mobilier dont chaque élément est légendé, de rares exemples de croquis perspectifs, soit à main levée, soit à la règle, existent. Ils servent à visualiser l'emplacement des meubles et le traitement envisagé des espaces. Cette absence de plans d'ensemble initiaux, très formalisés, ne veut pas dire que, pour les nécessités du chantier, différents plans partiels ou dessins de détails n'ont pas été produits par l'atelier.

Quant aux pochoirs et aux gouaches publiés dans les portfolios, reproduisant des aménagements réalisés ou inventés, ils offrent l'opportunité de suggérer des ambiances. À titre d'exemple, la chambre de jeune homme publiée en 1924 dans *Les Arts de la maison* a séduit le couple Robert Dalsace au point d'en vouloir une réplique pour leur propre chambre[11]. Enfin, les albums de photographies permettent aux clients d'exprimer leurs affinités avec tel ou tel type de traitement des pièces en fonction du degré de modernité auquel ils aspirent. D'autres albums, plus spécifiquement consacrés aux meubles ou aux cheminées, servent également pour asseoir les choix et passer commande. À certaines occasions, des maquettes sont fabriquées pour aider les clients à mieux comprendre la proposition qui leur est faite.

Durant l'entre-deux-guerres, l'activité de Chareau évolue au gré de sa renommée, mais aussi du contexte économique et politique. De 1920 à 1925, il réalise un ou deux aménagements ou ameublements par an, hormis un pic durant l'année 1923. Puis la célébrité acquise lors de l'Exposition internationale des arts décoratifs lui assure, jusqu'en 1930, un flux d'une dizaine de commandes par an environ, avec un record d'une vingtaine de chantiers exécutés en 1927, année où il aménage les pièces de réception du Grand Hôtel de Tours. C'est précisément le moment où prennent place les commandes de Beauvallon, de la Maison de verre, de *La Semaine à Paris* et de la société des Lignes télégraphiques et téléphoniques. Ces travaux achevés, les commandes se tarissent brutalement en 1932. À la clientèle privée succèdent de modestes commandes émanant de la puissance publique, à l'occasion des dernières grandes expositions de l'entre-deux-guerres. L'aménagement des bureaux de deux hauts fonctionnaires — l'administrateur du Collège de France et Jean Marx, chef du service des œuvres françaises à l'étranger (SOFE) au ministère des Affaires étrangères — complète le secours que lui apporte l'État. Compte tenu de la faible ampleur de ces commandes, il s'agit davantage d'une bouée de secours que de la remise à flot d'un atelier au fonctionnement assurément singulier.

CONCEVOIR UN NOUVEAU CADRE DE VIE

En publiant le sixième volume consacré aux intérieurs de la série *L'Art international d'aujourd'hui*, Francis Jourdain n'entend pas proposer un palmarès des meilleurs artistes de l'époque, mais donner « un aperçu des plus récentes transformations qu'ont subies en Occident les idées de confort et de luxe », transformations placées sous le signe de la « sobriété et du rationalisme[12] ». Pour ce faire, tout concepteur doit s'employer à contenter non seulement l'œil mais aussi l'esprit et ses besoins « de logique, d'ordre et de clarté[13] ». Fini le bric-à-brac des années 1900, la devise est désormais : « Désencombrons. Démeublons[14] ! » Deux tendances bien distinctes s'y emploient. D'un côté les « fanatiques de la sobriété », adeptes des thèses de *L'Esprit nouveau*, pour lesquels la dimension utilitaire prédomine, et de l'autre les « probes exécutants et bons ébénistes [...] incapables de se plier aux circonstances nouvelles[15] ». Chareau n'adhère à aucune de ces deux écoles, comme nombre de critiques le soulignent, et rejette la notion de style si caractéristique des participants de l'Exposition internationale de 1925. On lui reconnaît volontiers en revanche une compréhension aiguë des besoins de son temps. Il lui importe, précise Christian Zervos, « de traduire plastiquement ses impressions devant le spectacle de la vie moderne » ; aussi cherche-t-il « pour ses meubles et ses intérieurs des rythmes nouveaux[16] ».

Mais par où faut-il commencer ? interroge son premier client, l'écrivain Edmond Fleg : « Par l'architecture ou par le mobilier ? » Faut-il réformer en premier le mobilier au style désuet ou l'agencement intérieur des appartements ? « Pour Chareau cette question ne comporte qu'une réponse : ce sont les cheminées, les fenêtres, les portes, les parois, les plafonds qu'il faut changer tout d'abord[17]. » Voilà qui rappelle un aphorisme de Karl Kraus : « Les autres dessinent sur leur table d'architecte. Loos est l'architecte de la table rase[18] », quand Fleg précise que la première tâche de Chareau est « de démolir et de reconstruire[19] » en réorganisant l'espace à sa façon. Bien qu'intervenant dans des immeubles existants, il n'hésite pas à modifier les plans initiaux en vue de les adapter aux conditions nouvelles. « Il change les dimensions et le format des chambres. Il jongle avec l'espace. Il dépense de véritables trésors d'invention et d'ingéniosité[20] » et, malgré les limites fixes qui lui sont imposées, il donne « l'impression précise de gagner de la place. Le cubage de ses pièces décèle un architecte. Chaque appartement est donc un problème architectonique posé et résolu. Pierre Charreau [sic] tient compte des possibilités. Il utilise les "ressources du terrain" ; il crée au besoin un cadre. Le caractère nettement moderne de ses installations n'est point l'effet de quelques accessoires, mais la conséquence des études opiniâtres[21] ». Quoique célébrant le présent et tourné vers l'avenir, Chareau n'ignore rien des leçons du passé. D'ailleurs, le critique de *L'Amour de l'art* n'hésite pas à rapprocher la pratique de Chareau de celles des architectes du XVIIIe siècle qui savaient si bien incorporer leurs meubles dans l'architecture dont ils devenaient partie intégrante[22].

Il a toujours été donné pour acquis que Chareau commence sa carrière d'architecte décorateur indépendant en 1919, à l'occasion de l'aménagement de l'appartement du jeune couple Dalsace, boulevard Saint-Germain. Cependant, lors d'une conférence en 1926, le voici qui révèle avoir aménagé

Étude pour un salon. Table éventail *MB152*, appliques quart de cercle. Pochoir publié dans Jean Badovici, *Intérieurs français*, Éditions Albert Morancé, 1925.

Page de droite : Salon ovale ceint de tenture, disposant d'une nouvelle cheminée et d'un canapé renflé placé sur une estrade.

CONCEVOIR UN NOUVEAU CADRE DE VIE

Chambre à coucher.
Une niche avec un fauteuil de repos fait face à la cheminée avec à sa droite une coiffeuse.

l'habitation d'Edmond Fleg et de son épouse Madeleine Bernheim, dès 1908, indépendamment de son emploi auprès de Waring & Gillow[23]. L'année précédant cette intervention, au Salon de la Société des artistes français, il a exposé le dessin perspectif d'un hall à la tonalité très Renaissance anglaise. Étonnamment, après cette première incursion dans l'univers des Salons, plutôt honorablement reçue, il cesse toute participation jusqu'à la fin de la Grande Guerre. Par ailleurs, entre sa démobilisation en mars 1919 et l'ouverture du Salon d'automne de 1920, il réalise cinq chantiers, dont trois importants. Un tel succès surprend, comparativement au volume d'affaires qu'il traite annuellement avant 1925. De plus, il est à remarquer que certaines de ses premières pièces de mobilier ne s'inscrivent résolument pas dans la tendance Art déco ou cubisante des meubles conçus après 1918.

L'ensemble de ces considérations appelle à revoir ou, du moins, à questionner l'historiographie établie jusqu'à présent. Chareau aurait-il emprunté une voie, qui fit les premiers succès de Frank Lloyd Wright, en conduisant des projets personnels, tout en étant employé, durant la journée ? Esquissons une hypothèse : en 1907, Chareau cherche à percer et tente d'abord sa chance par le biais des Salons. L'année suivante, l'opportunité s'offre à lui de réaliser l'appartement Fleg. Et s'il avait continué, à partir de là, sur sa lancée ? Bien qu'il s'agisse d'une période ultérieure, notons que Pierre Gaspard Lévy est séduit par les aménagements des Fleg et des Dalsace, Philippe Etlin par le mobilier Dalsace. Animés d'un vif enthousiasme, les deux engagent aussitôt Chareau pour leur propre intérieur. De manière similaire, pourquoi, dès 1908, la première réalisation de Chareau n'aurait-elle pas généré des sollicitations qui lui auraient permis de se constituer un début de clientèle avant même d'être mobilisé ? Une telle éventualité contribuerait à expliquer, la paix revenue, le nombre de commandes qui lui sont adressées. Rien, en l'état des sources présentes, ne permet d'étayer cette supposition, mais un faisceau d'indices plaide en sa faveur. Néanmoins, pour ne pas se perdre en conjectures, ce qui suit s'en tient au récit habituel d'un début en 1919.

Entre 1919 à 1932, les chantiers confiés à Chareau gagnent en importance et en hardiesse. Nous pouvons distinguer trois approches successives : le décor rénové, l'invention d'un nouvel espace et la fabrication du cadre de la vie moderne. Ces trois temps ne constituent pas des périodes rigides, car Chareau se plie à la demande et à la personnalité de ses clients. De par l'approche spatiale qu'il a développée en termes de volumétrie, ordonnancement général, circulation, lumière, à partir de 1923 ses réalisations constituent indéniablement de véritables travaux d'architecture.

LE DÉCOR RÉNOVÉ

De 1919 à 1923, Chareau se contente d'intervenir dans l'existant sans en modifier les dispositions originelles si ce n'est accessoirement : intervention marginale sur le cloisonnement, transformation de voussures, petites corrections apportées à la distribution… Néanmoins, il met au point un stratagème, auquel il recourt ensuite à plusieurs occasions, permettant de pénétrer dans une pièce en deux temps. Perpendiculairement à la porte d'entrée, il élève une cloison dotée de rayonnages, empêchant d'embrasser du regard la totalité de la pièce ; au revers de cette bibliothèque en épi, il dispose une paroi courbe, généralement associée à un sofa. Excepté cette disposition, les pièces tendent à rester dans leur attribution et configuration originelles, mais « les lambris joufflus et leurs guirlandes plantureuses font retraites dans le staff ; les contreplaqués aveuglent les portes vitrées, masquent des coquilles et des verrues insupportables ; les cheminées changent de style en se déguisant. Des peintures aux tons chauds font rêver au soleil absent[24] ». Chareau n'hésite pas à redécouper la surface des murs en panneaux revêtus de papier peint ou d'étoffe, en disposant de fictifs pilastres scandant le pourtour de la pièce. Quand ce n'est pas un tel système de panneautage qui réorganise l'aspect des murs, des tentures descendant du plafond masquent les reliquats des époques antérieures. Ailleurs, de simples étoffes retenues à hauteur d'appui par des cabochons dissimulent les plinthes. Quelquefois, à l'aide d'un procédé exclusivement visuel, les pièces sont redimensionnées dans leur hauteur en faisant redescendre le plafond sur une étroite portion de la paroi verticale, suggérant un effet de voûte céleste. Plus rarement, le plafond est abaissé sur tout ou partie de la surface. De part et d'autre des cheminées, souvent entourées de bibliothèques associées à des tabourets, des niches latérales sont exploitées, soit comme rangement, soit comme recoin intime pour disposer la tête d'un lit ou un *cosy corner*. Cette attention toute spécifique à l'égard de la cheminée, son association avec des meubles fixes simplement peints, le caractère vertical et hiératique des compositions murales, l'absence de décor ornemental contribuent à révéler la compréhension profonde qu'avait Chareau du mouvement Arts & Crafts ou, de manière moindre, de la Sécession viennoise, qui avait suscité un séjour à Vienne en 1919, sitôt démobilisé. Il ne fait aucun doute qu'il connaissait fort bien, à travers les revues, si ce n'est *de visu*, les réalisations de Charles Francis Annesley Voysey, Mackay Hugh Baillie Scott et surtout de Charles Rennie Mackintosh, dont il ne retient pas l'aspect organique mais le côté géométrique, d'où aussi le compagnonnage occasionnel avec les recherches de Josef Hoffmann. Au cours de ces années, le rapprochement qu'il opère avec ces différentes approches le fait rompre avec la tradition historicisante acquise auprès de Waring & Gillow qui imprègne le tout premier aménagement, exécuté en 1908. À l'exception de l'appartement Dalsace, boulevard Saint-Germain, cette période du décor rénové est habituellement négligée, si ce n'est occultée, car elle ne possède ni l'étonnante homogénéité ni le caractère délibérément novateur de la plupart de ses travaux ultérieurs d'aménagement. Il en va autrement du mobilier conçu pour ces interventions. Lors de leur présentation aux différents Salons parisiens, il rencontre généralement un succès auprès de la critique.

Ci-contre, ci-dessus et double page suivante : Chambre à coucher avec tenture murale suspendue à des cabochons. Bureau-coiffeuse *MS1013*, bergère *MF15*, plafonnier en hamac. Au mur, œuvre de Fernand Léger.

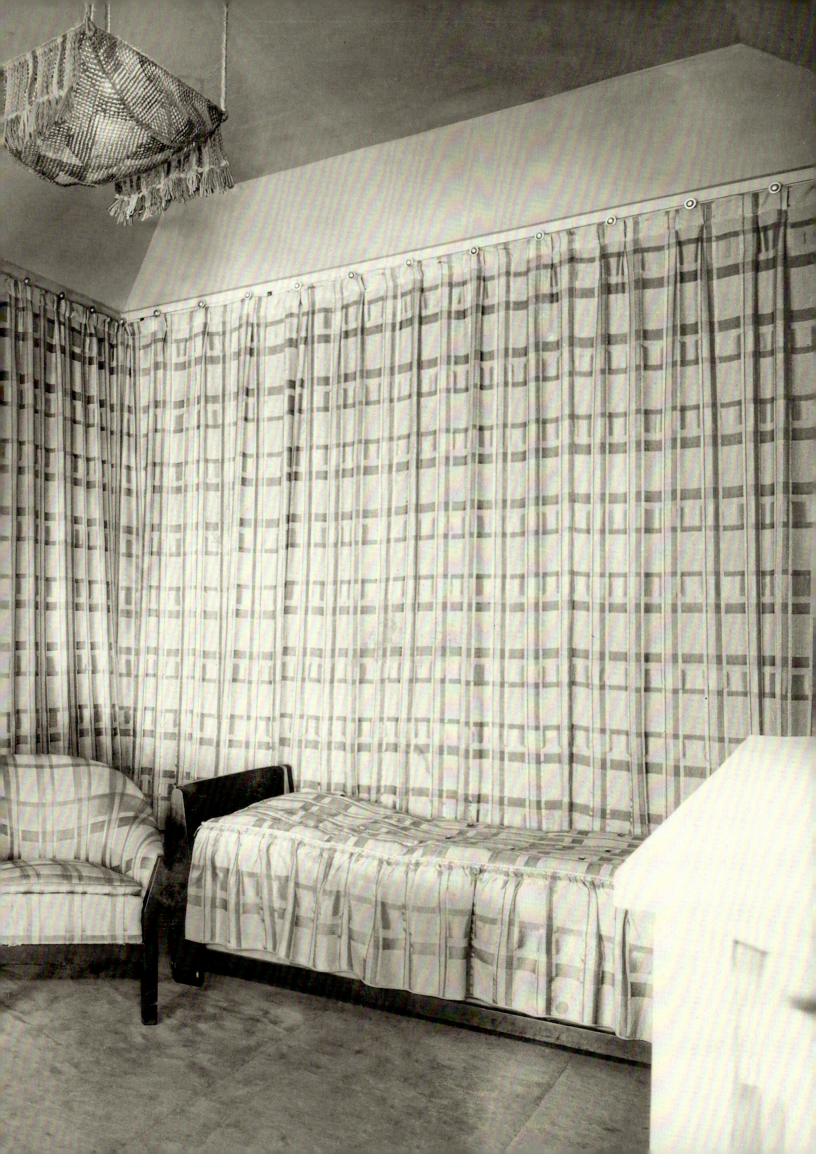

L'INVENTION D'UN NOUVEL ESPACE

Dans ses travaux d'architecture intérieure, de 1923 à 1929, Chareau s'attache à inventer un nouvel espace. Pour cela il simplifie son écriture stylistique. Ce mouvement va de pair avec la préoccupation d'harmoniser le traitement des pièces, alors qu'auparavant chacune revendiquait une identité propre. Désormais, Chareau cesse d'architecturer les parois et s'emploie à faire table rase des espaces cloisonnés. « Il s'agit d'organiser l'espace selon les rythmes qui se révèlent et s'imposent à nous, chaque jour davantage, pour satisfaire mieux aux exigences de notre raison et de nos sentiments évolués et confondus dans l'admirable beauté de vivre[25]. » Une telle évolution se remarque dans l'attention qu'il prête à associer des pièces deux à deux (salon-bureau, salon-chambre, grand et petit salons...) par l'intermédiaire d'une baie libre. Ce passage préexiste éventuellement, à défaut il le crée, le redessine ou le redimensionne. Afin de souligner l'interaction qu'il entend favoriser entre les deux espaces, il s'emploie à les relier, ici par un meuble bas placé sciemment dans l'embrasure, là par une lampe suspendue au point de jonction, ailleurs par d'autres stratagèmes. Cependant, en fonction des circonstances ou moments de la journée, ces ouvertures peuvent être fermées à l'aide de tentures ou de panneaux, soit coulissants, soit en accordéon. Réunir et harmoniser ne veut pas dire uniformiser ; aussi, pour démarquer le caractère architectural de chaque pièce, il s'emploie à traiter les plafonds de manière distincte et n'hésite pas à substituer aux dispositions initiales horizontales des formes concaves ou à caisson, dont la présence est parfois accentuée par l'adjonction de papiers peints aux motifs chamarrés. Ailleurs, il lui plaît de diminuer la hauteur de la pièce, parfois pour masquer les poutres remplaçant les murs qu'il a fait abattre. Il aime s'émanciper du plafond horizontal d'origine au profit d'un jeu de plans successifs. Cet enrichissement volumétrique offre l'opportunité d'y glisser des gorges lumineuses ou d'y associer des appliques, notamment la célèbre *Tigralite*. À cet égard, les commentateurs notent : « Les plus récents travaux de M. Chareau ont eu pour thème [...] la nécessaire amélioration de tous les procédés d'émission lumineuse, par l'utilisation, surtout, de l'ampoule électrique[26]. » En matière de mobilier, Chareau s'emploie progressivement à intégrer au sein des parois certains des meubles auparavant plaqués contre les murs. Une telle incorporation dans les éléments de construction contribue à renforcer le caractère architectural de ses interventions.

Mais la vraie rupture est ailleurs. Il concentre son attention sur la distribution du plan, c'est-à-dire sur « la façon dont les pièces sont disposées, proportionnées à leur usage et reliées entre elles, sous l'aspect de la commodité et du décor[27] ». Chareau condamne la rigidité spatiale due à la monofonctionnalité des pièces et des couloirs ou dégagements[28]. Souvent appelé par lui « hall » ou « galerie », le vestibule, reliant l'entrée aux pièces principales, est donc repensé de manière à « disposer cet espace de telle sorte qu'il puisse agrandir à volonté telle ou telle partie fixe de l'appartement[29] ». Grâce à ce principe, « le bureau, la chambre à coucher, la salle à manger s'agrandiront tour à tour ou séparément et,

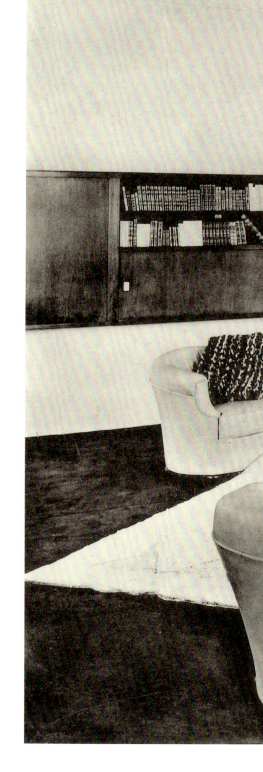

Grand salon de musique, avec canapé et fauteuils corbeille, qui ont été présentés au centre d'accueil du pavillon de l'UAM lors de l'Exposition internationale de 1937 à Paris. Au mur, longue bibliothèque intégrée. Photographie publiée dans *Nouveaux intérieurs français*, Éditions Charles Moreau, 1936.

Page de gauche : Adjacent au salon de musique, petit salon avec secrétaire et étagère intégrés à la cheminée, fauteuil de bureau *MF208-217*, canapé d'angle avec *cosy corner*. Photographie publiée dans *Nouveaux intérieurs français*, Éditions Charles Moreau, 1936.

Grand salon. Recoin singularisé par des jeux de redents au plafond. Portes toute hauteur rabattables. Mobilier présenté à la quatrième exposition de l'UAM, 1933. Photographie publiée dans *Nouveaux intérieurs français*, Éditions Charles Moreau, 1933.

selon l'heure ou le besoin, les pièces se commanderont ou ne se commanderont pas entre elles[30] ». Si plusieurs réalisations témoignent de ce principe, une illustration magistrale en est donnée dans les pages de la revue *Art et Industrie* en 1926. À l'occasion de la réalisation d'un immeuble conçu par l'architecte Pierre Patout[31], Chareau est convié à proposer deux options de « la disposition première [qui] ne doivent pas être considérées comme des critiques, mais seulement comme différents partis qui peuvent être tirés de l'appartement sans travaux excessifs[32] ». Le plan initial reproduit les caractéristiques conventionnelles des appartements haussmanniens. Rejetant ce type de disposition figée des pièces à usage spécifique, Chareau introduit souplesse et dynamisme en décloisonnant, grâce à la création d'un espace au centre — un « hall » rond ou carré — qui articule les pièces entre elles et les fait dialoguer. Dans une des versions proposées, les trois chambres sont disposées à l'arrière, tandis que le salon et la salle à manger sont regroupés de manière à former un ensemble juste scandé en son milieu par des petits meubles. L'autre solution maintient le même principe de couplage, mais en associant

Pierre Chareau a conçu ce projet de décoration pour le hall rond qu'on peut voir sur le plan reproduit ci-dessous.

Projet de décoration pour le hall carré, avec un divan de coin formant bibliothèque.

Voici une première transformation du plan initial. Le hall est devenu rond, ce qui provoque un curieux décrochement dans la chambre à coucher.

Cette transformation agrandit la réception : la salle à manger devient "une pièce où l'on vit" et possède un grand divan-lit.

Deux propositions d'aménagement de Pierre Chareau pour un projet d'immeuble en construction de Pierre Patout. Au centre, un hall articule les pièces entre elles et les fait dialoguer. Illustrations publiées dans *Art et Industrie*, août-septembre 1926.

Page de gauche : Pièces associées à l'aide d'une baie libre que portes ou tentures peuvent disjoindre.

Étude pour un living-room. Dans l'embrasure, Pierre Chareau unit les deux espaces de la pièce à l'aide d'une combinaison de meubles.

la salle à manger et la chambre des parents dans une même entité dotée d'un recoin pour un divan-lit. À chaque fois, le « hall », sorte de « pièce charnière[33] » dotée d'un sofa, s'apparente à un petit salon qui contribue à transformer un plan paralysé en un plan souple où les pièces sont mises en tension les unes avec les autres, tout en donnant le sentiment d'offrir des volumes plus spacieux.

L'option retenue par Chareau en matière de distribution, que le critique Gabriel Henriot a caractérisée par la formule « pièce à multiples usages[34] », se substitue à pléthore de petites pièces à fonction unique et correspond aux recommandations développées par les architectes anglais Raymond Unwin et Barry Parker, connus en tant qu'initiateurs de la cité-jardin. Partisans du mouvement Arts & Crafts et soucieux de ses implications sur l'habitat, ils publient, en 1901, *The Art of Building a Home*. Au fil des pages, ils soulignent l'importance du dégagement conduisant à différentes pièces, recommandant de ménager des sous-espaces ou recoins favorisant la pratique de plusieurs activités dans une même pièce. Concernant les chambres, ils prônent le décentrement du lit et son inscription dans un renfoncement afin de gagner de l'espace pour d'autres usages[35]. Un ensemble de dispositifs que pratique Chareau, y compris en ce qui concerne la position du lit.

Accompagnant les plans publiés dans *Art et Industrie*, deux perspectives rendent compte de sa nouvelle approche spatiale. L'une montre un hall circulaire et son ameublement, avec au fond un rideau coulissant qui dissimule les parties privées ; l'autre dévoile le salon, dont un recoin doté d'un divan d'angle se termine par un ou plusieurs panneaux *Éventail* pouvant se déployer. Comme l'analyse Christian Zervos : « La mobilité, voici l'essentiel des recherches les plus récentes de Chareau. Ses meubles épousent toutes les formes qui appellent le mouvement, ses murs, enclos de parois roulantes, donnent l'impression du mouvement, ses plafonds se transforment de façon à donner à la lumière toute la subtilité voulue, ses cloisons s'ouvrent en éventail, faisant communiquer deux ou plusieurs pièces qui s'unissent et se séparent au gré de son désir[36]. » Afin de combattre le caractère immobile des éléments architectoniques et leur insuffler vie, Chareau octroie aux parois la possibilité de se mouvoir. Son premier essai en la matière apparaît lors du Salon d'automne de 1923. Dans une même pièce, il entend faire cohabiter deux fonctions complémentaires : un boudoir et un cabinet de toilette (figurant seulement en plan). Une série de parois mobiles *Éventail* peuvent soit se déployer et obstruer le passage, soit se replier et permettre l'accès. La même année, il emploie de semblables parois coulissantes pour isoler le petit salon de l'appartement Lanique-Schauffler. De même, chez Hélène et Paul Bernheim, le salon principal est doté de deux panneaux coulissants, l'un opaque donnant accès au bureau, et l'autre transparent, constitué d'une surface convexe en verre, ouvrant sur le vestibule. De même, leur petit salon de Coromandel possède des parois escamotables afin de permettre le passage. Ces séparations en matériaux solides sont fréquemment doublées par un rideau à la matière ostensiblement ductile, quand cette tenture ne les remplace pas, tout simplement.

Deux ans plus tard, à l'occasion de l'Exposition de 1925, la coupole lumineuse du bureau-bibliothèque et ses parois *Éventail* mobiles tamisant, à volonté, la luminosité de la pièce et modifiant sa disposition spatiale, sont l'objet de très nombreux éloges.

Appartement de Pierre et Marie Dreyfus, 1929. Ayant ménagé un vaste espace libre, Pierre Chareau structure la pièce autour d'une colonne lumineuse et d'un pilier-bibliothèque.

Page de droite : Appartements de Maurice et Hélène Farhi (haut) et Daniel et Gilberte Dreyfus (bas), 1930. Des paravents coulissants ou des panneaux vitrés mobiles modulent l'organisation des pièces.

UN CADRE POUR LA VIE MODERNE

Toutefois, l'acmé en matière d'éléments mobiles advient autour de 1930-1932, avec les aménagements pour Maurice Farhi et Daniel Dreyfus, qui profitent, à n'en pas douter, des inventions menées dans le cadre du chantier de la Maison de verre, véritable démonstration d'une nouvelle manière d'habiter. Cette nouvelle approche de l'architecture intérieure a intrigué les rares observateurs qui se sont penchés sur le travail de Chareau au tournant des années 1930. Les prémices de cette troisième façon d'intervenir sur l'existant s'observent dès l'aménagement du second appartement Etlin et, surtout, celui de Pierre Dreyfus. De manière similaire à son intervention à la Maison de verre, 31, rue Saint-Guillaume, murs porteurs et cloisons sont démolis de façon à obtenir un grand volume d'un seul tenant. Ensuite, tout en veillant à conserver ce vaste espace, l'architecte décorateur dispose des petits paravents ou des cloisons vitrées coulissantes permettant de clore momentanément une partie de la pièce. Que ce soit par un mouvement rectiligne ou curviligne, on ne compte plus les systèmes, rigides ou souples, qui pivotent, coulissent, se déploient ou se replient, s'ouvrent, basculent sur un axe ou glissent sur une tringle, un rail, une roue pour se mouvoir afin de permettre à l'espace d'être en permanente recomposition. Ce recours au mouvement est imaginé comme la plus appropriée des réponses, si ce n'est la plus généreuse, eu égard à la corporalité des occupants et de l'espace kinesthésique requis par leurs gestes et postures.

Déplacements et démultiplications sont le strict reflet des inventions techniques offertes par l'époque (télégramme, TSF, téléphone, automobile, avion…), dont Chareau va s'emparer pour élaborer son cadre de la vie moderne[37]. Le critique Guillaume Janneau reconnaît, dans cette attirance pour le mouvement, un « Pierre Chareau, décorateur téméraire, assoiffé de nouveauté et cherchant dans ces effets, en quelque sorte cinématographiques, brefs, saccadés et violents, le secret d'un style nouveau[38] ». Moins un style qu'un axiome, cette mobilité qui anime les formes n'est que le prélude de celle qui va saisir les objets et l'espace. La force subversive de cette architectonique, non plus statique mais en mouvement, advient après l'avènement du cubisme et de sa conception nouvelle de la forme et de l'espace.

En 1923, Chareau livre les aménagements de Paul et Hélène Bernheim et de Lanique-Schauffler, qui témoignent d'une évolution radicale de son approche. Il repart de zéro en reconsidérant chacun des éléments constitutifs du vocabulaire de l'aménagement intérieur avant de s'attaquer à celui de l'architecture. Son inclination pour le cubisme, dont atteste sa collection de tableaux, l'amène à restreindre son expression à quelques formes géométriques simples qu'il décompose pour mieux les assembler. Chareau commence chaque aménagement en délimitant l'espace,

souvent constitué de volumes partiels du fait du jeu d'imbrication auquel il les soumet, avant de fragmenter les parois horizontales ou verticales en différents plans. Il semble procéder selon une méthode analogue à celle décrite par Braque : « La fragmentation [des objets] me servait à établir l'espace et le mouvement dans l'espace, et je n'ai pu introduire l'objet qu'après avoir créé l'espace[39]. » Ramenant chaque intervention à l'essentiel, les détails sont supprimés au profit du contraste des formes et des surfaces, créant ainsi une spatialité dynamique où de rares courbes viennent défier les plans orthogonaux. Imaginer un équivalent architectural à la peinture cubiste serait toutefois erroné, déclare l'historien de l'art Yve-Alain Bois, sauf à commettre l'erreur d'en rester au niveau superficiel du seul aspect formel. De plus, les architectes n'avaient pas besoin du cubisme pour recourir à des formes prismatiques. Désormais, déplore-t-il, il suffit que l'architecture soit simplement cubique pour être étiquetée cubiste[40] !

CONCEVOIR UN NOUVEAU CADRE DE VIE

RAFFINEMENT ET COMMODITÉ

De 1919 à 1932, en moins d'une quinzaine d'années, l'évolution du travail de Chareau en termes d'architecture intérieure peut surprendre. Elle ne s'explique point par une adhésion soudaine à tel ou tel courant esthétique ou mode, mais essentiellement par la nature de sa personnalité. On lui reconnaît une « souple intelligence » et une compréhension « psychologique des besoins et des désirs plus ou moins formulés » de sa clientèle. On loue « l'original talent de M. Pierre Chareau [qui] est fait surtout d'une vive volonté d'adaptation. Servir est sa loi[41] ». Jamais il ne propose, comme Le Corbusier, Pierre Jeanneret et Charlotte Perriand, à l'occasion du Salon d'automne de 1929, un prototype d'habitation moderne où l'existence charnelle abandonne ses droits au manifeste. Une telle démonstration contrevient à « sa fine et secourable connaissance du cœur, du corps, de l'esprit humain[42] » et heurte sa science du confort, acquise en côtoyant le monde britannique. De ses intérieurs attentivement meublés, il suffit d'évoquer les niches ou recoins concaves garnis d'un *cosy corner*, ou le traitement réservé aux cheminées, toutes inspirées par le modèle de l'*inglenook* ou *chimney corner* si caractéristique du mouvement Arts & Crafts, pour saisir son profond sens des agréments de la vie. Souvent présente, y compris dans les chambres, la cheminée n'est plus un équipement indispensable à l'heure du chauffage central, mais elle procure du plaisir, tout en assurant une atmosphère douillette et intime.

Dans une optique similaire de confort et d'agrément, dès son chantier de 1919 Chareau pare les murs du salon à l'aide d'une tenture plissée tenue sous la voussure par des cabochons. À plusieurs occasions, les parois sont revêtues de la sorte, ici dans une chambre, là dans une salle à manger, ailleurs dans un salon. Cependant, à partir du milieu des années 1920, les tentures tendent à occuper des emplacements plus spécifiques, comme les têtes et contours de lit ou des pans précis de mur. À de rares occasions, comme à la Maison de verre, des étoffes habillent panneaux et

paravents coulissants dans le but d'amender l'acoustique. Les tissus interviennent également en complément des fenêtres, avec toutes sortes de voilages et de rideaux, pour lesquels Dollie Chareau est amplement mise à contribution. Mais les rideaux ne se bornent pas à ce rôle unique : ils isolent des pièces à la place de cloison fixe, ils sont employés en écran, en portière, en cache-radiateur, quand ce n'est pas en toile de fond pour mettre en valeur des œuvres d'art. Les matières textiles se retrouvent également au sol : la quasi-totalité des parquets est dissimulée sous d'épaisses moquettes que recouvrent de-ci de-là des tapis modernes ou anciens. À l'occasion, d'autres matières peuvent recouvrir les murs, comme le bois ou le métal. Le dialogue que ménage Chareau entre matières délicates et souples, d'un côté, et matériaux industriels froids et durs, de l'autre, n'est pas sans rappeler le travail de Lilly Reich et la touche voluptueuse qu'elle apporte aux intérieurs de Ludwig Mies van der Rohe. Habiller d'étoffe une paroi procure à un intérieur une chaude intimité tout empreinte de sensualité. Sans avoir accès au texte en allemand d'Adolf Loos consacré au « Principe du revêtement », Chareau souscrit intuitivement à ses préceptes. Selon cet éminent théoricien viennois, profondément anglophile, l'architecte « a pour tâche d'élaborer un espace chaud et intime. Les tapis donnent cette note chaude et intime[43] ». Peu de temps après la publication de cet article, Loos fait paraître une photographie légendée « Chambre à coucher de ma femme », montrant une pièce entourée d'une toile blanche avec un épais tapis au sol[44]. Cette quasi-simultanéité ne tient pas au hasard, texte et image visent à démontrer le rôle essentiel du tissu pour définir l'espace[45]. Mais Loos veille à souligner que « les matériaux doivent être travaillés de telle manière qu'il soit impossible de confondre le matériau revêtu avec son revêtement[46] ».

La connaissance que nous avons de la nature exacte des travaux effectués par Chareau présente d'importantes lacunes : la documentation iconographique est désassemblée, celle écrite, dérisoire, quant aux aménagements, ils ont disparu. De ce fait,

Mannequin habillée par la maison Lelong dans un aménagement de Pierre Chareau. Photographie de Thérèse Bonney.

Page de gauche : Étude d'un aménagement intérieur. Gouache sur papier fort.

CONCEVOIR UN NOUVEAU CADRE DE VIE

les analyses proposées comportent une part d'incertitude ou d'incomplétude. Par ailleurs, le nombre important d'aménagements privés désormais identifiés ou non ne résume pas à lui seul le travail d'architecture intérieure de Chareau. Ce serait faire ombrage à son talent que de limiter son œuvre à architecturer et meubler des intérieurs domestiques. À côté de cette activité, certes primordiale, il conduit également une petite dizaine de réalisations relevant d'une autre nature, constituées pour moitié d'aménagements à la demande d'entreprises et pour l'autre émanant de l'administration française. En raison des aptitudes que ces opérations requièrent ou de l'ampleur de certaines, elles doivent être réévaluées. Relevant de programmes dissemblables, ne faisant pas système, au contraire des appartements, elles ont été longtemps négligées. Pêle-mêle, elles couvrent les pièces de réception d'un hôtel, le siège social d'une société industrielle, une petite boutique de mode, une participation à l'aménagement collectif d'un journal, ainsi que, pour l'État, des interventions lors des Expositions de 1925, 1937 et 1940, plus l'aménagement de deux bureaux dans des institutions et des établissements prestigieux.

À propos de cette série de commandes à caractère diversifié, on peut néanmoins noter de légères similitudes avec le travail quotidien de l'atelier Chareau. Ainsi, le traitement du *lounge* et des espaces communs du Grand Hôtel de Tours présente quelques analogies avec les aménagements d'appartements menés alors; de même les bureaux de la société LTT expérimentent un travail du métal et du verre qui se rapproche de celui des chantiers de Daniel Dreyfus et de Maurice Farhi, ainsi que de la Maison de verre. Par-delà ces modestes rapprochements, un premier trait s'impose et touche à la relative précocité de ce type de commande dans sa carrière. C'est en 1926, voire probablement avant, qu'il reçoit la demande de concevoir et de meubler les espaces de réception d'un hôtel de prestige. Cette commande est concomitante de celle du club-house de Beauvallon et des prémices du projet de la Maison de verre. Toutes trois émanent du cercle familial Bernheim. Avec ces propositions, Chareau est, indéniablement, confronté à un saut d'échelle, tant par la variété des programmes que par l'étendue sur laquelle son travail est amené à s'appliquer. Non seulement en termes de superficie mais aussi au regard de la complexité des problèmes qui lui sont soumis[47].

Mobilier en bois peint, lit avec *cosy corner*, niche ornée d'une œuvre de Georges Braque, papier peint de Jean Lurçat, coussin de Dollie Chareau, bibliothèque surmontée d'une applique en verre dépoli.

ARCHITECTURE INTÉRIEURE : HABITATIONS

Salon de l'appartement de Jean et Annie Dalsace, 1919, parfois mentionné « hall » dans des publications. Pochoir publié dans *Intérieurs français*, Éditions Charles Moreau, 1925.

APPARTEMENT
JEAN ET ANNIE DALSACE, 1919

195, boulevard Saint-Germain, Paris 7e

Représentation fictive du cabinet de travail de Jean Dalsace. Illustration publiée dans Léon Moussinac, *Intérieurs I*, Éditions Albert Lévy, 1924.

Charles Garnier architecte, maison à loyers et hôtel de Georges Hachette, 195, boulevard Saint-Germain, Paris, en 1918.

Page de droite en bas : Cabinet de travail de Jean Dalsace. Mobilier en ébène de Macassar, lampadaire à crémaillère en albâtre. L'ensemble sera déménagé à la Maison de verre.

42   DE LA DÉCORATION À L'ARCHITECTURE INTÉRIEURE

Au lendemain de la guerre, les jeunes époux Dalsace s'installent dans un immeuble édifié par Charles Garnier en 1881, avant de déménager dans la Maison de verre, treize ans plus tard. Ils font appel à Pierre Chareau pour meubler et réaménager trois pièces de leur appartement, chacune traitée de manière spécifique. Cette commande est la deuxième connue de Chareau, après l'aménagement du logement des Fleg en 1908. C'est « au cours d'une dernière permission, précise Dollie Chareau, qu'il a conçu l[eur] installation[48] ». Une partie du mobilier de la chambre et du cabinet de travail de Jean Dalsace est exposée lors du Salon d'automne de 1919[49]. Avec la naissance d'Aline en 1920 puis de Bernard en 1924, Chareau réalise l'aménagement et l'ameublement d'au moins une chambre d'enfant, qui n'est pas documentée[50].

Le cabinet de travail de l'étudiant en médecine et en droit est l'intervention la plus renseignée[51]. De forme rectangulaire et oblongue, il est scindé en deux espaces : travail, côté fenêtre, et repos, dans un renfoncement au fond de la pièce. L'espace principal est retravaillé afin que fenêtre et cheminée viennent chacune se positionner sur un axe de symétrie. La profondeur du bureau est réduite, tandis que, en largeur, un des murs latéraux se voit déplacer légèrement en avant. La paroi peut ainsi intégrer deux niches équipées d'un éclairage spécifique, entre lesquelles prend place une cheminée dont la parure est en ébène de Macassar, comme l'ensemble du mobilier. L'âtre est flanqué de part et d'autre de bibliothèques combinées à des tabourets. Opposé à la fenêtre, côté porte d'entrée, le fond du bureau « va former une alcôve où le canapé indispensable trouvera naturellement sa place. Pour que cette alcôve soit intime, on en surbaissera le plafond [...]. Dans l'alcôve, les parois paraîtraient disproportionnées si l'on n'en divisait pas la surface ; c'est pourquoi le décorateur les a compartimentées en cet endroit au moyen de lattes de bois[52] ». Le même système court autour de la pièce, au bas des murs. Sur deux côtés, d'imposantes voussures obliques cachent les anciennes corniches à gorge du plafond. Un pochoir de la pièce restitue les couleurs de cet ensemble, mais la perspective a été tracée à

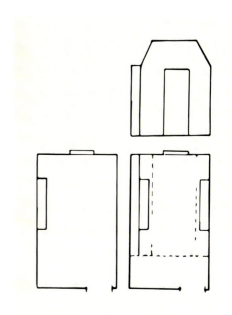

Cabinet de travail de Jean Dalsace, coupe et plans schématiques de l'état existant et des transformations apportées par Pierre Chareau. Illustration publiée dans *Les Arts de la maison*, Éditions Albert Morancé, hiver 1924.

HABITATIONS

Chambre à coucher. En retrait, de part et d'autre de la cheminée, un lit corbeille et un canapé arrondi. En vis-à-vis, une commode MA99 qui, comme le lit, intégrera la Maison de verre. Papier peint de Jean Lurçat.

Ci-dessus, à droite : Salon orné d'une tapisserie de Jean Lurçat et ceint d'une tenture. Une bibliothèque en épi dissimulant la porte d'entrée est associée à un canapé arrondi. À ses côtés, un lampadaire *Religieuse* avec sa coiffe d'albâtre.

partir d'une photographie intentionnellement inversée et une disposition du mobilier entièrement fictive[53].

Dans la chambre, les panneaux recouverts de papier peint ont volontairement été réduits dans la hauteur afin de permettre au plafond de « redescendre » verticalement pour procurer des proportions plus harmonieuses à la pièce. Le motif architectonique central de la chambre est la cheminée, qu'encadrent deux faux pilastres repris au plafond par des poutres transversales. De part et d'autre de cette composition rigoureuse prennent place deux recoins, l'un affecté au lit, l'autre formant un *cosy corner* agissant comme boudoir. Le salon n'est connu que de manière lacunaire, mais la partie qui nous est parvenue montre un dispositif que Chareau reproduit ensuite à de nombreuses reprises. L'accès à la pièce est marqué par une séquence qui permet une entrée graduelle, en empêchant d'embrasser d'un seul regard l'ensemble de l'espace. Pour ce faire, il dispose un écran ou « coin artificiel créé par une cloison masquant une porte et servant de bibliothèque. La cloison se prolonge dans la partie basse [et au-delà] par un cintre faisant chevet de divan[54] ». Sous les voussures géométrisées du plafond, les murs sont revêtus d'une tenture plissée retenue par des cabochons.

AMÉNAGEMENT
INCONNU, 1920
Chambre de jeune fille

Chambre de jeune fille. Coiffeuse d'angle *MS14* et son pouf en U. Illustration publiée dans Léon Moussinac, *Intérieurs I*, Éditions Albert Lévy, 1924.

Deux renfoncements, l'un pour une bibliothèque murale, un bureau *MB1* et sa chaise, et l'autre pour le lit *EH64* et un pouf en U. Illustrations publiées dans Léon Moussinac, *Intérieurs I*, Éditions Albert Lévy, 1924.

HABITATIONS

APPARTEMENT
RENÉ ET MARCELLE DREYFUS, 1920

81, avenue de Villiers, Paris 17ᵉ

Chambre des filles. De minces rideaux délimitent l'espace de la plus jeune des sœurs au fond de la pièce, tandis que le lit de l'aînée sert d'assise le jour. Appliques *Masque* en tissu, bureau *Tulipe MB97*, guéridon *Tulipe MB98*.

Page de droite : Salon. La pièce est ceinturée de bibliothèques qui encastrent portes et cheminée. Plafond décaissé par des voussures obliques garnies de papier peint de Jean Lurçat, dissimulant les anciennes corniches.

Originaire d'Elbeuf, René Dreyfus est à la tête des entreprises familiales Louis Dreyfus frères et Cie, ainsi que Dreyfus & Moch, spécialisées dans le négoce de la laine. Il épouse en 1902 Marcelle Bernheim, la sœur de Paul, le commanditaire du futur Grand Hôtel de Tours[55]. En 1914, comptant bientôt cinq enfants, la famille s'installe à Paris dans un immeuble fin de siècle du 17ᵉ arrondissement. De l'aménagement confié à Pierre Chareau, seuls la chambre des deux filles et le salon sont connus et caractérisent bien ses premiers chantiers, qui ne furent pas tous à la pointe de la modernité.

La revue *L'Art vivant* publie un commentaire élogieux de la chambre aux nombreux renfoncements. Elle est jugée « très jeune, très artiste et très pratique[56] ». Cette pièce « ingénieuse et charmante » est double. « Des rideaux en organdi, de chaque côté de la pièce, créent moralement la sensation de séparation, et dans la partie que l'on ne voit pas [dans l'illustration de l'article] se trouve un lit-divan où couche la petite sœur de la jeune fille[57]. » De part et d'autre de la fenêtre, la partie basse du mur est habillée de bibliothèques. En retour, deux profondes embrasures et leurs portes sont décorées de tenture en chintz glacé. En léger retrait, la niche où se glisse la couche de l'aînée est, par souci d'unité, garnie de la même toile de coton, que l'on retrouve également dans le fond de la pièce. L'importante présence du tissu aux motifs guillerets tranche avec l'emprise plus sévère des bibliothèques, comme celles autour de la cheminée positionnée en vis-à-vis du lit de l'aînée. Le salon est lui aussi ceinturé de bibliothèques au sein desquelles sont insérées cheminée et porte. La voussure est garnie d'un papier peint à motifs floraux qui contraste avec le tissu austère tendu sur le haut des murs. Alors que dans cette pièce l'ancien mobilier anglais est conservé, celui de forme tulipe fait sa première apparition dans la chambre des filles. Les interventions ultérieures de Chareau dans cet appartement, dont l'installation de paravents en 1932, ne sont pas documentées.

APPARTEMENT
EDMOND ET MADELEINE FLEG, [1908]-1920

1, quai aux Fleurs, Paris 4ᵉ

Cheminée en brique surmontée d'un bas-relief romain.

Salon. Fauteuil *MF172* et bergère *MF1002*, tabouret curule, bureau-coiffeuse surmonté du buste d'Edmond Fleg par Chana Orloff, grand canapé ovale sur une estrade.

Page de gauche en bas : Chambre à coucher. Pierre Chareau restructure la pièce, qu'il scinde en deux parties. Côté fenêtre, sous un plafond surbaissé et soutenu par un poteau, il dispose un rayonnage que complétera une table à écrire ; à l'arrière, il place le lit. Pochoir publié dans Jean Badovici, *Intérieurs français*, Éditions Albert Morancé, 1925.

Grande figure du judaïsme français du XXe siècle, écrivain, philosophe, essayiste et homme de théâtre d'origine genevoise, Edmond Fleg, né Flegenheimer, devient parisien à l'occasion de son admission à l'École normale supérieure. En 1907, il épouse Madeleine Bernheim, dont Dollie Chareau était la préceptrice anglaise. L'année suivante, Pierre Chareau, comme il le rapporte lui-même, aménage leur appartement sur l'île de la Cité[58]. Il est à nouveau sollicité en 1920, quand les Fleg acquièrent le troisième étage du même immeuble. Ils demandent alors à l'architecte décorateur de transformer entièrement ce niveau, de le réunir avec leur appartement du second où il intervient sur deux pièces. Tout en étant un représentant de « l'esthétique moderne, Chareau ne tient pas à supprimer les vestiges du passé. Au contraire, il les rajeunit, les adapte à ses propres conceptions[59] ». S'accommoder et « faire avec » ne le détourne point, cependant, de sa préoccupation essentielle : dissiper l'écart entre « l'esprit de l'époque et le décor de la vie intime[60] ».

La revue *Conferencia* relate une visite de cet appartement en 1926 et reproduit une conférence intitulée « L'architecture intérieure », donnée par Chareau à cette occasion. Un tel témoignage, absolument unique en son genre, informe sur sa manière de procéder. « À cette époque, M. F. habitait un seul étage de cet immeuble, c'est-à-dire : un salon d'angle, une salle à manger, une chambre à coucher, un cabinet de toilette-salle de bains, une seconde chambre, le tout desservi par un long couloir étroit, de l'autre côté duquel étaient la cuisine et une chambre-lingerie. Dans cet appartement, nul meuble moderne encore, seul un ameublement anglais et celui-là fortement inspiré des époques passées. D'ailleurs vous les voyez autour de vous, car je n'ai voulu rien renier. » Chareau montre alors deux plans schématiques à son auditoire. « J'ai voulu que l'appartement privé de M. et Mme Fleg fût vaste. J'ai pris le salon et la salle à manger de l'étage supérieur pour en faire la bibliothèque [...]. En abattant la cloison de la petite salle de bains étroite et longue, en déplaçant celle de la chambre à coucher, j'ai obtenu une surface des murs indispensable et un rapport harmonieux permettant dans la chambre une bonne disposition du lit et créant un coin intime où nous avons placé un rayonnage et une table à écrire. La salle de bains attenante, vaste, contient tous les appareils nécessaires et de grandes armoires. Les cuisines sont devenues une lingerie et une penderie. Le problème le plus important était l'escalier ; les experts consultés avaient assuré que seul un escalier en colimaçon était possible. Je ne voulais pas d'escalier en colimaçon. Autre difficulté : fallait-il conserver cette galerie d'entrée, étroite et sombre ? Non, cela ne se pouvait pas ; et puis la salle à manger était si petite ! La solution vous la voyez ici : en faisant disparaître résolument le boyau d'entrée, la salle à manger devient ce hall dans lequel donnait la porte d'entrée indispensable. Dans le hall également, en imaginant un palier [intermédiaire] de trois marches, j'ai pu conserver une issue au petit salon d'angle qui le rendait indépendant, et obtenir l'escalier que voici[61]. »

Au deuxième étage, l'ancien salon familial, à l'angle du quai aux Fleurs, est transformé en un salon intimiste ou boudoir. Chareau y inaugure la pratique d'un revêtement des parois changeant selon les saisons, avec une tenture d'hiver en velours sombre qui, l'été venu, est retirée, dévoilant une toile tendue de couleur claire. Une large porte vitrée, qui se replie à la manière d'un paravent, fait communiquer le boudoir avec le hall-salle à manger. Lors de son exposé, Chareau se livre à une mise en cause du cloisonnement et de la monofonctionnalité des pièces. « À notre époque, qu'avons-nous besoin d'un salon, une salle à manger, je dirais même d'une chambre à coucher, aux seules fonctions de recevoir, dormir ou manger[62] ? » Ce questionnement, succinctement énoncé, l'amène à imbriquer l'ensemble des fonctions et donc des pièces les unes dans les autres. Il en donne ici une première illustration, en réunissant deux modestes espaces, dont l'un est dépourvu de lumière. « Pour permettre, déclare-t-il, un double emploi du hall en salle à manger, j'ai [démoli une cloison séparatrice et] mis un paravent fixé d'un côté, et une lourde tapisserie de l'autre, masquant à la fois l'escalier et la porte d'entrée[63]. »

APPARTEMENT
PHILIPPE ET JACQUELINE ETLIN, 1920

2, rue de Messine, Paris 8ᵉ

Salon. Mobilier, cheminée et une riche collection de tableaux s'insèrent dans le panneautage des murs redécoupant les surfaces aux teintes contrastées.

Aussitôt après avoir achevé des études de droit, Philippe Etlin rejoint son père à la tête d'une société de commerce alimentaire en gros avant qu'elle ne se diversifie dans d'autres domaines et ouvre des bureaux ou des filiales en Europe, Afrique du Nord et aux États-Unis[64]. Personnalité complexe, Philippe Etlin est un homme d'affaires avisé et franc-maçon ; il est également un grand admirateur de l'URSS, ce qui l'amène à être proche des dirigeants du Parti communiste et de la CGT. Jeune marié, il demande en 1919 à Chareau d'aménager son appartement à la suite d'une visite au Salon d'automne où il est séduit par le mobilier des Dalsace, en rupture avec celui de sa famille.

La chambre à coucher du premier aménagement offre de nombreuses similitudes avec celle des Dalsace, tant en matière de mobilier que de structure générale. Les parois présentent une alternance entre des panneaux de papier peint et de faux pilastres qui soutiennent un bandeau de couronnement servant à redimensionner la hauteur de la pièce. La cheminée en vis-à-vis du lit joue un rôle central dans la composition de la pièce. Entièrement meublés par Chareau, le salon et le bureau sont réunis par une baie libre. Leurs murs sont compartimentés en grands panneaux dont la partie basse et la couleur foncée tranchent avec le reste de la pièce. Le mobilier choisi alors prendra place dans l'appartement que Chareau aménagera pour eux en 1926, au côté de nouvelles acquisitions.

Chambre à coucher. Des panneaux colorés structurent l'ordonnancement de la pièce et ornent les voussures obliques dissimulant les anciennes corniches.

CHÂTEAU
EDMOND ET BERTHE BERNHEIM, 1920-1927
Villeflix, Noisy-le-Grand

Pierre Chareau à Villeflix devant un mur peint par Jean Lurçat et une applique *Auvent* double. Photographie de Thérèse Bonney.

Sur la commune de Noisy-le-Grand, où la société immobilière Bernheim frères et fils possède de nombreux terrains à lotir, Edmond Bernheim achète en 1920 une grande propriété dite La Roche du Parc, à Villeflix[65]. Il sollicite Chareau à des périodes différentes pour fournir une partie du mobilier et pour décorer diverses pièces du château, certaines avec la contribution de Jean Lurçat. À partir de 1920 et quatre années durant, ce dernier exécute une grande fresque sur les murs de la galerie du premier étage où Chareau a réglé les éclairages et fourni l'essentiel des meubles. La décoration murale qui orne ce vaste lieu de réception exécutée par ce « coloriste né » fait dire à un critique : « Chaque année, un nouveau panneau ; chaque année, presque un nouveau peintre[66]. » À cette occasion Jean Lurçat produit « l'œuvre la plus considérable – en superficie – de tout le cubisme français[67] ».

La famille Bernheim au complet se retrouve fréquemment à Villeflix : Edmond et Berthe, leur fille Annie, son mari Jean Dalsace et leurs enfants, souvent rejoints par des proches parents et amis. À chaque naissance du couple Dalsace, Chareau est chargé de leur concevoir une nurserie. Aucune n'est documentée. Un peu plus tard, il réalise l'aménagement d'au moins deux chambres d'enfants. L'une avec salle de bains attenante, dissimulée par une petite cloison partielle formant écran, que complète un rideau, est caractérisée par un plafond tapissé de papier peint avec de petites retombées sur deux des côtés. L'autre, occupant une vaste pièce d'angle, comprend une partie nuit, avec un plafond surbaissé dont la sous-face est recouverte par un papier peint qui retombe sur les murs avant de rejoindre en partie basse un revêtement de palissandre. Lits, armoires et étagères sont intégrés aux parois. La partie jour est dominée par une cheminée sertie de bibliothèques. Dans un autre angle de la demeure, Jean Dalsace dispose d'un bureau haut de plafond. L'essentiel de la pièce est ceinturé, dans sa partie inférieure, par un même registre bas intégrant portes, bibliothèques ou rangements, qui font corps avec les murs. Un retrait dans la pièce voit son plafond rabaissé pour créer un recoin associé à la cheminée et permettant à l'arrière de disposer de coulisses réservées à des usages subalternes. La propriété de Villeflix est revendue en 1935, le mobilier est ramené à Paris, notamment à la Maison de verre.

Bureau de Jean Dalsace. Parois couvertes de bibliothèques encastrées et surmontées d'appliques en fer forgé, bureau en bois et métal à tablette pivotante, bergères *MF15*, canapé *MP220*.

Chambre d'enfant avec salle de bains attenante. Murs et portes peints en bleu pâle, plafond tapissé d'un papier bleu-beige de Jean Lurçat et rideau caoutchouté de couleur bleu foncé, linoléum ivoire au sol.

Jean Lurçat, *Celui qui écrit sur les murs*, papier peint à raccord droit édité en 1924 par La Boutique de Pierre Chareau.

Chambre d'enfant. La partie nuit se distingue par son plafond abaissé et recouvert, comme la paroi du fond, du papier peint *Celui qui écrit sur les murs* de Jean Lurçat. Le tissu des couvre-lits est de Jean Burkhalter. La partie jour comporte du mobilier en rotin.

HABITATIONS

APPARTEMENT
PIERRE GASPARD ET GEORGETTE LÉVY, 1922

40, avenue Charles-Floquet, Paris 7e

D'origine suisse, les jeunes époux Pierre Gaspard Lévy et Georgette — née Flegenheimer — tout juste établis à Paris rendent visite à leur oncle Edmond Fleg et font la connaissance des Dalsace. Séduits par leurs deux intérieurs, ils engagent Chareau pour transformer leur habitat parisien. Situé sous les toits et disposé sur deux niveaux, leur appartement possède comme pièce principale un ancien atelier d'artiste. La conversion de cet espace en un living-room moderne est louée par un critique de l'époque : « Un escalier part d'un pilier [en vis-à-vis de la verrière] et mène à une galerie supérieure où se trouvent les chambres. De ce pilier à la fenêtre court une barre de fer forgé sur laquelle glissent des rideaux qui permettent de faire à volonté une ou deux pièces[68]. » La partie du fond est occupée par la salle à manger, le reste de la pièce est un petit salon. Il est probable que le rail en fer forgé et les crochets auxquels le rideau est pendu aient constitué une des premières collaborations avec Louis Dalbet, rencontré au Salon des artistes décorateurs de 1922. « La chambre d'enfant, rapporte leur fille, était située dans une tourelle, ce qui lui donnait une forme circulaire. Chareau s'était amusé à concevoir un lit, des tables et une armoire arrondie, épousant la forme des murs. Il avait eu la coquetterie de laisser en place dans cette pièce la cheminée ancienne, ainsi que le miroir qui selon l'usage la surplombait[69]. »

Salle à manger, salon et véranda se répartissent le long de la verrière de l'ancien atelier d'artiste. Mélange de mobilier en bois, en rotin et recouvert de tapisserie.

AMÉNAGEMENT
INCONNU, 1922
Salle de bains

Salle de bains. Pris entre deux rangements surmontés de caillebotis aux accents hoffmanniens, la table-coiffeuse et son tabouret curule. Les parois sont revêtues d'une mosaïque en pâte de verre blanche et émaux de Venise bleu de Sèvres. Illustrations publiées dans Léon Moussinac, *Intérieurs I*, Éditions Albert Lévy, 1924.

Élévation de la paroi latérale où prennent place une réserve de serviettes dissimulées par des lames métalliques, la douche et la table-coiffeuse. Illustration publiée dans Léon Moussinac, *Intérieurs I*, Éditions Albert Lévy, 1924.

HABITATIONS

APPARTEMENT
PAUL ET HÉLÈNE BERNHEIM, 1923-1929
21, rue de Varenne, Paris 7ᵉ

Chambre à coucher contiguë au salon de Coromandel.

Schéma sommaire du salon de Coromandel (fig. 7) et commentaires d'Edmond Fleg, publiés dans « Nos décorateurs », *Les Arts de la maison,* **Éditions Albert Morancé, hiver 1924.**

Page de droite : Salon de Coromandel et, à l'arrière, des espaces de service. Une corniche ondoyante entoure le plafond.

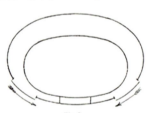

Fig. 7

Dans ce salon de Coromandel on voit apparaître un principe qui va devenir essentiel à la technique de Pierre Chareau : celui de la mobilité du décor intérieur. Dans ce salon, où la rigueur architecturale semble s'assouplir aux jeux d'une plus libre fantaisie, et dont les parois roulantes peuvent, soit enclore complètement un espace ovale, soit s'ouvrir sur des espaces triangulaires, qui laissent apercevoir, d'un côté, un bureau et, de l'autre, une bibliothèque. Mais la mobilité prend ici un caractère plus subtil encore : le plafond, en forme d'anneau, s'abaisse en gradin jusqu'au coffre de la cheminée, tandis qu'en face il s'élève, au-dessus de la porte que surmonte un large bandeau ; et les lignes de ce plafond, qui semblent elles-mêmes en mouvement, imposent au regard inconscient, un mouvement fécond en plaisir esthétique.

La mobilité est plus généralisée dans l'appartement dont il avait tracé le plan pour le Salon des Artistes Décorateurs. L'idée dont Pierre Chareau était parti est celle-ci : nous avons, dans nos appartements modernes, un espace libre et rigide, celui de la galerie sur laquelle viennent s'ouvrir les diverses pièces également immuables : il conviendrait de disposer cet espace de telle sorte qu'il puisse agrandir à volonté telle ou telle partie fixe de l'appartement. Dans le plan de Pierre Chareau, la galerie n'est plus qu'un espace circulaire, et que peuvent enclore ou non des portes qui s'enroulent autour des piliers ou se replient avec des plafonds : grâce à cette disposition, le bureau, la chambre à coucher, la salle à manger, s'agrandiront tour à tour ou séparément et, selon l'heure ou le besoin, les pièces se commanderont ou ne se commanderont pas entre elles.

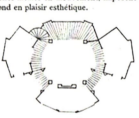

Fig. 8

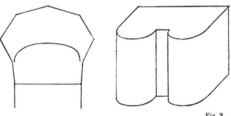

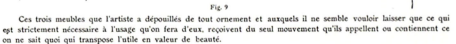

Fig. 9

Ces trois meubles que l'artiste a dépouillés de tout ornement et auxquels il ne semble vouloir laisser que ce qui est strictement nécessaire à l'usage qu'on fera d'eux, reçoivent du seul mouvement qu'ils appellent ou contiennent ce on ne sait quoi qui transpose l'utile en valeur de beauté.

Paul Bernheim, longtemps associé à la société immobilière Bernheim frères et fils, épouse en 1905 Hélène Teplansky, issue de la société juive hongroise. Ils possèdent un hôtel particulier datant des années 1770, connu sous le nom de Narbonne Pelet, désormais partagé en appartements. En différentes étapes, Chareau aménage plusieurs pièces : le salon chinois et ses espaces adjacents, la chambre conjugale, celle du fils cadet, certains espaces de distribution ainsi que le grand salon attenant au bureau de madame. La pièce la plus inattendue est le salon chinois, de forme ovale, ceint de panneaux en laque de Coromandel, dont certains, montés sur glissière, sont coulissants. À l'occasion de cet aménagement, Chareau élabore un dispositif ingénieux qu'il reproduira à de nombreuses occasions. À partir d'un simple espace de distribution — vestibule ou corridor —, il fabrique un véritable lieu articulant l'accès aux pièces alentour. Il nomme « galerie », voire parfois « hall », cette pièce distributive à la spatialité fluide, tandis que d'autres, tel Arthur Rüegg, l'appellent « pièce charnière ».

De part et d'autre de la cheminée, placée au milieu du panneau central du grand diamètre de la pièce ovale, des séparations mobiles, que rien ne distingue des autres parois en laque, donnent ici sur un dégagement et là sur une pièce d'eau, tandis que la chambre des parents s'ouvre sur le mur opposé à l'âtre. Les autres éléments qui peuvent se mouvoir sont tous situés dans la pièce double : bureau de madame et salon. Ces deux espaces peuvent être isolés à l'aide d'un double panneau coulissant recouvert de bois. Plus spectaculaire est l'audacieuse porte d'entrée courbe en verre et métal du grand salon, qui résulte d'une nouvelle intervention de l'architecte à la fin des années 1920. Outre le changement de certaines pièces de mobilier, Chareau renouvelle le traitement des murs, comme en témoigne la paroi de verre, et prolonge le plafond déjà orné d'un caisson triangulaire se terminant par un plafonnier *Tigralite*. L'extrados de cette paroi coulissante prend place au niveau du rétrécissement du corridor desservant l'appartement. Précédés par des vitrages droits de moindre hauteur, les deux panneaux courbes donnent accès

DE LA DÉCORATION À L'ARCHITECTURE INTÉRIEURE

Salon de Coromandel et son imposante corniche au plafond. De part et d'autre de la cheminée prennent place deux parois mobiles donnant accès à des pièces de service.

Méridienne *MP167*.

HABITATIONS

Salon. En arc de cercle, une paroi mobile dédoublée, en verre, donne accès au couloir de distribution. Au mur portrait d'Hélène Bernheim par Kees van Dongen.
En bas, illustration publiée dans *Ensembles nouveaux*, Éditions Charles Moreau, 1934.

au grand salon en se rangeant derrière le troisième, fixe. L'ensemble de cette paroi transparente délimite, sans vraiment séparer — sauf à tirer les rideaux adjoints — le salon du passage. Là encore, toutefois à un degré moindre qu'avec le salon chinois et son système d'éléments mobiles, Chareau expérimente le principe de la modification. Ici, il l'associe à l'idée de ménager, sur différentes pièces adjacentes, des perspectives lointaines que des écrans en tissu ou maçonnerie peuvent entraver. Début 1929, la chambre du fils Michel est complétée de plusieurs pièces de mobilier, dont un lit à balancelle, similaire à celui de la salle de repos jouxtant la salle de sport d'« Une ambassade française » à l'Exposition de 1925.

À une date inconnue, Chareau transforme également le jardin de l'hôtel particulier en un espace cubiste, inscrivant arbustes, plantes, fleurs, pavages et allées en gravillon dans une mosaïque de figures géométriques quadrangulaires imbriquées les unes dans les autres.

Salon dans son aménagement de 1929. Au plafond, un caisson surbaissé avec gorge lumineuse se termine par un triangle à la pointe duquel un plafonnier *Tigralite* est souligné par une forme conique à degrés.

Bureau d'Hélène Bernheim. Lit, table en métal et guéridon-bibliothèque *MB98bis*. Deux panneaux coulissants donnent accès au salon, ici dans son état de 1923.

HABITATIONS

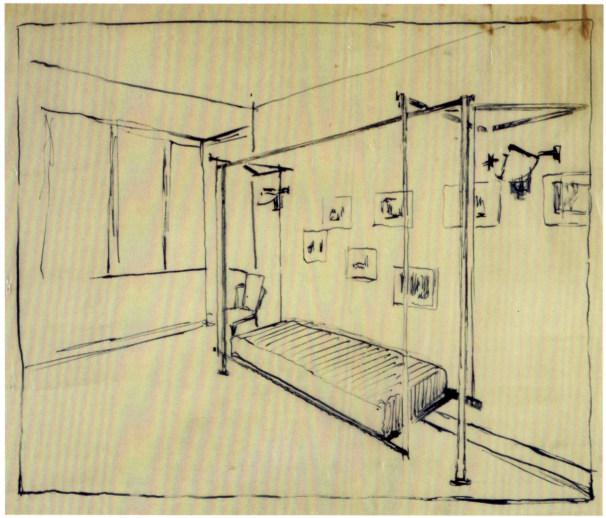

Lit à balancelle.

Chambre de jeune homme pour Michel Bernheim. Lit à balancelle encadré par deux appliques *Masque LP180*. Au mur, gouaches de Jean Hugo. Dessin perspectif, encre bleue sur calque.

Page de droite : Chambre de Michel Bernheim. Mobilier de Pierre Chareau, chaise en tube de Jean Burkhalter.

STUDIO
ARMAND MOSCOVITZ, 1923
Paris

Le négociant en pierres précieuses Armand Moscovitz, dit Moss, compte parmi les clients qui recourent à plusieurs reprises au concours de Chareau : deux fois à Paris et une fois à New York. À trois années d'écart, les aménagements parisiens rendent compte des évolutions dans la manière d'intervenir de l'architecte décorateur tout comme de la réussite de ses clients. Dans le modeste studio de 1923, la mission relève surtout de la décoration. Chareau y joue de l'illusion optique, car les dimensions de la pièce ne peuvent être modifiées, et ménage un effet de voûte céleste. Supprimant les corniches et autres voussures, il fait redescendre verticalement jusqu'à l'encadrement des portes le papier peint tendu au plafond. Juste en dessous de cette ligne, un rail court le long du mur, auquel sont fixés deux réflecteurs en métal éclairant les tableaux, eux-mêmes suspendus à l'aide d'une cimaise métallique. En dessous, une petite table coulissante prend place sur la même paroi[70]. En vis-à-vis, une étagère en bois peint est adjointe à la cheminée d'angle.

Living-room. Pour simuler une pièce de plus grande taille, le papier peint de Jean Lurçat s'étend du plafond sur le sommet des murs. Tableaux éclairés par des projecteurs métalliques, table coulissante. Photographie de Georges Thiriet.

AMÉNAGEMENT
MADAME F., 1923
Nurserie

Nurserie. Un programme de chambres d'enfants traité à plusieurs reprises par Pierre Chareau. Ensemble en sycomore et rotin.

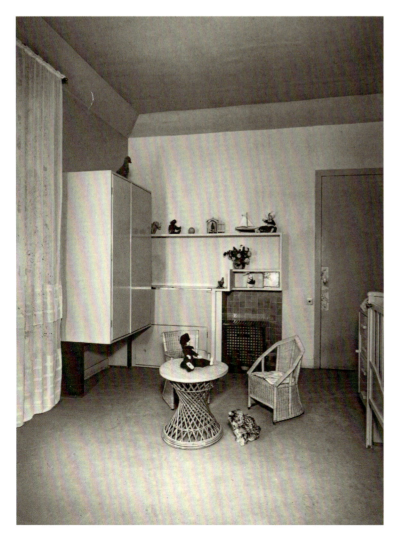

HABITATIONS

APPARTEMENT
LÉON BRIL, 1924
5, rue de l'Alboni, Paris 16e

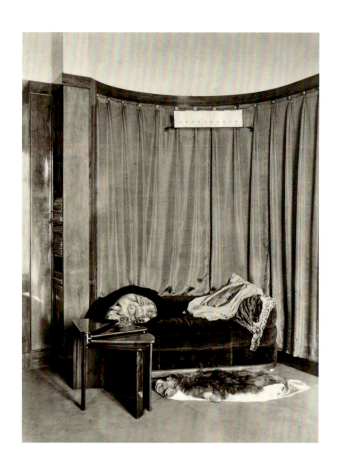

Petit salon. Canapé d'angle dans un retrait en arc de cercle tapissé de tissu, rampe lumineuse *Ruche*, table éventail *MB152*. Ce recoin fait face à une grande bibliothèque.

Salle à manger. Lambris en palissandre interrompu par le bow-window et la cheminée. Au-dessus de cette dernière, un miroir rectangulaire est encadré par des appliques *Auvent*.

Salle à manger. Lambris en palissandre. Dans un renfoncement, table à découper à coulisse avec dessus revêtu de marbre. En face, au centre du panneau, cheminée en travertin et brique.

Dans l'axe du grand salon de Léon Bril est disposée une bibliothèque au centre de laquelle est insérée une cheminée. Au-dessus du foyer, une boiserie de poirier remplace le traditionnel miroir. Bergères *MF158* et table éventail *MB152*.

APPARTEMENT
MADAME BOINET, 1924

19, rue Théodore-de-Banville, Paris 16ᵉ

Chambre à coucher. Le lit est ceint d'un côté par une tenture suspendue à des cabochons et de l'autre par un meuble-étagère qui intègre une cheminée. De part et d'autre de la tête de lit, lampes de chevet en tissu.

Salon. Lustre double *Auvent*, table éventail *MB152*, bergère *MF732*, guéridon *MB89bis*, lampe *Religieuse*.

APPARTEMENT
PIERRE ET MADELEINE LANIQUE-SCHAUFFLER, 1924

72, avenue Henri-Martin, Paris 16ᵉ

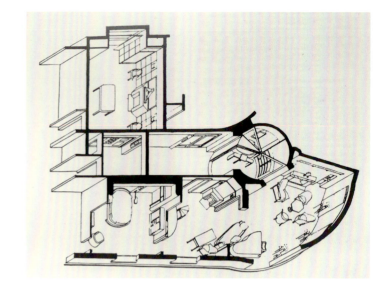

Le vestibule et, derrière la porte vitrée à gauche, la salle à manger aménagée par Francis Jourdain.

Axonométrie partielle. Photographie et dessin publiés dans *Les Arts de la maison*, Éditions Albert Morancé, été 1926.

Madeleine Lanique-Schauffler entre dans le cercle de Rose Adler et de Jeanne Bucher en partageant un même intérêt pour la théosophie et les enseignements anthroposophiques de Rudolf Steiner, auxquels Dollie Chareau prête également quelque attention. Amateur d'art et collectionneur, son mari se joint aux fondateurs de L'Œil Clair. En 1924, ils s'installent avec leur fils dans un immeuble d'angle, tout juste livré, et sollicitent Chareau pour l'aménagement de leur appartement[71].

L'opération n'est pas habituelle : à Francis Jourdain est confié l'aménagement de la salle à manger, tandis que Chareau est chargé du hall d'entrée, des pièces d'apparat et des deux chambres[72]. Cette intervention amorce un tournant dans le travail de ce dernier, car elle présente trois aspects particuliers : l'intervention d'un autre architecte décorateur à ses côtés, la mise en place d'une composition spatiale dynamique reliant plusieurs pièces, un stratagème qu'il développe par la suite dans les appartements de Pierre Dreyfus et Maurice Farhi, et le recours à un dispositif mobile pour structurer l'espace, une solution déjà amorcée dans l'appartement d'Hélène Bernheim. Sobrement agrémenté d'un canapé et rythmé par des appliques lumineuses mises à la verticale, le vestibule dispose à ses extrémités de pivots menant aux pièces à vivre. L'un d'entre eux, sur plan carré avec un plafond orné de papier peint, précède la salle à manger et les pièces de service. L'autre, de forme arrondie, donne accès au grand salon. Du seuil de ce dernier jusqu'à la chambre conjugale se déploie un axe diagonal. Le procédé mis au point par Chareau consiste à amener le visiteur vers une extrémité de l'appartement pour, de là, lui faire découvrir une perspective oblique qui provoque la sensation d'un espace dilaté par la juxtaposition de plusieurs pièces.

Disposée entre le vestibule et le grand salon, cette « pièce charnière » ronde est surmontée d'un plafond rayonnant dont le centre est l'axe de rotation des panneaux *Éventail* servant à clore l'espace. Photographie publiée dans *Les Arts de la maison*, Éditions Albert Morancé, été 1926.

De taille modeste, ce pivot circulaire est la pièce la plus inattendue de l'aménagement et semble un lointain écho de la coupole d'angle en toiture. Cette « pièce charnière » cylindrique, sorte de rotonde, située entre le vestibule et le grand salon, est surmontée d'un plafond rayonnant. Si elle assure une fonction distributive, Chareau la traite comme une véritable antichambre, qu'il élève au rang de petit salon-parloir ou de cabinet de lecture. Elle peut être disjointe du hall à l'aide d'un dispositif constitué de quatre panneaux dits *Éventail*, coulissant le long d'un rail métallique inscrit dans le sol et fixé au plafond par un axe de rotation. Ces deux mécanismes complémentaires témoignent de l'intensification de la collaboration avec le serrurier Dalbet, au même titre que les rampes lumineuses *Ruche* et les étagères métalliques. Présent dans le cadre du Salon d'automne de 1923 et du Salon des artistes décorateurs de 1924, un tel système de déploiement d'écrans en éventail trouve son aboutissement avec le bureau-bibliothèque de l'Exposition internationale de 1925.

Chambre à coucher. Surmontées d'appliques *Masque* en tissu, les tablettes de chevet sont réglables en hauteur. Fauteuil jupe basse, fauteuil gondole *MF11*. Photographies publiées dans *Les Arts de la maison*, Éditions Albert Morancé, été 1926.

Page de gauche : En haut, grand salon. Deux niches étroites encadrent la cheminée ornée d'un bronze de Jacques Lipchitz. Guéridon *MB170*, fauteuil *MF219* et bergère *MF208*. Photographie publiée dans *Les Arts de la maison*, Éditions Albert Morancé, été 1926.

En bas, petit salon, séparé par une baie du grand. Murs couverts de tissu autour du divan et de lambris de palissandre autour de la cheminée d'angle. Canapé *MB287*, table éventail *MB152*, appliques *Auvent* et rampe lumineuse *Ruche*. Photographies publiées dans *Les Arts de la maison*, Éditions Albert Morancé, été 1926.

HABITATIONS

AMÉNAGEMENT INCONNU, 1924-1926

Cabinet de travail

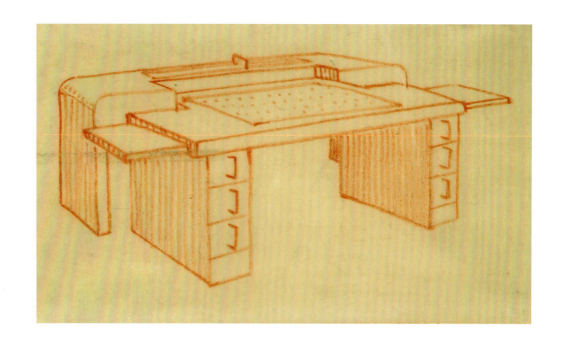

Étude au crayon d'une version simplifiée du bureau d'« Une ambassade française ».

Cabinet de travail. Bibliothèque d'angle encastrée dans le mur et surmontée d'une rampe lumineuse, bureau à caissons, fauteuil *MF220*, bergère *MF732*, guéridon *MB130*, tabouret curule, canapé *MP220*, armoire à dossiers. Photographie publiée dans *Nouveaux intérieurs français*, Éditions Charles Moreau, 1933.

VILLA
CHARLES ET MARIE-LAURE DE NOAILLES, 1925

Hyères

Chambre en plein air. Robert Mallet-Stevens conçoit la pièce, Jean Prouvé exécute les panneaux vitrés coulissants et Pierre Chareau fournit le lit à balancelle. Photographie publiée dans *Art et Décoration*, juillet 1928.

Chambre et petit salon de Charles de Noailles. Lit et siège de Pierre Chareau, fauteuils et tabouret habillés de toiles imprimées de Raoul Dufy. Photographies publiées dans *Art et Décoration*, juillet 1928.

HABITATIONS

STUDIO
DANIEL ET GILBERTE DREYFUS, 1924

Rue Bayen, Paris 17e

Daniel Dreyfus est banquier au sein du groupe Louis-Dreyfus, spécialiste du négoce des céréales. Fin 1924, il épouse Gilberte Recht, avec laquelle il a un fils l'année suivante. Proche de la famille Bernheim, ce couple épris d'art est ami de Max Ernst et de Jean Lurçat. Ils fréquentent la salle Pleyel et connaissent le violoniste Yehudi Menuhin. Ils font appel à Chareau à deux reprises, à six années d'écart, pour l'aménagement de leurs appartements successifs.

Tout juste mariés, ils convient Chareau à intervenir dans leur premier appartement, situé dans un immeuble d'angle, rue Bayen. La documentation disponible ne porte que sur la chambre et le salon[73]. Les deux pièces sont réunies par une large baie libre, dans l'épaisseur de laquelle prennent place quelques rayonnages ; toutefois cette ouverture peut être obstruée par un lourd rideau. La chambre, ceinte de tissus, adopte l'aspect d'une charmante bonbonnière. Les parois sont structurées par des cadres garnis de tentures, que surmonte un bandeau de couleur claire qui unifie les quatre murs. Pour dissimuler les vieilles moulures, Chareau recourt aux voussures obliques employées depuis 1919. Un même traitement est appliqué au plafond du salon. Près de la fenêtre de la chambre prend place une coiffeuse, tandis qu'au revers de la cloison, côté salon, un bureau est disposé. À madame est consacré un coin-boudoir ; en pendant un coin-travail est voué à monsieur. Il en est de même du revêtement avec deux matériaux distincts pour un même motif : l'espace féminin de la chambre se pare de tentures, celui plus masculin du salon s'accommode d'un papier peint. Dans cette pièce, un léger renfoncement est ménagé au niveau du divan pour lui insuffler un supplément d'intimité.

Chambre et salon-bureau communiquent par une grande ouverture flanquée de bibliothèques, qu'un rideau vert et argent peut obstruer. Photographies publiées dans *Mobilier et Décoration*, avril 1927.

Page de gauche : Chambre à coucher. Lit face à la fenêtre, coiffeuse d'angle surmontée d'un miroir, tabouret curule tapissé par Jean Lurçat, table *MB106*, fauteuil *MF219*. Tissu d'Hélène Henry.

APPARTEMENT
PHILIPPE ET JACQUELINE ETLIN, 1926

2, rue de Messine, Paris 8ᵉ

Commode en loupe d'amboine.

Chambre à coucher. Sous un ressaut du plafond, le lit corbeille prend appui sur une avancée du mur au rebord duquel sont fixées des lampes de chevet. Le mobilier est celui du précédent aménagement.

Six années après le premier aménagement conçu par Chareau pour le jeune couple, la famille compte désormais trois enfants. Elle emménage, à la même adresse, dans une habitation plus grande. Davantage que le précédent, ce nouvel appartement témoigne des goûts novateurs des Etlin dans des domaines aussi différents que l'aviation ou le confort domestique. La comparaison des mêmes pièces dans les deux aménagements est édifiante. Le salon est devenu un vaste espace dont une grande partie du mur du fond a été supprimée au profit d'une paroi vitrée qui agrandit le vestibule et l'éclaire. Faisant écho aux fenêtres sur la façade, cette séparation continue en verre, placée en retrait de la structure porteuse, se retourne dans la galerie de l'entrée afin d'isoler la partie privée de l'appartement. Le plafond surbaissé du passage se prolonge partiellement dans le salon ; entre les deux pièces, ce dais instaure un espace de transition. Les différents niveaux de plafond rythment la pièce et participent à lui conférer une ampleur appréciable. Le mobilier du premier appartement se retrouve là comme dans la chambre du couple mais dans un cadre tout autre. La pièce se caractérise également par un plafond étagé, sur trois plans différents. Le plus accentué forme un imposant caisson qui, combiné à une cloison en virgule, crée un renfoncement destiné à la tête de lit. Ainsi que le note la presse, ces découpes angulaires et « arêtes saillantes répartissent l'espace intérieur en fractions inégales, d'un effet nouveau[74] ». Le traitement des murs dans tout l'appartement tranche par son unité et son harmonie avec la diversité d'approche et le compartimentage des surfaces pratiqués dans l'aménagement précédent.

Vestibule et salon. Encadrées par trois pilastres en avancée, des portes vitrées toute hauteur séparent le salon du vestibule. Glissé sous le plafond, un dais souligne la transition entre les deux lieux. Photographies publiées dans *Encyclopédie des métiers d'art, décoration moderne*, t. II, Éditions Albert Morancé, 1930.

HABITATIONS

APPARTEMENT
ROBERT ET ANDRÉE DALSACE, 1926
3, rue Margueritte, Paris 17e

Petit salon. Retraits ou degrés successifs caractérisent le traitement en relief que Pierre Chareau applique aux parois horizontales ou verticales des pièces. Les jeux de rabattement sont ici soulignés par des appliques *Auvent*, et dans d'autres aménagements par des gorges lumineuses ou des rampes *Ruche*. Photographie de Georges Thiriet.

Salle à manger-bibliothèque. Sous un plafond qui se recourbe aux deux extrémités, aménagement d'étagères et d'armoires intégrées aux parois. Murs et boiseries sont peints en jaune. Plafonnier *La Fleur LP270*. En haut, photographie publiée dans *Mobilier et Décoration*, avril 1927. Au milieu, photographie de Georges Thiriet.

En bas, perspective d'un meuble de rangement de la salle à manger, au centre, et d'une armoire de la chambre à coucher, à droite. Graphite sur calque.

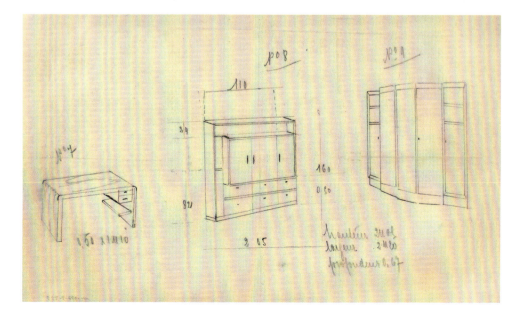

Le docteur Robert Dalsace et son épouse Andrée Bernheim sont fréquemment considérés comme parents de Jean et Annie Dalsace, or ils appartiennent à deux familles homonymes. La confusion est entretenue par le fait que les deux hommes sont médecins et ont vu leurs études interrompues par la Première Guerre mondiale. Robert Dalsace termine sa médecine en 1925 et se spécialise en urologie. À la recherche d'un décorateur pour leur futur logement, dans la perspective de leur mariage, le couple arpente l'Exposition internationale des arts décoratifs. Si leur préférence initiale va vers Chareau, ils sollicitent, poussés par le père d'Andrée, marchand de meubles, des devis auprès de plusieurs décorateurs[75]. Il n'est pas demandé à Pierre Chareau de modifier la distribution de l'appartement de cet immeuble récent, mais d'y insérer un cabinet de consultation tout en permettant au grand salon de servir de salle d'attente. Quant aux autres pièces, chambres, petit salon et salle à manger-bibliothèque, il s'agit pour certaines, selon les termes du médecin, de « camoufler » ou d'ôter les décors surannés et, pour d'autres, de les agrémenter d'un décor contemporain.

Le cabinet de consultation est de petite taille, le traitement des murs est sobre, juste rehaussé d'une nouvelle cheminée surmontée d'un long luminaire *Ruche* fait de plaquettes d'albâtre juxtaposées et d'un meuble cadré par de deux légères avancées simulant des pilastres. Tout le long des murs du grand salon, à hauteur d'appui, court un rideau dont la matière soyeuse illumine la pièce. Les moulures du plafond ont, comme dans la pièce précédente, disparu, remplacées sur deux côtés par une succession de blocs *Auvent* en albâtre diffusant une lumière douce. L'ancienne cheminée a été refaite et complétée par de fines étagères métalliques.

Plus élaboré est le travail réservé à la salle à manger et au petit salon, même si les meubles qui équipent les parois sont simplement peints. Dans les deux cas, en disposant deux ou trois degrés successifs, à la manière d'un escalier inversé, Chareau

HABITATIONS

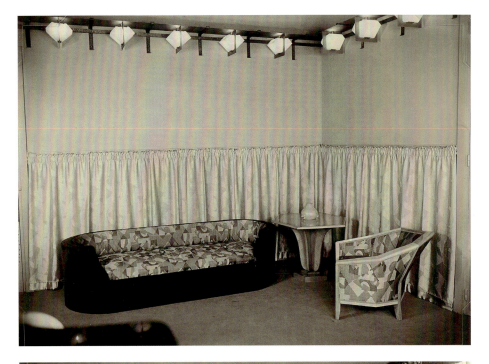

réajuste la forme des plafonds avant de les faire redescendre à la verticale le long des cloisons. Ainsi reproportionnées, les pièces offrent deux registres, celui d'un ciel agissant à la manière d'un baldaquin avec ses petites retombées latérales et, issu du sol, un registre à hauteur d'homme, accueillant bibliothèques ou placards intégrés, appliques lumineuses ainsi que des œuvres d'art, parfois disposées dans un retrait du mur. Dans la chambre des parents, le couple a opté pour la réplique, adaptée à deux personnes, de la chambre de jeune homme reproduite dans le portfolio *Les Arts de la maison* en 1924[76]. Côté façade, la paroi est presque entièrement occupée par une fenêtre, tandis que le mur en retour, face au lit, est alloué à une cheminée inscrite dans un jeu d'étagères peintes. Les voussures sont, quant à elles, ramenées à une simple géométrie oblique.

La famille grandissant, l'appartement s'avère trop petit. Elle déménage à peu de distance. « Belle occasion, comment le docteur, pour disposer dans un cadre assagi le mobilier moderne choisi dix ans plus tôt avec un sectarisme exalté[77]. » Manifestement le docteur regrette d'avoir cédé en 1925 à l'engouement du moment ; de plus, les mauvais souvenirs du chantier avec Chareau le dissuadent de le rappeler. Aussi, le couple dresse seul les plans de l'aménagement « sans fièvre et [nous] installons autour d'un cartel Louis XV un salon XVIII[e78] ». Cependant, bien des dispositifs du premier aménagement sont reproduits dans le suivant, en subissant des ajustements plus ou moins opportuns.

Grand salon-salle d'attente. Murs couverts à mi-hauteur par un rideau dissimulant les moulures. Cheminée en marbre blanc insérée dans un cadre métallique fait d'étagères. Blocs *Auvent* formant une rampe lumineuse en forme de L, canapé corbeille MP287, fauteuil MF172, table tulipe MB170, chaise MF276. Photographies de Georges Thiriet.

Ci-contre : Cabinet de consultation. Cheminée en brique suivie d'une commode de grande taille, le tout est surmonté par une longue rampe lumineuse *Ruche*. Bureau MA1055, fauteuil bas en forme de lyre, fauteuil de bureau MF208-217. Photographie de Georges Thiriet.

Chambre à coucher. La tête de lit s'inscrit dans un meuble-bibliothèque combiné à des appliques *Masque*. Une cheminée entourée d'étagères en bois peint fait face à une grande armoire légèrement cintrée qui tranche par sa couleur sombre. Photographies de Georges Thiriet.

HABITATIONS

HÔTEL PARTICULIER
JACQUES ET JACQUELINE ERRERA, 1926

14, rue Royale, Bruxelles

Outre l'aménagement non documenté d'un bureau, Pierre Chareau transforme le salon à l'aide de rideaux, d'étagères en verre soutenues par des tringles métalliques, d'un fauteuil *MF172* et d'un lampadaire *Religieuse*. Photographie publiée dans *Art et Industrie*, novembre 1926.

De couleur sombre, un coin du salon en mode hiver. Le même ensemble l'été, de couleur claire, une fois la parure foncée retirée. Photographies publiées dans *Art et Industrie*, novembre 1926.

APPARTEMENT
INCONNU, 1926
Salon

Ce double salon propose deux ambiances différentes. Tout en longueur, le petit salon, au caractère intimiste, est entièrement ceinturé de tissu et éclairé par des appliques *Auvent*. Le plafond, tapissé de papier peint, présente en son centre une voûte aplatie.

La grande pièce se distingue par un coloris lumineux que soulignent des pans de voilage suspendus à une tringle métallique faisant le tour du salon. Bergère *MF732*, guéridon tulipe *MB170*, bureau en bois et métal, table à jeu *Mouchoir MB241A*, éclairée par des appliques *Élytre LA548*, tapis de Jean Lurçat.

APPARTEMENT
CHARLES ET SUZANNE GUGGENHEIM, 1926

39, avenue Victor-Hugo, Paris 16ᵉ

Industriel et mélomane, Charles Guggenheim participe activement à la vie de la communauté israélite de Paris, tandis que son épouse est impliquée dans des œuvres de bienfaisance. Ils font appel à Chareau pour aménager leur appartement, situé dans un immeuble fort banal, conçu par Charles Plumet et achevé juste avant la Grande Guerre. L'intervention de Pierre Chareau concerne le hall-galerie, le fumoir, le salon-bureau et une chambre.

La porte d'entrée s'ouvre sur un long couloir sombre auquel Chareau substitue une galerie lumineuse en élargissant les accès aux pièces latérales désormais dotées de battants escamotables et, au plafond, en déployant des bandeaux lumineux en albâtre disposés transversalement. La galerie se termine par un rideau suspendu à un rail semi-circulaire associé à un plafond en forme de galette pourvu d'un lustre. À droite de la porte d'entrée, une armoire semi-engagée dans le mur sert de vestiaire. Lui fait face un petit fumoir, précédé par un arc en anse de panier associé à deux gorges lumineuses, disposées verticalement. La forme de l'arc est reprise par le plafond voûté, garni d'un papier peint aux motifs colorés. Le mobilier massé face à la cheminée suit la disposition décentrée de la fenêtre.

La galerie distribuant toutes les pièces. Certains passages sont soulignés par des rampes lumineuses *Ruche*.

Ci-dessous à droite et page de droite : Fumoir. Le plafond voûté est revêtu du papier peint *Celui qui aime écrit sur les murs* **de Jean Lurçat aux motifs chatoyants. Armoire en poirier et métal, tabouret curule, guéridon tulipe** *MB170* **et fauteuil** *MF220* **devant une vitrine. Ci-dessous, à droite photographie de Thérèse Bonney.**

Plus avant, la galerie communique, grâce à deux larges ouvertures munies de hautes portes repliables à 180 degrés, avec le salon de musique rempli d'instruments : piano à queue, clavecin, harpe, mais aussi mandoline, lyre… La pièce est prolongée par un bureau-bibliothèque agrémenté d'un coin-cheminée, auquel on accède par une baie largement ouverte. Comme souvent chez Chareau, un meuble enjambant l'ouverture relie les deux espaces tout en préservant la spécificité de chacun. Ici, une bibliothèque basse assure ce rôle et forme un écran qui soustrait au regard un bureau placé près de la fenêtre. La cheminée est située dans l'axe de la baie faisant communiquer le salon et le bureau. À sa gauche, une bibliothèque d'angle complète la zone travail, tandis qu'à sa droite est ménagé un coin-repos. Traité à la manière d'une alcôve, un caisson au plafond en rabaisse la hauteur afin d'amplifier le sentiment d'intimité conféré par le revêtement en tissu. Cette combinaison d'espaces à vocation spécifique renvoie directement à la dénomination de « pièce à multiples usages » proposée par Gabriel Henriot[79].

En face du salon de musique, de l'autre côté de la galerie, des portes escamotables mènent à la salle à manger, qui a conservé son mobilier anglais. Plus en retrait se trouve la chambre du couple, dont l'agencement est grevé par la présence de trois portes. Face aux deux fenêtres et proche de la cheminée, le lit est adossé à une tenture plissée inscrite dans un léger retrait simulant un recoin. Le bandeau saillant qui délimite la partie supérieure de ce contour se retourne sur le mur de la cheminée. Cette moulure en équerre engendre un sentiment de tension, contrastant avec le caractère statique du mobilier.

Chambre à coucher. Adossé à une tenture, le lit est orienté vers la coiffeuse placée entre les deux fenêtres. Latéralement, un meuble de rangement fait le pendant à une cheminée. Le mobilier en sycomore ressemble à un poème voluptueux. Tabouret **MT1015**, fauteuil **MF172**, chevet-bibliothèque, commode, coiffeuse **MS423**, appliques *Auvent*. Photographie publiée dans *Mobilier et Décoration*, novembre 1928.

Page de droite : Salon de musique. Larges ouvertures sur la galerie à l'aide de portes hautes rabattables. Entouré de bibliothèque, le bureau est adjoint d'une cheminée associée à un divan. Le salon de musique avec ses nombreux instruments est éclairé par deux rampes lumineuses *Ruche* formant une équerre. Chauffeuses **MF313**, bureau d'« Une ambassade française », bibliothèque en quart de cercle. Photographie publiée dans *Mobilier et Décoration*, novembre 1928.

APPARTEMENT
ARMAND MOSCOVITZ, 1926

6, rue Roger-Bacon, Paris 17e

Living-room. Deux pièces en enfilade réunies par une baie libre et une bibliothèque basse placée transversalement. Photographie du bas publiée dans *Les Arts de la maison*, hiver 1926.

L'aménagement du nouvel appartement de ce négociant en pierres précieuses dans un immeuble tout juste achevé porte essentiellement sur la volumétrie générale et l'inscription du mobilier dans l'architecture. En 1926, Chareau traite, à notre connaissance, les deux pièces de réception tout en les raccordant. Dans l'embrasure de la baie libre, d'un côté il place deux panneaux obliques formant un V, équipés d'appliques en verre dépoli, et de l'autre une cloison équipée d'une bibliothèque, associée à un meuble bas placé transversalement. Comme pour l'aménagement Guggenheim, ce petit élément de mobilier associe physiquement les deux espaces. Au fond du salon, dans un recoin au plafond surbaissé, est disposé un *cosy corner*. Sur le mur en retour, le caisson du plafond de l'alcôve se prolonge sur un mode mineur. En dessous, Chareau ménage un léger retrait afin de mettre en valeur la cimaise et ses œuvres d'art. Hormis quelques étagères, tous les meubles sont partie intégrante des parois et simplement peints. La salle à manger est plus sobrement traitée, le plafond est ceinturé à l'aide d'une simple corniche aux formes géométriques.

Une fois aux États-Unis, Moss est le seul de ses anciens clients réfugiés à New York qui sollicite Chareau. « En 1941, rapporte-t-il, je n'étais en mesure de le convier à meubler mon studio, situé dans le quartier de Central Park South, qu'à moindre coût. Il l'a décoré en mettant au sol et sur certains murs des carrés bruns et noirs en rotin assemblés de manière que chacune des couleurs se déploie sur une surface suffisante. Il trouva chez Bloomingdale's un excellent mobilier, peu onéreux et aux lignes pures. Je les utilise toujours. Le Museum of Modern Art [MoMA] en a acquis pour sa collection[80]. »

APPARTEMENT
M. G., 1927
Chambre d'enfant, garçonnière

Chambre d'enfant. Pochoir publié dans *Décoration moderne dans l'intérieur*, S. de Bonadona, s.d.

Garçonnière. Désirant procurer le confort nécessaire à la vie moderne, Pierre Chareau dispose une cheminée, un canapé corbeille, un fauteuil *MF1050*, un guéridon tulipe *MB170*, une coiffeuse *MS1009*, des appliques *Mouche LA548*, un coussin de Dollie Chareau, des rideaux d'Hélène Henry et un tapis de Jean Burkhalter. Photographies publiées dans *Intérieurs et Ameublements modernes*, Éditions Eugène Moreau, 1927.

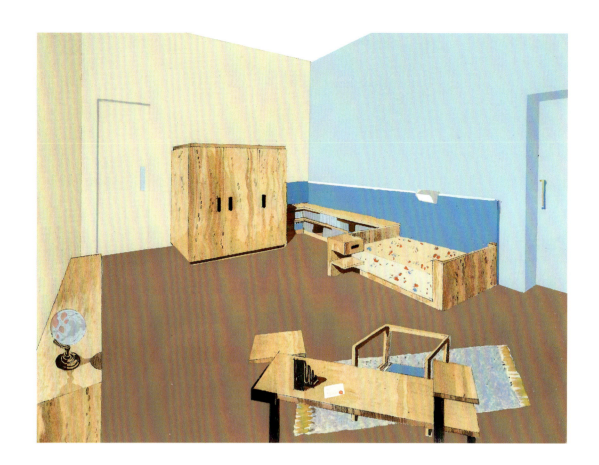

APPARTEMENT
RAYMOND ET MADELEINE DIOR, 1927

3, square de l'Opéra, Paris 9e

Living-room. Pochoir publié dans *Intérieurs. L'Art international d'aujourd'hui*, Éditions Charles Moreau, 1929.

Coin-bureau. Parois de couleur grise, pêche et abricot.

Page de droite : Living-room. Photographie publiée dans *Encyclopédie des métiers d'art, décoration moderne*, t. II, Éditions Albert Morancé, 1930.

Madeleine Dior, fille d'un riche entrepreneur, est une des premières femmes avocates. Son mari Raymond, frère aîné du célèbre couturier, est rédacteur à la revue artistique et littéraire *Le Crapouillot*. Elle assure pour sa famille la gestion des biens immobiliers, qui comprennent une partie du quartier Édouard-VII où, dans un immeuble d'angle, le couple réside[81]. Jeune femme très introduite dans la société parisienne, assidue aux concerts et aux vernissages, elle fréquente la galerie Jeanne Bucher. En 1925, l'Exposition internationale des arts décoratifs constitue pour elle une véritable révélation qui l'amène, peu après, à confier à Chareau l'aménagement de deux pièces de l'appartement où, selon le goût traditionaliste de son époux, le mobilier Louis-Philippe voisine avec le Napoléon III[82].

Dès le premier rendez-vous, les propositions sont acceptées[83]. L'architecte entend transformer deux pièces indépendantes, salon et bureau de madame, en un même volume constitué d'un double espace. Celui-ci est séparé par deux portions de cloison en forme de L, l'une descendant du plafond et l'autre montant depuis le sol. Perpendiculairement à la fenêtre du bureau, un meuble-bibliothèque est encastré sous un ample caisson cubique. Ce dernier se retourne le long du mur opposé à la façade afin de rassembler les deux entités spatiales. Il se déploie dans le salon jusqu'au *chimney corner*, avec son foyer associé à une banquette et un meuble en retour. Le dispositif dynamique créé par ce plafond surbaissé engendre un axe oblique joignant le retrait le plus intime et le plus sombre au fond du bureau avec le coin le plus éclairé du salon et ses fenêtres d'angle. Tout autour du salon court une tringle plate en fer forgé qui souligne la perspective et assure de multiples fonctions : faire coulisser les grands rideaux aux abords des fenêtres, servir de support à des réflecteurs éclairant la cimaise ou à des tringles à tableaux.

APPARTEMENT
FERNAND SIMON, 1927
Le Rebberg, Mulhouse

Vaste demeure sur la colline du Rebberg à Mulhouse. La famille occupe la partie droite.

Grand salon. Au centre du plafond, un renfoncement ménage un caisson lumineux. La pièce de proportions généreuses permet la présence de plusieurs groupes de mobilier disséminés sur des tapis de Jean Lurçat. Fauteuils *MF172*, guéridon tulipe *MB170*, chauffeuses *MF313*.

Salon de musique. Aux deux extrémités, des parois arrondies referment la pièce sur elle-même. Latéralement, derrière le piano et le grand canapé, des tentures réchauffent l'atmosphère de la pièce. Bergères *MF158*.

HABITATIONS

AMÉNAGEMENT
HÉLÈNE DE MANDROT, 1927

52-54, avenue de La Motte-Piquet, Paris 7ᵉ

Chambre à coucher. L'ameublement contient plusieurs éléments conçus par Hélène de Mandrot. Poteau support d'une applique *Auvent*. Photographie de Maurice Tabard.

Page de droite : Plafond curviligne dissimulant une rampe lumineuse, psyché-coiffeuse *MS418-MS419*, portes rabattables pouvant isoler le vestibule d'entrée. Photographies de Germaine Krull.

Devenue veuve et héritière du château de La Sarraz, Hélène de Mandrot y crée une structure d'accueil destinée aux artistes régionaux, qui sont notamment impliqués dans les arts décoratifs. Par ailleurs, elle y organise plusieurs événements importants, dont la fondation des Congrès internationaux d'architecture moderne (CIAM), en 1928, et l'année suivante, le Congrès du cinéma indépendant, auquel participe Sergueï Eisenstein. Proche de la châtelaine, Éric Poncy, graphiste, peintre et décorateur de théâtre suisse, relate, cinquante ans après, le chantier de l'appartement parisien, avec une raillerie à l'égal de sa jalousie envers Chareau.

« Paris le 7 novembre 1926

« Madame de Mandrot [...] a commandé, il y a dix-huit mois, une chambre à coucher à Chareau — 40 000 francs, payés d'avance ! [...] Pendant six mois, l'appartement est resté éventré puis, profitant d'une longue absence de la maîtresse de maison, il a enfin entrepris de rebâtir.

« Quand madame revient de voyage, oh horreur, toutes les portes sont rabaissées à 1,75 mètre de haut et laissent apparaître un jour entre la maçonnerie et le bois. Elle doit assurer des frais considérables pour boucher les trous, faire les raccords, réassortir les papiers. Je dois dire que ces portes sont parfaites de proportions mais je n'y passe pas sans me baisser. »

Vient ensuite la description de la chambre.

« C'est une admirable création, certes, mais pour une piscine ou une clinique ! Et quel sens pratique ! C'est à se tordre de rire ! Mme de Mandrot qui rit jaune d'or (on la comprend) appelle cela le four Chareau.

« Comment décrire cette merveille ? On est partagé entre l'ironie et l'admiration. Visuellement c'est intéressant et sympathique. Tout est en stuc de couleur ivoire avec des pans de murs irréguliers, des décrochements. Un éclairage invisible et irréel reflète la lumière contre le plafond et confère à la pièce une atmosphère intime dans une clarté parfaite. Pas d'armoire, deux ou trois casiers grands comme un carton à souliers, des caissons inutilisables "pour ne pas briser la ligne", un cube collé au-dessus de la tête de lit, sujet d'angoisse pour madame, qui projete de dormir avec la tête au pied du lit. Quant à la fenêtre, c'est une autre histoire ! Elle est d'un seul battant d'au moins 1,20 mètre de large, ce qui prend une place énorme quand on l'ouvre et oblige à se déplacer, vu son poids et son rayon ! [...] Et les meubles ? Ils n'existent pas encore ! Mme de Mandrot ignore quels seront ceux qui lui seront offerts dans le prix global. Elle n'a rien à dire ! Pierre Chareau boucle le téléphone dès qu'elle émet une critique. Elle est indignée en nous contant cette aventure. J'ajoute qu'il doit être difficile de travailler pour elle. »

Le chantier achevé, Éric Poncy concède quelques qualités à la réalisation avant d'asséner un coup de pied de l'âne.

« Paris le 27 février 1927

« La chambre à coucher de Mme de Mandrot est enfin terminée et débarrassée des principales erreurs commises par l'architecte. Elle donne l'impression de confort et d'intimité par des moyens simples. La pièce est une sorte de sculpture subtile tout ivoire et blanc. La lumière vient de partout et de nulle part. C'est d'une grande douceur et flatteur pour le teint mais, paradoxe, cette pièce, qui repose les yeux, fatigue l'esprit qui tourne en rond et ne sait où s'arrêter[84] ! »

HÔTEL PARTICULIER HÉLÈNE REIFENBERG, 1927

4, rue Mallet-Stevens, Paris 16ᵉ

Robert Mallet-Stevens, façade principale de la villa d'Hélène Reifenberg. Photographie publiée dans *Mobilier et Décoration*, avril 1928.

Ci-contre et page de droite, en bas : Salon de musique. Un faux plafond avec une avancée proéminente et incurvée coiffe le fond de la pièce. Les bibliothèques font face à un coin-bureau, avec bergères *MF732*, fauteuils *MF1050*, tabouret curule. À l'opposé, côté portes menant à la salle à manger, fauteuils *MF1050*, guéridon tulipe *MB170*. Au centre de la pièce, un piano de concert. Page de droite, photographie de Thérèse Bonney.

À la tête de la maison Reifenberg frères, spécialisée en broderie, nouveautés et jouets, Hugo et Hélène Reifenberg, riche couple d'Allemands installés à Paris, habitent un hôtel particulier qu'ils se sont fait construire en 1908. Après le décès de son mari en 1919, cette femme du monde se joint à l'opération confiée à Mallet-Stevens qui, dans l'impasse qui aujourd'hui porte son nom, édifie pour elle un immeuble d'une vingtaine de pièces[85]. La distribution est classique : services au rez-de-chaussée, espaces de réception et chambre de madame au premier étage, chambres d'enfants et d'amis aux deuxième et troisième étages. Comme à la villa Noailles et selon le souhait de la cliente, outre Mallet-Stevens, plusieurs créateurs travaillent à l'intérieur. Selon le critique René Chavance, les chambres sont respectivement l'œuvre de Bernard Bijvoet, Gabriel Guévrékian, Noémie Hess et Francis Jourdain, qui prend également en charge le fumoir[86]. Quant à Pierre Chareau, il se voit attribuer l'étage noble où, de part et d'autre du palier du premier niveau, se trouvent les espaces privés de madame et les pièces de réception, qui comprennent la galerie, le salon et la salle à manger.

Ces espaces, commente un critique, témoignent d'une « même recherche de confort sérieux qui séduit par l'unique harmonie des proportions, le seul accord des coloris. Le parquet est en marqueterie de bois, mais les murs sont nus sous l'enduit blanc. Pas de pièces de pur apparat[87] ». Une double porte conduit de l'escalier à la galerie qui mène au salon et aux espaces de service. Ouvert tout du long sur la cour arrière, ce hall d'entrée est coiffé d'un parement de bois qui redescend jusqu'aux linteaux des portes. Deux portes latérales permettent d'accéder au salon. Entre elles, prend place un grand panneau où, dans un léger renfoncement, s'inscrit un meuble-casier[88]. Le salon est une grande pièce rectangulaire dont le plafond, côté galerie, est souligné par un bandeau à deux ressauts. Le premier étroit, le deuxième plus large, tandis que le troisième recul forme corps avec le mur. Dans un mouvement arrondi, ce jeu de reliefs successifs caractérise le recoin de l'entrée principale, au plafond rabaissé. Comme dans le salon des Dalsace en 1919, on pénètre en longeant une paroi perpendiculaire constituée de rayonnages, au dos desquels un meuble-bibliothèque concave prend place. De l'autre côté de l'entrée sont disposées des étagères. Ce coin-lecture est prolongé par la cheminée puis par le bureau de madame, placé en façade. À l'opposé de la bibliothèque trônent le piano et, dans l'angle près de la fenêtre, un salon propice aux échanges, derrière lequel se déploie le panneau coulissant donnant accès à la salle

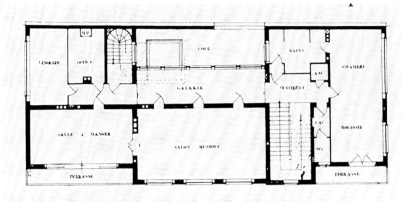

Robert Mallet-Stevens, plan du premier étage. Illustration publiée dans *Mobilier et Décoration*, août 1927.

Proposition d'aménagement du salon de musique comprenant, sur la partie gauche, des panneaux coulissants de forme arrondie permettant de clore l'espace autour de la cheminée.

Salle à manger. Le traitement du plafond associe dans un jeu virtuose des caissons à plusieurs redents et des gorges lumineuses que complètent divers appareils d'éclairage. Aux murs, des étagères et des petites armoires oblongues logent la vaisselle. Table de salle à manger *MB413*, chaises en palissandre et cuir. Photographie publiée dans *Intérieurs. L'Art international d'aujourd'hui*, Éditions Charles Moreau, 1929.

Page de gauche : Galerie distribuant le salon de musique, la salle à manger et l'escalier ainsi que des pièces de service. Le grand meuble sert notamment à ranger les partitions de musique. Appliques *Auvent LA250*.

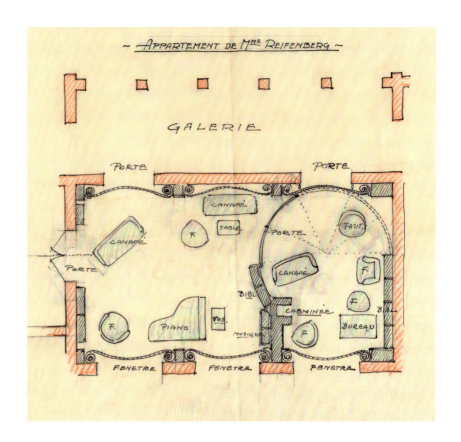

HABITATIONS

Chambre. Armoire cylindrique de rangement à trois positions : penderie, miroir, commode à tiroirs coulissants ; le tout pivote autour d'un axe central.

Ci-contre et page de droite : Chambre. Le boudoir-bureau côté rue et, de l'autre côté, la partie nuit peuvent être isolés à l'aide d'un rideau suspendu à un robuste élément métallique. Au pied du lit, la cheminée fait face à une coiffeuse *MS1009* dotée d'un miroir coulissant sur un rail. Page de droite, photographie de Georges Thiriet.

à manger. L'embrasure de ce passage a délibérément été élargie pour solenniser cette transition et permettre la mise en place, côté salle à manger, d'une double porte faite de battants rabattables deux à deux. Cette dernière pièce, tout en longueur, est composée selon une ligne oblique : deux parois, disposées à angle droit, sont occupées l'une par le passage, l'autre par les ouvertures donnant sur une terrasse, tandis que les deux autres murs servent de support à des meubles. Au plafond, cette opposition est reprise par deux caissons lumineux en forme de L, placés aux deux angles opposés. Au-dessus des meubles, la gorge de lumière est prolongée par des reliefs successifs gagnant, au centre, le curieux dispositif d'éclairage faisant office de plafonnier. Le mur du fond se fait l'écho de la superposition au plafond de contours cubiques. À la même époque, on retrouve un jeu similaire de formes géométriques associé à des appareils d'éclairage au plafond du restaurant et du bar du Grand Hôtel de Tours.

De l'autre côté du palier, Chareau s'emploie à rythmer, grâce à deux dispositifs, l'ingrate pièce réservée à la chambre et au boudoir de madame. À droite de l'entrée, il dispose un cylindre qui fait fonction de penderie. Cet ample volume renflé resserre le passage menant vers le boudoir-bureau. La chambre peut être isolée par un rideau coulissant qui prolonge la tenture en tête de lit jusqu'à enclore toute la partie dédiée au repos. Replié, ce rideau laisse visible le rail métallique le long duquel il coulisse. Cette présence affirmée du métal dans un espace féminin au luxe discret est dénoncée par le critique de *Mobilier et Décoration* soulignant : « Il arrive que, par son importance injustifiée, l'appareil métallique revête la forme un peu agressive d'un manifeste. Témoin, dans la chambre de la maîtresse de maison, cette puissante armature de fer assez robuste pour guider le va-et-vient d'un wagonnet et qui ne supporte qu'un rideau de velours[89]. » Chareau organise enfin un léger renfoncement dans le mur opposé aux fenêtres, où il insère un meuble-bibliothèque associé à une porte dissimulée donnant accès à la salle de bains.

APPARTEMENT
MADAME B., 1927

Galerie. Baignée de lumière, elle dessert les pièces de réception. Plafond tapissé par un papier peint de Jean Lurçat, canapé corbeille. Photographie de Georges Thiriet.

Page de droite : Trois pièces en enfilade se succèdent et communiquent par de larges embrasures : le salon, le hall d'entrée et la salle à manger au fond. Fauteuil bas en forme de lyre *MF208-217*, table éventail *MB106*, applique *Auvent LA250*. Photographie de Georges Thiriet.

Cet aménagement fait l'objet d'une abondante illustration dans un article peu disert de la revue *Mobilier et Décoration* où la commanditaire est désignée en tant que Mme B.[90]. L'appartement est spacieux, seules trois de ses pièces sont présentées : la galerie d'entrée, la salle à manger et le double living-room. Comme à l'accoutumée, la « pièce charnière[91] » est la galerie, également nommée « antichambre, avec son plafond formant voûte et tapissé d'un vigoureux papier ; au premier plan, un divan hospitalier[92] ». Bien éclairé, c'est le lieu où se croisent les principales circulations de la maison. Deux portes donnent accès au « living-room, qui paraît de dimensions respectables, [il] est en réalité formé de deux pièces dont on a coupé le mur de séparation[93] » du moins partiellement, à la manière des portions de cloisons de l'appartement Dior. L'articulation entre les deux espaces est mise en évidence par des meubles destinés à la conversation. Le traitement du plafond tout à la fois unit et identifie chacune des deux parties. Le mur longeant la galerie est surmonté d'un petit caisson qui court au-dessus des portes d'entrée avant de se retourner en courbe pour se diriger vers les fenêtres en façade. Ce bandeau en forme d'équerre assure la continuité entre les deux espaces et, dans un mouvement contraire, la petite section du living-room se singularise par une voûte aplatie insérée dans un cadre proéminent. Le long du bow-window, un coin-conversation est aménagé. La cheminée en brique du *chimney corner* est combinée « avec un petit casier, à angle droit, pour recevoir quelques livres ou objets d'art ; un confortable fauteuil [et une banquette] complète[nt] le coin intime. Un second casier à livres, à trois rayons, garnit l'autre angle de la cheminée[94] ». De la galerie, une autre porte, doublée d'une portière suspendue à un rail métallique, mène à la salle à manger. Cette pièce régulière à huit pans, dont l'un occupé par l'entrée et un autre par une ouverture, est agrémentée d'une rampe lumineuse se terminant en demi-cercle, incorporée au plafond. Table, chaises et bahut sont les seuls meubles de cet espace dépouillé et harmonieux où « rien ne manque et [où] il n'y a rien de trop[95] ».

Salle à manger. À l'aide d'un caisson lumineux arrondi constitué d'une rampe *Ruche*, Pierre Chareau confère une rigueur formelle admirable à cette pièce polygonale dont la fenêtre est située en recoin. Table *MB413*, chaises *MF275*. Photographie de Georges Thiriet.

Salon. *Chimney corner* en brique et bois peint adossé à une étagère. Des éléments de canapé associés à des bibliothèques relient les deux parties de la pièce. Chaise *MF275*, guéridon tulipe *MB170*, fauteuil *MF220*, fauteuil bas lyre, applique *Auvent LA250* variante à trois blocs. Photographies de Georges Thiriet.

AMÉNAGEMENT
INCONNU, 1928
Chambre de jeune homme

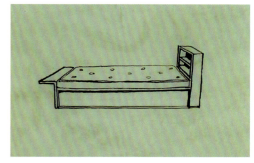

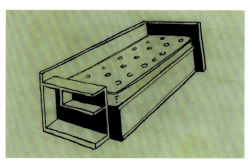

À gauche : Chambre à coucher. Au fond de la pièce, une composition abstraite en vitrage translucide éclaire une pièce de service. Lit flanqué de chevet, guéridon *MB130*, lampe à poser *Religieuse*.

Ci-dessus : Études de lits et de chevets, s.d.

Page de droite : Chambre à coucher. Ceinturant trois côtés par un imposant caisson au plafond, Pierre Chareau transforme radicalement la configuration rectangulaire de la pièce tout en jouant des saillies et des retraits de murs. Bergère *MF1002*, appliques *Mouche LA548*.

APPARTEMENT
MONSIEUR ET MADAME BRUNSCHWIG, 1928
Coligny, Genève

Salle de bains. Les armoires ventilées à l'aide de caillebotis rappellent la salle de bains exposée en 1920. Face à la baignoire, cabine de douche isolée à l'aide d'une paroi arrondie en verre armé. Murs, sol et revêtement de la baignoire sont en comblanchien. Côté fenêtre, penderies intégrées dans la paroi et psyché-coiffeuse **MS418-MS419**.

AMÉNAGEMENT
INCONNU, 1929
Chambre à coucher

Chambre à coucher. Près de la fenêtre en saillie qu'une banquette vient agrémenter, Pierre Chareau organise à l'aide de deux étroites bibliothèques en bois peint un élégant boudoir-bureau. Fauteuil *MF1050* et bureau-coiffeuse *MS1009*. Photographie publiée dans *Nouveaux intérieurs français*, Éditions Charles Moreau, 1936.

APPARTEMENT
PIERRE ET MARIE DREYFUS, 1929

4, square de l'Alboni, Paris 16e

Hall d'entrée. Exèdre au centre de laquelle s'inscrit la porte du bureau. Deux paravents rabattables suspendus à un rail courbe peuvent la masquer.

Ci-dessus : Galerie. Bordé sur un côté d'une bibliothèque, le passage menant au salon est doté de portes-paravents coulissant sur un rail métallique.

Pierre Dreyfus, fils du capitaine Dreyfus, est un industriel sorti de l'École centrale. Il s'installe en 1929 avec son épouse Marie et leurs quatre enfants dans un appartement occupant tout le quatrième étage d'un immeuble édifié quinze ans auparavant[96]. Quoique locataires, ils entreprennent d'importants travaux, selon un usage relativement courant à l'époque. Plusieurs intervenants se partagent la décoration : Jean-Charles Moreux se voit confier le bureau de monsieur et les chambres d'enfants, Jules Leleu la salle à manger et la chambre des parents, Pierre Chareau les pièces de réception, l'entrée et la galerie d'accès.

Formant un hémicycle, le hall d'entrée permet de distribuer tout l'appartement. Face à l'entrée, une petite porte surbaissée donne sur le bureau de monsieur. Cette ouverture, rarement usitée, est dissimulée par deux paravents suspendus à un rail courbe. À droite, une grande double porte mène à la partie arrière de l'appartement, en vis-à-vis de laquelle se trouve la galerie menant au living-room et à la salle à manger. Ce large passage peut être clos à l'aide de portes-paravents suspendues à un rail métallique. Au fond, un rideau dissimule l'angle rentrant de la courette de service et, en retour, la porte de la salle à manger. De loin, le regard est happé par un surprenant poteau champignon dont la fonction porteuse est transmuée en une espèce de sculpture jaillissante. Isolé de toute part, ce pilier est surmonté

Salon. S'évasant jusqu'au plafond, insolite poteau champignon avec une collerette équipée d'un appareillage d'éclairage.

Double page suivante : Salon. Une colonne lumineuse et un pilier-bibliothèque irradient jusqu'au moindre recoin de la pièce.

d'un étrange chapiteau de forme hyperboloïde s'évasant jusqu'au plafond[97]. Entre la sombre base carrée et la corolle circulaire d'une pâleur immaculée prend place une collerette équipée d'un appareillage électrique qui transforme l'ensemble en une « colonne lumineuse[98] ». Celle-ci irradie sur l'espace avoisinant, bien dégagé par Chareau, qui a abattu nombre de cloisonnements. Passé cet étonnant support, on gagne une des extrémités de l'appartement pour découvrir toute l'ampleur du living-room. Selon un procédé ingénieux testé à l'occasion de l'aménagement Lanique-Schauffler, Chareau a tracé un axe diagonal en direction de la porte du bureau, placée à l'extrémité opposée, augmentant en apparence la profondeur de la pièce. Quant à la séparation initiale entre les deux pièces, côté fenêtres, seule reste une tête de mur, tandis qu'à l'opposé, côté intérieur, un élégant « pilier-bibliothèque » supplée les structures disparues[99]. Semblant doubler le refend placé juste derrière lui, ce type d'écran original induit un passage dérobé.

Quant au plafond, en toute autonomie, il s'emploie à moduler et spécifier certains secteurs de la pièce à l'aide de trois strates distinctes. Le niveau le plus élevé correspond à une étroite bande, en forme de L, qui longe toute la façade avant de se retourner sur le mur mitoyen en direction de la courette dissimulée par une tenture. La strate médiane couvre la quasi-totalité du plafond et cache les poutres ajoutées en raison des démolitions entreprises en début de chantier. La partie la plus basse et la plus proéminente de ces trois degrés, aux contours géométriques, est un caisson en forme de virgule qui débute dès la galerie et se retourne au niveau de la courette pour fusionner avec le niveau le plus élevé de ces reliefs. Aucune gorge lumineuse ne vient ici se glisser dans des goulottes. Chareau préfère disposer, aux différents ressauts du plafond, des appareils d'éclairage indirect récemment inventés par l'ingénieur-éclairagiste Jean Dourgnon. Ces luminaires *Tigralite* sont pour la plupart en forme de demi-cercle. Combinés par deux, ils forment alors un cercle parfait, comme la collerette dont la « colonne lumineuse » est pourvue.

Cet aménagement, unique dans son genre, constitue une réalisation de transition, annonciatrice des créations ultérieures. D'une part Chareau y entreprend des démolitions conséquentes, inspirées par celles menées sur le chantier de la Maison de verre, d'autre part il se livre à une expérimentation spécifique quant au traitement architectonique. Au lieu de structurer le vide à l'aide de délimitations physiques, opaques ou transparentes, comme il le pratique d'habitude, il concentre toute l'attention sur la « colonne lumineuse » et le « pilier-bibliothèque ». Ensemble, par un subtil jeu de renvois et de contrepoints, d'affinités et d'assonances, ces deux éléments ordonnancent l'espace. Cela étant, comme fréquemment, il recourt au principe de « pièces à multiples usages ». La galerie assume également la fonction de bibliothèque ; dans la double pièce du living-room, Chareau spécifie certaines parties : au petit salon sont dévolus les espaces plus intimes, quant au grand salon, avec son bow-window il se prête parfaitement au rôle de salle de réception.

Grand salon. Vue de nuit, la façade sur rue et ses baies vitrées sont dissimulées derrière d'amples voilages doublés de rideaux.

Page de droite : Dans l'angle saillant, des tentures cachent la courette de l'immeuble. Au fond, la porte de la salle à manger, en partie masquée.

AMÉNAGEMENT
INCONNU, 1929-1930
Chambre à coucher et salle de bains

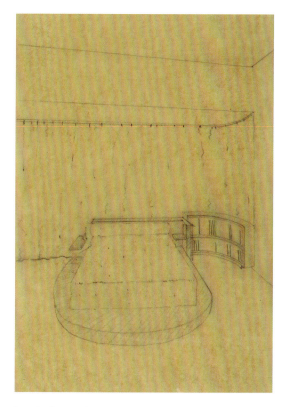

Dessin d'un aménagement de chambre à coucher.

Chambre à coucher. À plusieurs occasions, Pierre Chareau associe un lit à une bibliothèque unie à un guéridon articulé et juchée sur une sphère. Appliques *Auvent LA550*. Photographie publiée dans *Nouveaux intérieurs français*, Éditions Charles Moreau, 1936.

Page de droite : Salle de bains. La chambre est précédée par un passage bordé d'une banquette disposée sous une fenêtre et d'une paroi partielle en verre dépoli avec, au-dessus, une gorge lumineuse. Sol et parois en mosaïque. Coffre à linge *MA374*.

APPARTEMENT
PHILIPPE JACQUES DIDISHEIM, 1929
11, avenue Ernest-Heutsch, Genève

Living-room en deux parties reliées par un meuble. Pierre Chareau jugule l'irrégularité de cet ensemble en enfilade par un traitement du faux plafond équipé de plafonniers *La Fleur LP270*. Chauffeuse *MF313*, fauteuil *MF1050*. Photographies publiées dans *Intérieurs. L'Art international d'aujourd'hui*, Éditions Charles Moreau, 1929.

VIEUX MOULIN
EDMOND ET MADELEINE FLEG, 1930
Beauvallon

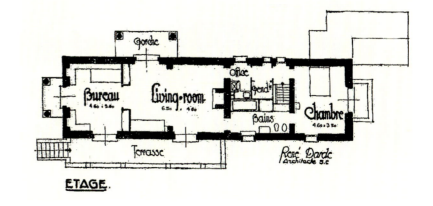

Situé en bord de mer, en contrebas du golf-hôtel de Beauvallon, un ancien moulin a été donné par Émile Bernheim à sa fille Madeleine lors de son mariage avec Edmond Fleg. Au fil du temps, cette vieille construction rurale a progressivement acquis l'apparence d'une petite bastide provençale. C'est tout naturellement qu'ils font appel à Chareau pour en entreprendre l'aménagement. Un article publié dans *La Vie à la campagne* en rend compte : « L'intérieur a été complètement transformé. La chambre-studio à l'extrémité ouest s'ouvre directement sur la salle à manger, dont buffet-dressoir, etc. sont fixes et en maçonnerie. Elle est dotée d'un lit et d'un rayonnage en ciment. [...] C'est là un aménagement d'avant-garde, une anticipation en quelque sorte. » L'auteur de l'article laisse poindre son scepticisme face à ces options novatrices : « Les nouveautés de ce genre veulent préparer les progrès de l'avenir. Cette conception prévoit un futur où presque toutes choses meublantes de jadis auront cédé le pas à des réalisations aux esthétiques inédites. Il conviendrait d'examiner si le confort et la logique ont aidé à disposer l'intérieur de ce vieux moulin[100]. »

Plan du premier étage comprenant les aménagements de Pierre Chareau et façade du vieux moulin. Illustrations publiées dans *La Vie à la campagne*, 1er septembre 1931.

Ci-contre : Bureau. Mobilier en béton, hormis le bureau devant la fenêtre. Photographie publiée dans *La Vie à la campagne*, 1er septembre 1931.

APPARTEMENT
DANIEL ET GILBERTE DREYFUS, 1930

9, rue Le Tasse, Paris 16ᵉ

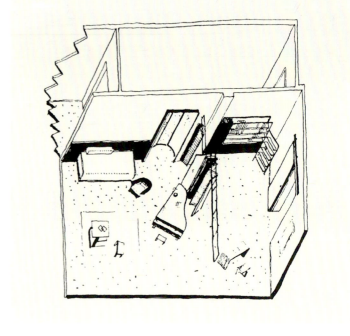

Salon. Autour du coin-cheminée, fauteuils *MF219*, tabouret curule tapissé par Jean Lurçat, table basse *MB45*, fauteuils bas en forme de lyre, canapé d'angle recouvert d'un tissu d'Hélène Henry. Aux murs, des teintes beiges, ivoire et abricot.

Axonométrie partielle du vestibule et du salon. Toutes les cloisons préexistantes ont été abattues. Illustration publiée dans *Art et Décoration*, avril 1932.

Situé à deux pas du Trocadéro, dans un immeuble cossu récent, le nouvel appartement où la famille Dreyfus élit domicile en 1930 est situé en face du célèbre immeuble en béton armé d'Auguste Perret, rue Franklin. Comme six ans auparavant, Chareau est convié à l'aménager. Pour les pièces privées, il recourt à des solutions déjà usitées, mais pour le salon il tente une approche inédite. « On abat toutes les cloisons de l'ancien appartement, commente le critique Pierre Migennes, de manière à obtenir une pièce unique et aussi vaste que possible. Il s'agit ensuite de reconstituer dans cette grande salle vide les multiples pièces à usages divers qui existaient précédemment, sans perdre pour cela le bénéfice du vaste espace retrouvé. Là, interviennent utilement les hauts paravents qui font office de cloisons mobiles et les cloisons de verre qui isolent plus complètement, sans rompre les beaux effets de longue perspective[101]. » Dans l'article d'où provient cette citation, l'auteur traite conjointement des interventions de Chareau chez Daniel Dreyfus et Maurice Farhi. Toutes deux procèdent effectivement d'une même approche : faire le vide le plus absolu avant de restructurer l'espace ainsi dégagé à l'aide d'éléments mobiles ou transparents. La démolition avait été pensée en ce sens chez Pierre Dreyfus, mais Chareau avait alors recouru à des éléments fixes ou opaques. Les évolutions expérimentées sur le chantier de la Maison de verre lui permettent de faire de ces deux derniers aménagements des hauts lieux de l'élaboration du cadre de la vie moderne.

Il ne suffit plus à Chareau d'avoir introduit dans son travail de nouvelles formes faites de compositions géométriques abstraites. Affirmer un art de son temps requiert d'aller plus loin et d'exprimer tous les aspects de l'époque contemporaine. Le cinéma a montré la voie, comme dans *L'Inhumaine* de Marcel L'Herbier ou dans *Berlin, symphonie d'une grande ville* de Walter Ruttmann. Le premier dévoile le laboratoire d'un jeune savant avec ses machineries frémissantes, jamais à l'arrêt, et ses innovations techniques, comme ces ondes de la transmission sans fil aussi inapparentes que passe-muraille. Le second narre en images une réalité urbaine nouvelle dont le rythme inédit, l'énergie machiniste, le mouvement incessant se télescopent, le tout capté à travers la lentille transparente de la caméra. Désormais, à l'échelle d'un habitat, Chareau puise dans une telle réalité l'essence de son architecture et place la mobilité comme une composante essentielle de l'art de son temps : « Plusieurs dispositifs développent cette notion de mobilité [...] : table murale coulissante [le long de deux guides], porte suspendue à un rail apparent, étagères pivotantes, double porte arrondie, en verre, dont la rotation est assurée par un

À l'autre extrémité du double salon, un coin-bibliothèque. Au centre du plafond, un renfoncement équipé de luminaires *Tigralite* aux angles. Table éventail *MB106*, fauteuil *MF1050*, porte-plantes sur pieds *PF35*.

Depuis le vestibule, accès assuré par une porte arrondie en verre pivotant sur un axe. Les deux parties du salon sont séparées ou unies par des paravents en cuir et bois, coulissant sur un rail placé à distance du plafond.

HABITATIONS

Boudoir et chambre.
Dans le boudoir aux parois grises et bleues, la présence de la coiffeuse *MS417* et de son tabouret *MT1015* n'altère pas l'aspect plus contemporain de la pièce qu'illustre le guéridon *Diabolo*. La chambre restitue en plus sobre l'ambiance de l'aménagement antérieur.

pivot supérieur, reprise du système à l'œuvre à la Maison de verre[102]. » Tous prennent place dans un volume unique où Chareau s'est employé à faire voler en éclats les notions conventionnelles de limite.

L'accès au salon depuis la galerie se fait par l'intermédiaire d'une porte en verre bombé. Ses deux battants, convexes vers l'intérieur du salon, coulissent au sol grâce à deux glissières. En partie haute, chaque moitié est maintenue par un compas dont les tringles horizontales rejoignent un axe descendant le long du mur. Ce mécanisme, ostensiblement révélé, est par surcroît prolongé au plafond par un relief en creux de forme circulaire répliquant le mouvement d'ouverture. D'un côté se tient la partie plutôt immobile, comprenant le coin-salon avec sa cheminée ; de l'autre la bibliothèque pour laquelle Chareau invente une séparation mobile, légère et très spécifique, qui emprunte autant à la cloison articulée qu'au paravent. Disposé perpendiculairement à la fenêtre, à bonne distance du plafond, un cadre métallique en forme de baïonnette rejoint le mur d'en face. Neuf panneaux sont suspendus et constituent une cloison accordéon sans lien avec le sol. Le système se prolonge, après un décalage conçu à l'aide d'une cloison transversale en verre, par quatre panneaux semblables aux précédents, servant de porte rabattable. L'ensemble de cette partition module l'espace, qui peut se transformer en deux sous-parties ou, au contraire, s'étendre bien plus loin à condition que la large porte coulissante à l'extrémité du coin-bibliothèque soit ouverte. Un tel mécanisme d'obturation coulissant procure une flexibilité maximale quant à l'organisation et l'utilisation de la pièce. Les reliefs ménagés au plafond individualisent chacun des espaces. *A contrario* de cette différenciation, une étroite bande le long du mur mitoyen à la galerie a vocation à relier les deux parties.

Nulle part ailleurs dans l'appartement, le principe de la mobilité des cloisons ne s'ap-

Dressing de monsieur. Armoires à vêtements, coffres à linge MA374, miroir sont complétés par une table murale coulissante MB410 et un bureau avec un porte-lettres de Jean Burkhalter. Cette combinaison inattendue de fonctions renvoie à la volonté de Pierre Chareau de concevoir des pièces à multiples usages. Photographies publiées dans *Art et Décoration*, avril 1932.

plique. Parmi les autres éléments connus de cet aménagement, on compte une vaste pièce dite « d'habillement pour homme ». Ce dressing possède un bureau et une intrigante table en verre coulissante, deux coffres à linge et une batterie d'armoires. De moindres dimensions, le boudoir de madame comprend la coiffeuse de la rue Bayen. Au fond de la pièce, pour en ajuster les proportions, le plafond est rabaissé à l'aide d'un caisson sous lequel prennent place un meuble intégré et un rideau coulissant le long d'un rail courbé. Dans la chambre du couple, on retrouve les meubles acquis en 1924 avec aux murs de simples tentures plissées.

HABITATIONS

APPARTEMENT
MAURICE ET HÉLÈNE FARHI, 1930

2 bis, avenue Raphaël, Paris 16ᵉ

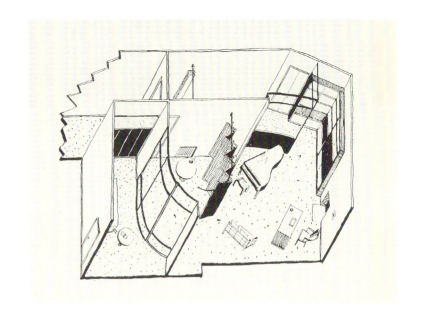

Maurice Farhi épouse Hélène Maus à Genève, en 1925. Il assure la direction générale d'une des sociétés de la nouvelle holding de la famille Maus-Nordmann, qui entretient des liens d'affaire avec le groupe Printemps, notamment dans le cadre du lancement, en 1931, de la chaîne de magasins populaires Prisunic[103]. Installé à Paris, le couple fréquente La Boutique et acquiert des pièces de mobilier dès 1926. Comptant désormais deux enfants, ils emménagent dans un immeuble tout juste achevé de l'avenue Raphaël et font appel à Chareau pour transformer le plan initial, jugé trop conventionnel. Il lui est demandé de redistribuer les pièces de réception et d'aménager la chambre des parents. Le reste de l'appartement n'est pas documenté.

Un vestibule spacieux précède les trois pièces de réception de taille différente et reliées entre elles par de larges ouvertures. À leur suite, on trouve la chambre des parents et une salle de bains. Les pièces de service sont renvoyées sur cour ainsi que les chambres des garçons. Au traditionnel enchaînement grand salon, petit salon et salle à manger, Chareau propose un vaste living-room cumulant les fonctions de salon, salle à manger et boudoir. Non sans audace, il entreprend de « supprimer les murs non porteurs qui séparaient les salons, détruisant ainsi la hiérarchie et la symétrie [relative] des pièces de même nature[104] ». Parallèlement, il restructure entièrement la galerie d'entrée en intercalant une cloison mobile faite de panneaux coulissants pour en réduire la longueur et dissimuler les parties privées de l'appartement. Il obstrue le passage des portes menant au petit et au grand salon pour faire place à un tout autre système de circulation. À l'une des extrémités du vestibule, il opère la substitution d'une section du mur porteur médian par un simple poteau doublé d'une paroi vitrée, ainsi que le

À droite et page de gauche en bas : À travers une cloison courbe en verre, vue de la salle à manger depuis le boudoir. En métal, un rail arrondi permet à un paravent d'isoler la pièce du salon. Au fond, un coin-bibliothèque s'ouvre sur le vestibule de l'entrée. « Il s'agit d'organiser l'espace selon des rythmes qui se révèlent et s'imposent à nous, chaque jour davantage, pour satisfaire mieux aux exigences de notre raison et de nos sentiments évolués et confondus dans l'admirable beauté de vivre. » Pierre Chareau, cité par Léon Moussinac, « Introduction », *Intérieurs I*, Paris, Albert Lévy, 1924.

Page de gauche en haut : Axonométrie approximative du vestibule, du grand salon, de la salle à manger et du petit salon-boudoir. Illustration publiée dans *Art et Décoration*, avril 1932.

Ci-dessous et page de droite en bas : Living-room comprenant un coin-bureau à proximité des bibliothèques, un espace musique avec un piano et, entre les deux, devant de grandes baies, l'espace du salon. Fauteuils *MF219* et *MF1050*, table en amarante, bureau à caisson *MB809-MB113*.

Page de droite en haut : Plans avant et après transformation montrant les deux positions que la paroi courbe en verre peut prendre. Dessins d'Arthur Rüegg.

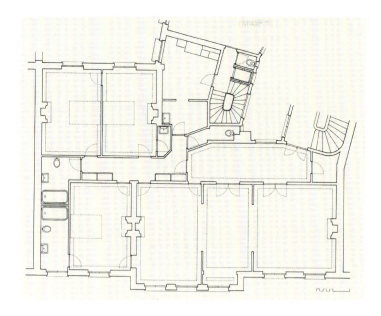
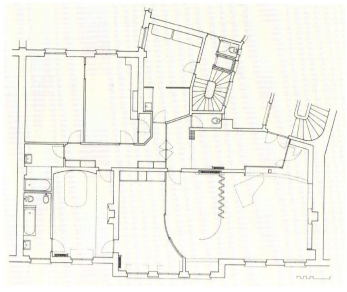

HABITATIONS

133

Boudoir. Doubles rideaux montés sur des bras articulés permettant plusieurs dispositions. Canapé avec guéridon articulé et juché sur une sphère, applique murale *LA868*. La paroi de verre cintrée qui coulisse est doublée de rideaux opaques.

remplacement du débarras-vestiaire par une boîte de verre. Ce stratagème instaure non seulement une forte relation visuelle avec le salon dès la porte palière, mais surtout déplace l'accès aux pièces de réception à une extrémité de l'appartement. Repoussée dans un angle, l'entrée, combinée à une bibliothèque en coin, forme une excroissance du grand living-room, saillie qui demeure cependant associée au vestibule par un même plafond. Cet artifice crée « une zone intermédiaire qui rend plus vivant le passage dans le salon et oriente les pas du visiteur[105] ». Le grand espace de vie se dévoile, passé la bibliothèque, selon un axe diagonal qui se substitue à la symétrie initiale de l'enchaînement des pièces. Un tel traitement spatial a déjà été expérimenté antérieurement et vise à insuffler le sentiment de disposer d'une pièce de taille supérieure à ce qu'elle est. À cette fin, Chareau use de cer-

Chambre. Le traitement de la pièce est plus sobre que celui des espaces de réception. Au plafond, Pierre Chareau installe une gorge lumineuse que complètent deux appliques *Auvent* de part et d'autre du lit corbeille **MP389**. Miroir **MG312**, coffre à linge **MA374**, guéridon **MB98bis**, fauteuil **MF172**. Photographie publiée dans *Ensembles nouveaux*, Éditions Charles Moreau, 1934.

tains mécanismes : la cloison coulissante de la salle à manger et son rail suspendu s'arrêtent à bonne distance de la façade ; quant à la porte vitrée coulissante du boudoir, même en position ouverte, elle laisse filer la vue jusqu'au dernier recoin du bow-window, excepté si le rideau est tiré.

Au fond de ce grand living-room, relié par une porte donnant sur la chambre des parents, se trouve le boudoir qui fait également office de petit salon. Une séparation partielle délimite cet espace du reste du living-room. Un panneau fixe et rectiligne en verre prolonge la tête de cloison, tandis qu'une unique paroi en verre, coulissante et cintrée, obstrue partiellement le passage. Cette partie mobile correspond à « une porte en verre dont un côté touche au mur [de la façade], l'autre partie s'arrêtant dans le vide[106] ». La « porte » courbe adopte différentes positions : soit médiane, collée à la paroi transparente fixe — elle occupe alors la position au centre de la pièce de manière à entraver le passage vers le boudoir —, soit latérale, poussée vers la façade, libérant l'accès depuis ou vers le salon[107]. L'ensemble de cette séparation est doublé par des rideaux qui, à leur tour, peuvent jouer leur partition : montrer, voiler, occulter, isoler…

Le reste de la pièce ne forme qu'un même volume que seul ponctue un rail arrondi qui pend à bonne distance du plafond. Associée à un paravent coulissant, cette courte cloison, une fois déroulée, adopte une forme convexe symétrique à la courbure de la porte vitrée coulissante. Combinées, ces deux séparations individualisent, si besoin est, une salle à manger. Modulable à souhait, le dispositif qui régit ces parois fait dire à un critique que l'association porte en verre et cloison-paravent « donne une composition plus achevée que le paravent seul, comme c'est le cas » dans l'aménagement exécuté chez Daniel Dreyfus[108]. Le reste du salon renvoie à la doctrine de « pièces à multiples usages[109] » avec, à l'entrée, un coin-bibliothèque associé, en façade, à un espace de travail comprenant un bureau pour monsieur. Plus avant, se tient le piano. Hormis le recoin de l'entrée, un même plafond recouvre tout le living-room. La stratification en degrés ou caissons géométriques a disparu au profit d'un travail essentiellement dédié à rendre homogène l'espace transformable en vue de le métamorphoser à l'aide de contrastes entre éléments pleins ou transparents, fixes ou mobiles, rigides ou fluides. Les fluctuations occasionnées par la vie moderne amènent Chareau à privilégier des dispositifs flexibles, que permet aisément la mobilité, parfois au prix de solutions paradoxales comme installer « une salle à manger au beau milieu d'un salon[110] ».

APPARTEMENT
GEORGES ET JULIE ULLMANN, 1934

Paris

Salle à manger. Plafond tapissé d'un papier peint *Petrow* de Jean Lurçat d'où pend un lustre *La Fleur LP270*, table *MB413* et desserte laquée noir et vert, chaises *MF275*.

Living-room sur double niveau avec d'un côté un bureau en bois et métal, et de l'autre le coin-salon ; au mur une nuée d'appliques *Mouche LA548*. Hors champ, la paroi se prolonge avec une cheminée et une bibliothèque en retour.

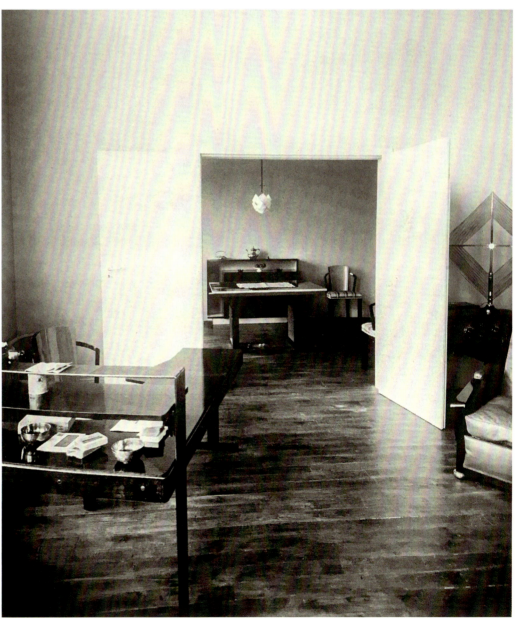

Chambre à coucher. Dans un léger renfoncement, Pierre Chareau dispose une tenture qui entoure le lit. Appliques *Auvent LP665* et *LA250*, psyché-coiffeuse *MS423*, bergère *MF1002*.

La salle à manger et le living-room communiquent par l'intermédiaire d'une grande baie munie d'une porte à deux vantaux. Lustre *La Fleur LP270*.

ARCHITECTURE INTÉRIEURE : HÔTEL, COMMERCE, BUREAUX

Bar-fumoir du Grand Hôtel de Tours. Séparation mobile entre les deux espaces avec, au fond, le comptoir.

HÔTEL-RESTAURANT
GRAND HÔTEL DE TOURS, 1926-1927

Place de la Gare, Tours

Hall d'entrée. La réception et la conciergerie, au fond le salon menant au bar. Photographie de Thérèse Bonney publiée dans *Encyclopédie des métiers d'art, décoration moderne*, t. II, Éditions Albert Morancé, 1930.

Page de droite en bas : Le hall d'entrée avec le grand escalier précédé d'une rampe lumineuse *Auvent*. À droite, les portes vitrées de la salle du restaurant, dans l'angle mobilier en osier et cuir vert, vers 1930. Photographie du studio Jies.

L'intervention de Chareau au Grand Hôtel de Tours répond à une commande faite par le conseil d'administration dont Paul Bernheim est l'administrateur délégué[111]. Elle prend place dans le cadre de l'essor touristique grandissant des châteaux de la Loire. Ville étape, Tours se doit de disposer d'un établissement digne des palaces qui commencent à fleurir. Situé sur une longue parcelle d'angle jouxtant la gare, la réalisation est confiée à l'architecte tourangeau Maurice Boille[112]. En dépit de quelques ornements Art déco ajoutés à une architecture éclectique, l'édifice ne se départit pas de son inélégante apparence. Il est rapporté que sa conception et sa réalisation ont lieu entre 1924 et 1927. Néanmoins, en plein chantier, advient une réorientation complète des affectations et du traitement des espaces du rez-de-chaussée, changement probablement dû à une modification des actionnaires de la société commanditaire, ou au retentissement de l'Exposition de 1925, ou encore à ces deux raisons combinées. La mission confiée à Chareau apparaît claire : réaliser une vitrine de l'art et du luxe français moderne. Cette injonction rejoint le travail exécuté par Mallet-Stevens, en 1924 à Trouville, dans le cadre du réaménagement du *lounge* de l'hôtel des Roches Noires. À Tours, Chareau reconfigure, aménage et meuble les espaces de représentation (hall d'entrée, restaurant, salon, salle de lecture et de correspondance et bar-fumoir). Il conçoit également une salle des fêtes, lointaine descendante des salles de bal des palaces d'autrefois.

À l'occasion du Salon d'automne de 1926, la presse rapporte que « Pierre Chareau expose le salon de lecture et de correspondance qu'il a exécuté pour le Grand Hôtel de Tours[113] ». Quelques semaines auparavant, le journal local rapporte que, le 23 septembre, un déjeuner a réuni « pour l'inauguration du restaurant du Grand Hôtel de Tours, les membres tourangeaux de cette administration[114] ». D'autres commentaires voient le jour, l'un critique « l'ancienne construction[115] » de Boille pour l'exiguïté du hall d'entrée, un autre signale que le bar-fumoir remplace « deux boutiques aux formes irrégulières et de hauteur inégale » et énonce que « Chareau a substitué une architecture intérieure nouvelle à celle qui existait auparavant[116] ».

En pénétrant dans le hall, le visiteur trouve face à lui l'escalier et l'ascenseur menant aux étages, à sa droite le restaurant, à sa gauche les comptoirs d'accueil et au-delà le salon. Dans l'entrée, Chareau hérite de quatre piliers,

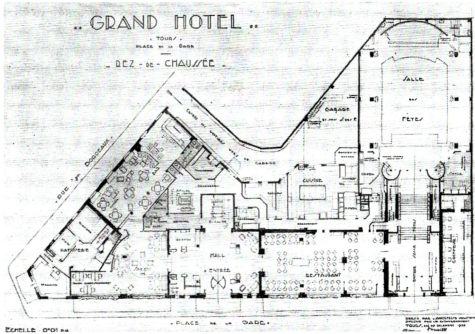

Grand Hôtel de Tours sur l'ancienne place de la Gare. L'entrée de la salle des fêtes, au loin l'entrée de l'hôtel entre les fenêtres du restaurant, et aux deux extrémités de l'édifice une boutique.

Plan du rez-de-chaussée. L'architecte, Maurice Boille, en reproduisant les aménagements conçus par Pierre Chareau sans le mentionner, prétend en être l'auteur. Illustration publiée dans *Travaux d'architecture*, Société française d'éditions d'art, s.d.

HÔTEL, COMMERCE, BUREAUX

d'un dallage au sol « qui n'enchante personne[117] », d'un sas avec une porte à tambour et, peut-être, des comptoirs d'accueil puisque, dans cette pièce, « peu de modifications ont été possibles[118] ». Grâce à une composition rigoureuse, il réussit à unifier l'espace et à lui procurer du caractère. Un revêtement en bois couvre l'ensemble des parois de la pièce, y compris autour des comptoirs. Venant légèrement en avant du mur, celui-ci s'arrête à distance du plafond afin de ménager l'installation d'une gorge lumineuse continue. Au niveau des embrasures de porte, le panneautage cède la place à un cadre saillant, plus imposant sur l'axe principal du hall et moindre sur le secondaire. De même, Chareau joue des hauteurs sous plafond pour souligner l'axe entrée-escalier au contraire des espaces latéraux. Quant aux comptoirs, ils sont coiffés d'une sorte de heaume, ourlé en partie basse par la gorge lumineuse qui ceint l'ensemble de la pièce. Ces deux imposants caissons courbes, de part et d'autre d'un passage, reproduisent le traitement conçu par Chareau pour la galerie des ensembles mobiliers français à l'Exposition de 1925[119]. Enfin, il recouvre les quatre piliers d'une marqueterie en mosaïque : de couleur sombre pour la paire associée aux comptoirs et de couleur claire pour l'autre paire encadrant l'accès au restaurant.

La salle à manger est une pièce rectangulaire aux belles proportions dont Chareau s'emploie à accroître les dimensions en revêtant de miroirs certains pans de mur. Comme souvent à cette époque, il travaille le plafond de manière sculpturale, à l'aide d'un jeu de plans géométriques dans lequel s'intercalent des bandeaux lumineux. Au sol, la pièce hérite malencontreusement d'une moquette ponctuée d'écussons aux armes de la Ville

Salon de lecture. Aux cercles concentriques du plafond de cette pièce pivot font écho une série de plafonniers *La Fleur* et, au sol, un tapis au contour arrondi. Lampadaire *Religieuse*, appliques *Auvent*, tissu *Mosaïque* d'Hélène Henry. Photographie publiée dans *Encyclopédie des métiers d'art, décoration moderne*, t. II, Éditions Albert Morancé, 1930.

Salle de correspondance. Tables de correspondance *MB1049*, chaises *MF276-MF278*, plafonniers *La Fleur LP270*. Photographie de Thérèse Bonney.

Page de gauche : Restaurant. Au centre, vaisselier de Pierre Chareau. Séparée par des portes vitrées, une arrière-salle étend le restaurant. Photographie de Thérèse Bonney.

HÔTEL, COMMERCE, BUREAUX

Bar-fumoir. Avec cette réalisation, Pierre Chareau démontre son habileté à maîtriser l'art de la composition d'ensemble et à utiliser pleinement les ressources des matériaux. Une séparation de panneaux mobiles en éventail doublée d'un petit écran en verre permet d'isoler ou de réunir les deux espaces. Photographies de Thérèse Bonney publiées dans *Encyclopédie des métiers d'art, décoration moderne*, t. II, Éditions Albert Morancé, 1930.

Page de droite : Avec ses éclairages, le plafond semble saisi par le mouvement. Basculé à 45°, il apparaît comme emporté par le rythme d'un boogie-woogie aussi effréné que sidérant. Chaises *MF276*, tables *MB45*, tabourets *MT344*. Photographie de Thérèse Bonney publiée dans *Encyclopédie des métiers d'art, décoration moderne*, t. II, Éditions Albert Morancé, 1930.

DE LA DÉCORATION À L'ARCHITECTURE INTÉRIEURE

de Tours. L'élégant salon de lecture comprend un petit prolongement, ou salle de correspondance, équipé de meubles *sui generis*. Depuis cette « pièce charnière », au plafond conçu à l'image d'un pivot, on accède par un passage oblique au bar-fumoir. De ce dernier, un critique, admiratif du puissant effet qu'il produit, déclare : « Le parti que Pierre Chareau en a tiré est extraordinaire[120]. » Le bar-fumoir ne forme qu'un seul et même espace, à l'exception du comptoir isolé à l'aide d'une double porte en verre prolongée par un petit écran vitré. Cette séparation partielle est doublée de panneaux mobiles en métal qui, déployés, referment le lieu. Le plafond, dans l'étroite partie de la salle opposée à la façade, est rabaissé et se prolonge à l'horizontal jusqu'au comptoir, tandis que celui de la partie principale est comme saisi d'un swing endiablé qui bascule obliquement les plaques qui le composent. La joyeuse géométrie diagonale est soulignée par de multiples décrochements permettant le déploiement de guirlandes lumineuses. L'extrémité du bar-fumoir, jouxtant le comptoir, adopte une forme arrondie. Tout cet ensemble représente « la partie la plus réussie [du rez-de-chaussée], tant par son côté pratique que par son côté décoratif[121] ». Les parois verticales sont revêtues de carreaux, constitués de briquettes d'acajou, formant une mosaïque « qui donne à la pièce un aspect chaud et confortable[122] ». Comme le signale ce commentateur, Chareau démontre une fois de plus son habileté à mettre en œuvre et marier matières, textures et matériaux. Ici la chaleur de l'acajou contraste avec la froideur du métal et du verre, là les tissus d'Hélène Henry, les meubles en noyer et l'albâtre du salon s'assemblent à merveille, dans le hall également, les panneaux en chêne, le mobilier en osier et la mosaïque colorée des poteaux composent une subtile harmonie.

Mais la pièce maîtresse du travail de Chareau au Grand Hôtel reste la salle dite des fêtes. Quelles que soient les formules adoptées, tous les critiques en conviennent[123]. « Le problème le plus délicat de l'œuvre entreprise par M. Chareau était la construction d'une salle de vastes dimensions qui pût servir tour à tour de salle à manger, de salle de concert ou de bal. C'était là une entreprise particulièrement difficile, et sa réussite dans son ensemble a été parfaite[124] », rapporte l'un. Un autre commentateur ajoute : « Chareau en a réellement fait une pièce de rêve, un lieu enchanteur, irréel, où s'exprime toute son âme de poète[125]. » Implantée au fond de la parcelle et de forme rectangulaire, hormis un angle rogné, elle couvre une surface au sol d'approximativement 300 mètres carrés. Située au-delà du restaurant et disposant d'un accès direct sur la rue, la salle est précédée d'une entrée, d'un vestibule et de deux volées d'escalier surmontées d'une petite verrière. De prime abord, la polyvalence attendue de cet

Salle des fêtes. Portes d'accès avec, de part et d'autre, un escalier à vis menant au balcon qui surplombe cette entrée. Photographie de Thérèse Bonney.

Page de gauche : Hall d'entrée de la salle des fêtes. Sur rue, une entrée indépendante permet d'accéder à cette dépendance de l'hôtel édifiée à l'arrière de la parcelle. Photographie de Thérèse Bonney.

Salle des fêtes.

Ci-dessous : À l'opposé de l'entrée, un angle de la salle et la galerie qui l'entoure, au premier étage. Appliques *Mouche LA548*. Photographie de Thérèse Bonney.

Page de droite : À l'étage, la galerie longeant le pourtour, côté entrée. Quelques marches se prolongent par un balcon. Photographie de Thérèse Bonney.

Des gradins et une estrade, rangés dans des resserres à l'arrière, permettent d'adapter la disposition de la salle à la manifestation prévue. Photographie de Thérèse Bonney.

Double page suivante : Le centre est éclairé par une grande verrière au dessin géométrique. Les appliques *Mouche LA548* courent tout le long des parois, faisant penser à des étincelles. Photographie de Thérèse Bonney.

espace, que Chareau résout par le recours à une scène et des gradins mobiles, peut altérer l'appréciation portée, comme en témoigne un critique : « J'avoue qu'en visitant cette salle pour la première fois, à la tombée du jour, dans cette tristesse qui émane des grands locaux vides, elle m'avait paru froide et nue. Mais quel changement d'impression dès que les lumières apparurent, dès que la foule prit sa place dans les volumes comme un chœur tient la sienne dans une œuvre symphonique. C'est là que M. Chareau se montre un maître ensemblier, sachant prévoir le rôle que l'homme va jouer dans ses agencements[126]. » Le centre de ce grand vaisseau est couvert d'une verrière translucide que strient quelques rectangles en miroir, placés ici ou là. Dessous, s'étend une galerie en surplomb qui, côté entrée, donne naissance à un balcon. En face, une avancée convexe décorée de toutes sortes de plantes fait écho au mur légèrement cintré du fond de scène. Au rez-de-chaussée, près des portes d'accès à la salle et accolés à des pièces de service, sont disposés les deux escaliers en colimaçon menant au balcon. De bas en haut, sur les parois latérales se déploient des luminaires *Mouche* qui, le soir, font penser à un ciel parsemé d'étoiles et, le jour, à l'envol d'une multitude d'oiseaux. La partie inférieure de ces murs comporte une plinthe haute de couleur sombre qui précède une bande de vitrage, placée à hauteur d'homme, sorte de vitre sans tain, « dans laquelle se reflètent d'imprécises lumières[127] ». Le fond de scène alterne verre sans tain et panneaux de bois, tandis que les parois restantes et les pilastres sont revêtus de lambris de sycomore serti de métal. Une telle proportion de verre (murs et plafond) peut faire craindre une acoustique affligeante, or il n'en est rien. La forte présence du bois, le travail volumétrique autour de poteaux encadrant la scène et ceux soutenant le balcon, ainsi que les caissons absorbants placés juste sous la verrière procurent des conditions d'audition idéales.

L'inauguration de ce prestigieux complément au Grand Hôtel a lieu le dimanche 11 décembre 1927. La célèbre soprano Vera Janacópulos y donne un récital en avant-première de ceux prévus salle Gaveau à Paris. Le journal *La Dépêche* signale à ses lecteurs que, à l'occasion de ce gala, viennent une vingtaine des « plus notables représentants » de la « critique parisienne » tout comme de nombreux amateurs de musique, au point que « tout un wagon de première classe est déjà retenu[128] ». Le cercle Chareau est du voyage, comme le rapporte Jeanne Bucher : « Chareau a construit une grande salle des fêtes dans le Grand Hôtel de Tours et nous allons l'inaugurer demain (nous, c'est-à-dire une centaine de personnes)[129]. »

HÔTEL, COMMERCE, BUREAUX

BOUTIQUE DE LINGERIE
MARIETTE QUESNAY, 1929
21, rue Racine, Paris 6ᵉ

À côté du théâtre de l'Odéon, la modiste en lingerie féminine moderne Mariette Quesnay ouvre un petit point de vente dont elle confie l'aménagement à Pierre Chareau. La vitrine et l'intérieur ne font qu'un. Dès l'entrée, une courbe se déploie et entraîne les rares meubles dans son sillage. La boutique « est grise et bleue. Bleue comme les ombres de la chair blonde. La lingerie traîne comme des corps au repos[130] ». Depuis la rue, « la boutique paraît nue avec sa fine ossature, et Mariette Quesnay l'habille de tendres étoffes roses. Une ou deux jolies pièces — pas plus — dans la vitrine, sous le réflecteur indulgent, et sur l'étagère, bibelot d'art parmi les autres ; Mariette Quesnay connaît l'art de la présentation[131] ». Derrière cette étagère, côté vitrine un rideau coulisse sur un long rail courbé offrant, à loisir, l'intimité voulue. Le comptoir est une boîte de verre incurvée qui accueille, au plus, deux modèles joliment étalés. Le fond de la boutique est partagé entre une armoire servant de réserve et une cabine d'essayage. Un éclairage indirect est procuré par une longue barre métallique, haut placée, qui cache les ampoules, un dispositif repris un an plus tard pour éclairer le petit salon de lecture de *La Semaine à Paris*.

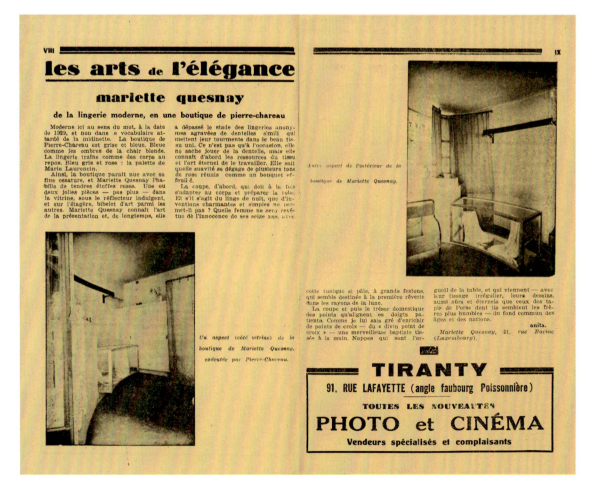

Légèrement cintrée, la vitrine se prolonge, à l'intérieur, par une contre-courbe qui imprime sa forme à la boîte de verre tenant lieu de comptoir. Article publié dans *La Semaine à Paris*, 15 décembre 1929.

BUREAUX
LA SEMAINE À PARIS, 1930
28, rue d'Assas, Paris 6e

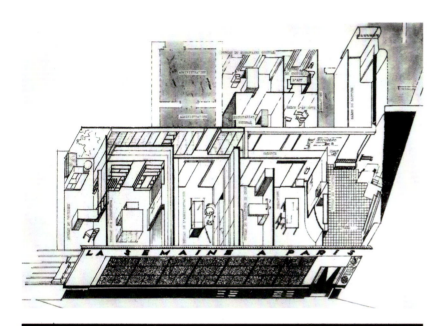

Le 2 mars 1930, le quotidien *Paris-Midi* titre : « On a inauguré, hier un hôtel [sic] qui résume tout l'art décoratif moderne. C'est celui de notre excellent confrère *La Semaine à Paris*[132]. » Nouvellement installé au 28, rue d'Assas, l'aménagement des bureaux de la rédaction de ce journal dans un local en rez-de-chaussée a été confié aux membres ou sympathisants de l'UAM. La presse félicite ses pairs, et notamment les deux directeurs de la publication, d'avoir fait appel aux plus novateurs des architectes et décorateurs du moment. Ces derniers se livrent à une démonstration collective dont est occulté le chef d'orchestre ou, du moins, le coordinateur de l'opération. Cependant Rose Adler, en observatrice vigilante lors de l'inauguration, remarque : « C'est une réussite et celle qui a œuvré à tout cela, celle à qui l'on doit cette réussite est toute seule, là-bas, isolée, apathique. Pauvre petite Jeanine[133] ! » En revanche sont cités : Francis Jourdain, Robert Mallet-Stevens, le trio Charlotte Perriand, Le Corbusier et Pierre Jeanneret, Hélène Henry, Charlotte Alix et Louis Sognot, Djo-Bourgeois, les frères Martel, Louis Barillet, Claude Lévy et Pierre Chareau. La porte poussée, le hall d'entrée sert d'espace d'accueil. « Le hall ainsi que la salle de rédaction qui lui fait suite, et qui n'en est séparée que par une glace, sont dus à ce maître au génie chaque jour renouvelé qu'est Pierre Chareau. Le sol du hall d'entrée est en mosaïque bleue ; les meubles sont en

Robert Mallet-Stevens, façade des bureaux de l'hebdomadaire *La Semaine à Paris*, vitraux de Louis Barillet.

Axonométrie. Pierre Chareau se voit confier l'aménagement du hall d'accueil, du bureau de rédaction et d'un étroit salon de lecture. Illustration publiée dans *Encyclopédie des métiers d'art, décoration moderne*, t. II, Éditions Albert Morancé, 1930.

Étude pour l'aménagement du hall d'accueil et du salon de lecture.

HÔTEL, COMMERCE, BUREAUX

fer, sièges recouverts en cuir bleu, d'un effet hardi et heureux. [...] Mais le véritable clou, c'est le plafond verni noir de Chareau, trouvaille de génie qui marquera une date dans la décoration. Un tel plafond rejette, semble-t-il, le regard jusque dans la rue. Par ce plafond et par la glace ingénieusement placée au fond du hall, M. Pierre Chareau a donné à cette entrée une vastitude inouïe[134]. »

Le mobilier métallique a déjà été présenté et commenté lors du Salon d'automne de 1929. Un critique, qui avait reproché le fait que l'originalité l'emporte sur la commodité admet que, installé dans cet ensemble, il produit « le meilleur effet[135] ». La singularité du dessin de ces meubles ne doit pas occulter le travail spatial de Chareau, exécuté avec une relative économie de moyen. D'un espace disgracieux, il a su faire un lieu accueillant et, avant tout, une œuvre saisissante. Pour transformer un simple passage en un vrai espace, il lui suffit de détruire la cloison du dernier bureau de la rangée, sur rue, et, à l'aide d'un cadre blanc, de souligner le pourtour d'une boîte évidée abritant la salle de rédaction. Un encadrement blanc similaire entoure la porte d'entrée, mise à distance par un panneau courbe de couleur noire. Cette attention accordée par Chareau aux embrasures est aussi manifeste au Grand Hôtel de Tours. Après avoir réuni les deux pièces, il s'emploie à installer une série de séquences ou de filtres pour que le travail des uns et des autres ne soit pas entravé. En entrant, sur la gauche, il déploie un long comptoir scindé en deux par un petit vantail en verre, avec d'un côté la billetterie et de l'autre le standard. À l'arrière, deux écrans de taille différente, en verre opalescent, laissent entrevoir le bureau de la rédaction auquel on accède par le couloir via une porte coulissante. En vis-à-vis, le recoin du hall est paré d'étagères, ainsi que d'un petit poste de lecture qui contribue à dissimuler un escalier menant à la cave. Dans le prolongement de l'entrée se trouvait un vilain couloir en cul-de-sac qui, par l'emploi d'un miroir, d'un éclairage étudié et d'un mobilier spécifique, se transforme en un aimable et étroit salon de lecture. Commentant l'ensemble de l'aménagement, Rose Adler résume l'expérience par quelques formules brèves : « Nouvelle installation où il fait bon vivre, travailler. Tout est pratique, efficace, agréable d'ambiance. Unité sans monotonie. Chareau domine par l'invention[136]. »

Face au comptoir, présentoirs et affiches publicitaires. À gauche, un poste de lecture avec une chaise *MC767* et l'escalier des réserves en cave. Photographie publiée dans *Encyclopédie des métiers d'art, décoration moderne*, t. II, Éditions Albert Morancé, 1930.

Page de gauche : Sous le très commenté plafond en moleskine noire où tout se reflète, le comptoir d'accueil et, à l'arrière, le bureau de rédaction auquel on accède par une porte coulissante située sur le côté. Photographie publiée dans René Herbst, *Devantures et Agencements de magasins*, vers 1930.

SIÈGE SOCIAL
LIGNES TÉLÉGRAPHIQUES ET TÉLÉPHONIQUES, 1933

89, rue de la Faisanderie, Paris 16ᵉ

La société des Lignes télégraphiques et téléphoniques (LTT), que dirige Georges Viard[137], a été créée à Conflans. Dès 1931, Chareau effectue deux modestes interventions dans les bureaux contigus à l'usine, dont une concerne un local d'exposition doté de vitrines[138]. Deux ans plus tard, l'entreprise acquiert un hôtel particulier à Paris, construit dans les années 1880, et sa dépendance pour y établir son siège social. Cet ensemble était la propriété des descendants de Victor Hugo jusqu'en 1929. Durant les Années folles, le peintre Jean Hugo y a convié Jean Cocteau, Erik Satie, Raymond Radiguet, Max Jacob, Paul Éluard, Pablo Picasso, Jeanne Bucher et, assurément, Pierre Chareau[139].

Fort peu de documents rendent compte de cet important chantier, à l'exception d'une dizaine de photographies et d'un court article. Le long de la rue de la Faisanderie, se dresse un pavillon en meulière. Chareau intervient au rez-de-chaussée dans deux pièces de peu d'importance : « Salle d'attente, cabinet de conversation, séparé de la cour par d'amples portes vitrées, rapporte René Chavance. L'indispensable ici et là : quelques sièges, une table à plateau de verre sur piètement en

Galerie centrale. Au dernier niveau de l'édifice, sous une voûte en brique de verre sont répartis d'un côté les services généraux et de l'autre la direction.

tube de cuivre verni. Fixés au mur dans la seconde pièce, contre la table, des casiers, fermés par des volets à glissière, offrent les annuaires utiles[140]. » Le centre de la parcelle est occupé par un édifice massif dont seul l'escalier, rejeté à l'extérieur du bâtiment, est conservé en place. Ainsi, Chareau intervient sur un grand plateau rendu libre de tout obstacle, d'environ 400 mètres carrés de surface. Sa mission est l'aménagement de l'« étage réservé aux bureaux de la direction et de quelques services annexes », tout en veillant à « établir une communication facile et rapide entre les services et la direction[141] ».

Dans le bâtiment principal, de part et d'autre d'une galerie centrale Chareau implante les services généraux, côté rue, et les espaces dévolus à la direction, côté jardin. Outre une unité de matériau (verre, cuivre, bois et carrelage), le traitement imaginé ici relève d'une spatialité fluide associée aux thèmes de la lumière, de la transparence et des échanges aisés entre les membres du personnel. En cloisonnant *a minima* les salles de l'ensemble direction, Chareau semble constituer « une seule pièce qui occupe toute la longueur de l'immeuble, mais que partagent trois inégales travées de hautes glaces inscrites dans des montures métalliques. La première travée est dévolue à la direction. Rien ne la distingue des autres sinon ses dimensions […]. Dans les travées suivantes réservées aux secrétaires, dans les bureaux situés de l'autre côté du hall, c'est la même ordonnance méthodique[142] ». Les espaces de la partie services généraux sont davantage compartimentés, mais Chareau s'efforce de maintenir une continuité visuelle en disposant un vitrage transparent en partie haute des cloisons. À défaut, il recourt à des briques de verre ou à des vitres opalines. Un peu partout d'ailleurs, il ne cesse d'alterner l'opaque, le diaphane et le transparent, questionnant ainsi la matérialité même des enveloppes et revêtements.

L'illustration parfaite, tant de ce jeu sur la nature des matériaux que de l'importance accordée à la lumière, est offerte par la galerie qui sépare les deux ensembles de bureaux. Ce hall est accessible depuis l'escalier à travers des portes vitrées transparentes ; à l'opposé, le mur du fond est en brique de verre translucide. De part et d'autre, latéralement, deux têtes de cloisons en brique de verre enserrent, à droite, une paroi opaque et revêtue de cuivre, à gauche, en léger retrait, différents types de remplissage : fragments d'écran en brique de verre, portes en verre translucide, cloison en métal occultant, le tout surmonté d'une longue bande de vitrage laissant deviner les pièces à l'arrière. L'élément le plus remarquable de l'ensemble n'est autre que la voûte surbaissée en brique de verre, surmontée d'une verrière protectrice. Doté d'un invisible dispositif d'éclairage, ce dais de lumière permet de pallier l'obscurcissement du ciel.

Quant au mobilier de travail, Chareau veille attentivement à son ergonomie et sa rationalité. Les bureaux et leurs accessoires ou appendices comportent un « plateau et corps contenant des tiroirs et des cases à usages divers, suspendus à un système de châssis en tube de métal qui, ne touchant au sol que par quelques points d'appui très espacés, supprime les soubassements et les pieds incommodes […]. Ici, à portée de main, le coffre d'où surgit la machine à écrire et où elle rentre automatiquement, le travail terminé ; là, jouant sur des glissières, les tiroirs superposés qui supportent les pièces quotidiennes ou les fichiers[143] ».

Grande salle occupée par le bureau d'études avec, au fond, le bureau de l'ingénieur isolé par une cloison en brique de verre et une porte vitrée. Photographie publiée dans *Art et Décoration*, septembre 1933.

Bureau des dactylographes et des archives, conservées dans de hautes armoires métalliques.

À droite : Le bureau des secrétaires fait le pendant au bureau du directeur, à l'extrémité du bâtiment. À travers la cloison vitrée, un bureau de dactylographes auquel on accède par deux portes en verre.

Bureau des dactylographes et salle des archives, qui sont conservées dans de hautes armoires métalliques.

BUREAU ET SALONS DE RÉCEPTION
COLLÈGE DE FRANCE, 1938
11, place Marcelin-Berthelot, Paris 5ᵉ

Le grand salon, confié à Jacques Adnet. Au fond, l'antichambre de Pierre Chareau avec sa bibliothèque encastrée dans le mur et, au premier plan, deux fauteuils corbeille. Photographie d'Albin Salaün publiée dans *Art et Décoration*, avril 1938.

Page de droite : Le vestibule au plafond surbaissé. La séparation entre les deux pièces est assurée par des portes en accordéon laquées conçues par Louis Sognot. À droite et à gauche, des vestiaires encastrés dans les murs munis de portes coulissantes métalliques. Photographies publiées dans *Art et Décoration*, avril 1938.

La mission collective d'aménagement du cabinet de travail et des pièces de réception de l'administrateur du Collège de France entre dans le cadre de l'embellissement des propriétés de l'État lancé après 1936. Au sein de cette construction remontant au XVIIIe siècle, l'équipe choisie pour cette réalisation est formée de quatre décorateurs : Pierre Chareau, Francis Jourdain, Louis Sognot et Jacques Adnet en tant que maître d'œuvre de l'ensemble.

Jourdain hérite de la pièce principale, le cabinet de travail, et Chareau, étonnamment, de la plus petite mission, avec le hall d'entrée et l'antichambre précédant les pièces de réception, tandis que les deux autres protagonistes se partagent les salons[144]. L'entrée comprend un accès distribuant un cabinet de toilette dissimulé derrière une porte tout en miroir et un « vestibule contenant deux vestiaires latéraux encastrés dans l'épaisseur du mur et à portes coulissantes » peintes en noir. Le plafond « a été légèrement surbaissé afin d'augmenter l'impression d'ampleur[145] » des autres espaces. Une porte en accordéon en métal laqué dessinée par Louis Sognot assure la séparation avec l'antichambre. Celle-ci communique avec le grand salon par une large baie en vis-à-vis de laquelle Chareau a disposé une longue et étroite bibliothèque encastrée. En matière de mobilier, sa contribution se limite à trois fauteuils, dont un à dossier inclinable. Si l'on s'en tient au compte rendu d'*Art et Décoration*, la participation de Chareau s'arrête à cette énumération. Cependant on ne peut s'interdire de penser que des échanges amicaux ont pris place entre ce dernier et Jourdain à propos de l'aménagement du bureau. N'ont-ils pas œuvré ensemble dans le cadre d'« Une ambassade française » à l'Exposition de 1925 ? Les parois du cabinet de travail de l'administrateur, comme les meubles sont entièrement recouvertes de boiserie claire en chêne cérusé. « Mais l'on ne pourrait donner une idée complète de ce cabinet d'un "honnête homme" si l'on n'avait pas signalé l'admirable proportion des portes dont l'ébrasement et les vantaux sont en poirier noir[146]. » Ce type de travail, tout comme la sensibilité dont témoignent le contraste des couleurs et le jeu des échelles et le dessin des poignées de porte, n'est pas sans rappeler la marque du créateur de la Maison de verre. Faut-il y voir un clin d'œil de la part de Jourdain ou une possible et très ponctuelle contribution ?

Le cabinet de travail de l'administrateur du Collège de France, réalisé par Francis Jourdain. Fauteuil à dossier réglable *MF75* de Pierre Chareau.

BUREAU
MINISTÈRE DES AFFAIRES ÉTRANGÈRES, 1938
37, quai d'Orsay, Paris 7e

À la fin de l'été 1937, Georges Huisman, directeur général des Beaux-Arts, passe commande à Pierre Chareau de la décoration et de l'ameublement du bureau de Jean Marx, un haut fonctionnaire français qui se consacre, à partir de 1920, au rayonnement de la culture française dans le monde et dirige le Service des œuvres françaises à l'étranger (SOFE) du ministère des Affaires étrangères[147]. Ce bureau de Jean Marx, dont il n'existe aucune photographie, a ceci de particulier que l'aménagement et surtout le mobilier ont entièrement disparu. Seul reste un dossier administratif qui, par chance, contient une description précise de l'ensemble. L'autre mérite de ce dossier est de rapporter la difficile entente entre les parties quant à l'ampleur de la commande et son coût. Alors qu'un budget de 45 000 francs est prévu pour cette opération, le premier devis établi par Chareau s'élève à 155 900 francs[148] ! Début septembre, il adresse une nouvelle proposition accompagnée de ce commentaire : « Réduire sur l'ensemble dans la proposition que vous me demandez serait peut-être compromettre nos efforts. J'ai donc établi un nouveau devis en comprimant quelques chapitres, réduction du nombre de sièges, supprimé le classeur etc. et négligé l'installation du bureau des secrétaires, qui pourrait être installé avec des meubles existants[149]. » Le 17 septembre lui est notifiée une commande s'élevant à 76 000 francs, dont l'exécution doit être achevée le 31 décembre 1937. À l'approche de la fin de l'année, il lui est rappelé que, si tout ne peut être terminé dans les temps, il convient de tenir la date de fin janvier. Tous les meubles sont livrés le 14 janvier, mais les ouvriers n'arrivent que deux ou trois semaines plus tard. Alors que Chareau assure tout finir pour le 15 mars, ce n'est que le 18 juin 1938, les travaux enfin achevés, qu'il convie Huisman à une visite de fin de chantier. Ce dernier délègue à l'inspecteur général des Beaux-Arts Robert Rey la tâche de réceptionner les travaux. La visite a lieu le 4 juillet 1938. Elle n'entraîne pas de procès-verbal en bonne et due forme, mais une description détaillée :

« M. Chareau a réussi là un ensemble décoratif à la fois très original, très sobre et du meilleur goût.

« Les murs sont tout entiers recouverts de cuir couleur tabac très clair, s'harmonisant de la façon la plus heureuse avec des surfaces de poirier très lisse.

« Le tapis est d'un ton rouge foncé très étudié.

« La garniture des fenêtres est constituée par des vitrages qui peuvent être recouverts par des rideaux de même tissu ; bordés par une large bande de même étoffe disposée en capitons. Ce second rideau est d'un brun tête de nègre quand il se présente massé dans ses plis et, au contraire, d'un brun rosé très agréable quand le rideau est déployé et qu'on le voit en transparence.

« L'éclairage est constitué, au plafond, par deux rails de verre dépoli, chacun de ces rails encadrant deux tubes au néon, un rouge et un bleu. On n'aperçoit les tubes eux-mêmes que si on est tout à fait sous l'aplomb des deux rails, le néon répandant dans la pièce une lumière à la fois vive et douce.

« L'ameublement (bureau et fauteuil) est en poirier clair, recouvert de cuir de vache de même ton et de même nature que celui qui recouvre les murs.

« Je pense qu'il y a lieu de beaucoup approuver M. Chareau d'avoir évité que, sur ces sièges, l'endroit où s'appuient habituellement les mains soit en cuir, car on sait combien le cuir se patine rapidement et s'encrasse, quoi que l'on fasse, au contact.

« Le bureau est supporté par un dispositif de métal doré rouge et placé de telle sorte que les pieds de la personne assise au bureau ne peuvent guère atteindre le métal.

« Les rayons de bibliothèque sont dissimulés dans l'épaisseur même du mur, par de larges portes à glissière, dont le plan, quand elles sont fermées, se confond avec le plan général de la paroi. Il subsiste cependant deux renfoncements rectangulaires, dont le plus grand côté est, en hauteur, tout entier tapissé de poirier clair. Dans chacun de ces renfoncements, M. Chareau a placé une ferronnerie très simple, démontable et amovible, destinée à recevoir des étagères en verre, sur lesquelles pourront trouver place les quelques ouvrages dont l'occupant du bureau peut avoir constamment besoin[150]. »

PIERRE CHAREAU
ARCHITECTE

CHAREAU AU REGARD DE SES PAIRS

Pierre Chareau, milieu des années 1930.

ENSEMBLIER, DÉCORATEUR OU ARCHITECTE ?

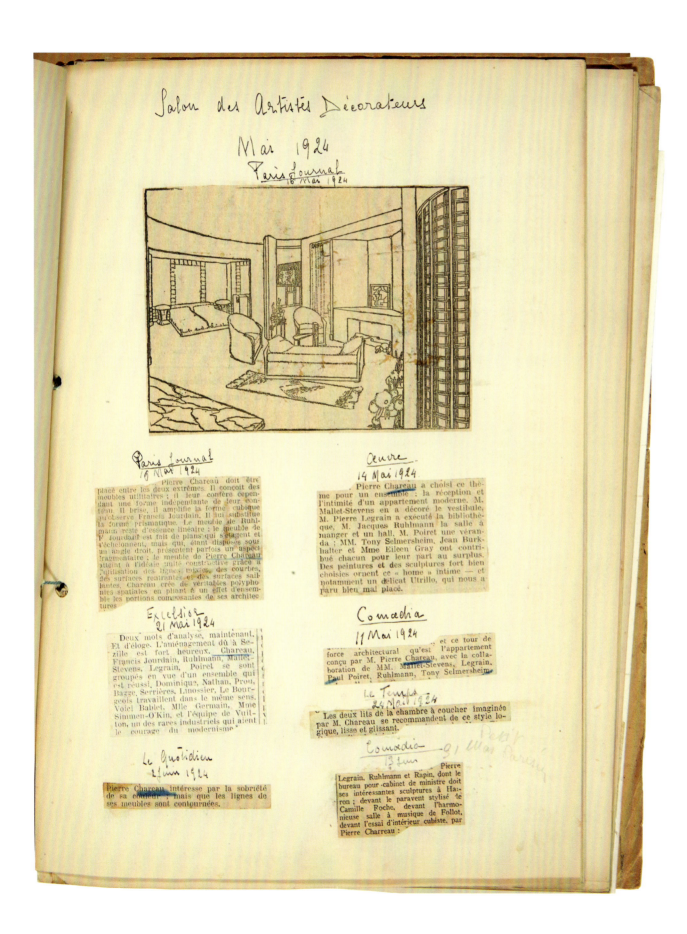

Employé comme dessinateur par Waring & Gillow, Chareau s'y forme à l'art du meublier. Progressivement il devient ensemblier, sachant associer ameublement et décoration[151]. Sans tarder, « la profession d'artiste décorateur [l']attira [...] pour la profonde et nombreuse diversité des problèmes immédiats qu'elle propose au chercheur d'inédit : mais il n'abandonna pas, en s'y livrant, ses idées de maître d'œuvre. Pierre Chareau ne s'est-il pas intitulé lui-même *architecte décorateur*? Architecte il est en effet demeuré : mais architecte volontairement adapté aux limites, d'ordre social, imposées à sa passion de construire[152] ». Confirmant de tels propos, Chareau précise : « Un homme qui se mêle d'exécuter une table, un fauteuil, une armoire doit être d'abord un architecte[153]. »

Dans les pages de la revue *L'Esprit nouveau*, en 1923, Le Corbusier engage une polémique. « Décorateurs, architectes. Pourquoi deux noms, pourquoi deux métiers ? Il y en a un de trop, puisque le second fait le travail du premier. Évidemment il ne le fait plus (comme autrefois). C'est pourquoi le premier est né. Mais le premier, s'il est bon, passe au second titre ; s'il demeure décorateur, c'est qu'il est mauvais et il reste de trop, un rouage superflu[154]. » Deux ans plus tard, Le Corbusier ressasse que « l'heure de l'architecture » est advenue, concédant dans l'ouvrage *L'Art décoratif d'aujourd'hui* que l'art décoratif a impulsé un esprit neuf qui, pour son malheur, a vite sombré dans la frivolité. Aussi vante-t-il l'activité, un temps nouvelle, des ensembliers, faite de « vues d'ensemble, organisation, sens de l'unité, dosage, harmonie, proportion. Voici qui contenait de forts germes d'architecture. Le succès fut énorme. Les ensembliers avaient raison. Chez d'eux se tranchaient des cas d'architecture[155] ». Mais, affirmant dorénavant la prééminence de l'architecture, il relègue les ensembliers au rang de simples précurseurs. Tous ne souscrivent pas à cette vision. Le critique Guillaume Janneau promeut l'activité des ensembliers dont l'intervention conduit « l'architecture [à] se subordonne[r] à l'effet total ; elle a cessé de commanditer aux "arts mineurs". Elle ne fournit plus que sa partie dans l'orchestre. Le maître d'œuvre, aujourd'hui, n'est plus le bâtisseur : c'est l'ordonnateur de l'ensemble où le plan, l'aménagement intérieur, la lumière, les tentures et le mobilier comptent également[156] ». Moins abruptement, René Chavance entrevoit dans cette chaîne d'intervenants l'immixtion d'une nouvelle profession se substituant au décorateur. « L'actuel architecte d'intérieurs — appelons-le ainsi, faute d'un terme mieux approprié à ses fonctions — doit, précise l'auteur, [...] mettre en œuvre ses principes rationnels dans tous les détails du programme, sans en négliger aucun[157]. »

Dans ce nouvel échiquier professionnel, Chareau s'est fabriqué des modalités de conception l'amenant à maîtriser des échelles croissantes de complexités et de projets. Une aptitude qui le place indéniablement du côté des architectes, alors que ces derniers, tels Le Corbusier, Mallet-Stevens, Mies van der Rohe ou Frank Lloyd Wright, s'adonnent à la conception de meubles. Ces deux mouvements inverses laissent à penser que l'on assiste à un transfert de compétences et de savoir-faire du grand au petit et du petit au grand[158]. À propos de ces échanges entre l'architecture et les objets, Alina Payne analyse les dialogues qui s'engagent entre eux autour ce qu'elle nomme la *Kleinarchitektur* ou « microarchitecture[159] ». Elle observe que Viollet-le-Duc insiste dans son *Dictionnaire raisonné du mobilier français* sur le fait que « l'architecture et le mobilier s'influençaient mutuellement au niveau de la fabrication et de la diffusion des formes : pour lui, le meuble c'est "l'architecture en petit". Et ce n'est pas seulement des idées et des compositions qui migraient, mais aussi le raffinement des détails et la délicatesse des contours[160] ».

En dépit de la reconnaissance de ses compétences avérées d'architecte par l'ensemble de ses contemporains, trois personnages[161] ont publiquement exprimé des doutes sur le fait que Chareau ait accompli seul des projets comme ceux de Beauvallon ou de la Maison de verre, car « le travail est si parfait qu'on ne devinerait pas qu'il est la première œuvre entièrement personnelle d'un jeune architecte[162] ». Ces propos avaient été énoncés en 1910 à propos de la première réalisation de Mies van der Rohe ; l'histoire se répète. Le premier procès en légitimité intenté contre Chareau remonte à 1960. Margaret Tallet, une jeune architecte anglaise, publie le premier relevé de la Maison de verre accompagné d'un article dénonçant le fait que cette œuvre est attribuée à l'acteur le plus connu et non portée au crédit du trio Chareau, Bijvoet et Dalbet[163].

Plus déconcertantes sont les déclarations tardives de Pierre Vago, l'ancien rédacteur en chef de la revue *L'Architecture d'aujourd'hui* de 1931 à 1947, dans ses mémoires, publiées en 2000, avec un texte marqué d'une grande animosité à l'égard de nombre de ses confrères. Tout en qualifiant systématiquement Chareau d'architecte, il assène que ce dernier ne sachant rien faire — ni document graphique ni même un simple devis — « ne put réaliser l'unique édifice qui le rendit — à juste titre ! — célèbre que grâce à sa collaboration » avec deux complices[164]. Étrangement, dans l'article que Vago publie en 1933 concernant à la Maison de verre, aucun de ces aspects n'est évoqué. Il écrivait alors que la maison de Pierre Chareau par ses « recherches hardies nous ouvre des horizons nouveaux, nous montre

Le Corbusier, ouverture du chapitre VII de *L'Art décoratif d'aujourd'hui*, Éditions G. Crès et Cie, 1925.

Page de gauche : Argus de presse de Pierre Chareau rassemblés par le secrétariat de Chareau et Dollie. Cahier d'avril à décembre 1924.

Lettres en métal scellées dans un mur du club-house de Beauvallon en 1929.

Cartel de la maquette de la Maison de verre présenté lors de la deuxième exposition de l'UAM, 1931.

Plaque apposée sur la façade de la Maison de verre à une date inconnue.

des possibilités insoupçonnées, nous indique un chemin à suivre[165] ». En dernier lieu, le professeur hollandais Jan Molema et sa coautrice Suzy Leemans publient, en 2017, une élogieuse monographie consacrée à Bernard Bijvoet[166]. Estimant détecter à divers endroits la main de ce dernier, ils contestent l'attribution du club-house, de la villa Vent d'Aval et de la Maison de verre à Chareau. Se fondant sur des témoignages discutables, Molema affirme : « Je suis et serai toujours d'avis que, durant les années où Bijvoet travaillait pour lui, Pierre Chareau n'était que le mandataire[167]. »

De telles opinions non seulement ne corroborent pas, mais sont contredites, à trois reprises, par les déclarations de Bernard Bijvoet lui-même. Sollicité en 1954 par René Herbst lors de la publication, par l'UAM, de la monographie dédiée à Chareau, le Hollandais rapporte dans un français approximatif : « Il m'a été donné de connaître cet homme, doué d'une extraordinaire valeur pour l'architecture. Car bien que certains ne veuillent voir en lui qu'un excellent créateur de meubles et que d'autres le considèrent uniquement comme un architecte d'intérieur, plein de fantaisie, il faut tout de même bien reconnaître qu'il a été un vrai et grand architecte. » Quelques lignes plus loin, il insiste : « Il était architecte tout court, parce que ce qu'il faisait, c'était de la véritable architecture. [...] Et sûrement, il comprenait encore l'urbanisme[168]. » Dans le cadre de la Maison de verre, auprès de cet « artiste exceptionnel » il se plaît à avoir « collaboré » et se dit attristé « de penser que Pierre Chareau, avec ses dons exceptionnels, n'ait pu faire que peu d'architecture[169] ». Six ans plus tard, en 1960, Margaret Tallet interroge Bijvoet sur les conditions de sa collaboration avec Chareau et sur les apports de l'un et de l'autre au cours de l'élaboration de la Maison de verre. En réponse, il insiste sur le rôle de Chareau et la connivence artistique qu'ils entretenaient[170]. Trois ans avant de décéder, un ultime témoignage est recueilli en 1976 par Aline Vellay, fille du couple Dalsace, Kenneth Frampton, historien de l'architecture, et Antoine Grumbach, architecte parisien : « J'ai travaillé, déclare-t-il, sur le chantier de la Maison de verre presque chaque jour pendant trois ou quatre ans. On ne quittait pas la rue Saint-Guillaume. Cette manière de réaliser une architecture est entièrement autre chose que ce que l'on fait en Hollande. En Hollande, on dessine tout jusqu'au dernier clou. La méthode de Chareau a toujours été autre. » Il ajoutait que, si Chareau était peu porté à recourir à l'emploi du crayon, il lui reconnaissait la qualité de savoir « porter les gens à faire ce qu'il voulait », en précisant : « On ne peut pas dire que c'était l'ébéniste ou Dalbet qui faisaient les choses, c'est Chareau qui faisait tout ça[171]. » Au fil de ses déclarations successives, Bijvoet trace le portrait d'un authentique architecte qui, pour mettre en œuvre les idées fortes qui l'animaient, savait s'entourer et les transmettre.

La question de l'attribution des œuvres a resurgi dans le cadre du débat récent autour de la figure de l'architecte « héros », occultant le caractère avant tout collectif de la pratique de l'architecture. À ce propos, Beatriz Colomina souligne : « L'architecture a toujours été collaborative. [...] Si l'on cesse d'attribuer [une œuvre] à un seul protagoniste, on retrouve des personnes ayant été marginalisées, et on se confronte à une situation bien plus complexe. Pendant longtemps, j'ai cru que cela n'arrivait qu'aux femmes, mais des hommes ont également disparu des attributions sans que personne ne sache pourquoi. Pierre Chareau, par exemple, a réalisé la Maison de verre avec Bernard Bijvoet, mais Chareau s'attribue toujours, jusqu'à aujourd'hui, le mérite[172]. » Une telle affirmation ignore que Chareau a veillé à témoigner de l'apport du Hollandais, comme le prouve la présence du nom de Bijvoet comme collaborateur à maintes occasions : accolé à la maquette de la Maison de verre à chaque exposition où elle est présentée, en titre de la publication dans L'Architecture d'aujourd'hui ou au sein de l'article paru dans la revue Le Point, sur la façade du club-house de Beauvallon et celle de la Maison de verre... Ainsi, de tels propos semblent négliger le rôle de la presse ou de la critique dans la consécration d'un artiste. À ce titre, que ce soit dans les publications françaises, allemandes, anglaises ou américaines des travaux de Chareau, seul le nom du maître d'œuvre ayant reçu la commande figure. La publication hollandaise De 8 en opbouw déroge à cette pratique. Jan Duiker, son rédacteur en chef, veille à indiquer : « Architectes P. Chareau et ing. B. Bijvoet » lors de la présentation du club-house et de la Maison de verre[173]. Un tel énoncé reproduit exactement la formule employée à l'occasion de la publication des réalisations ou projets des deux associés néerlandais or, à Paris, Bijvoet relève d'un statut autre.

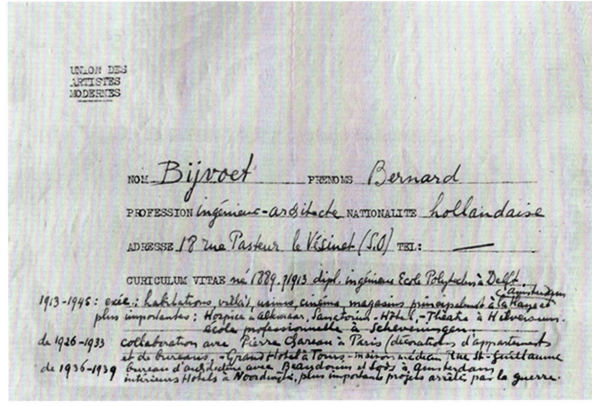

Bernard Bijvoet dans son appartement parisien, rue Erlanger, vers 1926.

Bulletin de réinscription de Bernard Bijvoet à l'UAM au lendemain de la Seconde Guerre mondiale.

LES CONGRÈS INTERNATIONAUX D'ARCHITECTURE MODERNE

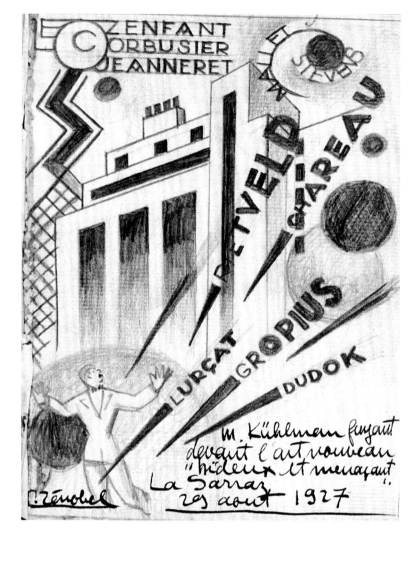

Pierre Zénobel, dessin au crayon et à l'encre, *Livre des hôtes de La Sarraz*, 1927.

L'ère qui s'ouvre au tournant des années 1930 voit Chareau s'ancrer dans le milieu de l'architecture. En France, il est convié à rejoindre les rangs de la revue *L'Architecture d'aujourd'hui* et adhère à deux organisations professionnelles, la Société des architectes modernes puis le Rassemblement des architectes. Surtout, il contribue à la fondation d'un groupement international dont l'influence sera grandissante, les Congrès internationaux d'architecture moderne (CIAM). Son apparition première sur la scène architecturale internationale se produit à l'occasion du premier CIAM, qui se tient à l'invitation d'Hélène de Mandrot dans son château de La Sarraz, du 25 au 28 juin 1928. Ce rassemblement transnational a pour but de promouvoir l'architecture moderne en Europe et de combattre tout retour arrière. À l'incitation d'Hélène de Mandrot, des architectes européens modernistes se regroupent autour de l'historien de l'art suisse alémanique Sigfried Giedion[174]. Ce dernier rapporte avoir été contacté par la châtelaine afin « d'organiser une rencontre de jeunes architectes » suivant une « idée [qui] avait été conçue à Paris par Mme de Mandrot, Le Corbusier et quelques-uns de ses amis (Chareau, Guévrékian et d'autres)[175] ». Un temps associés, les aînés Adolf Loos, Frank Lloyd Wright, Auguste Perret, Frantz Jourdain, Josef Hoffmann sont relégués finalement aux places honorifiques. La délégation française compte initialement Djo-Bourgeois, Tony Garnier, Robert Mallet-Stevens, Jean-Charles Moreux, Auguste Perret ainsi que Pierre Chareau, Gabriel Guévrékian, Pierre Jeanneret, Le Corbusier et André Lurçat, mais seuls les cinq derniers nommés assistent à ce premier congrès, préparatoire.

Alors qu'aucun de ses projets d'édifice n'est encore sorti de terre, la présence de Chareau dans cet aréopage d'architectes s'explique par ses liens avec deux des initiateurs : Hélène de Mandrot et Le Corbusier. Fréquentant les expositions que Jeanne Bucher organise à La Boutique des Chareau, la châtelaine lui confie, en 1925, l'aménagement de sa chambre à coucher dans son appartement parisien. Quoique cette commande soit l'objet de désagréments, cela n'obère pas leurs rapports[176]. À l'été 1927, en compagnie de plusieurs artistes, dont Pierre Chareau, elle entreprend un « périple initiatique qui la conduit d'Allemagne en Hollande[177] » dont le « seul but est l'architecture moderne[178] ». Ce voyage marque une étape importante de son engagement en faveur de la nouvelle architecture, auprès de laquelle Chareau est considéré l'avoir introduite. Une proximité qui explique l'invitation au Congrès de 1928, où il figure dans la catégorie incertaine de « meublier architecte[179] ».

Ses liens avec Le Corbusier remontent probablement à l'année 1923, car dans l'agenda de l'architecte couvrant la fin mars, le nom de Chareau apparaît sur trois pages de suite, dont une avec la mention : « Immeuble-villa Chareau intime des Bernheim pour terrain [illisible][180]. » Une rencontre pour le moins opportune, au moment où le Suisse recherche des souscripteurs et éventuellement des terrains pour y édifier le premier prototype de ce nouveau type d'habitat. Par ailleurs, après la parution des ouvrages *Urbanisme* en 1924 et *La Ville radieuse* en 1935, Chareau

Participants du premier CIAM, château de La Sarraz, juin 1928. Chareau est le deuxième personnage en partant de la gauche, Hélène de Mandrot est au centre et porte un chapeau.

Pierre Barbe, Pierre Chareau et Ernö Goldfinger à Berlin lors du CIRPAC (Comité international pour la réalisation des problèmes de l'architecture contemporaine), juin 1931.

ne manque pas de remercier Le Corbusier pour ses envois dédicacés[181]. Il est en outre abonné à la revue *L'Esprit nouveau*, où il est mentionné quatre fois pour son mobilier, à l'occasion de Salons ou d'expositions[182]. À l'ouverture de sa boutique, rue du Cherche-Midi, Chareau se paie l'insertion d'un prospectus publicitaire dans le numéro 19, publié en décembre 1923[183].

À La Sarraz, s'il figure sur les deux photographies officielles montrant le groupe au complet, contrairement à ses confrères, il est absent des prises de vue de la réception, la veille de l'ouverture des débats, ou de la soirée costumée. Néanmoins, il s'est livré au petit jeu proposé par le secrétaire des séances, un certain Gustave-Édouard Magnat, appelé à devenir un des plus éminents graphologues suisses. À partir d'un échantillon de l'écriture de chaque délégué, Magnat se propose d'émettre quelques traits sur leur personnalité. Il décrit Chareau comme « un tout malin qui s'ignore », Le Corbusier comme « un animateur que son esprit entraîne », Guévrékian est « l'homme

CHAREAU AU REGARD DE SES PAIRS

qui s'affirme avec souplesse » ou, au sujet de Rietveld, il précise : « En Hollande, la bonté n'exclut pas la ruse[184]. »

Durant l'année 1929, vient le temps de mettre en place les différents échelons des instances. Le Congrès des CIAM se décline en Comité international pour la résolution des problèmes de l'architecture contemporaine (CIRPAC) et, dans chaque pays, se forment des unions d'architectes chargés de mener les réflexions à soumettre au CIRPAC. Le Corbusier propose Chareau comme un des cinq administrateurs du comité parisien (comprendre français)[185]. Pourtant, cette année-là et la suivante, sans explication connue, Chareau ne participe ni au deuxième ni au troisième CIAM, quoiqu'il assiste au CIRPAC de Berlin en 1931[186]. Une fois les chantiers du clubhouse et de la Maison de verre achevés, dès le printemps 1934, il prend part régulièrement aux activités du groupe CIAM-France. Dédié à la question de la ville fonctionnelle, le quatrième CIAM compte parmi les événements déterminants de l'histoire de l'architecture de l'entre-deux-guerres. Ses travaux, qui vont déboucher sur la rédaction par Le Corbusier de la « charte d'Athènes », se tiennent essentiellement à bord du *Patris II*, du 29 juillet au 13 août 1933, lors d'une navigation de Marseille-Athènes-Marseille[187]. Hormis quatre apparitions fugaces dans le film tourné en mer par László Moholy-Nagy, Chareau est absent de toutes les photographies prises en mer ou lors des visites touristiques en Grèce. Il participe pourtant au parcours moderne dans Athènes, qui accorde une place prépondérante à la découverte d'une série d'écoles récemment construites. Ses commentaires élogieux sur ces nouveaux bâtiments sont aussitôt reproduits dans le quotidien *Nèos Kàsmos*[188].

En dépit des événements historiques prenant place en Europe, l'activité des CIAM continue, mais n'échappe pas aux tensions idéologiques. L'idée de tenir le congrès suivant à Paris au lieu de Moscou germe chez Giedion dès le printemps 1934[189], et Le Corbusier se fait fort que les CIAM participent à l'Exposition internationale de 1937[190]. Une telle contribution voit le jour, mais intégrée au sein du pavillon des Temps nouveaux. Appuyé par sa garde rapprochée (Pierre Jeanneret, Charlotte Perriand, Josep Lluís Sert et Ernest Weissmann), Le Corbusier impose le thème « Logis et loisirs », un choix en adéquation avec les orientations du Front populaire. L'organisation laborieuse du cinquième CIAM amène Giedion à Paris le 8 juillet 1936 dans le cadre d'une réunion restreinte pour mobiliser le groupe CIAM-France[191]. Chareau accepte d'être nommé commissaire général et se voit charger d'un des trois sous-groupes, celui des « Démarches officielles, subvention fonds, aide morale de la part des institutions françaises[192] ».

Convié à la réunion du CIRPAC à La Sarraz du 9 au 12 septembre 1936, étrangement Chareau n'assiste qu'à la première journée[193]. Il fait part de sa préoccupation quant au financement de la rencontre prévue l'année suivante et expose la proposition du groupe français d'associer deux instances offrant un soutien matériel et une aide à la diffusion du message des CIAM : la Maison de la culture[194] et la Réunion internationale des architectes[195].

Nikos Mitsakis, école primaire de la rue Koletti, Athènes, 1932. Un éloge de Pierre Chareau au sujet de cette réalisation est publié dans la presse grecque.

Ci-dessous : Brochures de présentation du cinquième CIAM, prévu à Paris en même temps que l'Exposition internationale de 1937.

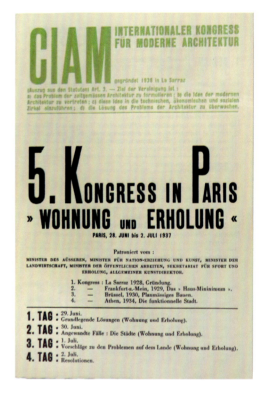

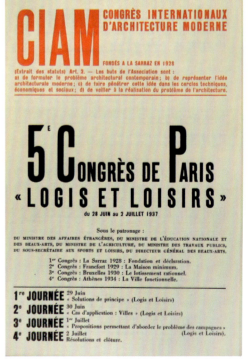

L'ensemble des participants agrée ces collaborations. L'absence de Chareau les jours suivants est interprétée par Cornelis van Eesteren, président des CIAM, et Walter Gropius comme le signe d'un indéniable « désintérêt » du Parisien ; à sa place Charlotte Perriand se voit désigner responsable du groupe organisateur[196]. Selon les archives des CIAM, la présence de Chareau au congrès de l'été 1937 n'est pas certaine, bien qu'il se soit tenu à Paris et qu'un des deux projets qu'il expose au pavillon des Temps nouveaux traite justement des loisirs[197].

Une fois à New York, il participe régulièrement aux réunions menant à la constitution d'un groupe CIAM aux États-Unis. L'idée d'étendre jusqu'en Amérique l'influence des CIAM date de la fin des années 1930. La venue à New York de visiteurs européens lors de l'Exposition universelle en 1939, comme la présence aux États-Unis de nombreux architectes fuyant le nazisme favorisent la constitution d'une antenne américaine qui entend jouer un rôle dans la reconstruction des zones dévastées en Europe. À cet effet est créé un « Chapitre de secours et de planification pour l'après-guerre » lors d'une réunion tenue le 20 mai 1944. Richard Neutra est élu président, et parmi les administrateurs on compte Chareau, Giedion, Gropius, Mies van der Rohe, Moholy-Nagy, Sert, Weissmann, tous venus d'Europe, et quelques rares Américains, dont Wallace K. Harrison, Paul L. Wiener… Sert et son associé Wiener contraindront ultérieurement Chareau, pourtant assidu, à céder sa place à un représentant américain, ainsi que le révèle un témoignage de Motherwell[198].

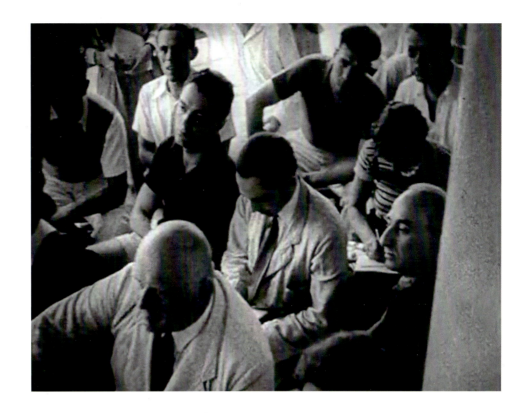

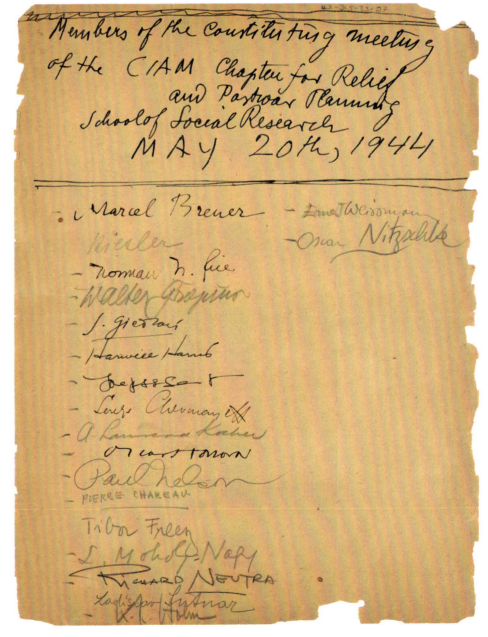

Extrait du film de László Moholy-Nagy tourné lors du quatrième CIAM se déroulant à bord du paquebot *Patris II* naviguant de Marseille à Athènes en 1933. Chareau est le premier personnage à droite.

Feuille de présence de la première réunion du groupe CIAM américain renommé Chapter for Relief and Postwar Planning, New York, 20 mai 1944. Pierre Chareau figure parmi Sigfried Giedion, Walter Gropius, Josep Lluís Sert, Marcel Breuer, Richard Neutra, Paul Nelson, Oscar Nitzchké et de nombreux architectes américains.

CHAREAU AU REGARD DE SES PAIRS

LES ORGANISATIONS PROFESSIONNELLES

Bien qu'appartenant au groupe des Cinq, en 1929, lors du lancement de l'UAM, Chareau n'y adhère pas, invoquant des prétextes curieux, avant de se raviser un an et demi plus tard[199]. L'explication tient probablement à un désir de s'émanciper du statut de décorateur au moment où il intègre le cénacle des architectes. Officiellement, il affirme ne vouloir participer à « aucun mouvement collectif pendant quelque temps » avant d'avoir « parachevé des travaux importants[200] ». Dans cet échange avec ses pairs, il tait qu'il est membre des CIAM et de la Société des architectes modernes (SAM)[201]. Ce regroupement compte environ 200 membres. Il a été créé en 1922 à l'initiative de Frantz Jourdain et d'Hector Guimard[202]. Au nom de la liberté et du pluralisme, la SAM s'intéresse à des questions déontologiques — pérennité de l'œuvre, transparence des concours… — et s'oppose à la création d'un ordre des architectes réglementant l'exercice professionnel. Aux côtés de Pol Abraham, Hector Guimard, Henri Sauvage, Robert Mallet-Stevens, etc., il participe à la toute récente commission d'examen des recherches et inventions du bâtiment, qui examine l'ensemble des inventions produites dans les différents domaines de la construction[203]. À ce titre, prenant la défense des toitures-terrasses, la SAM lance deux concours sur ce thème ; Chareau figure au jury du second, en 1931.

En 1935, le Rassemblement des architectes (RDA) est créé, avec Chareau comme trésorier[204]. Cette organisation s'accorde parfaitement avec les préoccupations sociales de ce dernier. La conjoncture économique après 1928 a provoqué une grave crise dans la profession, dont Chareau se fait l'écho dans une contribution à *L'Architecture d'aujourd'hui*, en 1935, déplorant, chiffres à l'appui, la situation lamentable de la plupart des architectes et décorateurs parisiens. Il dénonce les sociétés immobilières spécialisées dans la production de maisons « sur catalogue » réalisées par leur propre bureau d'études comptant de simples dessinateurs[205]. Outre que cela contraint au chômage de jeunes professionnels, il constate amèrement que « nous assistons impuissants à l'élaboration d'une

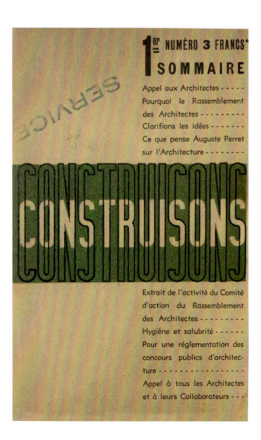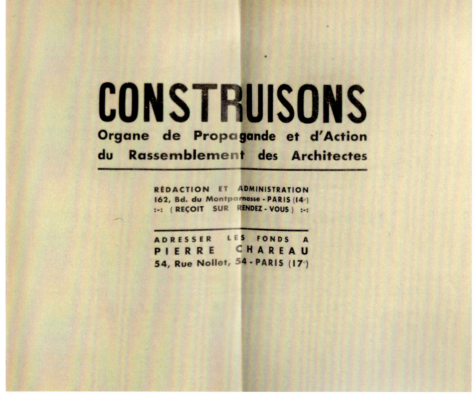

Unique numéro de *Construisons*, revue du Rassemblement des architectes dont Pierre Chareau est le trésorier, 1936.

Page de droite : Robert Mallet-Stevens, « L'architecture moderne en France », article publié dans *Rails de France*, novembre 1935. Parmi les trente-deux exemples choisis, le club-house de Beauvallon figure sous le numéro 26.

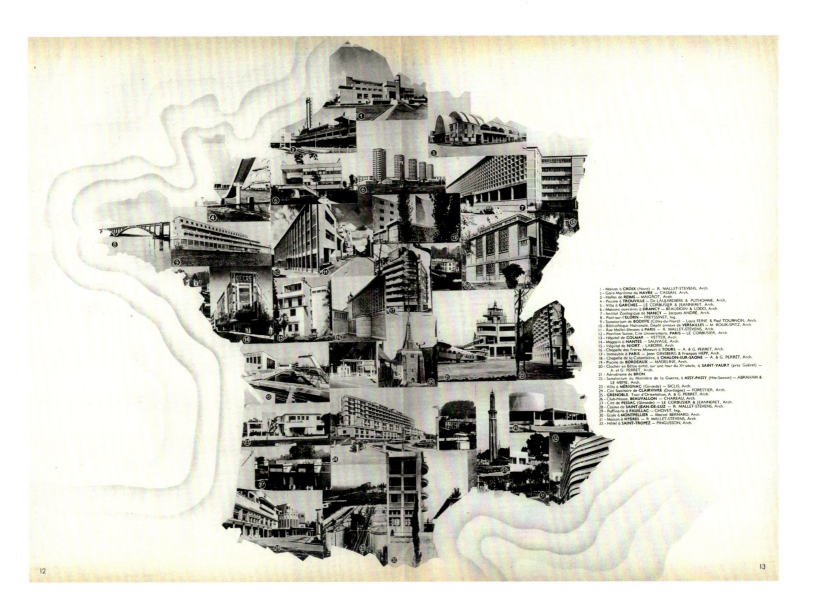

production architecturale sans aucune valeur "humaine, ni sociale" ayant comme base le profit matériel seul[206] ». Il rejette également la création d'un ordre professionnel, qui lui apparaît une mesure incapable de répondre à la crise frappant le monde de l'architecture et qui mécontente les architectes sortant de l'École spéciale d'architecture, les décorateurs, urbanistes, collaborateurs, métreurs ou ingénieurs. Il interpelle l'État pour l'absence de « vaste programme de travaux d'intérêt public » et exige une juste répartition des commandes, au lieu du favoritisme et de la corruption qui entachent les concours.

Sollicité par *L'Architecture d'aujourd'hui* suite à la proclamation des résultats du concours des musées d'Art moderne de la colline de Chaillot, Chareau tonne : « À bas les poncifs[207] » et s'élève contre le retour d'une architecture passéiste. « De 1931 à 1934, la clique de la réaction architecturale relève la tête et opère. Gustave Umbdenstock, architecte en chef du gouvernement, professeur à l'École polytechnique, s'oppose à l'architecture internationale au nom d'une architecture nationale. Danger pour la patrie, l'architecture moderne est aussi un danger social : une fois ôtée des édifices, "la joie des interprétations, des décors splendides", l'ambiance des édifices créerait autant de foyers de haine sociale[208]. » Contre ces relents nationalistes douteux, le RDA entend lutter. Il compte de nombreux adhérents communs avec la SAM et partage les mêmes revendications en matière de concours et d'accaparement de l'architecture par des sociétés de construction. Le RDA et la SAM appellent au lancement par la puissance publique d'un vaste programme de travaux équitablement répartis. Le RDA se mobilise, de son côté, sur des considérations sociales liées à la profession : chômage des architectes, jeunes diplômés sans emploi, révision de la fiscalité. Il fait paraître un manifeste qui reprend ces thèmes, publié dans les colonnes de *L'Architecture d'aujourd'hui*[209]. Le RDA lance également la revue *Construisons*, adressée à tous les architectes, dont seul un numéro est publié, en 1936. Hormis le nom et la fonction de Chareau ainsi qu'un article signé par Auguste Perret, la seule autre mention est celle du gérant de la revue et probablement l'initiateur du rassemblement, l'architecte et sympathisant communiste Paul-Albert Pocheron[210]. Ainsi s'explique le fait que la Maison de la culture prête ses locaux au RDA et que le quotidien *L'Humanité* signale à plusieurs reprises ses activités, dont une fois aux côtés de l'Association des écrivains et artistes révolutionnaires (AEAR), ou encore fait état du positionnement politique du RDA, du moins de sa partie la plus active. « Les architectes s'efforcent de remédier eux-mêmes à la situation dans laquelle la société capitaliste fait végéter la profession. Végéter est peu dire ! Disparaître est plus juste ! En effet, sous des prétextes que cachent mal les méthodes employées par les trusts pour accaparer les travaux d'architecture et de construction, nous apprenons que des administrations publiques se font elles-mêmes les agents destructeurs de la profession d'architecte. Elles la sapent en tout cas[211]. » Après le printemps 1936, les activités du RDA cessent aussi soudainement qu'elles sont apparues.

L'ARCHITECTURE D'AUJOURD'HUI

La création de *L'Architecture d'aujourd'hui*, en 1930 par André Bloc, reconfigure le spectre de la presse architecturale française, en choisissant d'offrir un ample panorama de l'architecture internationale[212], associé à des voyages, procurant ainsi de nombreuses opportunités de rencontrer des confrères étrangers tout en renforçant les liens avec les correspondants étrangers de la revue[213]. Ces déplacements se doublent de la création par *L'Architecture d'aujourd'hui* des Réunions internationales d'architectes (RIA) qui entendent débattre de la crise doctrinale de l'architecture dans le monde[214]. Imitant les CIAM avec lesquels elles rivalisent, les RIA se structurent et nomment le rédacteur en chef de la revue, Pierre Vago, secrétaire général.

Si la ligne éditoriale de la revue n'est guère arrêtée à sa création en novembre 1930[215], elle se précise six mois plus tard, lorsque Bloc présente ses colonnes, avant tout comme une tribune où la discussion et le jeu des idées demeurent libres, déclarant néanmoins : « Notre programme est net : défendre tout effort créateur, encourager les recherches » et rapprocher « l'architecte et l'ingénieur[216] ». Lors d'un débat entre formalisme et rationalisme, qu'elle lance en 1932, la revue affirme alors sa ligne éditoriale en optant « pour les "constructeurs" [soit la tendance Perret] contre les "cubistes" c'est-à-dire la tendance représentée en France par Le Corbusier, Lurçat, Mallet-Stevens[217] », et donc Chareau. Nonobstant, celui-ci fait partie du comité de patronage de la revue dès son lancement, aux côtés des sommités de la profession, tels Frantz Jourdain, Auguste Perret, Henri Sauvage pour les plus âgés, associés à des figures montantes comme Mallet-Stevens, Lurçat, Fischer, Pingusson, Guévrékian et quelques jeunes.

En peu d'années, *L'Architecture d'aujourd'hui* devient un incomparable pôle d'attraction des tenants de la modernité et ne cesse d'accroître ses activités. La revue se lance dans l'organisation d'expositions ou de manifestations et propose annuellement un concours qui promeut les jeunes architectes[218]. Souvent présenté en tant qu'architecte, Chareau est membre du jury des 1er, 2e, 3e, 4e et 7e concours. Il est également convié à juger le concours d'aménagement d'une chambre d'hôtel ou à celui des toitures-terrasses du RDA, auxquels *L'Architecture d'aujourd'hui* contribue[219]. Chareau prend part à toutes ces initiatives de la revue, y compris à celles sans grand lendemain comme l'Union pour l'art, une entente entre artistes de tout horizon, où il côtoie, hormis ses confrères, Léger, Lipchitz, Maillol, Matisse, Zadkine[220]... Cependant, lors des enquêtes lancées par *L'Architecture d'aujourd'hui* à ses débuts, portant sur les matériaux de construction et sur la conception de la fenêtre, Chareau n'a pas été retenu pour donner son opinion[221].

Ses contributions écrites dans les colonnes de la revue sont au nombre de trois : un court avis, hésitant entre imprécation et slogan, lors de l'annonce des résultats du concours des musées d'Art moderne de la colline de Chaillot, une brève notice technique accompagnant sa contribution au concours de l'OTUA en 1939 et surtout un long article intitulé « La création artistique et l'imitation commerciale », en 1935[222]. Ce titre ne rend guère compte de tous les aspects traités par ce texte militant commençant et s'achevant par d'énigmatiques envolées lyriques. Le début de l'article s'attache à exalter le rôle du créateur et à pourfendre les copies « commercialisé[e]s sans vergogne ». Il aborde ensuite la fonction sociale de l'architecture : « L'architecte ne peut créer que s'il écoute, que s'il comprend la voix des millions d'hommes, que s'il souffre de leur souffrance, que s'il lutte avec eux pour les en

Pierre Chareau (deuxième à gauche) est plusieurs fois membre du jury des concours de la revue L'Architecture d'aujourd'hui, notamment en 1934 et 1938. Photographies publiées dans L'Architecture d'aujourd'hui, respectivement en 1938 et 1934.

Page de gauche : Premier numéro de L'Architecture d'aujourd'hui, novembre 1930. Pierre Chareau fait immédiatement partie du comité de patronage.

délivrer, que s'il s'institue le chantre de leurs espoirs, le réalisateur de leurs aspirations[223]. » Il dénonce les forces de l'argent qui « ne sont pas celles que l'architecte peut représenter » et qui spéculent sur l'art au détriment des créateurs désœuvrés. La seconde moitié du texte réitère les revendications formulées par le Rassemblement des architectes dans sa lettre ouverte de juin 1935. Nombre de ces déclarations sont aussi étonnantes qu'inattendues, compte tenu du type de clientèle de Chareau. Elles renvoient à son compagnonnage avec le Parti communiste et, en creux, au profond désarroi causé par la disparition d'un âge d'or doublé d'un avenir qui n'apparaît répondre ni aux espérances des créateurs, ni à celles de la majorité de la population.

Régulièrement cité dans les colonnes de L'Architecture d'aujourd'hui entre 1930 et 1950, la plupart du temps Chareau l'est à propos de sa participation à des événements professionnels (jurys, expositions, Salons…) ou de sa production de meubles[224]. Nonobstant, trois numéros publient ses réalisations, avec une livraison consacrée à la Maison de verre, en 1933, au club-house de Beauvallon, en 1934, et à la maison de Motherwell à East Hampton, en 1950[225].

LA QUESTION DU DESSIN

Salon de la Société des artistes français, section architecture, 1907. Perspective d'un « Intérieur de hall, Renaissance anglaise » de Pierre Chareau publiée dans *L'Architecture aux Salons de 1907*, Armand Guérinet, s.d.

Depuis la Renaissance, le dessin est devenu l'outil fondamental du projet en architecture. Sa maîtrise constituerait, selon Michel-Ange, la « racine de toutes les sciences », tandis que Vasari l'énonce comme « source et corps de la peinture, de la sculpture et de l'architecture[226] ». Or les dessins de Pierre Chareau font défaut, au point que certains ont acquis la conviction qu'il ne savait pas dessiner. Une telle légende ne tient pas compte des prix qu'il reçut durant sa scolarité dans cette discipline, ni des rares documents graphiques de sa main, depuis peu découverts, ni de la maîtrise du tracé ou du sens des proportions que requiert l'admirable qualité de ses productions. Si la patte de nombreux architectes est immédiatement reconnaissable, tel n'est pas le cas avec Chareau. Dans le peu de documents ayant survécu, on observe ici un hâtif croquis inséré dans une lettre ; là une esquisse sommaire de projet de meuble ou d'aménagement sur du papier-calque. Pourtant, au début de sa carrière, il s'est employé à dresser des perspectives au rendu fignolé, en vue d'une possible publication, à l'image de l'« Intérieur de hall, Renaissance anglaise » présenté en 1907 dans le cadre du Salon de la Société des artistes français. En ce qui concerne les documents sortant de son atelier, force est de constater une grande diversité dans les façons de dessiner. Même les pochoirs et reproductions de projets d'aménagements intérieurs ou de mobilier, insérés dans les célèbres portfolios de l'époque, sont de qualité fluctuante, parfois soignés et délicatement colorés, parfois plus frustes, voire avec un tracé perspectif hasardeux[227].

Contrairement à Eileen Gray, par exemple, qui adopte, probablement sous l'influence de Jean Badovici, les codes et représentations conventionnels de l'architecte (plan, coupe, élévation...) tracés au té et à l'équerre, étonnamment Chareau reste attaché aux méthodes de Waring & Gillow. Ainsi, les dessins publiés de la Maison de verre sont sciemment esquissés de manière rudimentaire, laissant croire, à tort, à un certain dilettantisme professionnel[228]. S'il reconnaît le rôle d'instrument de communication que remplit le dessin, il refuse d'en faire un exercice obligé d'expression plastique ou graphique. Tout laisse à penser que, pour Chareau, la chose construite est supérieure au

dessin, relégué à un usage transitoire entre concepteur, commanditaire et exécutant, avant de devenir obsolète. Ne fait œuvre que l'objet fini ou, à défaut, sa reproduction photographique une fois les travaux achevés et les pièces meublées. Chareau délaisse donc progressivement la pratique du dessin. Cela procède possiblement d'une réticence envers tout ce qui pourrait figer sa création, entraver ses improvisations sur le chantier ou encore le priver des apports et suggestions des artisans.

L'absence d'archives rend difficile l'étude de la progression de sa pensée depuis la *cosa mentale* menant aux premiers croquis, aux maquettes d'étude, aux plans définitifs, aux carnets de détails et au chantier. Échappe partiellement à ce sort la Maison de verre, dont on dispose de plans du fait de la nécessité de déposer un permis de construire — mais ces plans sont très différents de la version finale —, ainsi que des reportages photographiques montrant l'état initial puis final et l'avancement du chantier. Le club-house de Beauvallon fait également exception, avec des dessins destinés à la publication. Mais, là encore, les maquettes exécutées à ces occasions ont disparu.

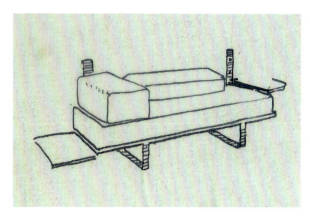

Croquis d'un canapé à structure en métal revêtu de cuir et de toile imperméable, destiné à la terrasse couverte du pavillon de l'UAM à l'Exposition internationale de 1937. Encre sur papier pelure.

Esquisse d'une table en verre avec piètement métallique. Encre et crayon sur calque, après 1940.

Perspective du cabinet de travail de Jean Dalsace dans une configuration inusitée. Encre de Chine sur papier, vers 1919.

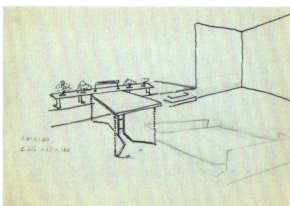

TREIZE RÉALISATIONS, PROJETS OU ÉTUDES

Il est d'usage de partager la carrière de Chareau selon les deux aires géographiques et culturelles au sein desquelles il a œuvré, avec d'un côté en France le domaine de Beauvallon (club-house et villa Vent d'Aval), la Maison de verre et le cabanon de Bazainville, et de l'autre les trois réalisations aux États-Unis. Habituellement ces dernières sont, à tort, considérées comme insignifiantes. Une telle partition a l'avantage de s'appuyer sur la chronologie mais occulte les effets de la crise économique. Aussi, convient-il plutôt de distinguer les œuvres d'avant le krach – celles du temps de la prospérité – des œuvres d'après – celles de la frugalité –, qui couvrent tout ce qui advient après l'achèvement de la Maison de verre en 1932. De même, pour une compréhension complète des travaux ou recherches menés par Chareau dans le domaine de l'architecture, inclure les projets non réalisés, et de ce fait mal connus ou ignorés, est apparu une nécessité.

Les treize réalisations, projets ou études connus à ce jour se répartissent, sur un plan programmatique, de la manière suivante : trois traitent d'habitation principale (Maison du travailleur intellectuel, Maison de verre, maison de Motherwell), deux de villégiature (villas Vent d'Aval et La Colline), et trois sont des cabanons (cabanon Tjinta Manis, pavillons semi-démontables d'un parc de loisirs, pièce-maison à East Hampton). S'ajoutent à cela deux petits équipements (club-house, centre des services du parc de loisirs), trois investigations expérimentales (immeuble aménagé différemment à chaque étage, immeuble d'habitation à ossature en acier, maison en plastique). Des publications évoquent également, sans donner le moindre détail, trois projets dont on ne sait s'ils complètent ou font partie des treize travaux précédemment mentionnés[229]. Quant au cercle de ses clients, en ce qui concerne l'architecture, il est notoirement plus resserré que celui de sa clientèle en matière de mobilier ou d'aménagement. Trois des quatre réalisations françaises sont commanditées par les Bernheim[230]. Et aux États-Unis, deux constructions le sont pour des amis proches et la troisième lui est destinée.

CONNIVENCES INTELLECTUELLES

La distinction entre l'œuvre du temps de la prospérité et celle du temps de la frugalité amène à convoquer des références doctrinales ou des arrière-plans théoriques différents. Les œuvres architecturales comme mobilières de la période de la prospérité font écho à des positions implicites, jamais exprimées, de l'architecte décorateur et rendent compte de l'influence exercée par le mouvement Arts & Crafts, et notamment par ses animateurs John Ruskin et William Morris[231]. Ses premières réalisations, conçues avec des matériaux précieux, revêtent un caractère raffiné et renvoient à ce « luxe de bon aloi, senti et goûté », évoqué par Ruskin, ou à ce « luxe domestique » qu'appelle Marcel Proust, un de ses fervents lecteurs et traducteurs[232]. Chareau emploie volontiers des matériaux précieux : l'albâtre pour ses luminaires, le sycomore, le bois de rose, le palissandre pour le mobilier, l'ébène de Macassar ou le palmier tranché pour les plaquages, dont il veille minutieusement à assortir les dessins, l'ivoire pour les poignées ou entrées de serrure, le laiton en plaque passée au vernis doré en partie basse d'ouvertures... Il aime jouer sur les contrastes et recourt fréquemment à des oppositions entre le lisse et le rugueux, la couleur et la non-couleur, l'ouvragé et le fruste, les matériaux naturels et issus de l'industrie, l'authentique et le contrefait comme la tôle perforée en acier étaminé simulant l'aluminium, etc. L'extrême soin apporté aux détails conduit l'architecte rationaliste néerlandais Jan Duiker, ancien associé de Bijvoet en Hollande, avec lequel celui-ci continue à collaborer sporadiquement, à qualifier péjorativement la Maison de verre de réalisation d'un « snobisme fonctionnaliste [zakelijkeidsnobisme] très prisé à Paris[233] ».

Cette abondance de moyens intervient, selon Ruskin, en tant qu'« art d'arranger et de décorer les édifices ». L'essence de l'architecture, précise le critique en 1849, « est d'émouvoir l'âme humaine et non d'offrir un simple service au corps de l'homme[234] ». Questionnant le rôle de l'ornement, au tournant du siècle, Louis Sullivan se demande de quelle manière son emploi peut concourir aux qualités élémentaires d'une construction. Un bel édifice, reconnaît-il, peut ne comporter aucun ornement, mais, dans le même temps, il estime « qu'une structure décorée, harmonieusement conçue, bien pensée, ne peut être dépouillée de son système d'ornement sans que son individualité soit détruite ». Et de conclure : « L'ornement est intellectuellement un luxe et non une nécessité », précisant toutefois que lui seul peut apporter une force dramatique à l'architecture et lui permettre d'atteindre le sublime[235]. Chareau, qui se pose ouvertement en artiste, souscrit à ces appréciations, nonobstant sa connaissance du texte de Loos « Ornement et crime », où est affirmé que, en architecture, seuls « le tombeau et le monument » relèvent de l'art[236]. Cet « homme légendaire » — ainsi que *L'Architecture d'aujourd'hui* surnomme l'architecte autrichien — n'en reconnaît pas moins que « l'architecture éveille en l'homme certains états d'âme », mais à la condition d'être dépouillée de toute exubérance décorative. Souvent brandie comme les nouvelles tables de la loi, cette injonction à la sobriété a été l'objet de surinterprétations, amenant Loos à revenir sur la question. « Il y a vingt-six ans, j'ai affirmé que l'ornement avec l'évolution de l'humanité allait disparaître sur l'objet d'usage [...]. Mais je n'ai jamais voulu dire par là ce que les puristes ont poussé à l'absurde, à savoir qu'il fallait abolir l'ornement systématiquement et implacablement[237]. » Pour Loos comme pour Chareau, épuration ne se conjugue pas avec anéantissement.

La sentimentalité de Chareau l'amène à exceller dans la maîtrise de tout ce qui suscite l'émoi de la psyché humaine. Il récuse donc toute solution stéréotypée au profit du culte de l'originalité, acceptant éventuellement des petites séries, mais jamais de production taylorisée en matière de meubles ou d'aménagements intérieurs. À son grand ravissement, ce zèle de l'original ou de la petite production l'amène à ne travailler qu'avec des artisans, y compris lorsque l'OTUA impose le contraire[238]. Comme William Morris, il « refuse de considérer les pratiques artisanales "traditionnelles" comme inférieures à celles du technicien ou de l'ingénieur moderne[239] ».

L'architecture n'atteint sa majesté, énonce Ruskin, qu'en satisfaisant la loi selon laquelle « la noblesse d'une chose se mesure à la proportion de vie dont elle est emplie » et nécessite autant un travail intellectuel qu'un travail manuel faisant appel au savoir ancestral de l'artisan. Contrairement au travail mécanique, l'exécution à la main permet de voir que « si l'ouvrier a mis son esprit et son cœur à son travail, tout ceci se produira aux bons endroits ; chaque morceau fera ressortir l'autre, et l'effet de l'ensemble sera le même que celui d'une poésie heureusement dite et profondément sentie, tandis que ce même dessin exécuté à la machine ou par une main sans âme ne produirait pas plus d'effet que cette même poésie ânonnée de mémoire[240] ». Cette assertion précède le farouche débat en Allemagne entre Henry van de Velde et Hermann Muthesius, en 1914 dans le cadre du Deutsche Werkbund, opposant l'individualité du créateur libre et spontané d'une part et, de l'autre, le pourfendeur de la pièce unique défendant l'invariabilité de la production de masse qui, bornée par les limites de la machine, s'en retourne aux formes géométriques élémentaires « lisses, concises, sans fioriture[241] ».

Les œuvres du temps de la frugalité ne résultent pas d'un reniement de ses convictions premières mais de circonstances historiques. Loin d'être un cas isolé, Chareau plonge, dès 1932-1933, dans un profond désœuvrement que de rares et très modestes commandes publiques ou privées viennent interrompre. À la clientèle fortunée ou aisée initiale se substituent des amis plus ou moins démunis mais impatients de mieux-être. Leur manque de ressources amène Chareau à emprunter d'autres stratégies de projets et à déployer autrement son inventivité. Si ces réalisations sont moins spectaculaires ou photogéniques, la perspicacité de l'architecte pour concevoir et mener à bien ces travaux mérite une attention trop souvent déniée. Disposant d'un budget restreint, il fait avec les moyens du bord, glanant ici ou là ce qui s'offre. Cette forme d'activité, rappelle Claude Lévi-Strauss, s'apparente à « celle communément désignée par le terme de *bricolage*[242] ». Désormais Chareau ne dispose plus de la même liberté pour établir et réaliser ses projets. Ses choix deviennent tributaires des matériaux mobilisables et de la compétence d'une main-d'œuvre plus ordinaire. Contrairement à son processus de conception antérieur, audacieux et tourné vers la nouveauté, sa nouvelle démarche devient de nature « rétrospective : il doit se tourner vers un ensemble déjà constitué, formé d'outils et de matériaux[243] ». Ces possibilités limitées ne procurent qu'une liberté de manœuvre circonscrite à des déterminants « précontraints[244] ». Dans le bricolage est utilisé ce que l'on peut facilement avoir sous la main, quitte à substituer un matériau, un produit par un autre. On recourt au détournement, à la récupération ou à des matériaux de deuxième choix. Procédant à la fois du hasard et de la nécessité, le bricolage peut atteindre « des résultats brillants et imprévus[245] ». Symptomatique de telles logiques, la maison de Motherwell, édifiée à partir de surplus de l'armée américaine et d'une vieille serre, renvoie admirablement au « caractère mythopoétique du bricolage » évoqué par l'anthropologue[246].

Lajos Tihanyi, portrait d'Adolf Loos, 1925.

Anonyme, portrait de John Ruskin. Illustration publiée dans *The Biographical Review of Prominent Men and Women of the Day*, Elliott and Beezley, 1889.

Félix Vallotton, portrait de William Morris. Illustration publiée dans *La Revue blanche*, 1896.

DES ANNÉES FOLLES AUX ANNÉES NOIRES

La terrasse couverte du club-house du golf de Beauvallon. Au fond, le golf-hôtel et, au-delà, la mer.

LA MAISON DU TRAVAILLEUR INTELLECTUEL, 1923

IMMEUBLE À ÉTAGES SPÉCIFIQUES, AVANT 1923

La première incursion dans la sphère de l'architecture de Chareau remonte au Salon des artistes décorateurs de 1923. Il participe à une section confiée à Mallet-Stevens intitulée « L'architecture moderne », qui comprend exclusivement des maquettes d'édifices produites par des architectes dûment sélectionnés : Hector Guimard, Henri Sauvage, Tony Garnier, Charles Plumet, Pol Abraham, Charles Siclis, Djo-Bourgeois… Chareau présente une Maison du travailleur intellectuel, dont l'aspect extérieur emprunte tout à la fois aux recherches de Mallet-Stevens, Le Corbusier et Jean-Charles Moreux[247]. « Son style est net, clair, dépouillé et il n'a pas de ces façons de faire du moderne en faisant naître de belles petites moulures croisées sur des corbeilles de fruits et de fleurs : il est vraiment architecte ne comptant que sur les ressources et les moyens de l'architecture : lumière sur prisme[248]. » Ce propos, emprunté à Le Corbusier commentant une proposition de Mallet-Stevens, caractérise admirablement la contribution de Chareau.

L'édifice se signale par une superposition de solides quadrangulaires blancs posés sur un soubassement sombre. Le rez-de-chaussée, sur base rectangulaire, est surmonté par un étage de moindre ampleur, bordé de part et d'autre de piles ou de cheminées. La composition générale est symétrique. Sur la façade avant saillent deux petits avant-corps, chacun percé d'une fenêtre circulaire, qui encadrent la porte d'entrée placée dans un léger renfoncement, le tout précédé de quelques marches. Sur la façade arrière, le corps central, disposé en retrait pour souligner deux petits volumes latéraux, est surmonté d'un toit à une seule pente où prennent place quatre lucarnes. Cet envoi est commenté par Mallet-Stevens en ces termes : « Le meilleur de nos ensembliers […] vient de se révéler ici excellent architecte. Deshairs, Janneau, Vaillat ont affirmé depuis longtemps, dans leurs critiques, que l'architecture devait précéder l'art décoratif. Pierre Chareau démontre […] qu'ils ont parfaitement raison. » Il ajoute : « Chareau est un constructeur » ; avant de préciser : « Sa maquette est pleine de trouvailles ingénieuses. L'ensemble est solide, bien ordonné. » Il décrit ensuite l'organisation intérieure : « Au centre, l'atelier de travail, le cerveau, groupe autour les différents services de la maison. Cette maison, belle masse blanche, bien découpée, est précédée d'un jardinet au milieu duquel se dresse une sculpture de Lipchitz[249]. »

Curieusement, en dépit d'une réception favorable, ce projet, dont il ne subsiste que deux photographies, n'est plus jamais évoqué, y compris par son concepteur. À l'époque, néanmoins, sa proposition attire l'attention et lui offre l'opportunité d'être questionné sur « Que sera, demain, le logis ? » dans les colonnes du *Bulletin de la vie artistique*. « La maison de demain devra, commente-t-il, selon toute apparence, comporter des services communs, notamment ceux de bouche et d'entretien. La sagesse, dans ces conditions, conseillerait de réduire au moins compliqué le mobilier privé ; les constructions mêmes y seront commandées par un exact souci de l'hygiène ; ce sera le règne de la logique[250]. » L'étude présentée au Salon des artistes décorateurs consiste à offrir une solution, explique-t-il, au « logis d'une famille intelligente, cultivée, qui puisse y vivre avec agrément sans succomber sous des charges démesurées. Quels sont, en d'autres termes, les besoins de cette famille et les moyens dont elle peut normalement disposer ? C'est là le problème traité. Ma maquette affecte un caractère abstrait ? C'est qu'en effet le problème est d'ordre général. […] Le plan d'un édifice réel est affaire de métier : c'est l'industrie de l'architecte. L'intéressant est d'émettre des idées générales[251] ».

Dans ce même entretien d'octobre 1923, Chareau indique redouter le règne de l'uniformité dans l'architecture moderne et mentionne avoir antérieurement « étudié des maisons dont chaque étage eût, par des formes particulières, exprimé des distributions différentes[252] ». De ces expérimentations sur la superposition d'appartements diversement organisés d'un étage à l'autre, il ne demeure aucune trace, hormis cette succincte évocation. S'agit-il d'un exercice théorique effectué récemment ou d'une recherche plus ancienne, voire remontant à sa période chez Waring & Gillow ? À défaut de réponse, un écho de cette étude se retrouve dans les pages de la revue *Art et Industrie* en 1926[253].

Maquette de la Maison du travailleur intellectuel, façades avant et arrière. Photographies publiées dans *Le Bulletin de la vie artistique*, octobre 1923.

CLUB-HOUSE, 1926-1929

Boulevard des Collines, Beauvallon

Perspective du golf-hôtel de Beauvallon. Illustration publiée dans *Monographies de bâtiments modernes*, Librairie d'architecture R. Ducher, s.d.

Façade principale du club-house avec son fronton arrondi. Pour compenser la déclivité du terrain à la fin du parcours, Pierre Chareau surélève le volume principal du bar afin que l'édifice soit visible de loin.

Une brochure publicitaire décrit Beauvallon, situé face au cap de Saint-Tropez comme « un coin charmant de l'Attique » où l'on bénéficie « de tous les agréments de la vie moderne[254] ». L'endroit ne s'est développé qu'après l'achèvement, en 1890, de la ligne de chemin de fer d'Hyères à Saint-Raphaël, qui favorise l'essor de la villégiature et du tourisme balnéaire, engendrant en retour celui de la spéculation foncière. Dès 1885, la Société du golfe de Saint-Tropez acquiert un vaste domaine de 95 hectares. En faillite, elle le cède en 1912 à la société Bernheim frères et fils, qui entend créer un lotissement de luxe autour d'un terrain de golf, à proximité immédiate du golf-hôtel de Beauvallon[255]. Courant 1926, Émile Bernheim[256] confie la conception du parcours au Britannique Tom Simpson, une référence en matière de golf,

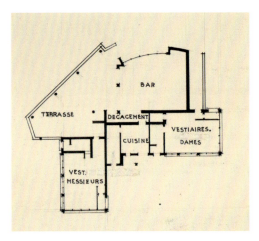

Plan légendé du club-house du golf de Beauvallon.

Ci-dessous et page de droite en bas : L'architecture lisse et blanche de la façade principale. Orientée sud-ouest, la terrasse couverte permet d'accéder à l'intérieur du bar.

et commande à Chareau la réalisation du club-house, qui est achevé et meublé au plus tard début 1929[257]. Parallèlement, Edmond Bernheim lui confie le projet d'une villa dont l'emplacement est situé en marge du terrain de golf. Si le club-house constitue le premier bâtiment réalisé par Chareau, il a été conçu en même temps que la Maison de verre ainsi que de la villa Vent d'Aval.

Situé au pied du massif des Maures sur la commune de Grimaud, le splendide domaine de Beauvallon s'étend jusqu'à la route serpentant le long du rivage. Séduite par la beauté du lieu, Colette, lors d'un séjour à l'hôtel en 1927, entend goûter en paix ce paysage : « Demain, je surprendrai l'aube rouge sur les tamaris mouillés de rosée saline, sur les faux bambous qui retiennent, à la pointe de chaque lance bleue, une perle[258]… » Le golf et le club-house prennent place derrière l'hôtel qui surplombe la mer. Le bâtiment présente une double orientation, la salle principale avec le bar est orientée suivant le tracé du parcours, en direction du massif des Maures, tandis que la terrasse couverte s'étire latéralement afin de bénéficier de la vue sur la Méditerranée et du soleil de l'après-midi, très recherché en période hivernale[259]. Pour éviter de faire masse, « les services annexes :

logement des professeurs, atelier de réparation des clubs et accessoires, ont été séparés de la construction principale, et sont autant de maisonnettes indépendantes, disséminées, au milieu des arbres, aux alentours[260] ». Ici, des petits cubes à l'ombre des chênes-lièges ; là, une forme plus allongée et chantournée sert au rangement des caddies. Quoique cet éclatement soit discuté du point de vue économique par la revue *L'Architecture d'aujourd'hui*, le journal y trouve néanmoins des vertus, car cela « accentue le caractère privé et intime du club-house ». Cette constellation d'édifices est dominée par le bâtiment central au pourtour découpé afin de disposer, en pleine indépendance, de chacune des parties du programme (salle centrale, vestiaires des dames et des hommes, terrasse, cuisine, chaufferie). Selon l'historien et critique Kenneth Frampton, ce parti induit des « effets de discontinuité », voire une « tendance disjonctive », qui provoquent une « anomalie » volumétrique. L'ensemble faisant l'effet, selon lui, d'une « composition cubiste inachevée qui, de quelque côté qu'on l'aborde, est toujours déséquilibrée[261] ».

Avec les projets de Beauvallon, Chareau abandonne le recours au seul et unique solide parallélépipédique et expérimente

La terrasse couverte avec au fond la porte d'accès au bar. Chaises *MC767* et guéridons *Diabolo*. Photographie publiée dans *L'Architecture d'aujourd'hui*, 1934.

À droite, cheminée extérieure. La terrasse, depuis le jardin, et les vestiaires à l'arrière. La juxtaposition et l'étagement des volumes cubiques sont particulièrement marqués de ce côté.

DES ANNÉES FOLLES AUX ANNÉES NOIRES

Le comptoir du bar et la salle de réunion. Tabourets *MT344*, bergères *MF732*, chaises *MC767* et guéridons *Diabolo*.

Publicité pour le revêtement en marbrite — verre opacifié et coloré imitant le marbre — appliqué en partie basse des murs.

un mode de composition radicalement différent de celui de la Maison du travailleur intellectuel de 1923, où domine un principe unitaire : plan centré et double symétrie. Au club-house, comme à la villa Vent d'Aval, il se livre à un jeu contrasté de pleins et de vides, de sorte que les volumes semblent se déployer selon un principe de plans successifs. Si ces tentatives, notamment pour la villa, ne parviennent pas au même degré d'équilibre que celui qu'atteint Le Corbusier avec la façade arrière de la villa Les Terrasses, à Garches, faut-il en conclure pour autant que Chareau, habitué à intervenir à l'intérieur d'une enveloppe donnée, est « maladroit » dans sa première tentative à proposer une « apparence extérieure[262] » ? Tout bien considéré, au club-house, Chareau recourt à un principe de composition en plan de type centrifuge et procède, comme souvent, de manière additive pour disposer chacune des fonctions du programme. En volume, cela se traduit par un étagement plus ou moins rayonnant et différencié des toits-terrasses. Abritant le bar-salle de réunion, le volume principal sur double hauteur domine les autres locaux, et son fronton courbé agit comme un signal pour les joueurs de golf abordant la fin du parcours, d'autant que la déclivité du terrain tend à partiellement dissimuler la base de l'édifice.

Sous cet imposant bandeau de couronnement et légèrement en retrait, se trouvent une série de fenêtres en longueur qui, en se retournant face à la terrasse, mènent à la grande salle. Dans l'angle opposé à la porte d'entrée prend place le comptoir. L'aménagement intérieur devait surprendre. Non seulement l'extérieur n'empruntait rien au *cottage* anglais ou au mas provençal, mais l'intérieur renvoyait au traitement des cafés sélects des grandes métropoles. L'éclairage est assuré d'une « si étonnante façon que vous ne pouvez comprendre comment vous êtes baigné de lumière vive sans jamais croiser avec elle la lame du regard[263] ». La sobriété distinguée de l'endroit rappelle le dépouillement du Café Museum de Loos, où l'absence d'ornement avait amené quelques-uns de ses détracteurs à changer le nom en « Café Nihilismus ». Le mobilier propose un exquis contrepoint à l'extrême simplicité de l'aménagement. Chareau conçoit pour l'occasion des meubles ludiques, dont les tables *Diabolo* ainsi que les fameuses chaises qui se caractérisent par des montants métalliques obliques et une assise bombée en forme de virgule. D'autres meubles conçus pour le Grand Hôtel de Tours ou antérieurement complètent le tout. Une terrasse avec son dais soutenu par de solides pilotis prolonge l'édifice bâti en béton armé. Pour parfaire cette construction très *high life*,

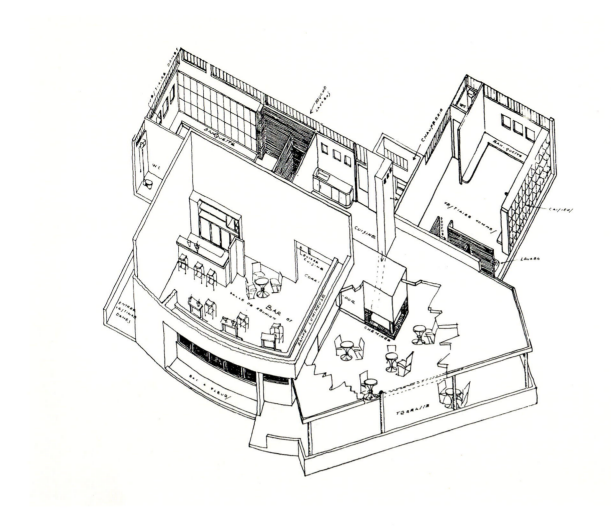

Axonométrie du club-house avec mobilier et annotations. Illustration publiée dans *L'Architecture d'aujourd'hui*, 1934.

Petit édifice secondaire pour entreposer les caddies et divers matériels.

à l'articulation de l'intérieur et de l'extérieur, côté terrasse, une cheminée d'angle apporte, nous dit un critique, « une note romantique[264] ». Un autre, plus hardi, y voit l'occasion de « s'attarder à flirter[265] ».

Aucune information sur le déroulement du chantier ne nous est parvenue, hormis une mention de Dollie dans une lettre confirmant, de la sorte, le soutien actif que cette dernière apporte à Pierre Chareau et à ses créations : « Je reviens de Beauvallon, mon amour ; impression très douce. […] Pris le chantier en main. La marbrite n'est pas posée ; me permets-tu de mélanger un peu de couleur ? Envoie-moi en retour les petits morceaux que nous aimons. […] J'ai été très émue à la vue du golf-house. J'aurais voulu le voir avec toi, une impression exquise puis dans les détails quelques critiques que j'aurais aimé formuler de suite pour que tu m'expliques. Par exemple, je n'aime pas la place du [bâtiment servant de] bureau, cela coupe la vue mais était peut-être indispensable. C'est fou ce que cela rapproche de la maquette, à tel point que j'avais l'impression de l'avoir déjà vu[266]. »

DES ANNÉES FOLLES AUX ANNÉES NOIRES

VILLA VENT D'AVAL, 1927-(?)
Boulevard des Sommets, Beauvallon

La villa Vent d'Aval relève d'une histoire compliquée avec de nombreuses zones d'ombre. Selon Marc Vellay, elle a été « commandée par Edmond Bernheim, pour abriter les trois générations de sa famille[267] », vraisemblablement en 1927. Mais le chantier est vite abandonné. Étonnamment la mort d'Émile Bernheim en 1930 est communément invoquée comme raison, mais cette interruption selon toute vraisemblance est due à la crise financière qui contraint la société Bernheim à une profonde réorganisation en 1931. L'édifice n'est achevé qu'après la Seconde Guerre mondiale, par l'architecte local André Barbier-Bouvet ; il n'est pas donné de savoir à quel stade la construction était parvenue avant cette seconde phase de travaux. De même, nul document graphique remontant à l'époque du permis de construire n'existe pour mesurer les évolutions ou transformations apportées au projet initial. Dernièrement, la photographie d'une maquette, jusqu'alors considérée comme une phase d'étude d'une blanchisserie industrielle à Diemen (1925) réalisée par Bijvoet et Duiker, a été jugée par le Hollandais Jan Molema comme étant une première version du projet de la villa[268]. L'hypothèse est divertissante, mais de vagues analogies formelles ne valent pas démonstration.

Il est en revanche avéré que l'atelier Chareau a réalisé au moins une maquette d'étude, à la facture rudimentaire, mais dont le socle restitue la déclivité du terrain. Exécuté par Jeannine Aron, qui rejoint l'atelier de la rue Nollet fin 1928, ce modèle n'a pas été conservé mais il est restitué par trois photographies prises sous des angles différents[269]. Bien que terminé par d'autres que Chareau, le bâtiment réalisé reprend un certain nombre d'aspects de l'étude, essentiellement ceux touchant à sa volumétrie générale. Dès l'origine, le corps principal de l'édifice adopte une disposition en équerre que complète un petit volume en retour, d'un seul niveau, conférant à l'ensemble une forme de manivelle. Les photographies révèlent que le terrain a été creusé pour former une plate-forme horizontale destinée à un jardin. Le bâtiment repose sur un socle, hormis l'aile sud-ouest juchée sur pilotis. La longue façade principale, côté mer, se caractérise par un volume allongé très ouvert butant sur un angle presque entièrement opaque. Le rez-de-chaussée de la partie horizontale est entièrement vitré mais en retrait. L'étage est pour une partie vitré ; pour l'autre occupé par une vaste terrasse partiellement couverte. Ces deux niveaux sont reliés par une puissante colonne, maçonnée en partie inférieure et vitrée à l'étage. Cet escalier décentré constitue la figure marquante de l'ensemble. La version construite de cette élévation, tournée vers la mer, comporte des parties vitrées fortement réduites, tandis que le jeu entre pleins et vides est de moindre ampleur. La façade, côté sud-ouest, poursuit sur un tiers de sa longueur la portion presque opaque de l'élévation avant. À ce plein fait écho un imposant auvent délimitant un espace énigmatique seulement occupé par un modeste escalier droit. Deux hautes colonnes soutiennent la toiture ici en espalier et là en portion de voûte. Aucune photographie ou document ne renseigne sur la nature des deux façades situées à l'intérieur du L. Quant au petit bâtiment bas, parallèle à la voie d'accès, il sert d'annexe[270].

Beaucoup se sont interrogés sur les références mobilisées par Chareau pour concevoir tant le club-house que la villa Vent d'Aval.

**Maquette d'étude.
Respectivement, façade sud,
angle sud-ouest et façade nord.**

DES ANNÉES FOLLES AUX ANNÉES NOIRES

Mallet-Stevens, avec ses nombreux projets de maisons restés à l'état de dessin dans les années 1920, et surtout la villa Noailles, peut offrir des repères à une architecture faite de prismes. Chareau souscrit, d'ailleurs, à l'affirmation de Le Corbusier : « L'architecture est le jeu savant, correct et magnifique des volumes assemblés sous la lumière. [...] les ombres et les clairs révèlent les formes ; les cubes, les cônes, les sphères, les cylindres ou les pyramides sont les grandes formes primaires que la lumière révèle bien ; l'image nous en est nette et tangible, sans ambiguïté. C'est pour cela que ce sont de belles formes, les plus belles formes[271]. » Il connaît bien les projets de l'architecte suisse, avec lequel il visite la maison de Theo van Doesburg à Meudon[272]. Néanmoins, il ne faudrait pas circonscrire ses connaissances en matière d'architecture à un cercle restreint de proches, comme le démontre le voyage en Allemagne et Hollande à l'été 1927 avec Hélène de Mandrot[273]. Le demi-cylindre de la façade principale de la villa Vent d'Aval rappelle autant l'escalier sur la façade avant de la maison Suermondt à Aalsmeer[274] que ceux du sanatorium Zonnestraal à Hilversum de Bijvoet et Duiker, ou encore le traitement du rez-de-chaussée de la villa Cook à Boulogne par Le Corbusier.

Au nord, la façade a conservé l'aspect initial de la maquette.

Ci-dessous et page de droite : Côté est, la façade présente un angle plus construit que celui de la maquette, tandis que, sur la façade sud, l'étage a perdu de sa transparence.

VILLA TJINTA MANIS, 1936-1937

Bazainville

Après plusieurs années de quasi-inactivité, Chareau se voit confier, en 1936, le projet de la villa Tjinta Manis, un modeste cabanon de week-end à 60 kilomètres de Paris. Avec cette commande, Chareau entame la série de projets frugaux pour lesquels la question des coûts constitue l'élément déterminant qui l'amène à recourir au bricolage. La danseuse franco-javanaise Djemil Anik, amie des Chareau, acquiert une parcelle triangulaire en lisère de la forêt de Rambouillet en 1935. Blotties aux flancs d'une colline boisée située en marge du village de Bazainville, deux constructions accolées forment la modeste maisonnette. Chacune dispose d'une toiture débordante en tuile, à un seul versant mais de hauteur et d'inclinaison différentes. De forme rectangulaire et d'approximativement 30 mètres carrés, le corps principal est prolongé par une annexe faisant saillie. La maison est construite en bois sur un socle en maçonnerie. Les poteaux et poutres sont assemblés par de rudimentaires moisages[275]. Cette bâtisse, avec ses deux toits dissemblables accentuant l'aspect vernaculaire, ressemble quelque peu à un cabanon, réalisé en autoconstruction. Un œil expert remarque toutefois le mobilier — fauteuils, chaises et petites tables en rotin — et certains détails de construction. Étonnamment, en simple ou double épaisseur, les parois sont réalisées en panneaux Héraclite, un matériau en fibre de bois imprégné de ciment gris, communément utilisé comme isolant et mis en place à l'aide de clous. L'Héraclite n'étant pas un matériau structurel, un système spécifique a dû être inventé afin de pouvoir insérer portes et fenêtres. Leur bâti est enserré de montants de bois venant en saillie et assemblés par boulonnage[276]. Il n'est pas exclu que tout ou partie des pièces de bois ait été préparé en atelier permettant un montage plus rapide sur place.

Le confort est spartiate, il n'y a ni eau courante, ni tout-à-l'égout, ni électricité ou gaz. L'appentis est occupé par un bûcher et une fosse septique, que surmonte à l'étage un W.-C. doté d'une simple banquette percée. Orientée ouest-nord-ouest, la partie principale comprend, au rez-de-chaussée, une remise dotée de deux hublots qui éclairent une douche et un point d'eau alimenté par une citerne enterrée recueillant l'eau de pluie. L'accès à la galerie du premier étage est assuré par une échelle de meunier. Entre les lisses haute et basse de la rampe comme de la rambarde, un simple grillage sert de garde-fou. L'étage compte une cuisine fermée et une grande pièce associant le séjour avec le coin-repas. Sous les combles, accessibles par une échelle de meunier placée à l'intérieur, prennent place un palier où trônent un lavabo et deux chambres basses de plafond dont les fenêtres ouvrent sur la façade arrière. Le chauffage est assuré par un unique poêle norvégien situé au premier[277].

Parfois cette construction rudimentaire a été rapprochée du cabanon de Le Corbusier au cap Martin, conçu quinze ans plus tard. Deux fois plus petit, ce dernier est pensé comme une cabine de bateau avec son mobilier intégré, de plus il est devenu une œuvre au sens plein avec les peintures du maître associées à un travail de polychromie. Kenneth Frampton a plutôt imaginé que Chareau a été inspiré par le projet de la villa Le Sextant de Le Corbusier, réalisée en 1935, également dans des conditions budgétaires extrêmes, d'où le recours à des solutions inattendues : systèmes de construction traditionnels et desserte de l'étage par une galerie à l'air libre. Pour Louis Moret, c'est auprès des chalets valaisiens que se trouve sa source d'inspiration, puisque Chareau travaillait à la conception de Tjinta Manis lors d'un séjour à Sion. S'agissant d'un créateur très averti des travaux menés à l'étranger, il pouvait connaître les expériences allemandes, bien plus nombreuses qu'en France, de constructions en bois, telles celles d'Hans Poelzig, Walter Gropius, Konrad Wachsmann, Hans Scharoun, sans oublier les divers concours lancés alors, dont celui de Berlin par Martin Wagner, en 1931, portant sur un projet de maison extensible pour lequel nombre de concurrents répondirent par des propositions en bois[278]…

Ce cabanon pour Djemil Anik ne ressemble en rien aux propositions, bien plus sophistiquées, étudiées dans le cadre du concours de « Maison de week-end » lancé par la revue *L'Architecture d'aujourd'hui* pour lequel Chareau faisait partie du jury. Bien trop fruste, il s'avère impropre à figurer dans les pages de la revue.

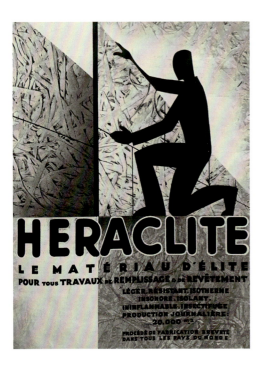

Publicité pour les panneaux Héraclite — fibre de bois imprégné de ciment —, qui constituent les parois extérieures de l'édifice. Illustration publiée dans *L'Architecture d'aujourd'hui*, 1932.

Page de droite : L'arrière de la maison. La remise est ouverte et prolongée par une bâche formant un parasol rudimentaire.

Façade principale avec une échelle de meunier menant à la galerie. Sous la rambarde un grillage tient lieu de protection.

À droite, coupe transversale, plans du rez-de-chaussée, du premier et du deuxième étage. Documents publiés dans *AMC*, mars 1980.

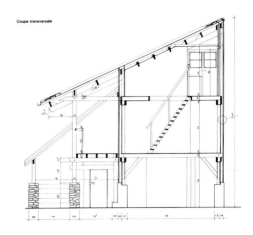
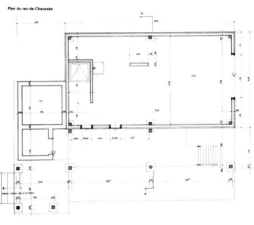

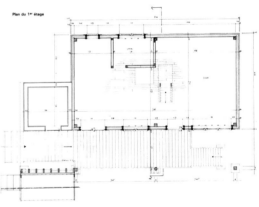

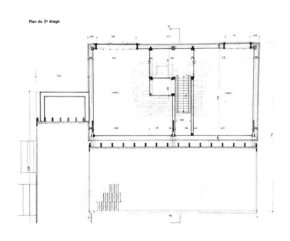

DES ANNÉES FOLLES AUX ANNÉES NOIRES

PARC DE LOISIRS, PAVILLONS ET CENTRE DE SERVICES, 1937

Dans le cadre de l'Exposition internationale de 1937, Le Corbusier réalise le pavillon des Temps nouveaux en toile, dans lequel il s'emploie à exposer, à l'aide de panneaux et de propositions, toutes les possibilités de l'urbanisme moderne, aidé en cela par la convocation du cinquième Congrès des CIAM qui, opportunément, se tient à Paris. L'année suivante, il publie le catalogue de l'exposition sous le titre *Des canons, des munitions ? Merci ! Des logis, svp...* et présente l'essentiel des éléments exposés. Ainsi, la maquette d'un centre de vacances, conçue par Eileen Gray, est publiée sur deux pages. Elle voisine un petit encadré au bas d'une page signalant : « Des retards malencontreux nous empêchent de reproduire ici [...] la maquette de Pierre Chareau (CIAM-France) : aménagement d'un parc[279]. »

En réalité, Chareau expose deux maquettes, l'une d'un « hôtel particulier » (la Maison de verre) et l'autre « représentant des constructions dans un parc aménagé pour les congés payés[280] ». Il s'agit de transformer un château et son domaine en un lieu de repos et de loisirs, pour le compte d'un syndicat[281]. En l'absence de sources, il n'est pas possible de démêler s'il est question d'une commande réelle qui n'aboutit pas faute de financement ou d'une proposition théorique imaginée par lui seul ; ou encore s'il s'agit d'une étude visant à transformer le terrain d'un château appartenant à la société Bernheim frères et fils en un centre de vacances pour travailleurs.

Quelles que soient les circonstances exactes qui ont motivé cette étude, Chareau se montre attentif au contexte politique, en l'occurrence aux effets de la généralisation, par le Front populaire, des congés payés, ainsi qu'aux besoins de la classe ouvrière. Unanimes, les syndicats réclament la création de « maisons de repos qui permettraient de passer d'agréables congés, de refaire en quelques semaines des santés chancelantes[282] ». L'Union des syndicats de la métallurgie de la Seine, une branche de la Confédération générale du travail (CGT), se montre très active et acquiert deux châteaux en 1937, celui de Vouzeron dans le Cher et celui de Baillet à proximité de Paris[283]. Là sont proposées des activités de loisirs (camping, camps, colonies enfantines), de sports (pétanque, volley, football, natation), ainsi que des spectacles ou des grandes fêtes. L'appropriation de propriétés, autrefois aristocratiques, par les syndicats ouvriers forme l'un des symboles les plus frappants de la mutation en cours. La presse communiste, CGT comprise, ne manque pas de souligner le paradoxe. Tout aussi singulière semble la présence de Chareau associée à ce type de programmes, tellement le personnage est considéré comme l'archétype du luxe Art déco, sauf à se rappeler son engagement auprès des satellites du Parti communiste que sont l'AEAR et le mouvement de la Maison de la culture. Du fait des « retards malencontreux » signalés précédemment, il n'existe aucune image du projet. Néanmoins dans un dactylogramme nouvellement découvert, Chareau décrit son projet :

« Aménagement d'un parc de loisirs centre de repos.

« Le syndicat X... s'est rendu acquéreur d'un château dont le parc était destiné à être morcelé et loti.

« Il désire lui conserver tout son caractère.

« Le projet exposé, dont la maquette représente un des centres d'accueil et quelques-uns des pavillons, est conçu pour permettre de conserver le parc, son caractère et son charme, tout en créant un centre de repos.

« Le parc est divisé en groupes comprenant des centres de services collectifs et des pavillons. Cette composition respecte le plan du parc. On y ajouterait que des sentiers dallés d'accès aux pavillons.

« Les centres situés à certains ronds-points grouperaient tous les services collectifs.

« Les pavillons semi-démontables comporteraient à volonté une, deux ou trois chambres pourvues chacune d'une douche, W.-C. et cuisine. Le nombre des adhérents pouvant fortement varier suivant la saison, ces pavillons sont conçus de telle sorte que, même inhabités, ils présentent un caractère d'agrément et d'intérêt architectural.

« Les dépendances du château – telles que : potager, verger etc. –, seraient utilisées pour les besoins de la communauté.

« Le château lui-même en dehors du terrain destiné aux pavillons resterait intact entouré de son jardin à la française. Il serait aménagé pour un séjour continu et serait un centre de recherches.

« Maquette à 0,02 m. p[ar]. m.

« La zone en pointillés correspond à la maquette.

« Plan d'ensemble à 0,000375 m. p[ar]. m. montrant la distribution des groupes[284]. »

Description par Pierre Chareau du projet d'aménagement d'un parc de loisirs.

IMMEUBLES D'HABITATION À OSSATURE EN ACIER, 1938

TROIS TRAVAUX SANS APPELLATION

Dans le cadre des réflexions menées à propos de la résorption des îlots insalubres dans l'entre-deux-guerres, l'Office technique pour l'utilisation de l'acier (OTUA) invite, en 1938, une douzaine d'architectes, dont Beaudouin et Lods ou Pol Abraham, à proposer des nouveaux systèmes économiques de construction pour des immeubles d'habitation de type à bon marché. Trois voies leur sont proposées : économie de main-d'œuvre, allégement de la construction en recourant à moins de matériaux, ou rapidité du chantier grâce à la préfabrication et au montage à sec. Seul parmi les participants à ne pas travailler avec des entreprises ou des fabricants, Chareau a constitué une équipe de conception comptant une petite main et deux collaborateurs, Lapicque et Dalbet, chacun présenté comme architecte. Par malchance, dans le magazine de l'OTUA dédié à cette opération, paru tardivement, en 1944, le projet de Chareau, alors aux États-Unis, ne figure pas. Il faut s'en remettre aux quatre figures et à la longue légende parues dans *L'Architecture d'aujourd'hui* pour seule explication[285].

L'équipe concentre son attention sur la mise en œuvre rapide et simplifiée de l'équipement d'un logement en rassemblant tous les fluides (plomberie, électricité, gaz…) en périphérie du bâtiment. Elle imagine un système de cadre métallique apposé en façade formant « une gaine continue permettant le passage vertical et horizontal et le raccordement de toutes les canalisations[286] ». La face intérieure de cette grille tridimensionnelle standardisée est organisée de manière à « recevoir tous appareils : lavabos, évier, armoire, etc. normalisés et conçus pour s'y encastrer[287] ». Les deux idées développées dans le cadre de cette proposition consistent d'une part à distinguer la fonction structurelle, ou gros œuvre occupant le centre de l'édifice, de la « tripaille », également appelée second œuvre, dont l'obsolescence advient plus rapidement, d'autre part à faciliter l'accès à ces réseaux ou appareils en les regroupant dans ou contre une gaine géante placée en façade. Dans les années 1960, l'architecte Richard Rogers s'est intéressé à un tel système. Le Centre Georges-Pompidou, dont il est un des coauteurs, témoigne quelque peu de ce principe de dissociation des éléments de construction et de la tuyauterie rejetée en périphérie.

Trois brèves mentions de travaux menés par Chareau figurent dans des publications au cours des années 1930. Pour deux d'entre elles, il s'agit d'une simple évocation dans un article à l'occasion d'un Salon. Rien ne permet de mesurer l'ampleur ou le degré de définition de telles activités. À l'occasion de l'exposition de l'UAM en 1933, une « importante étude sur l'ensoleillement » est mentionnée sans plus de commentaires[288]. Lors du Salon d'automne de 1936, il est rapporté que Chareau montre une maquette « qui manque malheureusement d'explications[289] ». Pourrait-il s'agir d'une première présentation de l'aménagement d'un « parc de loisirs centre de repos » qui est exposé l'année suivante dans le cadre de l'Exposition de 1937 ? Dans le dernier cas, la mention d'une étude de faisabilité pour une parcelle à lotir provient du numéro de mai 1937 de la revue *Le Point*, consacré au thème de la maison, où figure à la place d'honneur la Maison de verre. Au détour de la présentation qu'en fait Chareau, il mentionne : « Ailleurs, d'après les calculs de mon collaborateur et ami, J. By Vœt [sic], nous avons pu récupérer pour un projet d'urbanisme 25 % à 30 % d'un terrain inutilisable[290]. » Ni lieu, ni commanditaire, ni date ne viennent compléter cette confidence, mais le propos correspond à ce qu'il est coutume d'appeler une étude de faisabilité, à savoir déterminer le nombre de mètres carrés constructibles d'un terrain ou d'une parcelle au regard des règlements d'urbanisme, vérifier les conditions de réalisation technique et s'assurer préalablement de la viabilité économique d'une telle opération immobilière.

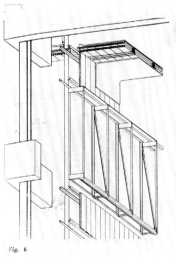  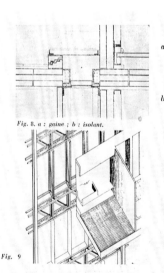

Fig. 6   Fig. 7   Fig. 8. a : gaine ; b : isolant.   Fig. 9

3. Pierre CHAREAU, Architecte. Coll. : LAPICQUE ET DALBET, Arch.
Adrien Claude Véma.

Principe basé sur la recherche de la diminution du temps d'aménagement de l'équipement par rapport au temps consacré au gros-œuvre. L'élément essentiel consiste en une sorte de cadre en acier de 2 m. × 0,90 × 0,35 (Fig. 7), que l'on suspend aux doubles poutres en treillis de l'ossature (Fig. 6). La juxtaposition de ces éléments forme une gaine continue permettant le passage vertical et horizontal et le raccordement de toutes les canalisations.

Ce double cadre reçoit à sa base un socle profilé (fig. 8) ; entre ce socle et sa contre-partie fixée sur le hourdis, un joint plastique rend le plancher indépendant de la paroi. Les dimensions de l'élément lui permettent de recevoir tous appareils : lavabos, évier, armoire, etc., normalisés et conçus pour s'y encastrer.

Combinés, ils constituent des blocs de service dont les appareils sont posés et raccordés en même temps que sont terminées les surfaces réservées à l'habitation propre (fig. 9).

Présentation du système constructif proposé par Pierre Chareau dans le cadre du projet lancé par l'OTUA. Illustration publiée dans *L'Architecture d'aujourd'hui*, février 1939.

LE CHAMP D'EXPÉRIMENTATION DE L'APRÈS-GUERRE

Marines s'initiant à la construction de *Quonset hut*.

MAISON EN PLASTIQUE, 1945-1946

> Pierre Chareau, French architect, is doing research and writing on the development of processing and utilization of new materials for buildings and furniture. Three months ago Mr. Chareau showed us the numerous drawings for the first part of his book, which was to be its theoretical basis. Now Mr. Chareau reports that the research on plastic materials in relation to the new problems of housing on a large scale, which has to consider economy as well as rapidity of construction, has led him to work on a model of a pre-fabricated house. We have seen the model. The house is to be built in plastic material and constructed in parts that can be arranged in different ways according to individual needs. It attempts to make the best practical use of space and at the same time highly satisfies esthetic requirements. Mr. Chareau hopes that in 6 months he will have completed his work.
>
> Mr. Chareau's grant started in April and should be prolonged through the year.

Face à « l'effondrement de la civilisation européenne », dès le début des hostilités, la Fondation Rockefeller envisage de faire venir aux États-Unis des savants de très haut niveau et de leur accorder quelques subsides avant qu'ils ne retournent dans leur pays d'origine[291]. En 1942, l'ambition se précise, avec pour dessein de « sauver le monde du savoir ». Elle est complémentaire du soutien apporté par la Fondation à la New School for Social Research ainsi qu'à l'École libre des hautes études[292].

Trois années sont nécessaires avant qu'une telle volonté ne se concrétise sous la forme de l'American Committee for Refugee Scholars, Writers & Artists. Les bénéficiaires appartiennent essentiellement au champ des sciences humaines et sociales, voire au monde littéraire. Tel est le cas du philosophe Ernst Bloch, du sociologue Siegfried Kracauer ou de l'écrivain Yvan Goll et de Clara, sa femme poétesse, un couple que Chareau fréquentait avant la guerre. Alerté par le cinéaste Jean Benoît-Lévy et recommandé auprès du Committee par les architectes Wallace K. Harrison (le futur architecte de l'ONU connu pour être proche de la famille Rockefeller) et par Oscar Nitzchké, alors enseignant à l'université de Yale mais surtout une connaissance de Paris, Chareau se voit accorder une allocation mensuelle de 100 dollars pendant six à neuf mois, en avril 1945[293].

Seul architecte à avoir bénéficié d'une telle libéralité, l'attribution qui lui est accordée est motivée en ces termes : « Pendant de nombreuses années, le principal intérêt de M. Chareau a été le développement de la recherche et l'utilisation de nouveaux matériaux (métaux et plastiques [sic]). Est-il nécessaire de souligner l'importance pratique d'un tel travail au regard de la reconstruction des régions dévastées, ce qui constituera à n'en pas douter l'un des principaux enjeux de l'industrie de ce pays, la guerre finie ? Son intérêt ne couvre pas seulement l'aspect économique et industriel du problème, mais aussi ses incidences artistiques. Il envisage de rédiger une étude sur le sujet qui, jugée sur la base de ses travaux antérieurs, constituera une contribution importante tant au regard du travail concret d'après-guerre qu'à l'enseignement de l'architecture[294]. »

Tous les trimestres, les boursiers doivent faire état de l'avancement de leurs travaux. Courant juin, l'étude initialement proposée par Chareau est devenue un projet de publication intitulé *Proportions et Usage*. Il livre à la commission qui les juge remarquables un nombre respectable de dessins censés illustrer la première partie de l'ouvrage, dite des « considérations théoriques ». Pour achever ce travail, neuf mois paraissent nécessaires[295]. En septembre, les évaluateurs notent que Chareau poursuit les investigations sur les matériaux plastiques. Ses recherches sont désormais corrélées avec la future problématique du logement de masse en ne délaissant ni les considérations économiques, ni celles de la rapidité de construction. Mais pour ne pas se limiter à des considérations abstraites, il a établi un projet de maison préfabriquée dont il présente la maquette. Après l'entrevue, Chareau repart avec ses documents, tous disparus depuis. Seul le commentaire du rapporteur de la séance procure quelques informations : « La maison doit être construite en matière plastique et réalisée à l'aide de parties qui peuvent être disposées de différentes manières selon les besoins individuels. Il tente de tirer le meilleur parti de l'espace et de satisfaire en même temps de hautes exigences esthétiques[296]. » Son allocation est prolongée, puis étendue jusqu'en mars 1946. Néanmoins, dès l'automne 1945, Chareau est signalé comme faisant partie des personnes qui « devraient se tourner vers des organismes spécialisés qui pourraient les orienter en matière d'emploi et de conseils[297] ». Rien ne permet de savoir s'il en fut ainsi.

La focalisation sur le plastique de l'étude proposée à l'American Committee est particulièrement surprenante, d'une part au regard de l'assertion avancée par la Fondation que le Français aurait travaillé sur les plastiques avant la guerre[298], d'autre part du fait de la précocité de telles investigations, alors qu'aucun matériau de construction issu de l'industrie chimique n'est véritablement disponible. Il s'agirait là d'une innovation radicale qui ferait de Chareau un précurseur, car la première « maison tout en plastique » bien qu'évoquée en mai 1940 dans les pages de l'illustre périodique d'anticipation *Popular Mechanics Magazine*, n'apparaît qu'en 1956, de l'autre côté de l'Atlantique, à Paris et à Londres[299]. Ses concepteurs célèbrent ce matériau pour sa légèreté, sa reproductibilité, sa rapidité de montage et sa facilité d'entretien. En effet, le recours à des modules moulés et préfabriqués procure, comme l'explique Chareau, une rapidité d'assemblage jusqu'ici inconnue, ainsi qu'une grande flexibilité, notamment de forme. Les investigations proposées par Chareau sont d'autant plus innovantes que le programme du lieu le plus avancé en matière d'architecture et d'art de New York, à savoir le MoMA, ne présente depuis 1940 que des expositions d'architecture s'inscrivant dans le droit fil de celle de 1932 intitulée « Modern Architecture — International Style ». Seules trois exceptions à cette politique de l'institution sont dénombrées : une présentation du travail de Richard Buckminster Fuller et de son approche technologique de l'architecture, une sur l'expressionnisme lyrique d'Oscar Niemeyer, enfin une dernière consacrée au matériau bois proposant des mises en œuvre ou traitements contemporains.

MAISON ET ATELIER ROBERT MOTHERWELL, 1946-1947

5 Jericho Lane, East Hampton

En Amérique, la première réalisation architecturale de Pierre Chareau lui est confiée par son ami le peintre Robert Motherwell. Ce dernier, comme nombre de New-Yorkais, souhaite disposer d'une villégiature aux environs de Manhattan. Pendant l'été 1944 où il fait connaissance de Pierre Chareau, il réside à l'extrémité ouest de Long Island avant de s'installer à East Hampton, à l'automne. Ces confins de l'île demeurent préservés et offrent de très beaux sites avec des plages infréquentées[300]. Depuis longtemps, East Hampton est connu pour son charme et présente l'avantage d'être relié par le chemin de fer à la métropole, distante de 160 kilomètres. De nombreux écrivains y ont trouvé refuge, dès le XIXe siècle, avant que les peintres, dressant leur chevalet en plein air, ne colonisent le secteur et forment ce qui est appelé l'« American Barbizon ». Autour des années 1940, le lieu devient le point de ralliement de la nouvelle avant-garde américaine et des artistes de la diaspora. Cette *Hamptons bohemia* ne cohabite pas sans certaines frictions avec la population locale. Pour autant, de plus en plus d'artistes, proches de l'expressionnisme abstrait, y trouvent la sérénité nécessaire à leur création. Jackson Pollock et sa femme Lee Krasner, peintre également, achètent une modeste ferme en 1945. À proximité, Motherwell acquiert un terrain de 2 acres en novembre 1946[301]. Le projet de construction d'une maison et d'un atelier est débattu dès l'été, comme le suggère une des rares lettres de Chareau à Motherwell : « Cher Robert, chère Maria, cette soirée sera gravée dans mon souvenir. Je ne peux pas vous dire mon émotion, aussi mon affection et aussi que vous m'avez donné quelque chose, le meilleur de la vie que je reçois et je garde. Très chers. Votre Pierre[302]. » Quinze ans après l'achèvement de la Maison de verre, six ans après la maisonnette Tjinta Manis, Chareau reçoit « le meilleur de la vie », la commande tant attendue d'un nouveau projet d'architecture.

Comme pour Djemil Anik, le paramètre essentiel de ce projet est le budget. Suite à un héritage, le peintre dispose d'un montant de 7000 dollars, déjà amputé de 12 % correspondant à l'acquisition du terrain[303]. L'exercice auquel Chareau se voit confronter est le suivant : démontrer qu'une architecture inventive et poétique peut être produite en recourant à des solutions rudimentaires imposées par les contraintes économiques du projet. Ensemble, les deux compères s'en vont glaner ici une vieille serre abandonnée, là des lots de *Quonset huts* (baraques militaires) que l'armée américaine vend à l'encan[304]. Le modèle le plus courant de 20 sur 48 pieds est proposé à un prix jugé très économique[305]. Il n'est pas donné

Slogan de la Stan-Steel Corporation pour un procédé révolutionnaire : « Ils ont planté un clou dans une poutre en acier et lancé un nouveau système de construction. » Un clou est enfoncé dans une poutre métallique à rainure zigzagante à l'aide d'un simple marteau.

Page de gauche : Compte rendu des experts de la Fondation Rockefeller portant sur l'avancement des travaux des boursiers en septembre 1945. Pierre Chareau leur a présenté une maquette, alors que, trois mois plus tôt, il donnait à voir de nombreux dessins.

Axonométrie et détails constructifs d'un *Quonset hut*. Dessin d'Otto Brandenberger pour la George A. Fuller Co., 1941.

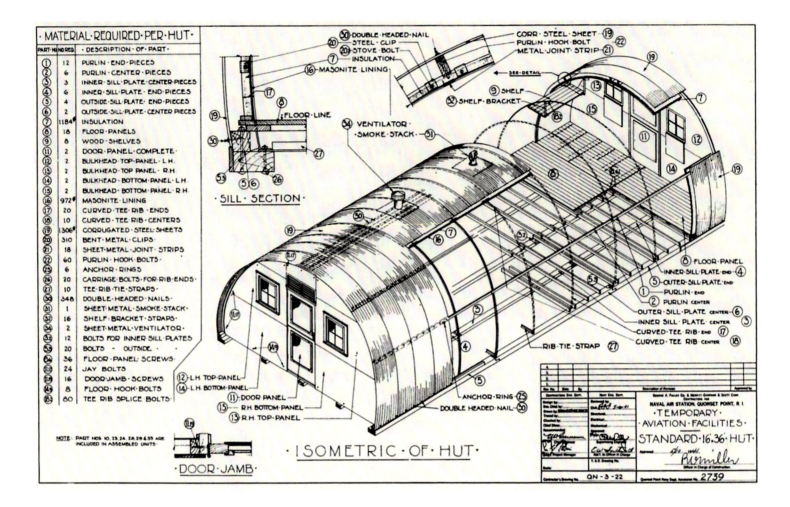

de savoir comment l'idée du *Quonset* advint et s'imposa, quoique le peintre mentionne l'attrait du Français pour « les gadgets américains ». Chareau aimait le génie américain, celui du marteau et du clou » par opposition au penchant européen pour la maçonnerie[306]. Or le clou est à la base de la réussite du *Quonset hut*. L'engagement des États-Unis dans la Seconde Guerre mondiale avait amené l'armée à démultiplier ses besoins, y compris en baraquements, pour loger les troupes. Ces abris en pièces détachées devaient être facilement montés, démontés et transportés. Pouvant héberger une dizaine d'hommes, le *Quonset hut* fut fabriqué à plus de 150 000 exemplaires. Ce type de baraque préfabriquée avait pour avantage de pouvoir être assemblé sans aucun moyen de levage ou travail préparatoire de fondation, en une journée, avec les outils les plus simples, par une dizaine de personnes sans qualification spécifique[307]. Une performance rendue possible par l'innovation révolutionnaire introduite par la Stran-Steel Corporation consistant à remplacer les poutrelles courbes initiales en forme de T et leur système de boulonnage par « un système d'ossature en forme de I, constitué de deux profilés en acier léger [type U] soudés par points dos à dos. L'espace à caractère ondulant entre les profilés servait de rainure de clouage dans laquelle les clous [maintenant les tôles de couverture ou la sous-face intérieure] étaient enfoncés et déformés jusqu'à ce qu'ils soient maintenus par frottement[308] ».

La présentation de la maison dans *L'Architecture d'aujourd'hui* laisse entendre le commentaire de Chareau : « Le *Quonset hut*, abri pour l'armée américaine en guerre, offrait ces possibilités : a) à la fin de la campagne on le trouve dans le stock à liquider ; b) la poutrelle cintrée de l'ossature est remarquable, faite de tôle pliée, sa forme permet de fixer des clous intérieurement et extérieurement ; c) l'enveloppe extérieure est composée de tôles ondulées se posant transversalement à l'ossature, la paroi intérieure isolante [modulée] suivant la demande ; d) le diamètre d'un *Quonset hut* est de 6 mètres environ. Il se vend par sections de 3,60 mètres environ se raccordant » aisément les unes aux autres[309]. Huit modules incurvés en tôle ondulée de 12 pieds de large et leur structure faite d'arcs en acier sont acquis sans les parois complémentaires qui referment la baraque en pignons. Montés de manière conventionnelle sur une fondation à même

le sol, trois servent pour l'atelier de 11 mètres de long. Au plancher bois est substituée une dalle « en ciment, sans joints, car je peins à même le sol et, sous la toile, le moindre raccord fait dévier le fusain comme le pinceau », mentionne le peintre[310]. Un peu à l'écart, les cinq autres tronçons forment le long vaisseau de l'habitation mesurant 60 pieds sur 20 (18,30 × 6,10 mètres), disposé perpendiculairement à l'atelier et « exposé plein sud lors du solstice d'hiver[311] ».

En dépit d'une apparente banalité de l'aspect extérieur, la maison prend ses distances par rapport à l'aménagement habituel de ces baraques, puisqu'elle se déploie non pas de plain-pied mais sur deux niveaux, en vue d'accroître autant la superficie que le volume disponible. À cet effet, le sol a été excavé afin que le plancher du living-room, de la cuisine et de l'arrière-cuisine soit abaissé d'environ 1,20 mètre. Sous la voûte, la hauteur libre obtenue autorise la construction d'une mezzanine qui n'occupe que les deux tiers de la largeur. Ce plancher intermédiaire, soutenu par quatre poteaux métalliques, permet d'y installer une grande chambre, une penderie, une salle de bains et une petite chambre d'amis. Le tout desservi par une galerie ouverte qui met en communication le niveau haut avec celui du bas. À l'étage, accessibles par une échelle de meunier, les pièces de service sont éclairées par deux lucarnes entièrement vitrées venant en avant de la tôle ondulée, tandis que les chambres prennent le jour latéralement par des vitrages verticaux.

Comportant trois inventions majeures, fondant la singularité de cette réalisation, le remontage de la *Quonset hut* relève de la pratique du bricolage[312]. La première innovation concerne la spatialité du volume intérieur. La deuxième tient à l'adjonction d'une grande verrière, et la troisième au traitement des façades verticales aux deux extrémités latérales. La principale transformation de l'intérieur découle de la présence d'un étage en mezzanine qui impose une importante modification structurelle dont les effets agissent sur la volumétrie générale. À ce titre, cela dément le propos d'une critique d'art locale, qui comparait le *Quonset* à un bateau imposant un espace prédéterminé[313]. Au contraire, en posant les structures porteuses latérales de la baraque sur un mur de parpaing d'environ 1,45 mètre de haut, Chareau s'émancipe partiellement des contraintes de la forme.

Après la guerre, transport d'un *Quoncet hut* pour réemploi par l'armée américaine au Japon, 1947.

AT NIGHT, THE LIGHTED HOUSE GLOWS LIKE A BEACON

RONNY JAQUES

ROBERT MOTHERWELL'S QUONSET HOUSE

RIGHT, A LONG VIEW THROUGH THE HOUSE; FAR RIGHT, THE FACADE WITH FRONT DOOR; ABOVE IT, A FIRE BURNS IN THE CENTERED FIREPLACE

Double page de reportage sur l'atelier de Robert Motherwell. Article publié dans *Harper's Bazaar*, le plus célèbre et avant-gardiste magazine de mode de l'après-guerre, juin 1948.

• One hundred miles from New York, at Easthampton, Long Island, Robert Motherwell, the abstract painter, has made a home from a huge Army Quonset, in a setting of sand, scrub oak, and pine. It was designed by Pierre Chareau, builder of the revolutionary "Glass House" in Paris and one of the foremost modern French architects. The house has ends and sides of overlapping glass panes reclaimed from an ancient greenhouse; during the equinoctial storms the rains pour down the windows in a delicious waterfall. The interior is unusual: there are no partitions, only one big kitchen-living-dining room, partly shadowed by a balcony from which open two bedrooms and a bath. A chimney rises out of the center of the common room with a knee-high hearth, open on two sides. The woodwork is

STANDING, ANN MATTA, EX-WIFE OF THE CHILEAN PAINTER. SEATED, MARIA MOTHERWELL WITH THE MATTA TWINS.

varnished hemlock; the walls, combed plywood. Red concrete floors are balanced by circus-red, curving crossbeams. The floors are of oak circlets, set like steppingstones into cement, then waxed. The rear of the house nestles close to a hill. In midsummer, corn tassels wave at the upstairs windows. At night, from without, the lighted house looks very much like an elongated, curiously warm and brilliant goldfish bowl.

LEFT, DESIGNER PIERRE CHAREAU. ABOVE, THE ARTIST ROBERT MOTHERWELL.

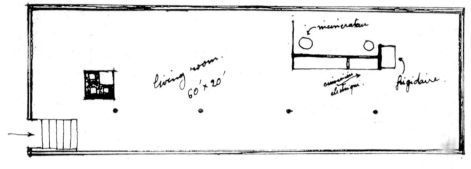

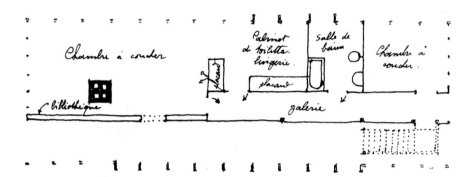

Plans du rez-de-chaussée (où manque, à droite, le départ de l'escalier vers l'étage) et du premier étage. Illustrations publiées dans *L'Architecture d'aujourd'hui*, juillet 1950.

Sur une base rectangulaire, l'étage du bas procède d'une organisation ouverte juste ponctuée à une extrémité par une cheminée en maçonnerie avec un foyer d'angle, et de l'autre un bloc-cuisine et ses dépendances autour desquelles on peut circuler[314]. En volume, cette disposition très libre présente deux parties. Côté verrière, couronnée par une portion de voûte, se dresse une nef lumineuse sur une double hauteur marquée, côté ouest, par un escalier menant à l'extérieur et, côté est, par l'échelle de meunier conduisant à l'étage. La présence de ces escaliers à chaque extrémité confère un aspect théâtral au lieu, les espaces latéraux bas de plafond devenant en quelque sorte des coulisses. Les photographes ont tout de suite saisi le caractère spectaculaire de cette nef en plaçant souvent un personnage en haut de l'échelle de meunier, étrange *remake* de la célèbre photographie de la Maison de verre avec un homme en contre-jour sur les marches hautes du grand escalier. Parallèlement à ce grand vaisseau, en retrait sous la mezzanine, prend place une sorte de bas-côté d'une hauteur d'environ 2,45 mètres et fermé côté nord par un mur en parpaing, tandis qu'au sud il est délimité, à l'aplomb de la mezzanine, par une rangée de fins poteaux métalliques, tout droit tirés des échafaudages new-yorkais.

La seconde transformation importante résulte de l'éventrement d'une partie de la tôle ondulée formant la coque cylindrique. « Une baie exposée au midi de 10,80 mètres de long et 3,60 de haut[315] » inonde de lumière la nef. La quasi-totalité des ouvertures proviennent d'éléments appartenant à une vieille serre des environs. La verrière vient en avant de la courbure du toit et redescend jusqu'au sol à l'aide de deux obliques. On retrouve là le système de vitrages se chevauchant l'un l'autre typique des serres de jardins. À l'intérieur, faisant saillie sur l'extérieur, la verrière forme une sorte de bow-window descendant plus bas que la structure métallique. Pour rattraper l'écart entre l'ossature arrondie du *Quonset* et la large tablette d'appui au pied de la baie, Chareau installe une espèce de tabouret en bois qui reprend tout le poids de la couverture. À la jonction du bois et du métal, des tirants horizontaux traversent l'espace et relient l'arcature aux piliers de la mezzanine afin d'éviter que les parois latérales s'écartent du fait de poussées latérales[316].

Motherwell, dans ses témoignages, revient à chaque fois sur les économies de chauffage que lui occasionnent l'association d'un niveau partiellement enfoui dans le sol et la présence d'une grande verrière[317]. Pour amoindrir l'ardeur du soleil l'été, de grands voilages souples ont été ajoutés. Ce dispositif semi-enterré et orienté plein sud reproduit étonnamment un projet alors en cours de réalisation de Frank Lloyd Wright. Tout en recourant à des formes et matériaux très différents, la Solar Hemicycle Herbert Jacobs House présente des caractères similaires[318]. Quelque temps après son achèvement, dans l'ouvrage *Testament*, l'architecte américain commente combien « les conditions climatiques sont omniprésentes » dans l'architecture. Ces convergences occasionnelles ne font pas de Chareau un fervent partisan de Wright. Peut-être a-t-il visité les expositions consacrées par le MoMA à ce maître américain au cours des années 1940, ou simplement le préalable organique de ce dernier croise-t-il des thèmes que les lectures du Français ou les discussions avec ses amis anthroposophes, adeptes de Rudolf Steiner, ont pu mettre en avant.

La troisième innovation introduite par Motherwell et Chareau découle de leur refus commun d'employer les habillages habituels des façades latérales. À la place, Chareau imagine, pour chaque pignon, une solution asymétrique combinant verrière ou vitrage provenant vraisemblablement de la serre, porte ou volet en bois et parties pleines en maçonnerie. Si le fait d'avoir soulevé la structure au-dessus du niveau du sol pose problème dans l'emploi des pièces prévues pour les côtés verticaux, tel n'est pas le cas pour l'atelier, établi à même le sol et remonté de manière conventionnelle. Il est ainsi évident qu'un souci esthétique, allié à des considérations fonctionnelles, présidait à leurs choix. Le rejet des éléments standard des *Quonset* n'a pu que renchérir le coût

de l'opération, pourtant marquée par une recherche permanente d'économies. À cet égard, il est arrivé au peintre de déplorer que, dans l'aménagement intérieur, rien ne pouvait être standard et grevait d'autant le budget. Or, ce recours à du sur-mesure n'est pas le fait d'un caprice d'architecte mais découle strictement de la forme arrondie de la toiture. En toute occasion, il fallait trouver des réponses inventives de substitution aux solutions habituelles. Motherwell raconte que, ne pouvant se payer du carrelage pour couvrir le sol de l'étage, il eut l'idée de découper les arbres abattus pour faire place à la maison, en rondelles de plusieurs centimètres d'épaisseur, et de les insérer dans du béton à la manière de galets, avant de les cirer. Un sol ainsi texturé offrait un aspect qui, sur le plan esthétique, ne pouvait que convenir à Chareau tout en satisfaisant son penchant pour le détournement.

Motherwell reconnaît volontiers que « construire une maison est toujours une rude épreuve[319] ». Achever celle-ci a été pour lui une hantise : « Toute la construction a été un cauchemar — manque d'argent, Chareau ne parlait pas anglais [lui un français élémentaire], l'entrepreneur était effrayé par les nouvelles techniques, Chareau était habitué à des artisans français pour millionnaires — mais c'était une réalisation admirable[320]. » Des années après, le peintre se souvient de ses découragements : « Un jour que j'avais touché le fond

L'angle sud-ouest de la maison offre un accès direct à l'atelier. Provenant d'une vieille serre, la verrière, posée en applique, vient en avant de la toiture en tôle ondulée et du socle en maçonnerie. Photographie publiée dans *Un inventeur... l'architecte Pierre Chareau*, UAM, 1954.

Plan de la parcelle située à l'angle de Georgica Road et Jericho Lane à East Hampton.
1. Atelier de Motherwell.
2. Maison de l'artiste.
3. Pièce-maison ou maison pièce unique de Pierre Chareau.

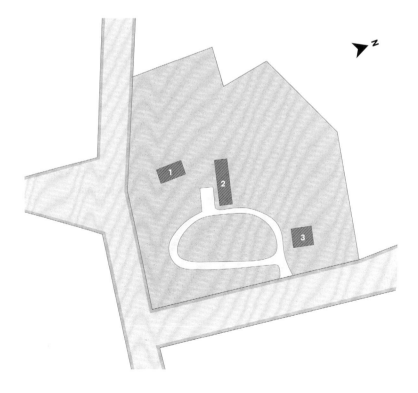

du désespoir, j'ai adressé involontairement des reproches à Pierre en regrettant de nous avoir engagés ensemble dans une aventure financière insoluble. (Le projet des édifices était si hardi qu'aucune banque n'accordait la moindre hypothèque.) Les larmes aux yeux, le vieil homme répliqua vivement : "Ne regrettez rien ! Vous seul m'avez redonné vie en Amérique !" Nous n'en avons jamais reparlé par la suite. Outre les problèmes économiques, nous rencontrions aussi des difficultés linguistiques. [...] En anglais, je ne connaissais pas même certains des termes techniques, de sorte que les échanges avec les ouvriers (qui nous prenaient tous les deux pour des fous) étaient extrêmement difficiles. [...] Quand toutes les tentatives de communication orale avaient échoué, Pierre et moi avons souvent dessiné sur le sable à l'aide d'une branche[321]. » L'achèvement du chantier fut sauvé par une aide *in extremis* de la mère du peintre. Au total, l'acquisition du terrain, la réalisation de la maison et de l'atelier de Motherwell ainsi que le gros œuvre de la maison de Chareau s'élevèrent à 27 000 dollars[322]. Ce quadruplement du devis témoigne tout simplement d'une estimation initiale approximative des coûts de l'opération. Mais parvenir, en 1947, à réaliser trois édifices (maison avec ses équipements et atelier du peintre et pièce-maison de Chareau) à ce prix relevait d'un véritable exploit ; aussi les considérations émises quant aux habitudes et pratiques onéreuses du Français sont à tempérer.

À tort, certains commentateurs ont déclaré que c'était la première maison moderne construite dans ce bout de Long Island. Alastair Gordon, dans son ouvrage *Weekend Utopia, Modern Living in the Hamptons*, démontre le caractère légèrement abusif du propos. Mais derrière cette affirmation se cache la question suivante : quel but poursuivait Motherwell ? Pour un écrivain habitant le voisinage, la réponse est claire : « Construire un habitat révolutionnaire[323]. » Moins catégorique, le commanditaire s'est défendu d'avoir voulu faire un manifeste mais seulement quelque chose à sa guise. Derrière les mots, il est certain que Motherwell rejette ce qui ressemble à la maison américaine type et aspire à ce que Bourdieu évoque à propos de la « distinction ». Ainsi, à la fois, il compte s'écarter des pratiques conventionnelles, mais également il redoute de trop s'en distancier et de provoquer le rejet du voisinage avec le risque de ne pas obtenir de permis de construire. Oscar Nitzchké rapporte avoir dessiné les plans pour cette demande mais s'empresse de spécifier qu'il n'a fait que mettre au propre le projet déjà établi[324]. Faute de licence d'architecte, Chareau doit laisser le propriétaire, en l'occurrence Maria, l'épouse du peintre, signer les formulaires administratifs. Une légende raconte que Motherwell se serait employé à dissimuler les courbes de la toiture en dessinant des arbres sur les élévations[325].

L'autorisation est délivrée le 25 avril 1947 ; cependant les travaux ont débuté bien avant, au regard des factures payées dès 1946. Maria et Robert Motherwell s'y installent à l'été 1947. Inévitablement, ils rencontrent l'hostilité du voisinage, pour lequel la maison apparaît non seulement extravagante mais surtout affreuse. Toutefois, une menace plus grave pèse sur le couple, la mésentente. Leur séparation advient à l'automne 1948. Le peintre se remarie en 1950, mais sa nouvelle épouse ne semble pas apprécier East Hampton, amenant Motherwell à vendre ce bien fin décembre 1953[326].

Beaucoup se sont appliqués à trouver à East Hampton d'éventuelles traces de la Maison de verre, cherchant laborieusement des détails « à la manière de ». Or, le rapport, s'il existe, n'est pas à scruter dans une réplique appauvrie de tel ou tel tour de main, mais réside dans le traitement des volumes, et surtout dans la manière de transcender la chose industrielle. Le traitement du plafond est un thème récurrent du travail of Chareau dans ses aménagements d'appartements. Avec les maisons, cela se traduit par un jeu d'opposition entre un volume sur double niveau bordé à l'étage supérieur, ou du moins en partie, par un espace de circulation et, d'autre part, des espaces rabaissés sur un seul niveau. Ce jeu de compression/dilatation que l'on trouve dans le grand salon de la rue Saint-Guillaume et à Long Island dans la partie méridionale du living-room, se voit systématiquement associé avec une source lumineuse importante, la façade en brique de verre d'un côté et la grande verrière de l'autre. Par ailleurs, de même que les poteaux métalliques de la Maison de verre sont exposés pour exprimer l'essence manufacturée de leur origine, Chareau exploite l'énorme trou fait pour la verrière dans la coque du *Quonset*, pour montrer les poutrelles cintrées de l'ossature. Ce faisant, il révèle à la fois la logique constructive qui sous-tend ses réalisations et exalte du même coup l'origine industrielle du matériau, qu'il anoblit à l'aide d'une peinture orange à la Maison de verre, tandis qu'à East Hampton, Motherwell choisit un rouge — dit de cirque — pour revêtir les poteaux métalliques[327]. Cette exposition sélective des belles membrures rappelle le conseil de Palladio disant qu'à l'image du Créateur il fallait, comme pour l'homme, exposer les plus beaux membres d'un édifice et soustraire de la vue les moins reluisants[328]. Une telle célébration du métal et de ses assemblages exalte plus la légèreté structurelle de certains édifices de Chareau qu'elle n'annonce le courant high-tech.

Le rez-de-chaussée surbaissé présente un espace ouvert occupé essentiellement par le living-room et la cuisine, où pose Maria Motherwell. Photographie de Ronny Jacques.

Robert Motherwell dans le living-room semi-enterré. Photographie de Hans Namuth.

Page de droite : Cette photographie de Ronny Jacques avec un personnage en haut de l'escalier prise en 1947 rappelle celle de René Zuber en 1933, où un personnage descend le grand escalier de la Maison de verre.

Galerie à l'étage menant aux chambres et aux pièces d'eau. Photographie de Ronny Jacques.

LE CHAMP D'EXPÉRIMENTATION DE L'APRÈS-GUERRE

PIÈCE-MAISON CHAREAU, 1947-1950

5 Jericho Lane, East Hampton

Dollie sur la terrasse orientée à l'est, 15 août 1950. La maçonnerie révèle le caractère décoratif de la modénature, qui se combine avec des blocs-fenêtres en avancée, placés au nu extérieur de la façade.

Faute de verser des honoraires à Chareau, en échange du projet comme du chantier de son atelier et de sa maison, Motherwell offre au couple français la possibilité de disposer d'une partie de son terrain pour y édifier une résidence secondaire, tout en contribuant financièrement à la construction. Le 11 juillet 1947, un contrat est signé devant notaire, autorisant la création sur la partie sud-ouest de la parcelle d'un « petit bungalow, à réaliser comme présentement projeté, tant qu'est en vie l'un ou l'autre[329] » des Chareau. Le document atteste que le peintre dispose de la pleine propriété du terrain. Toutefois il doit verser 13,5 % du prix de vente au couple français, en cas de cession de la parcelle. Au décès du dernier survivant, le contrat devient caduc.

Pour la première fois s'offre à l'architecte l'occasion de construire un édifice à son usage, avec un budget certes contraint et, rapporte-t-on, en employant les surplus de matériaux provenant du chantier du peintre. De façon étonnante, il n'a pas recours à une *Quonset hut*, quitte à la transformer, alors qu'il en maîtrise tous les aspects et que le prix d'acquisition a chuté d'une année sur l'autre. De plus, une telle option offre l'avantage de la rapidité : les travaux pour le peintre ont duré moins d'un an; aussi pour un chantier plus modeste quelques mois ou semaines suffiraient. Toutefois, à la voix de la raison répond la voix du cœur lui recommandant de partir d'une page blanche. Il opte pour ce qu'il nomme une « pièce-maison » de forme rectangulaire d'environ 50 mètres carrés, construite en maçonnerie et dotée d'un toit-terrasse[330]. Le soubassement, les quatre angles et la partie centrale des murs en pignon sont en parpaing. Ils forment la structure porteuse de l'édifice, qui se distingue du reste de la maçonnerie par sa couleur claire. Les autres parties des murs sont réalisées en briques minces, montées sur chant et espacées les unes des autres par un jeu de trois briquettes placées transversalement. Cet appareillage rustique, en rang alterné, forme une modénature volontairement décorative entre le gris légèrement granuleux du parpaing, le rouge strié des briques et les joints blancs grossièrement réalisés[331]. Sur chaque face du bâtiment, la disposition des ouvertures est symétrique : trois baies à l'avant dont une servant de porte, quatre baies à l'arrière et deux de chaque côté. S'ouvrant vers l'extérieur, les fenêtres verticales, toutes identiques, ne proviennent pas de la fameuse serre. Elles s'apparentent à des blocs-fenêtres en bois placés au nu extérieur de la façade, mais dont la partie inférieure est en débord par rapport à l'allège. Ces espèces de caissons, comme enfoncés obliquement, dessinent des joues latérales en forme de triangles,

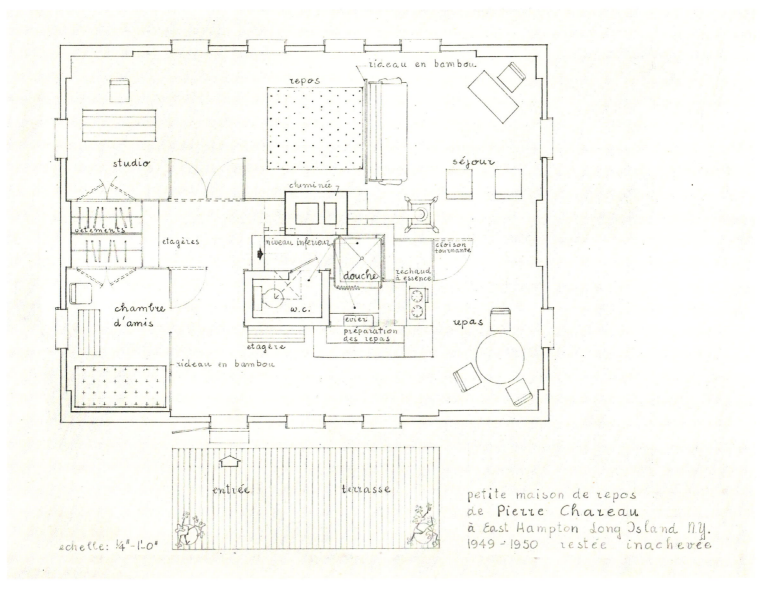

Plan de la « pièce-maison ». Les annotations, et peut-être le dessin lui-même, sont posthumes. Illustration publiée dans *Un inventeur... l'architecte Pierre Chareau*, UAM, 1954.

Façade latérale soulignant la partie porteuse et les remplissages au centre desquels prennent place les fenêtres.

Façade ouest en 1985 avec ses quatre fenêtres inscrites dans des blocs saillants en bois. Au centre de la toiture, un lanterneau éclaire les pièces humides.

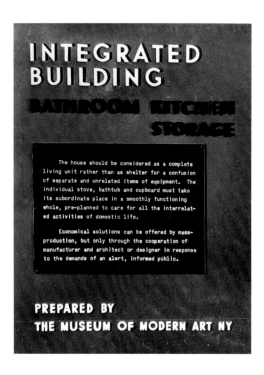

qui contrastent avec le tracé orthogonal de la maçonnerie en brique, au sein de laquelle elles prennent place.

Ici, pour la première fois, Chareau choisit d'exprimer la fonction structurelle en dissociant les parties porteuses des parois de remplissage. Cette étonnante apparence extérieure cache une organisation intérieure innovante. Au milieu de la pièce se trouve un noyau, ou bloc technique, associant les éléments sanitaires, la kitchenette, une cheminée. Cette dernière comme les toilettes sont respectivement inscrites dans un bloc maçonné qui sert de support constructif aux poutrelles du toit et au contreventement de l'édifice. Disposés en couronne tout autour, prennent place l'entrée et le coin-repas suivi du séjour ; face à la cheminée, l'espace dédié à la nuit se prolonge par un bureau, en retour un coin-penderie puis dans l'angle un réduit pour les amis. Tout communique sans aucune cloison, seul un rideau en bambou suspendu au plafond autour des lits peut être descendu pour procurer un peu d'intimité. Ce dispositif est complété par une porte à double battant et des « cloisons tournantes[332] », sortes d'écrans partiels ressemblant à des portes de saloon, mais pivotant sur une roue. Comme pour la maison de Motherwell, le sol est fait de rondelles en bois maintenues en place par du ciment. Juste interrompus au centre par le bloc technique, les plans horizontaux du plancher et du plafond forment un espace libre et homogène, où seul le mobilier précise l'affectation de telle ou telle partie.

L'expérience française de Chareau en matière de maison de week-end comprend le cabanon de Djemil Anik à Bazainville et les concours de *L'Architecture d'aujourd'hui* sur ce thème. Par ailleurs, il ne peut ignorer le projet de maisons BLPS d'Eugène Beaudouin et Marcel Lods associés à Jean Prouvé, en 1938, qui inclut des unités de toilettes préfabriquées. Quant à l'astucieux principe expérimenté à East Hampton consistant à associer pièces d'eau et réseau de fluides dans un noyau technique servant également de support constructif, il n'apparaît, en Europe, qu'en 1952, avec le projet de la maison Alba de Prouvé[333]. Aux États-Unis, en revanche, plusieurs professionnels travaillent sur le principe du « bloc technique ». Des expositions à New York contribuent à propager ces recherches, notamment celles du MoMA consacrées aux petites maisons du futur, ou à la préfabrication de composants du bâtiment, ou encore aux travaux d'architectes célèbres[334]. Dans plusieurs projets ou réalisations présentés, apparaît l'idée

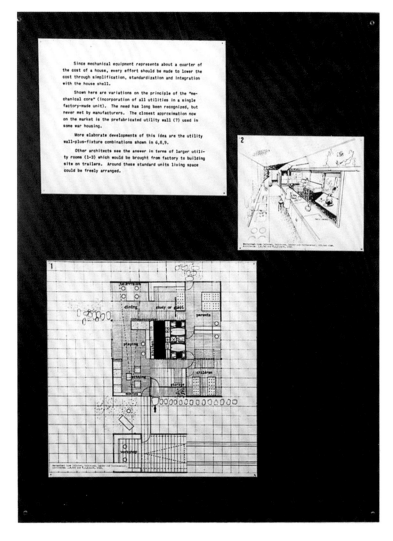

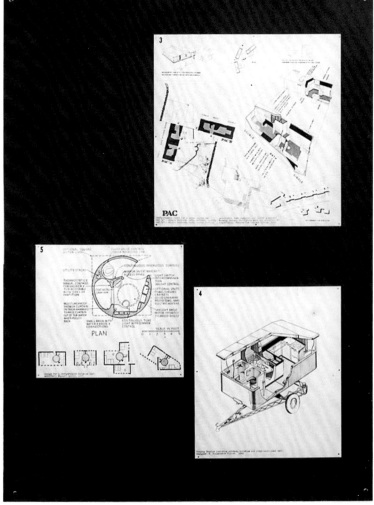

Axonométrie de la « pièce-maison ». Les annotations, et peut-être le dessin lui-même, sont posthumes.

Page de gauche : De février à mai 1945, à New York, le Museum of Modern Art présente l'exposition « Integrated Building : Kitchen, Bathroom, and Storage », dont une section est consacrée au *mechanical core* (« bloc technique »). En bas, propositions des architectes Ieoh Ming Pei et Emilio H. Duhart, de PAC Design et de Richard Buckminster Fuller.

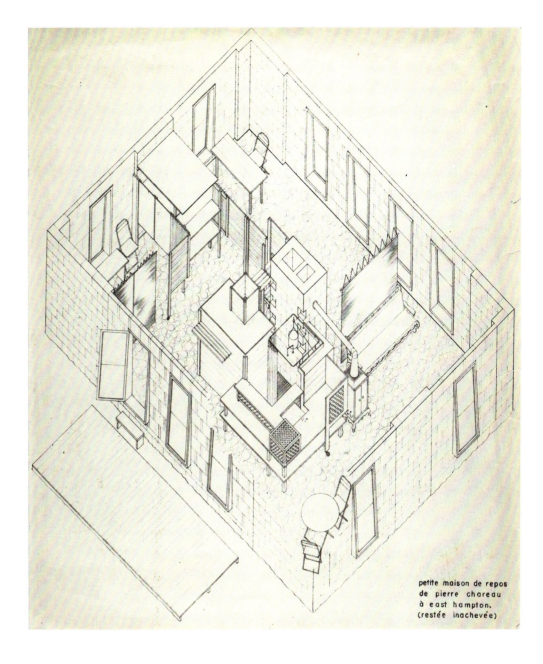

de concentrer dans un noyau technique (*mechanical core*), ou bloc technique, l'ensemble des appareils sanitaires et électroménagers, les réseaux afférents de plomberie et d'électricité ainsi que, parfois, le système de ventilation et de chauffage. Au printemps 1945, lors de l'exposition « Integrated Building : Kitchen, Bathroom, and Storage », dans la section dédiée au *mechanical core* figure un projet des architectes Ieoh Ming Pei et Emilio H. Duhart élaboré dans le cadre du concours « Designs for Postwar Living » lancé par le célèbre magazine *Arts & Architecture*[335]. Au centre de la maison on trouve un noyau préfabriqué comportant cuisine, deux salles de bains, chaudière et incinérateur. Frank Lloyd Wright, dès ses premières maisons usoniennes en bois, notamment la Herbert Jacobs House en 1937, organise un ensemble maçonné associant cuisine et salle de bains[336]. Quant à Richard Buckminster Fuller, avec son projet de Dymaxion House, en 1928, il veille à regrouper au centre de l'édifice les fluides et tous les sanitaires. En 1946, son prototype Wichita de Dymaxion House est présenté au grand public dans le cadre d'une vaste campagne de publicité. Le modèle propose à nouveau un bloc sanitaire préfabriqué installé au centre de la maison[337]. Le grand admirateur de la Maison de verre, l'architecte franco-américain Paul Nelson a peut-être évoqué avec Chareau les investigations de son ami Buckminster Fuller. En 1947, à l'occasion de l'exposition consacrée à Ludwig Mies van der Rohe figurent le projet et la maquette de la Farnsworth House. L'édifice se présente comme un prisme quadrangulaire entièrement ceint de parois transparentes, qui fait dire à Philip Johnson, le commissaire de la manifestation : « Ici, la pureté de la boîte n'est en rien altérée[338]. » À l'intérieur, l'espace libre est, exclusivement, ponctué par un bloc fonctionnel (cuisine, local technique et sanitaires) dont seule la partie centrale rejoint le plafond.

Chareau décède avant l'achèvement complet de sa « pièce-maison ». Elle était néanmoins habitable, puisqu'il s'y rendait non seulement pour terminer le chantier mais également pour y séjourner seul ou avec Dollie. Une photographie du 15 août 1950 la montre sur la terrasse à l'avant de la maison. Les fenêtres sont ouvertes et laissent entrevoir les rideaux retenus par des embrasses. Il n'existe aucune vue de l'intérieur, mais deux dessins, un plan et une axonométrie donnent à lire le projet[339]. L'observation attentive, sur le dessin axonométrique, de la salle d'eau, plus particulièrement de la douche avec son seau d'eau suspendu à un cordage et sa poulie, démontre si besoin est que Chareau s'accommode sans difficulté d'une grande rusticité tant de moyens que de confort. Indubitablement, il sait réduire ses propres besoins à une frugalité extrême[340].

MAISON LA COLLINE, 1949-1950

181 Hungry Hollow Road, Chestnut Ridge

Répondant aux exigences de la commande, Pierre Chareau réalise un édifice empruntant d'un côté à l'architecture vernaculaire de la région en style Shingle et de l'autre à la géométrie occultiste autour du pentagramme. Photographie d'époque et photographie prise en 2016.

Page de droite : Pièce principale de la maison. Le salon de musique compte cinq côtés surmontés d'une toiture pyramidale. Photographie prise en 2016.

Contrairement aux édifices réalisés à Long Island qui, par leur géométrie et leur système de construction, s'inscrivent délibérément en opposition avec le contexte – belles demeures en style Queen Anne et Tudor ou architecture vernaculaire de type *cottage* –, la maison La Colline emprunte une tout autre voie. Ici, la commanditaire Nancy Laughlin aspire à une *cabin* en adéquation non seulement avec les constructions avoisinantes mais aussi avec les concepts de l'anthroposophie[341]. À Paris, où elle se réside après la Grande Guerre, Laughlin rencontre, dans la seconde moitié des années 1920, sa compagne, Germaine Monteux, l'ancienne femme du chef d'orchestre Pierre Monteux, amie des Chareau[342]. Ensemble, elles se familiarisent avec la pensée de l'occultiste Rudolf Steiner. Quoique résidant en France, Laughlin adhère à l'Anthroposophical Society de New York ou plutôt à l'une de ses émanations, le Threefold Community[343]. Voulant développer l'agriculture biodynamique prônée par Steiner, cette communauté acquiert un terrain, à une cinquantaine de kilomètres de New York, situé à Spring Valley (aujourd'hui connu sous le nom de Chestnut Ridge)[344]. Ce bel endroit devint un lieu de rencontre annuel et de résidence pour des adeptes fortunés de Steiner. En 1939, les deux femmes quittent la France et s'installent à New York. Dix ans plus tard, Laughlin a l'opportunité d'acquérir une parcelle adjacente à la propriété de la Threefold Community[345]. Aussitôt le couple demande à Chareau de leur édifier une maison sur ce terrain, qui dispose déjà d'une habitation en brique dans laquelle elles résident le temps des travaux. Le chantier achevé, l'ancienne bâtisse sert à la domesticité et à la confection des repas, cela explique l'absence de véritable cuisine dans la nouvelle construction.

Le site offre un paysage champêtre fait de vallons plantés d'arbres magnifiques. Juste avant d'atteindre la propriété, on longe une grange, la Red Barn. Cet ancien bâtiment agricole constitue la référence des alentours en matière d'architecture. Sa présence et tout le contexte expliquent l'étonnant alignement formel de Chareau sur le style Shingle[346]. Parfois associée à la villa Tjinta Manis, La Colline partage avec celle-ci ses emprunts à l'architecture vernaculaire. Cependant l'édifice présente une curiosité : une pièce principale de forme pentagonale coiffée d'un toit pointu. Malgré le nombre incommensurable de conférences données par Steiner et l'importance qu'il accorde à l'architecture, l'anthroposophe ne s'est guère entretenu sur le recours à cette figure comptant cinq côtés. De manière générale, il soutient que l'intuition et l'art ouvrent le chemin de la vérité et, au-delà, de la rédemption de l'humanité. Dans ce cadre, les formes s'adressent directement à l'esprit, sans besoin de connaissance ou d'intellectualisation. Mise en musique, « l'architecture se mettra à parler » et les formes seront « portées à un état de fluidité vivante » dont témoigne le Goetheanum à Dornach[347]. Si de tels préceptes mènent à une architecture organique, nombre de bâtiments conçus par des émules de Steiner – entre autres à Dornach et à Spring Valley – sont sous-tendus, voire générés à partir d'une figure géométrique privilégiée, le pentagone. Un tel recours renvoie à la place tenue par le pentagramme dans les cercles ésotériques, à la fois paré du symbole de la perfection, lié à la divine proportion et surtout associé à l'architecture cosmique[348]. Chareau ne compte pas parmi les adeptes de Steiner, contrairement à certains de ses proches, comme Rose Adler ou, par simple curiosité, Jeanne Bucher et Dollie, voire, plus largement, une pléiade d'artistes de Kupka à Kandinsky en passant par Charchoune et nombre d'autres[349].

Le seul article consacré à cette maison donne quelques précisions manifestement puisées à bonne source. Il était demandé à Pierre Chareau de « faire une sorte de refuge campagnard pour deux personnes : un écrivain et un pianiste. Il s'agissait d'abord de résoudre le problème de l'acoustique, de manière à isoler les deux pièces principales de tout bruit. L'acoustique de la salle de musique est parfaite, grâce à un plafond à

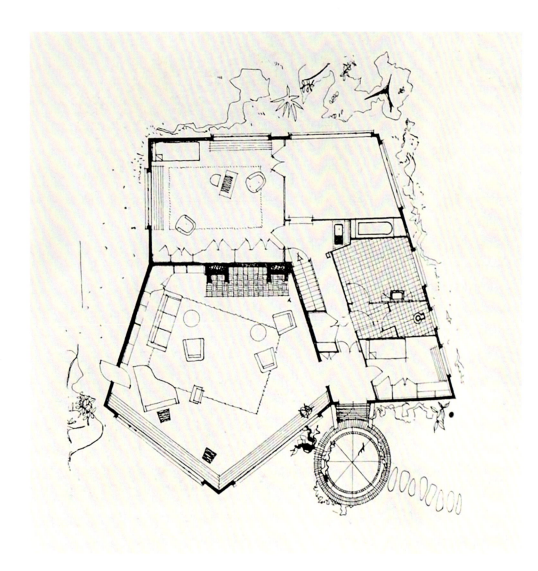

Plan du rez-de-chaussée.
Une plate-forme circulaire précède l'entrée que surmonte un étrange fronton. Les pièces autour du pentagone reposent sur un niveau en sous-sol occupé par un garage. Illustration publiée dans *Art et Décoration*, 1952.

Page de droite : Fenêtres du salon de musique. Tout autour des ouvertures, Pierre Chareau cache une gorge lumineuse et des stores. En dessous, une banquette à claire-voie en bois dissimule les radiateurs. Photographie de Lida Moser publiée dans *Art et Décoration*, 1952.

Le salon de musique où Germaine Monteux dispensait ses cours. Le jeu de baguettes de bois au plafond souligne les angles de la toiture. Photographie de Lida Moser.

pans triangulaires soigneusement étudié[350] ». Là trône le piano à queue de Germaine Monteux, qui dispense des cours de musique aux anthroposophes. Les deux côtés ouest du pentagone sont largement vitrés et donnent sur la pelouse à l'avant de la maison ; en vis-à-vis une grande cheminée en brique occupe l'essentiel du mur du fond. La paroi nord est opaque, y compris la porte donnant sur l'extérieur ; la paroi sud dispose d'une porte identique donnant sur l'entrée. À l'arrière, un ensemble de pièces est disposé sur deux côtés du pentagone. À l'est, pour Laughlin, une grande chambre est isolée du « salon de musique » par une série de placards. Côté sud-est, une loggia profonde fermée par des moustiquaires marque l'angle. Côté sud, trois pièces s'enchaînent avec une géométrie oblique un peu particulière, la salle de bains, les toilettes et la petite chambre de Monteux. L'entrée est prolongée par un vestibule comprenant l'escalier pour accéder au garage en contrebas et par une kitchenette nichée dans un repli.

L'ensemble des pièces secondaires, surmonté d'une toiture basse à une pente, se déploie en V sur deux côtés du volume principal. Avec ce type d'assemblage, on retrouve le principe de composition en plan de type centrifuge associé à un dispositif additif observé au club-house de Beauvallon. La juxtaposition des formes et les raccordements des couvertures ne relèvent pas d'une grande virtuosité. Typiquement américain, le petit tympan formant dais devant la porte d'entrée contribue au caractère insolite de l'assemblage. Devant l'entrée est disposé un perron en forme de cercle – dont la dimension symbolique de la figure géométrique ne peut être négligée –, fait de béton, de brique et paré d'une jardinière. À cette occasion, on peut remarquer que, devant la grande fenêtre arrondie du club-house, devant l'entrée de la Maison de verre, ainsi qu'ici, Chareau s'ingénie à associer des plantes ou fleurs à chacun des accès à ces bâtiments, comme pour mieux accueillir les visiteurs.

Installée sur un point haut du terrain, la maison profite d'une rupture de pente pour que, en dessous, une voiture puisse se garer à l'abri. Installé sur une dalle en béton, d'un côté reposant en pleine terre, et de l'autre sur des massifs maçonnés, l'édifice est réalisé tout en bois, possiblement selon la technique conventionnelle et peu coûteuse du *balloon frame*, qui permet une mise en œuvre rapide du fait de l'assemblage par clous des pièces de bois. Des bardeaux d'asphalte sont employés en couverture et en bois sur les parties verticales. Toutes les fenêtres sont à guillotine, hormis deux parties fixes au centre des baies de la grande pièce. Chaque ouverture est surmontée d'un auvent en tissu pouvant être déployé de l'intérieur. L'aspect anodin de cette réalisation cache un travail intérieur tout autre, hélas mal servi par un ameublement quelconque et, aux murs, un pitoyable accrochage de croûtes. L'aisance financière de Laughlin ne fait pas d'elle une esthète soucieuse d'un environnement élégant et délicat !

Même s'il se plie sans rechigner aux exigences rudimentaires de sa cliente et recourt à des menuisiers du coin, Chareau veille à recouvrir toutes les parois intérieures de lambris et multiplie les astuces. Le long des fenêtres de la salle de musique, aussi qualifiée de living-room – comme dans les chambres –, des banquettes à claire-voie, en bois, dissimulent les radiateurs. En hauteur, le pourtour des fenêtres est souligné par une gorge lumineuse combinée à des stores intérieurs. La vaste cheminée en brique avec, au sol, son tapis de brique se substituant au parquet, propose un recoin spécifique. Quelques bibliothèques insérées dans les murs complètent l'aménagement. La chambre

de Laughlin est la plus travaillée des pièces. Deux de ses côtés sont dotés de meubles : commodes, penderies, étagères, dessertes, coiffeuse, miroirs. Réalisé dans le même bois que la cloison, cet ensemble de mobilier se confond avec elle et forme une composition subtile. La petite chambre reproduit en plus simple un dispositif similaire en dissimulant les meubles dans les parois.

La carrière architecturale de Chareau s'achève ainsi par cette humble réalisation, où l'intimité prime sur l'innovation. Ici la commanditaire privilégie, avant toute chose, la continuité avec le passé et la dimension ésotérique. En retour, cela démontre la capacité de Chareau de s'adapter à diverses natures de commandes et à les satisfaire quelles que soient ses propres expectatives — du moins celles que nous lui prêtons. À l'évidence, l'étiquette de luxe qui lui est systématiquement accolée se voit largement écornée par ces commandes américaines, comme cela avait déjà été le cas en France à la fin des années 1930.

LA MAISON
DE VERRE

Devant la porte d'entrée,
un potelet avec trois sonnettes.
Chacune émet un son distinct.

« LE CHEF-D'ŒUVRE QU'ON VOUDRAIT AVOIR FAIT[351] »

La Maison de verre concentre une série de singularités aussi intrigantes que fascinantes, au point de la rendre inoubliable. Elle ouvre en effet de nouvelles perspectives en termes de spatialité, avec les transitions fluides qu'elle offre entre les lieux, de technicité, afin de vaincre le caractère statique de l'architecture et lui impulser de la mobilité, du machinisme, par l'invention de nombreux mécanismes et le recours à des matériaux tous tirés de l'industrie. En cela, la maison de la rue Saint-Guillaume devient une véritable métaphore de la vie moderne telle qu'imaginée alors.

Lors de son achèvement, son caractère atypique séduit plus la presse grand public que les publications d'architecture. Architectes, critiques ou historiens ne tournent pas vraiment leur regard sur cette œuvre pour en mesurer l'ingéniosité, l'habileté, le raffinement et surtout la fécondité créative dont Chareau a fait preuve. Ce dernier ne leur facilite pas la tâche, c'est un taiseux qui n'expose pas ses convictions, ou si peu, encore moins théorise sa pratique ou énonce la voie qu'il entend tracer, tandis que sa production fraie avec l'architecture fonctionnaliste, tantôt machiniste, tantôt prismatique. Par ailleurs, cette œuvre ne relève d'aucun courant précis de l'avant-garde et encore moins de ce qui est habituellement nommé le « mouvement moderne ». Apparaissant, pour certains, comme une espèce d'anomalie ou d'invention hybride entre architecture et meuble, elle est écartée des ouvrages retraçant l'histoire canonique de ce mouvement. Ainsi, on ne trouve aucune mention ni de cette œuvre ni de son auteur dans *Espace, temps et architecture* de Sigfried Giedion, qui fut longtemps l'ouvrage de référence sur l'architecture moderne et l'apparition d'une « nouvelle conception de l'espace en architecture[352] », alors même que l'historien de l'architecture suisse a rencontré Chareau dans le cadre des CIAM et a pris des photographies de la Maison de verre en chantier. L'autre grand historien de la période, l'Américain Henry-Russell Hitchcock, fait état en 1930, au cours d'un de ses séjours en Europe dans le cadre de la préparation de l'exposition du MoMA « Modern Architecture : International Exhibition », que « Byvoet [sic] édifie actuellement une très prometteuse maison entièrement en brique de verre[353] ». Cette manifestation, devenue célèbre au regard de l'essor de l'architecture moderne au-delà de l'Europe, se tient à New York début 1932. La Maison de verre ne peut prétendre y figurer, car le chantier n'est pas encore achevé[354].

Le grand salon, aussi appelé hall ou grande salle, et l'escalier majestueux à l'achèvement de la Maison de verre en 1932. Le mobilier est rare, la bibliothèque murale absente. Photographies de Georges Thiriet.

LA MAISON DE VERRE

ANNIE (1896-1968) ET JEAN (1893-1970) DALSACE

Un chef-d'œuvre en architecture ne relève jamais du pur hasard ou du génie exclusif de son créateur, mais d'un concours de circonstances, au premier rang desquelles il faut compter, comme le souligne Kenneth Frampton, les commanditaires. Mettant en parallèle la maison Schröder de Gerrit Rietveld à Utrecht et la Maison de verre, il note que ces deux réalisations exceptionnelles prennent place sous les « auspices de deux femmes très cultivées » et procèdent d'un « rapport de quasi-symbiose entre architecte et client[355] ». Des proches, comme Jeanne Bucher, témoignent de cette proximité entre client et concepteur, notant combien il est touchant de voir que, à l'égard de Pierre et Dollie, les Dalsace ont « consacré le meilleur d'eux-mêmes et sans se lasser[356] ». Des critiques d'art également, tel Bernard Champigneulle, pointent les « cas particuliers et assez rares de collaboration intime et véritablement intellectuelle entre le client et son architecte décorateur (comme pour la Maison de verre de Pierre Chareau)[357] ». Des confrères médecins rendent compte du rôle éminent joué dans la conception par l'épouse en évoquant « cette maison pensée par Annie[358] ». Des échanges épistolaires entre l'architecte et sa cliente démontrent un intense degré de proximité : « Annie chérie, je viens d'écrire à Dollie : "Je vis dans les êtres et je dépends d'eux." Vos pensées agissent si puissamment sur moi que je me sens renaître. Je vous aime et vous embrasse[359] » ; ou encore : « La femme à qui je veux donner mon plus beau château[360] » et « Pour votre maison, je garde les premiers battements de mon cœur[361] ». Après le décès de Chareau, Jean Dalsace, forcément très impliqué dans l'association cabinet médical-domicile, s'emploie à rappeler cette complicité : « Toute la maison a été créée sous le signe de l'amitié, en parfait accord affectif. Si ce logis — qui fut en grande partie un laboratoire d'architecture expérimentale — contient quelques erreurs, c'est dans cette collaboration affectueuse que nous devons, autant qu'en Pierre Chareau, chercher en nous-même une part de responsabilité[362]. » Voilà qui donne raison à Karel Teige, un éminent critique d'art tchèque, qui rapporte — sans y adhérer entièrement — le propos d'un auteur affirmant : « Le véritable créateur de l'architecture moderne n'était pas l'architecte mais le client moderne[363]. » Qu'en est-il entre Chareau et les Dalsace à la Maison de verre ? « Tout indique qu'ils se sont stimulés mutuellement, développant des idées toujours plus ambitieuses à mesure de l'avancement des travaux. Le résultat final reflète la compréhension de la personnalité de ses clients qu'avait l'architecte[364] » et, de ce fait, leur intérêt conjoint pour l'art moderne, le sens du raffinement d'Annie et le souci de l'hygiène comme de la salubrité du docteur.

Anna, comme la plupart des jeunes filles de son milieu et de sa génération, reçut une éducation essentiellement extrascolaire[365]. Elle grandit entre les leçons du très huppé cours Dieterlen et les enseignements que lui prodigua Dollie Chareau, sa préceptrice anglaise à partir de 1904 environ. Des liens alors tressés, Annie témoigne dans une lettre en 1920 : « Dollie, tu ne sauras jamais combien je te dois ce que j'ai de meilleur en moi-même[366]. » Loin d'une simple répétitrice, elle « lui servait non seulement de chaperon protecteur mais aussi et surtout de mentor. Elle l'initia à l'art moderne, l'emmena dans les expositions d'avant-garde[367] ». Lors des ventes Kahnweiler, il est rapporté qu'Annie avait acheté des tableaux de Pablo Picasso et de Georges Braque, vraisemblablement sur les conseils des Chareau. Par la suite, elle « demanda à Max Ernst d'imaginer pour elle un ex-libris dont le dessin serait la première mesure de la *Passion selon saint Matthieu* de Jean-Sébastien Bach[368] ».

La musique, en effet, occupe une grande place dans sa vie, un trait qu'elle partage avec Pierre Chareau et dont témoigne la présence répétée de Darius Milhaud et Francis Poulenc à la Maison de verre. On rapporte qu'il lui arrivait de se rendre salle Pleyel la partition en main[369].

À 22 ans, son frère aîné, Pierre, né comme elle à Bar-le-Duc, meurt en forêt d'Argonne lors de l'offensive allemande du 8 janvier 1915[370]. Devenue fille unique, tous les espoirs et la générosité de ses parents se concentrent sur elle. Le 17 août 1918, à la mairie du 8e arrondissement, Anna Bernheim devient Annie Dalsace en épousant un étudiant en médecine, encore sous les drapeaux. La bénédiction nuptiale est donnée le lendemain, par le grand rabbin de la synagogue de La Victoire[371].

Les mariés s'installent dans un appartement situé au 195, boulevard Saint-Germain et confient à Chareau une partie de l'aménagement (salon, bureau de l'étudiant et chambre). Au début des années 1930, Rose Adler témoigne de ce « petit ménage ensoleillé » que constituent le jeune docteur « et sa femme Annie, fluette et fine et tendre[372] ». De cette union, deux enfants voient le jour : Aline (1920-2018) et Bernard (1924-1998).

La timidité naturelle qui amène Annie Dalsace à exprimer rudement ses contrariétés explique en partie son caractère autoritaire. Peu expansive, mais très fidèle en amitié, c'est elle qui veille Georgette Lévy grièvement blessée dans un accident de la circulation, à l'été 1939, en l'absence de Pierre Gaspard Lévy, son mari, et de leur fille partis en Afrique[373]. Enfin, on vante souvent la « fortitude civique inflexible » de Jean Dalsace en oubliant que, dans la croisade pour ses idées et lors des manifestations de protestation, Annie est le plus souvent à ses côtés. En 1938, elle n'hésite pas

Sur la table de chevet d'Annie Dalsace, la photographie de son frère Pierre Bernheim en uniforme, mort au combat en 1915. Photographie d'Evelyn Hofer, vers 1990.

Mezouzah miniature et feuille de dédicace, cadeau de sa grand-mère à Jean Dalsace, 24 décembre 1951.

Annie et Jean Dalsace portant leur fille Aline, à Villeflix.

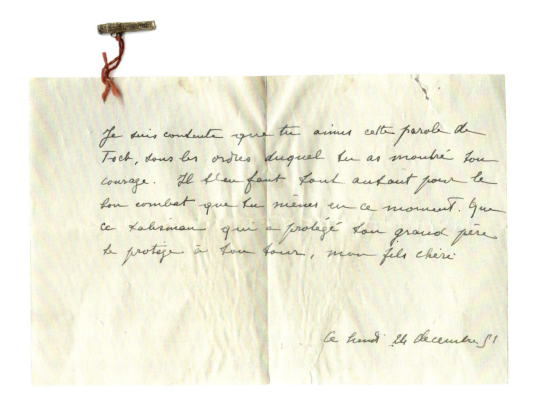

Ex-libris conçu par Max Ernst pour Annie Dalsace à partir de la première mesure de la *Passion selon saint Matthieu* de Jean-Sébastien Bach.

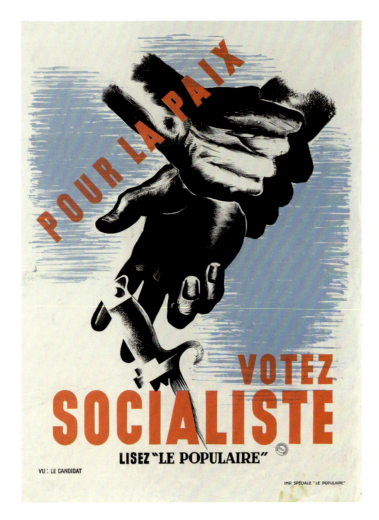

à confier à sa fille sa désillusion : « Je crains de mourir avant l'avènement du socialisme[374]. »

Sans attendre la défaite française de 1940, avec ses deux enfants, Annie Dalsace quitte la Maison de verre pour Vichy, où la société Bernheim frères et fils possède des bureaux. Durant le conflit, sa vie s'organise entre Vichy, Marseille, Beauvallon et Grenoble, où des membres de la famille Bernheim sont réfugiés. Après le décès de Pierre Chareau, elle soutient la publication de l'UAM dédiée à ce dernier, s'enquiert des conditions de vie de Dollie et compte sur Jacques Lipchitz, alors aux États-Unis, comme relais en cas de nécessité[375]. Revenant en 1955 sur sa vie antérieure, dans une lettre au sculpteur, elle confie : « Je suis replongée dans un passé bien vivant pour moi, l'époque la plus "pleine" de mon existence, riche d'impressions profondes, d'émotions, de contacts avec des êtres qui m'ont beaucoup apporté ; tout cela est resté intact en moi[376]. »

Jean Charles Isidore Dalsace est le fils d'un haut fonctionnaire[377]. Pour satisfaire la coutume familiale, il commence conjointement des études de droit et de médecine, juste avant la guerre de 1914. Incorporé dans l'infanterie comme infirmier, il est blessé en avril 1917 puis, cinq mois plus tard, il est affecté au service du gouverneur militaire de Paris[378]. Sa bravoure lui vaut trois médailles militaires, dont la Légion d'honneur. Démobilisé fin 1918, il reprend ses études. En 1924, il est admis à l'ordre des avocats, mais privilégie la médecine et s'oriente vers la gynécologie. Il soutient sa thèse en 1926 et pratique une activité hospitalière et libérale. Dès l'été 1925, au 5, rue des Lions, il participe à la création, dans un quartier vétuste de Paris, d'un centre de consultation médicale réunissant cinq médecins aux spécialités différentes[379]. Ses premiers travaux scientifiques sont menés en obstétrique avant de se tourner vers le diagnostic et le traitement de la stérilité. Après s'être formé aux États-Unis, il ouvre en 1935 un dispensaire à Suresnes, dans lequel il prodigue des conseils en matière de contraception avec la complicité du maire, Henri Sellier, futur ministre de la Santé du Front populaire[380]. Dans le contexte de la loi de 1920, qui entrave toute forme d'information sexuelle et veut réduire au silence les tenants de la restriction des naissances, le scandale causé par cette activité coûte à Jean Dalsace son poste de chef de laboratoire à l'hôpital Saint-Antoine. Lors de l'Exposition internationale de 1937, il organise, sur une péniche amarrée quai de Tokio, un stand d'information sur la libre maternité. Engagé dans la lutte contre l'avortement clandestin, il participe à la fondation du Planning

Anciennes façades de l'École libre des sciences politiques, 27, rue Saint-Guillaume, et d'autres hôtels particuliers ou immeubles en direction du boulevard Saint-Germain en 1918. Photographie de Charles Lansiaux.

Page de gauche : Affiche « Pour la paix : votez socialiste, lisez "Le Populaire" », *Le Populaire*, hebdomadaire du parti socialiste SFIO, s.d.

Inscription découverte au revers d'une des dalles du rez-de-chaussée de la Maison de verre.

familial après-guerre. Soucieux de l'épanouissement des couples, il est très tôt persuadé que des problèmes sexuels sont à l'origine de nombreux troubles gynécologiques, aussi s'intéresse-t-il à la psychanalyse et à la sexologie.

Sans pratique ou conviction religieuse particulière, Dalsace porte une attention au « réveil du judaïsme » au cours des années 1920, une période particulièrement vivante au sein de la communauté juive de France. Il assiste à des réunions de l'Association des étudiants israélites et s'abonne à la revue *Menorah*[381]. Ses engagements politiques l'amènent à militer auprès d'Henri Barbusse et de Romain Rolland au comité Amsterdam-Pleyel luttant contre la guerre et le fascisme en 1933, notamment au sein de son annexe l'Association internationale des médecins contre la guerre, dont il est secrétaire général. Il est membre du comité international pour la libération de Thälmann et du comité d'initiative de l'Institut pour l'étude du fascisme. En 1939, il est appelé à rejoindre le service de santé des armées. Démobilisé à l'été 1940, et alors que des proches lui conseillent de ne pas revenir à Paris, suite à la mise en place de l'arsenal législatif visant l'éviction des médecins juifs[382], il gagne Vichy avant de se réfugier à Marseille puis dans l'Allier. Là, dans le cadre des Forces françaises de l'intérieur, le docteur ouvre un hôpital pour maquisards. À la Libération, il revient à Paris et rejoint l'état-major du colonel Rol-Tanguy, où il intègre la direction des services de santé[383].

Personnage à multiples facettes, il est à la fois « héros de la guerre et pacifiste, patriote et internationaliste, bourgeois — car il l'était profondément par ses racines — et d'extrême gauche[384] ». Il adhère au parti socialiste SFIO en 1925 et rejoint le Parti communiste français en 1945, qu'il quittera en 1960[385]. Cette année-là, il est signataire du « Manifeste des 121 » ou « Déclaration sur le droit à l'insoumission dans la guerre d'Algérie ». Auparavant, la maison a accueilli nombre de mouvements de libération luttant pour s'affranchir du joug colonial. Dès les années 1930, le salon de la Maison de verre a été à plusieurs occasions un haut lieu de ses engagements politiques. Des réunions et des rencontres de soutien pour une cause ou une autre s'y sont tenues, dont celles visant à permettre aux réfugiés juifs, communistes ou simples opposants au fascisme de se faire une place au sein des cercles de l'*intelligentsia* parisienne. Tel est le cadre dans lequel Walter Benjamin aurait dû délivrer cinq conférences consacrées à la littérature contemporaine allemande. La première, prévue le 13 avril 1934, fut décommandée au dernier moment, le docteur étant sérieusement malade, et de ce fait le cycle ne vit jamais le jour[386].

Par ailleurs, comme son épouse, il nourrit une grande attirance pour la musique et les arts plastiques. Alors que Jean Lurçat était une simple connaissance d'école de Jean Dalsace, de forts liens d'amitié se nouent sur les lignes du front en 1915. Les deux Lorrains se côtoient de nouveau au sein de L'Œil Clair, ce regroupement d'amateurs visant à acquérir des œuvres d'art. Dalsace compte également parmi les membres actifs de la Société des amateurs d'art et des collectionneurs, qui fonde, en 1923, le Salon de la folle enchère[387]. Il soutient de même la Coopérative internationale du film indépendant en organisant deux soirées privées, les 18 et 20 juin 1930, au 31, rue Saint-Guillaume encore en chantier ; néanmoins la « tenue de ville » y est exigée[388]. Comme quelques jours plus tôt à Louveciennes, chez les Chareau, les invités assistent à une projection d'œuvres inédites en présence du cinéaste allemand Walter Ruttmann[389]. En 1970, évoquant toute cette activité de concerts, d'expositions, de conférences ou de rencontres tenus à la Maison de verre, un de ses amis et confrères concluait son éloge funèbre en décrivant cette demeure comme « à la fois une réussite et un symbole. Transparente et compliquée à la fois, comme l'âme de Jean Dalsace[390] » !

LES VICISSITUDES DU PROJET

L'aventure de la Maison de verre s'apparente à une véritable odyssée : embûches administratives, obstacles entravant l'avancement du projet, phases périlleuses de construction, délais liés aux expérimentations multiples, longueur de l'opération (de l'automne 1925 au printemps 1932). L'aventure débute par l'achat de la propriété du 31, rue Saint-Guillaume, située sur une voie encore bordée d'anciens hôtels particuliers construits fin XVIIe-début XVIIIe siècle. L'intégralité de la parcelle et de ses constructions est acquise par « Dalsac [*sic*], Jean, Charles, Isidore, époux de Bernheim, Anna, Suzanne ». La mutation est effectuée le 2 septembre 1925 et son enregistrement neuf jours après[391]. De forme allongée, le lot compte deux bâtiments principaux de piètre apparence : un immeuble sur rue de trois niveaux, construit au XVIIIe siècle, et un « corps de logis en fond de cour avec un jardin derrière, double en profondeur, élevé sur un étage en souterrain, d'un rez-de-chaussée à six marches au-dessus du sol, de deux étages carrés, troisième en attique et quatrième sous comble[392] ». De cette description ainsi que du relevé du bâtiment d'octobre 1925, il ressort que le médecin a jeté son dévolu sur un petit hôtel particulier de fond de cour, pris entre deux murs mitoyens, édifié probablement sans architecte autour des années 1820. Conçu dans une visée spéculative, il offre une distribution médiocre des logements. Entre les deux corps de bâtiment prend place une cour occasionnant des vis-à-vis importuns et cernée latéralement par deux hauts murs aveugles[393]. Les nouveaux acquéreurs n'ont probablement pas mesuré les désagréments d'un tel enclavement, mais quoi qu'il en soit, les conséquences induites vont fortement influer sur les orientations du projet. Parmi les locataires des deux édifices, on trouve la revue catholique *Le Correspondant*, installée dans l'hôtel particulier convoité par les Dalsace et de ce fait amenée à aménager dans d'autres locaux à la même adresse, ainsi que Léon Daudet, écrivain polémiste, à la fois monarchiste, nationaliste, anti-dreyfusard et antisémite, fondateur du journal *L'Action française*, dont l'épouse souhaitera se porter acquéreur de l'immeuble sur rue dans le cadre des spoliations[394].

Le dessein initial du couple, en termes de travaux, n'a jamais été livré ; de même aucun des protagonistes n'a rapporté les vicissitudes de cette réalisation. Néanmoins, à l'aide de menus indices, il est possible de retracer le cheminement qui va bouleverser l'hypothèse de départ consistant en un réaménagement à l'intérieur d'un périmètre donné, comme Chareau le pratique régulièrement, à la construction d'un édifice entièrement nouveau. L'ambition à l'origine apparaît rétrospectivement modeste : disposer librement des volumes intérieurs que peut offrir l'existant et agrandir les fenêtres. Mais cette dernière exigence s'avère techniquement hasardeuse et insatisfaisante en matière d'apport de lumière ou de vis-à-vis[395]. La seconde option est rapportée par l'hebdomadaire *Le Monde illustré* : « Son propriétaire – un docteur – décida donc de l'abattre pour le remplacer par un hôtel particulier d'une formulation moderne[396]. » Toutefois, un obstacle contrarie la perspective de raser le bâti existant. La locataire de l'étage en attique et de chambres de bonne sous les combles refuse de quitter son appartement. Rien ne dit si les nouveaux propriétaires ont offert à cette Marie de Hees – installée là juste avant la guerre de 1914-1918 – de la reloger ailleurs, s'ils lui ont proposé une indemnité pour qu'elle déménage, ou s'ils ont été confrontés à un revirement tardif[397]. Quoi qu'il en soit, les acquéreurs n'ont

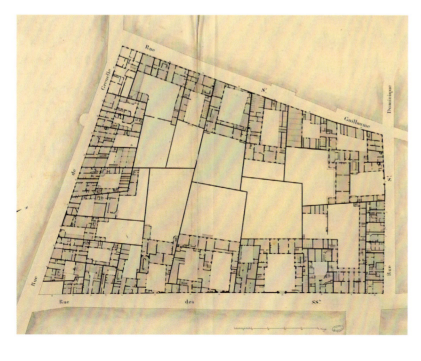

Façade sur rue du 31, rue Saint-Guillaume, au début du XXᵉ siècle.

Page de gauche : Atlas Vasserot établi entre 1810 et 1836. La limite parcellaire entre le 31 et le 33, rue Saint-Guillaume diffère de celle d'aujourd'hui.

Plan parcellaire municipal réalisé à partir de 1871. La parcelle du 31, rue Saint-Guillaume a été légèrement réduite au profit de celle du 33. Entre cour et jardin figure désormais l'hôtel particulier acquis par Jean Dalsace.

cessé ultérieurement de se féliciter de ce refus : « Par la grâce d'une vieille dame qui ne voulait pas quitter son appartement crasseux du deuxième étage, Pierre Chareau a réalisé le tour de force de construire trois étages lumineux, dans le rez-de-chaussée et le premier étage d'un petit hôtel », rapporte le docteur[398].

Le processus de conception du projet demeure un mystère dont, là encore, de rares documents ou témoignages livrent fortuitement quelques aspects. Chareau rapporte présomptueusement que la « maison [a été] conçue en 1925[399] », alors que seules quelques hypothèses ont pu être esquissées à ce stade. D'autant qu'il soutient, dans un de ses rares écrits, que « les phases qui se déroulent entre la conception de l'œuvre et sa réalisation échappent généralement à tout homme mis en présence d'une création de l'esprit humain[400] ». Pour commencer tout projet, il convient de disposer d'un état précis des lieux. À cette fin, un architecte est missionné pour effectuer le relevé de l'hôtel particulier et de son aile latérale (document daté du 25 octobre 1925)[401]. De même, ce professionnel a la charge d'assurer le raccordement au tout-à-l'égout des bâtiments entre cour et jardin, une exigence réglementaire depuis 1902. Étonnamment, de nombreux mois s'écoulent ensuite avant qu'un progrès soit manifeste. Un temps sans doute employé à négocier le départ des locataires et à prendre en considération divers aspects éminents. Après une première tentative infructueuse, le permis de construire est délivré à l'été 1928. Pour autant, ce qui est construit a peu de chose en commun avec les dossiers soumis à l'administration municipale.

L'une des difficultés principales du chantier consiste à insérer trois étages, satisfaisant aux exigences du règlement sanitaire, dans un peu plus de 8 mètres, soit la hauteur entre le niveau de la cour et la sous-face du plancher du dernier étage.

Le 23 novembre 1927, soit deux années après l'acquisition des lieux, Jean Dalsace sollicite « l'autorisation d'exécuter des transformations intérieures dans un bâtiment situé au fond de la propriété[402] ». Une étrange formulation, alors que les façades avant et arrière sont non seulement transformées mais aussi déplacées. Le programme est celui d'une habitation spacieuse répartie sur trois niveaux. Nul espace pour une activité professionnelle n'est prévu, puisque le docteur partage son temps entre l'hôpital et le centre de consultation médicale du 5, rue des Lions, créé deux ans plus tôt avec d'autres confrères[403]. Les dessins fournis témoignent d'un état extrêmement sommaire d'élaboration du projet[404]. La répartition des pièces et leur définition au regard de la structure sont confuses, tandis que des incohérences existent entre les différents niveaux. Néanmoins, malgré ces défectuosités, certains principes présidant à la réalisation finale sont présents : agencer trois étages là où deux préexistaient en abaissant le rez-de-chaussée pour le ramener de plain-pied avec la cour, ce qui requiert d'entreprendre des travaux de reprise en sous-œuvre de manière à rabaisser le sol des caves ; modifier le principe constructif en substituant aux murs porteurs une structure ponctuelle qui favorise un dispositif spatial plus ouvert ; multiplier les connexions entre les étages, soit par interpénétration d'espaces à l'aide de trémies ou de

vides sur double niveau, soit en multipliant les escaliers. Trois autres aspects fondamentaux s'adjoignent à ceux tout juste mentionnés : la nouvelle construction gagne en largeur en empiétant sur la cour et sur le jardin ; l'emplacement, la disposition de l'escalier principal et le sens de la montée sont arrêtés ; enfin la création d'une façade sur cour en verre translucide, alors que, à l'arrière, des fenêtres transparentes en longueur donnent à voir le jardin.

Cette première demande, portant la signature de Jean Dalsace, se heurte à un refus administratif le 13 décembre 1927 aux motifs suivants : « 1/ Les plans fournis sont incomplets, insuffisamment cotés et ne permettent pas d'apprécier la nature des travaux projetés : il manque notamment le plan d'ensemble de la propriété, le plan des canalisations en double exemplaire, les plans du rez-de-chaussée et des étages avant transformation (art. 19 R[èglement] S[anitaire de la Ville de Paris 1904]) ; 2/ La hauteur sous plafond d'une partie du rez-de-chaussée et d'une partie du premier étage serait inférieure à 2,80 mètres (article 17 décret 13 août 1902)[405]. »

Une nouvelle autorisation de travaux est déposée le 11 août 1928[406]. Le dossier de cette seconde tentative est complet. Mais le projet reste toujours aussi peu défini et présente encore des dispositions maladroites et même extravagantes : au premier étage, un débarras et un local d'archives occultent complètement la vue sur le jardin, au second, les W.-C. et la coursive d'accès surplombent le grand salon, la lingerie est disposée à un emplacement saugrenu… Néanmoins, plusieurs avancées sont à noter. L'une, essentielle,

Le vieil hôtel particulier vu depuis la cour au tout début des travaux, mars 1928.

touche au programme. Alors que la proposition précédente semblait prendre place dans un habit trop grand pour elle, désormais à la fonction habitation s'ajoute l'activité médicale qui occupe l'ensemble du rez-de-chaussée. Quoique certaines parties demeurent mal définies, ce resserrement des espaces dévolus à la famille favorise une meilleure rationalité de l'organisation des pièces. Ainsi, l'affectation de l'aile aux espaces de service s'esquisse. Les escaliers secondaires ont trouvé leur place définitive ou presque. Le principe de la desserte des pièces au deuxième étage est arrêté. Des incertitudes demeurent quant à la répartition des lieux de réception. Enfin, la suppression des conduits de cheminée ou de ventilation au centre de l'édifice contribue à libérer totalement l'organisation du plan. La structure porteuse, complètement dissociée des parois, a trouvé son organisation quasi définitive. Les poteaux carrés semblent en béton. Quant aux façades, leur radicalité initiale s'est amoindrie. Le verre transparent a gagné une présence, côté cour — du moins sur l'élévation, car le plan ne témoigne que de légers décrochements sans traces d'ouverture — et, côté jardin, des pavés de verre s'intercalent entre les fenêtres. De manière à juguler les attendus du règlement sanitaire et autres impositions, le docteur joint une lettre d'engagement à l'adresse des services instructeurs : « Je m'engage, assure-t-il, à munir les pièces destinées à l'habitation de jour ou de nuit d'un moyen de chauffage et d'un système de ventilation assurant le renouvellement d'air de ces pièces d'une façon continue et à raison d'une fois et demie le cube de chaque pièce par heure[407]. » L'architecte voyer chargé du dossier constate qu'il a été remédié au premier motif de refus ; quant au second, il note : « Vu la demande de tolérance présentée pour l'insuffisance de hauteur sous plafond et l'existence d'un local non éclairé ni aéré[408] », il soumet le dossier à la commission supérieure de voirie. Cette dernière octroie un avis favorable.

Plans avant transformation

« Plans avant transformation » de l'hôtel particulier, 23 octobre 1925. Relevé effectué par un architecte inconnu.

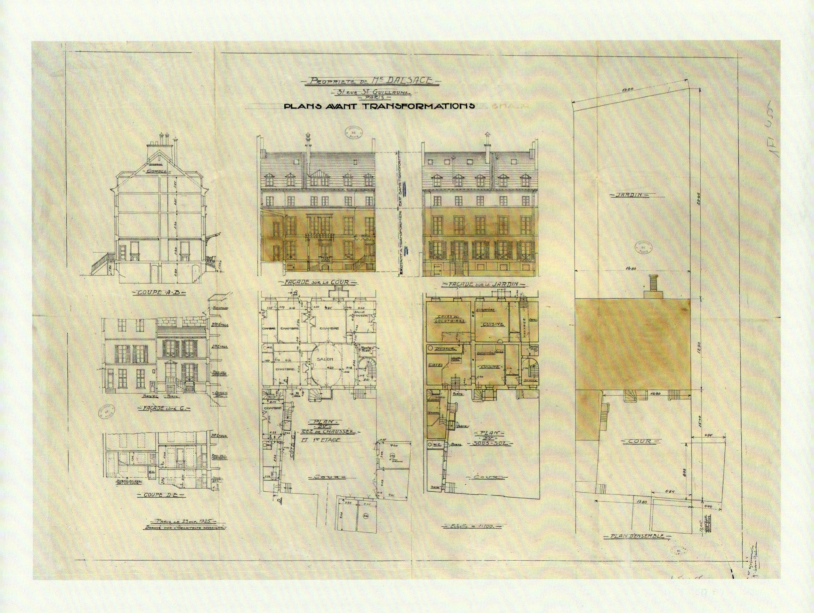

Premier dépôt de permis de construire

23 novembre 1927

Plans du rez-de-chaussée, du premier et du deuxième étage ; façades sur cour et sur jardin ; deux coupes transversales. Tracés à l'échelle 2 cm/m, tous les documents sont signés « Jean Dalsace ».

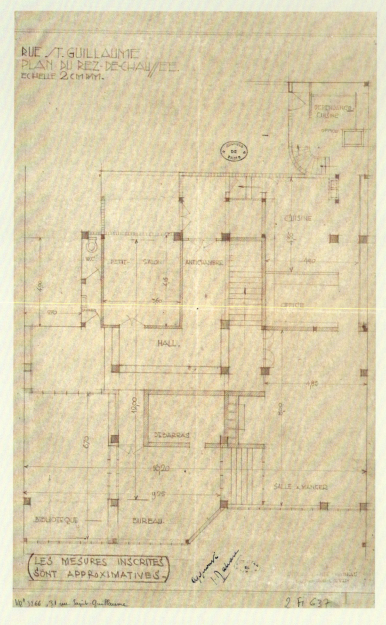

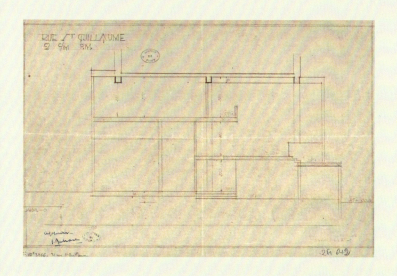

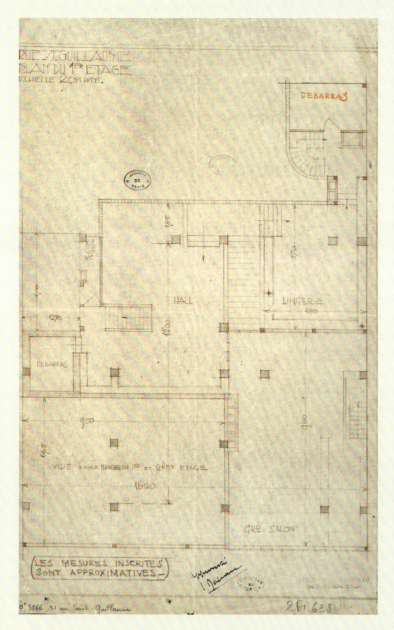

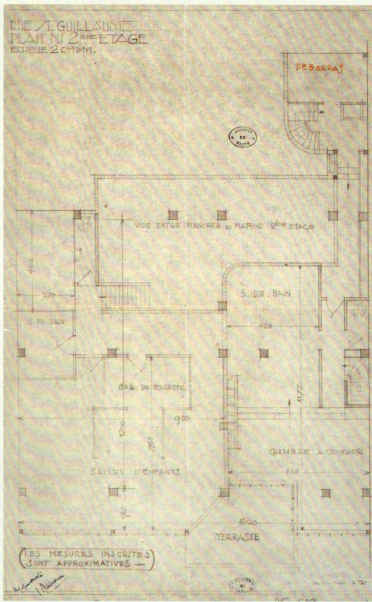

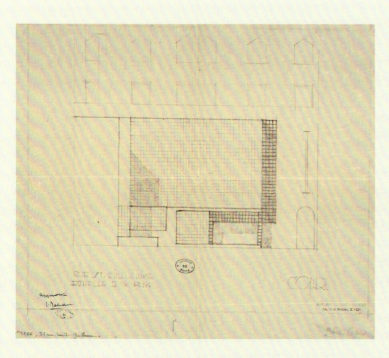

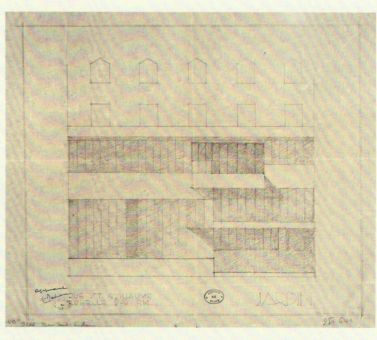

LA MAISON DE VERRE

Deuxième dépôt de permis de construire

11 août 1928

Plan-masse de la parcelle avec indication du tracé des canalisations de raccordement au réseau d'assainissement passant sous la rue.

Page de droite : Plans du sous-sol, du rez-de-chaussée, du premier et du deuxième étage. Tracés à l'échelle 2 cm/m, tous les documents portent la mention « vu et approuvé » et sont signés « Dr. Jean Dalsace ».

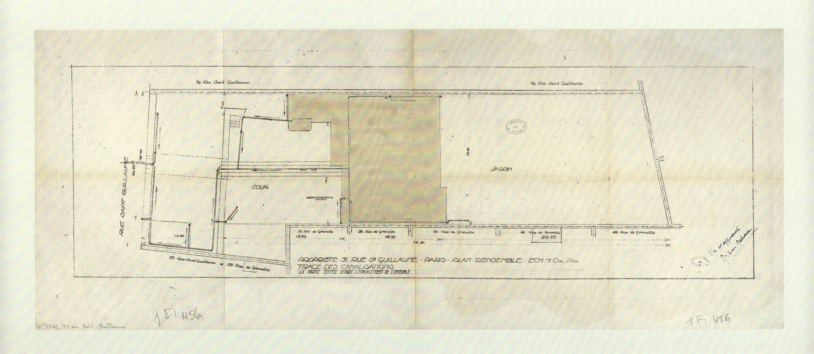

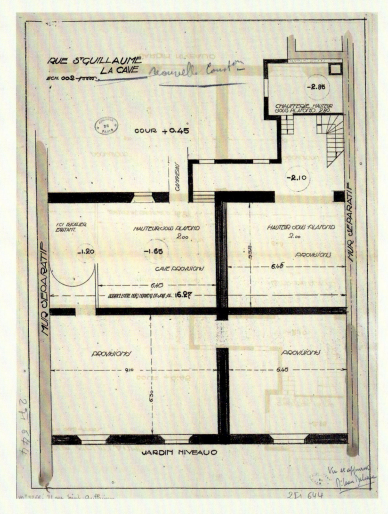
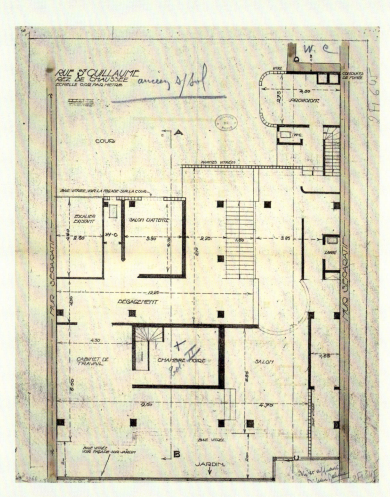
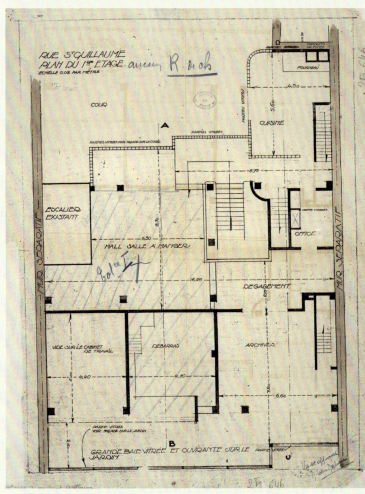
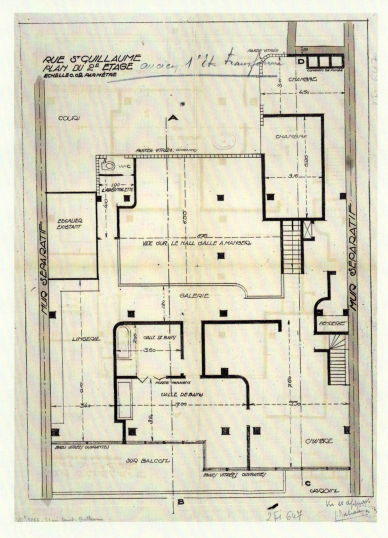

LA MAISON DE VERRE

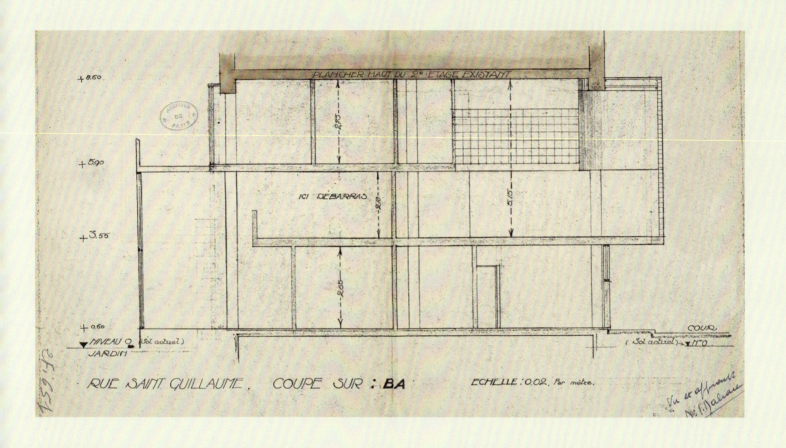

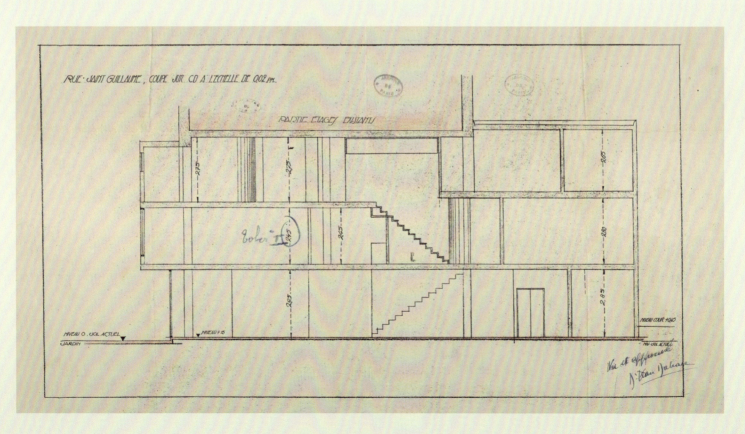

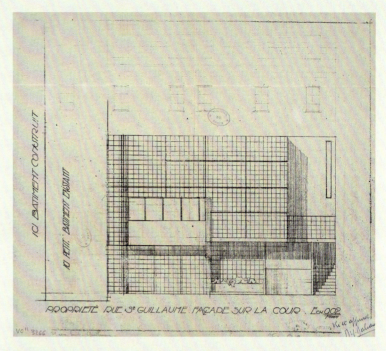

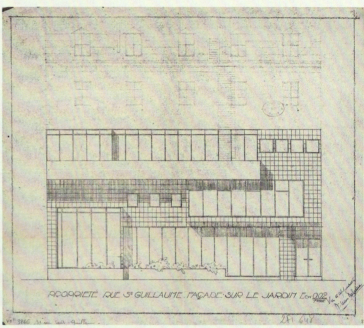

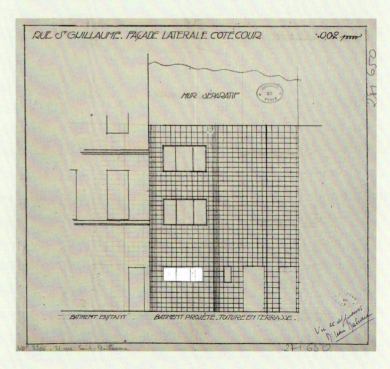

Façades sur cour, sur jardin et façade latérale sur le petit bâtiment de service.

Page de gauche : Deux coupes transversales, dont une incluant le petit bâtiment de service.

LA MAISON DE VERRE

Démolition

En haut : Façade arrière entièrement décapée sur deux étages. Fenêtres, cloisons et planchers ont disparu. La présence d'une locataire récalcitrante à l'extrémité droite conjuguée à l'apparition de lézardes ont requis d'étrésillonner trois baies. Courant avril, la façade avant est à son tour dégarnie et son aile latérale démolie.

En bas : Les baies de la façade sur cour laissent deviner un fragment de plancher en bois et, au fond, la structure métallique. Côté jardin, la façade arrière a été démolie sur deux étages, seuls restent le soubassement en pierre et l'étage en attique surmonté du comble soutenu par une grande poutre prenant appui sur des poteaux également en métal.

1er avril 1928

8 mai 1928

La mise en place de la poutre horizontale métallique supportant les niveaux supérieurs et permettant de démolir la façade en dessous requiert un étaiement important dont témoignent les étançons obliques de gros diamètre et différents boulins, ces trous pour le passage de pièces de bois transférant les poussées vers le système d'étais.

Mai-juin 1928

LA MAISON DE VERRE

Coupes et façades

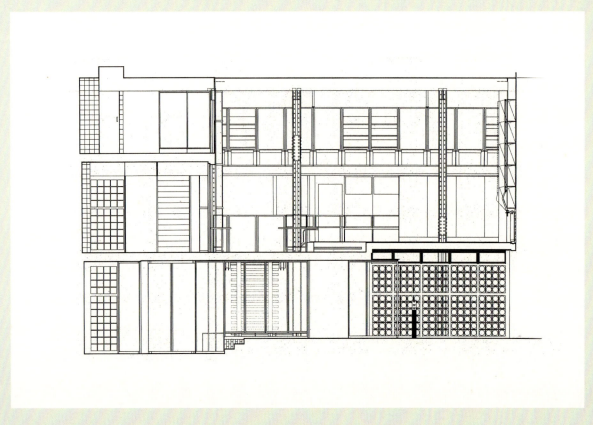

Bernard Bauchet, coupes transversale et longitudinale.

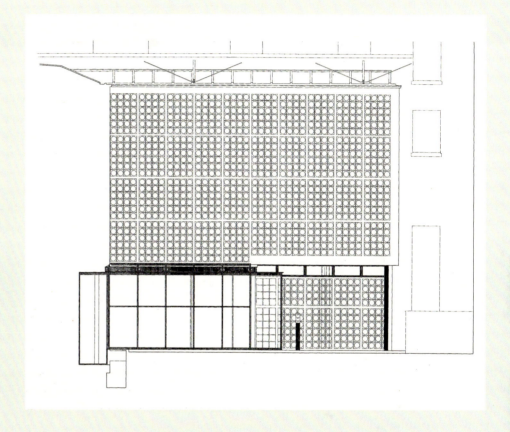

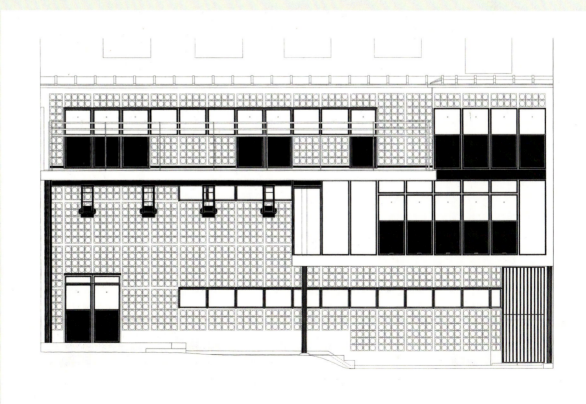

Bernard Bauchet, façades sur cour et sur jardin.

LA MAISON DE VERRE

LE DÉROULEMENT DU CHANTIER

Prises depuis la cour et le jardin, ces deux photographies offrent l'étonnant spectacle d'une maison comme hissée sur des échasses, 24 juin 1928.

Le 27 août 1928 est délivrée la permission d'entreprendre les travaux tels que proposés sur les documents remis. Or, ces plans élaborés par Chareau et visés par le docteur Dalsace, avec leurs imprécisions et inexactitudes, témoignent que les autorités ont délibérément été destinataires d'une version trompeuse du projet, puisque le chantier en cours présente des dispositions différentes. Incontestablement, le propriétaire et l'architecte ont senti la nécessité de leurrer les autorités municipales, car il s'avérait impossible de respecter la hauteur réglementaire sous plafond des deux premiers niveaux, sauf à disposer de chambres excessivement basses au dernier étage.

Des indications opportunes, notées au dos de quelques photographies, certaines de la main de Dollie, permettent de reconstituer la chronologie de l'avancement des travaux et la manière dont ont été menées les démolitions. Comme le jardin ménage un grand espace pour entreposer les gravats et stocker du matériel d'échafaudage, les démolitions commencent, dès mars 1928, par la partie arrière du bâtiment, d'abord l'intérieur puis la façade. Après, vient le tour de la partie sur cour selon un principe similaire.

Deux tirages d'un même négatif, avec au revers de l'un l'inscription « 1ʳᵉ étape » et de l'autre « 1ᵉʳ avril [1928] », livrent la première vue du chantier. Prise depuis le jardin, l'image montre la façade arrière entièrement décapée sur deux étages, des fenêtres dépourvues de leur encadrement. Quant à l'intérieur, seuls restent les solives en bois et les murs porteurs. À l'extrémité droite, où réside la locataire récalcitrante, le bâtiment présente des lézards qui ont justifié d'étrésillonner trois baies. Un cliché que l'on peut dater d'avril révèle la façade avant dégarnie et le bâtiment débarrassé de son aile latérale. Deux autres photographies portent l'indication « 8 mai 28 ». Sur la première, côté cour, la façade laisse deviner à l'arrière un fragment de plancher en bois, tandis que tout au fond on entrevoit distinctement des éléments verticaux et horizontaux de la nouvelle structure métallique. Plus saisissante est la seconde prise de vue effectuée depuis le jardin. La façade arrière a entièrement disparu sur deux étages. Ne subsistent que le soubassement en pierre et l'étage en attique surmonté du comble auquel on accède par un escalier encloisonné, blotti, à gauche, dans un angle. Entre les deux parties, un trou béant s'offre à la vue, où se mêlent l'ancienne structure en bois d'un mur de refend longitudinal et la nouvelle structure métallique. Un autre document

LA MAISON DE VERRE

Les façades avant et arrière en chantier, vers 1929 ou 1930. Ces photographies ne livrent ni date ni indication sur la méthode de montage choisie par l'entreprise Dindeleux.

Page de droite : Les façades sur cour et jardin une fois leur réalisation achevée ou en voie de l'être. On note l'absence de tout élément métallique venant en avant des joints. Aujourd'hui, seule la façade arrière a conservé son état d'origine.

montre, côté cour, l'étaiement nécessaire à la mise en place de la poutre permettant de démolir la façade en dessous. Quant aux deux dernières photographies des démolitions, elles portent la mention « 24 juin 28 » et présentent une vue avant et arrière. Ces images sont proprement saisissantes. Rien ne subsiste de la partie inférieure de l'ancienne bâtisse, hormis quelques restes du soubassement. De la cour vers le jardin ou vice versa, aucun obstacle n'arrête le regard, à l'exception d'une série de fines poutrelles métalliques formant la nouvelle structure porteuse. Le dernier niveau apparaît comme juché sur des échasses entre lesquelles tout semble possible en matière d'aménagement. Voilà pleinement rempli le précepte du grand théoricien de l'architecture Sigfried Giedion concernant la maison contemporaine : « Effort maximal pour vaincre la pesanteur. Légèreté des dimensions. Ouverture. Qu'elle soit balayée par l'air[409]. »

Plus d'un observateur a dû être abasourdi par la scène, ce dont témoigne Annie Dalsace elle-même : « Quand Pierre Chareau a démoli la maison, il a soutenu la partie supérieure par des piliers qui étaient de vulgaires piliers de construction en métal [...]. Une fois les piliers en place, nous nous sommes rendu compte que ça devenait l'esthétique de la maison. » Dorénavant, il n'est plus question de recouvrir ce qu'elle nomme « le motif décoratif de toute la maison[410] ». Derrière cette expression quelque peu impropre, il faut entendre que les piliers deviennent le principe architectonique essentiel de la construction. Autrefois dissimulé ou considéré comme accessoire, le métal règne ici en majesté, et nul ne lui « dénie les propriétés décoratives et sentimentales qui prêtent à un monument les caractères de la beauté[411] ».

Dès l'été 1928, la structure métallique définitive est en place, sachant que la disposition de la plupart des poteaux est conditionnée par le système constructif du bâtiment existant. La reprise en sous-œuvre opérée doit soutenir les parties restantes des façades avant et arrière ainsi que celles du refend longitudinal au centre de l'édifice. Par ailleurs, afin de ne pas prendre appui sur les murs mitoyens latéraux, de chaque côté une rangée de contre-poteaux — ensuite dissimulés par des cloisons — est placée en parallèle. La poutraison horizontale du plancher du premier étage est constituée de deux travées de hauteur différente que, à l'approche des façades, des éléments obliques réunissent. La forme singulière, en « dos d'âne aplati », de ces poutres horizontales s'explique par la tentative de se rapprocher le plus possible des impératifs de hauteur sous plafond minimale requis par le règlement sanitaire de la Ville de Paris. Au rez-de-chaussée, en rehaussant le plafond dans les pièces du centre de la maison, on se rapproche des 2,80 mètres réglementaires, alors que les espaces de circulation en façade s'en éloignent notablement.

Entre le début des démolitions en mars 1928 et la fin en mai 1931, où apparaissent les premières publications, un épais silence entoure cette réalisation. À quoi un si long délai tient-il ? D'abord au contexte extérieur : la mort accidentelle d'Émile Bernheim et surtout le krach d'octobre 1929. La crise boursière affecte la société immobilière familiale requérant sa réorganisation complète. En contrecoup, le couple Dalsace est contraint à souscrire à un emprunt[412]. Ensuite au chantier lui-même, qui ne peut continuer en l'absence d'options moins fantaisistes que celles élaborées pour berner l'administration municipale. Amender le projet, le perfectionner a nécessité au minimum plusieurs mois d'élaboration. Chareau ne confie-t-il pas à un journaliste : « Les plans m'en ont coûté quatre ans de sévère retraite et de travaux ininterrompus[413] », et pourtant aucun réel plan d'exécution voire aucun plan d'ensemble n'a jamais existé[414]. Cela parce que sa méthode de travail est inhabituelle si ce n'est radicalement inverse de celle conventionnelle, comme le rapporte Bijvoet[415]. Chareau règle graduellement chaque problème rencontré et refuse de tout déterminer par avance. Son mécanisme d'élaboration ne procède pas d'une méthode synthétique mais relève d'un processus additif. Poursuivant tout au long du chantier son élaboration, le projet progresse à la façon d'un montage graduel, par accroissements successifs. De manière originale, projet et chantier de la rue Saint-Guillaume avancent de concert, pour le moins un certain temps. D'abord vient la mise en place de la structure (alors que l'organisation intérieure n'est pas arrêtée), puis des planchers et de l'enveloppe extérieure, ensuite des réseaux techniques (électricité, plomberie, chauffage…) en lien avec les faux plafonds et, pour terminer, les aménagements intérieurs. Certains de ces cinq stades différents prennent place de manière indépendante. Mais plus le chantier avance, plus ces étapes sont imbriquées les unes dans les autres. De tels ajustements continus s'accompagnent obligatoirement de tâtonnements, revirements ou modifications *in extremis* qui ne peuvent que ralentir l'avancement du projet. D'autant qu'à chacun de ces moments, il faut produire un minimum de pièces écrites ou de dessins, obtenir des devis avant de mandater les artisans ou entreprises[416]. Trois dessins perspectifs maladroits, parvenus à nous sous la forme de photographies en noir et blanc, dont on ignore tout, témoignent en matière d'aménagement de ce processus évolutif. Ils montrent un état indéniablement avancé de la Maison de verre, mais nombre des dispositifs visibles (garde-corps de l'escalier, paravent, caissons mobiles, rambarde…) seront exécutés tout autrement.

Page suivante : Le faux plafond du dégagement le long de la façade arrière en cours d'achèvement, durant l'année 1930. La structure du rez-de-chaussée exhibe provisoirement la forme singulière de la poutre horizontale.

Page 251 haut : Le grand salon en chantier avec une table à dessin et sa desserte couvertes de plans, 1930.

Le croisement de rares indices permet d'esquisser, à grands traits, les différentes phases du déroulement du chantier. En 1930, les planchers en hourdi de terre cuite recouverte d'une chape de ciment sont en place, de même que les façades en brique de verre enserrant les cadres des fenêtres et portes-fenêtres à venir[417]. À l'exception des vitrages transparents, le clos et couvert de la construction est quasiment achevé, puisque la couverture des débords, côté cour et jardin, est terminée et que les faux plafonds suspendus en staff sont en cours d'exécution, comme en témoignent les photographies publiées par les journaux. En 1931, viennent manifestement les cloisons intérieures et le « mobilier immeuble », pour reprendre l'expression d'André Lurçat, c'est-à-dire ceux fixes, incorporés au bâtiment et donc « faisant alors partie intégrante de l'architecture elle-même[418] ».

Dans le même temps est mis en place le système de ventilation et de chauffage par air pulsé, une option technique que déconseillent les hygiénistes, mais que le docteur Dalsace s'est expressément engagé à installer auprès des autorités examinant sa demande de permis de construire[419]. Du sous-sol, où se trouve la machinerie du calorifère à air chaud, partent verticalement dix gaines de chauffage ou, l'été, de soufflage d'air frais, tandis qu'en retour onze conduits se chargent de récupérer l'air vicié. La plupart de ces vingt et un conduits longent le plafond de la cave, avant de s'élever le long des murs mitoyens. Ils sont ainsi noyés dans la paroi, tout comme les contre-poteaux de la structure et les canalisations verticales. À chaque étage, des dérivations basculent à l'horizontal. Les gaines d'air « neuf » débouchent au niveau du sol ou dans des estrades — d'où ces ressauts du plancher bordant la façade arrière —; celles de reprise d'air « vicié » sont dissimulées en hauteur. De ce système complexe de tubulure, rien n'apparaît si ce n'est, ici ou là, des grilles, le plus souvent cachées dans un meuble, un repli du plafond ou un recoin des parois ; seules celles disposées à même le sol sont en évidence. Autant la mise en place de la structure est spectaculaire, autant le travail plus rebutant de conception du système de circulation d'air est indécelable alors qu'il requiert une remarquable ingéniosité et une étonnante maîtrise en trois dimensions de l'ensemble du circuit. De ce labeur invisible Chareau témoigne : « D'un côté je combine des tuyaux, des écoulements d'eau et des gaines de chaleur,

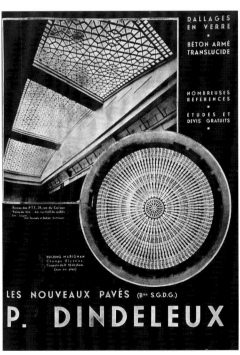

Publicité de l'entreprise Dindeleux. Illustration publiée dans *L'Architecture d'aujourd'hui*, 1932.

Le second étage, côté jardin, 1930. Les cloisons entre les pièces, les conduits de chauffage au sol ainsi que les estrades ne sont pas encore en place. Les panneaux de façade complétant les parties en brique de verre manquent également.

Page de gauche : Le grand salon et l'aile de service en cours de construction, 1930. Les trémies du grand escalier et de l'escalier permettant d'accéder au deuxième étage sont déjà réalisées. La pose des faux plafonds en staff n'est pas encore achevée.

LA MAISON DE VERRE

partie ingrate et si importante, d'un autre côté je m'exalte et je m'imagine servir[420]. »

Ces gros travaux effectués, la maison est livrée aux électriciens, plombiers, maçons, menuisiers, peintres qui s'y croisent, mais un personnage primordial régit cette étape : le ferronnier Louis Dalbet. Lui incombent la tâche de finaliser les idées discutées avec Chareau ainsi que l'exécution d'un nombre considérable d'éléments métalliques : meubles-cloisons, placards, supports de meubles de rangement, escaliers, garde-corps, portes planes, cintrées ou coulissantes, ou encore parois revêtues de métal perforé, elles aussi parfois coulissantes… « Les meubles en serrurerie étaient exécutés à l'atelier puis démontés[421] », transportés, selon les cas, à bicyclette, en taxi, voire occasionnellement en camion jusqu'à la Maison de verre, pour y être remontés. Cette dernière intervention requérait régulièrement des ajustements, ce qui explique la présence d'une petite forge sur le chantier. Concernant le « mobilier immeuble », c'est-à-dire fixe, tout juste évoqué, ainsi que les « meubles volants[422] » facilement déplaçables (tabourets, tables d'appoint, bureau, coiffeuse…), Chareau résume dans une interview en 1938 la philosophie qui l'a guidé pour les concevoir. Il précise aborder ces éléments en « tenant compte de la technique et de l'outillage moderne et pour répondre aux besoins de la jeunesse, dont le luxe est surtout dans les déplacements rapides et fréquents. […] Je rêve de meubles joyeux, gais, mobiles, légers, au besoin pliants et démontables, d'un foyer charmant, amusant, mais aussi facile à entretenir et à peu de frais[423]. »

Au terme de sept longues années, les Dalsace s'installent au 31, rue Saint-Guillaume à la fin du printemps ou à l'été 1932[424]. Le réveillon de la Saint-Sylvestre tient lieu d'inauguration, comme le rapporte Rose Adler : « Le souper par petites tables, éclairées par des bougies, égayées par des serviettes en papier turquoise et une assiette de massepain de chez Hédiard en guise de fleurs brillantes. Sur le buffet, une grande, gigantesque boîte de dragées pour le baptême de la maison, avec comme image le plan de Chareau. Les initiales des maîtres de la maison en rouge et un grand velours cerise noué autour de la boîte. Un peu partout des plantes vertes, des effets de serre[425]. »

Le chauffage, les revêtements de sol, les parois coulissantes, l'habillage des poteaux sont réalisés en 1931. Au dernier niveau, le « mobilier immeuble », c'est-à-dire incorporé au bâtiment et ainsi partie intégrante de l'architecture elle-même, apparaît pour l'essentiel mis en place.

Page de gauche : Le grand salon et le rez-de-chaussée en travaux vus depuis le deuxième étage, durant l'année 1930.

LA MAISON DE VERRE

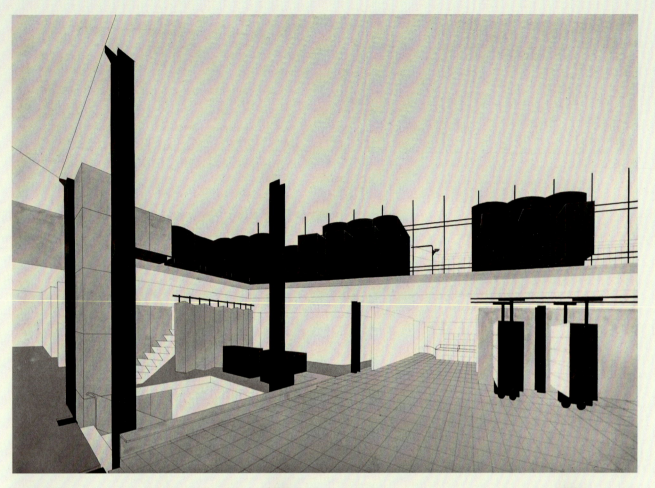

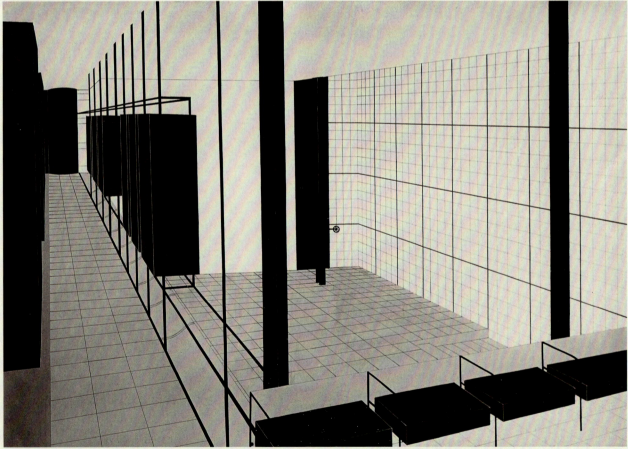

Trois reproductions photographiques de dessins perspectifs, maladroits et vraisemblablement en couleurs, ne comportant aucune mention ou date, esquissent des aménagements pour le premier et le deuxième étage ainsi que pour le dégagement entre la salle d'attente et le cabinet de consultation au rez-de-chaussée. Seul un faible nombre de ces dispositifs a été retenu.

LA MAISON DE VERRE

LE PRÉALABLE DE L'HYGIÈNE

À la fin du XIXe siècle et au début du XXe siècle, la question de la santé n'a jamais été autant au centre des préoccupations des médecins, hygiénistes, ingénieurs et architectes, au point que sont désormais évoqués, selon les uns, un nouvel hippocratisme, ou selon d'autres, un phénomène de médicalisation de l'architecture[426]. Soutenus également par les adeptes de l'eugénisme, préoccupés par la déchéance de la race, sanatoriums et écoles de plein air témoignent de la lutte contre les miasmes et l'insalubrité en appelant à faire pénétrer l'air et le soleil au sein même des édifices. Dès 1840, le docteur britannique George Bodington publie *On the Treatment and Cure of Pulmonary Consumption*, fruit de ses expériences de cures de plein air[427]. Il est suivi par le docteur Alexander Spengler, qui ouvre, à Davos, sa Kurhaus, où il parvient à de nombreuses guérisons. En 1889, le médecin J. Orgeas vante, pour sa part, les vertus curatrices du soleil et plus généralement de la climatothérapie dans son ouvrage *L'Hiver à Cannes, Saint-Raphaël, Grasse et Antibes…* Le soleil plus encore que le grand air y est présenté comme « le plus efficace de tous les moyens thérapeutiques dans le traitement des maladies chroniques[428] » et notamment de la phtisie pulmonaire. L'astre y est même désigné comme le plus grand des docteurs, car, « par la privation de lumière, les hommes s'étiolent comme les plantes[429] ».

Sigfried Giedion, le secrétaire général des CIAM, participe également à cette promotion de la prophylaxie héliotropique et aériste avec la parution, en 1929, de l'ouvrage Befreites Wohnen (« Logement libéré »), dont le sous-titre est répété trois fois sur la couverture Licht, Luft, Oeffnung (« Lumière, air, ouverture »). Cet opuscule s'emploie à consacrer l'architecture moderne des hôpitaux et des maisons comme étant l'avant-garde de la lutte pour l'hygiène généralisée et la préservation sociale. Parmi les exemples cités, figure sur quatre pages le sanatorium de Zonnestraal, qui signifie en néerlandais « rayon de soleil », conçu par Jan Duiker et Bernard Bijvoet. Un projet initié dès 1919 mais réalisé à partir de 1925[430]. Avec son slogan : « Laissez la lumière, l'air et le soleil pénétrer totalement dans votre pièce », Zonnestraal apparaît comme « une machine sanitaire – une usine pour la fabrication de corps sains[431] ». Le plus proche collaborateur de Chareau est donc parfaitement averti des considérations touchant à la santé et familier des conditions de lutte contre les maladies pulmonaires.

La tuberculose a marqué en profondeur l'histoire du XXe siècle en France, et notamment la période 1880-1950. En dépit des ravages causés par cette « peste blanche » et son caractère endémique, le pays reste longtemps un mauvais élève en Europe[432]. Les travaux entrepris par Paul Juillerat, chef du service technique de l'assainissement et de l'habitation à la préfecture de la Seine, prouvent que les plus fortes mortalités sont à imputer à l'absence d'air et de lumière, c'est-à-dire à la densité bâtie. L'attention nouvelle pour la phtisie pulmonaire liée à l'émergence du mouvement pastorien conduit à condamner les rues étroites et les cours obscures[433]. À la fin du XIXe siècle, dans le cadre d'actions accrues en faveur d'une diminution importante de la morbidité, on assiste à une convergence entre médecins et architectes en vue d'œuvrer de concert[434]. Émile Trélat, éminent disciple de Viollet-le-Duc, introduit, dès 1865, un cours d'hygiène dans le cursus de l'École centrale d'architecture, alors que l'École des beaux-arts tarde à s'engager dans cette voie. En parallèle, l'attention se focalise sur la question de la salubrité de la population ouvrière et de ses conditions d'hygiène. Faisant suite aux concours d'architecture lancés par les fondations philanthropiques parisiennes pour des logements ouvriers sains, l'architecte Henry Provensal dispense un enseignement sur l'habitat salubre à l'École mutuelle d'enseignement des arts. Lauréat d'un de ces concours, Augustin Rey, quant à lui, délivre nombre de conférences, dont « La tuberculose et la lumière, la lumière dans la rue, la lumière dans la cour » en 1905, ou « De l'air confiné et de la tuberculose » en 1908. Nul doute que cette maladie constitue de longue date la cible majeure des courants hygiénistes. Dans ce combat, l'air – qualifié de « remède suprême » – est affirmé comme « le premier aliment dont vit l'habitant », tandis que l'obscurité « favorise l'éclosion des organismes les plus malfaisants, des microbes les plus dangereux[435] ». En vue de campagnes de prévention, les médecins n'hésitent pas à rédiger des manuels sur l'hygiène à l'intention des jeunes filles, futures ménagères. Un grand classique est l'ouvrage des docteurs Georges-Maurice Debove et d'Albert-Faron Plicque, paru en 1907, qui consacre deux chapitres à l'hygiène de l'habitation[436]. Ils y traitent de l'exposition solaire, de l'aération, de l'étiolement par privation de lumière et du rôle de celle-ci pour la préservation de la santé. Également, ne sont pas oubliées les questions touchant à la propreté : poussière, désinfection, entretien.

En commençant ses études de médecine peu après ces parutions et du fait de la recrudescence de la mortalité tuberculeuse après 1918, il ne fait pas de doute que Jean Dalsace souscrit à la croisade contre ce fléau en faisant de son habitat un temple de l'asepsie. Un commentateur enthousiaste de la Maison de verre ne vante-t-il pas la combinaison du pavé de verre et du calorifère à air chaud en déclarant qu'il en est fini de la poussière et du nettoyage[437] !

F. Galais, « Un grand fléau, la tuberculose », affiche de la Commission américaine de préservation contre la tuberculose en France, 1918.

Jan Duiker et Bernard Bijvoet, sanatorium Zonnestraal [« rayon de soleil »] à Hilversum dont la devise est : « Laissez la lumière, l'air et le soleil pénétrer totalement dans votre pièce. » Dessiné en 1919, le projet commence à être édifié en 1925.

Page de gauche : Sigfried Giedion, *Befreites Wohnen. Licht, Luft, Oeffnung* [Logement libéré. Lumière, air, ouverture], ouvrage publié en 1929, à l'occasion du deuxième CIAM, ayant pour thème l'habitat.

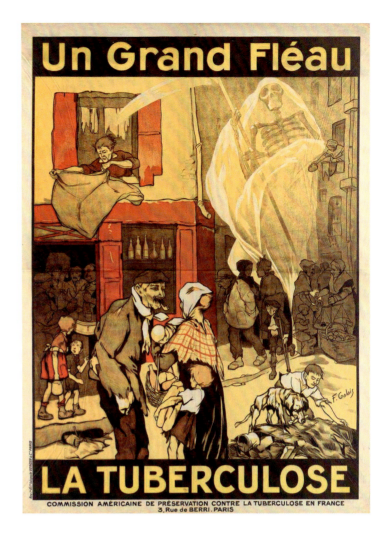

LA MAISON DE VERRE

LA LUMIÈRE COMME IMPÉRATIF

L'implantation joue un grand rôle quant à la question de la lumière. Or, la parcelle est orientée nord-ouest à l'avant et sud-est à l'arrière. Une telle orientation procure un ensoleillement matinal de la façade côté jardin et, de l'autre côté, de rares rayons tangents en fin de journée, l'été. La cour, malgré sa taille, n'en demeure pas moins encaissée et assombrie par les façades blafardes des alentours. Selon le docteur Dalsace, les deux principaux étages de l'ancien hôtel particulier « étaient si obscurs que les employés de la vieille revue [*Le Correspondant*], qui devaient mourir centenaires, étaient obligés de travailler tout le jour à la lumière artificielle[438] ». Or au travail comme chez soi non seulement les ténèbres produisent « l'étiolement » des êtres et des « troubles […] de l'organisme[439] », mais elles ruinent « l'action antiseptique de la lumière[440] ». C'est dans ces conditions que les dernières paroles rapportées de Goethe, « *Mehr Licht! Mehr Licht!* » (« Plus de lumière! Plus de lumière! ») résonnent comme une injonction faite à Chareau.

Comme cela a été évoqué précédemment, plusieurs indices donnent à penser que la solution d'occuper la maison dans ses murs existants avait constitué l'hypothèse initiale des Dalsace comme de Chareau. Toutefois, pour obtenir une habitation baignée de lumière, encore fallait-il agrandir les percements, au risque de fragiliser l'édifice. « On pensa d'abord à élargir les fenêtres, rapporte un journaliste, mais la solution se révéla dès l'abord insuffisante. C'est alors que M. Chareau eut l'idée de jeter à bas la construction ancienne et d'en édifier une aux parois de verre[441]. » Faire table rase des architectures existantes, notamment de nature « solennelle », est évoqué par Walter Benjamin, qui constate que « de fines armatures de béton ou d'acier ont remplacé la pierre, d'immenses surfaces de verre ont remplacé les murs massifs et impénétrables[442] ». Giedion tient alors des propos similaires : « Un édifice qui, parce qu'il est suspendu à quelques piliers de béton armé, permet de réduire les murs à une simple peau isolante[443]. » Cette opportunité offerte d'installer une mince paroi de verre, à la manière des façades des grands magasins, satisfait l'hygiène et la santé, note un chroniqueur, mais « elle livre l'intérieur de la maison à toutes les indiscrétions du dehors[444] ». Mettre en vitrine

Les cinq projecteurs, haut perchés, éclairant la façade sur cour une fois la nuit tombée. Photographie de Schaul publiée dans *L'Architecture d'aujourd'hui*, novembre-décembre 1933.

Publicité pour la société Perfecla de l'ingénieur éclairagiste André Salomon. La Maison de verre figure parmi la liste des références. Illustration publiée dans *L'Architecture d'aujourd'hui*, 1932.

Page de gauche : À l'aide de l'éclairagiste André Salomon, trois intensités d'éclairage des cinq projecteurs ont été mises au point.

La façade sur cour avec en retour celle de l'aile de service. Échelle pour l'entretien des projecteurs dont une grille interdit l'accès aux premiers échelons. Photographie de Georges Meguerditchian, 1993.

Page de droite : La façade arrière, côté jardin. La partie du bâtiment recouverte de brique de verre correspond aux espaces occupés par le docteur, alors que l'avancée au premier étage renvoie au petit salon bleu de madame. Au-dessus, un balcon court devant les chambres. Photographie d'Evelyn Hofer, vers 1990.

Double page précédente : Le grand salon éclairé par les projecteurs fixés à l'extérieur. Photographie publicitaire d'André Vigneau réalisée à la demande de la Société pour le perfectionnement de l'éclairage.

la vie des Dalsace en recourant à une « fenêtre totale[445] » revient à livrer leurs moindres faits et gestes, comme sur une scène de théâtre, à leurs locataires ou voisins de l'immeuble sur rue, sauf à toujours vivre derrière des stores ou d'épais rideaux. Pour préserver la famille de tout regard indiscret, Chareau recourt à des solutions déjà timidement explorées par le maître verrier René Lalique pour la porte d'entrée en verre blanc de son hôtel particulier ; ou par Henry Astruc et Francis Jourdain pour l'entourage translucide des fenêtres de l'immeuble Studio Hôtel de la rue Delambre. « J'ai voulu tendre un voile entre l'occupant et le monde extérieur, comme la toile d'une tente[446] », déclare Chareau en commentant ses essais pour parvenir à un résultat satisfaisant. Devant construire entre deux murs mitoyens, il ne restait pour l'éclairage que deux parois exploitables, elles devinrent un lieu d'expérimentation : « Pour obtenir le plus de lumière possible, un seul moyen : réaliser des façades entièrement translucides. J'ai commencé les essais en 1927, en employant de grandes glaces épaisses et dépolies sur une face. Cette première recherche ne me satisfit point. De toute façon, et étant donné que les problèmes de ventilation et de chauffage avaient été résolus d'une manière toute spéciale, le principe de la suppression des fenêtres avait été adopté : on réserverait seulement de petites ouvertures de sécurité. C'est alors, abandonnant l'idée des grandes dalles, que nous fûmes amenés à rechercher des éléments qui, assemblés, pourraient donner des surfaces illimitées — sans toutefois créer les trous béants des grandes glaces [claires][447]. » Une solution à l'opposé de la maison de verre imaginée en prose par André Breton « où l'on peut voir à toute heure qui vient me rendre visite, où tout ce qui est suspendu au plafond et aux murs tient comme par enchantement[448] ».

Il est bien connu que, le soir venu, la toile de tente perd son opacité, et l'écran translucide se meut en un théâtre d'ombres, dès l'instant qu'une source lumineuse en éclaire l'intérieur.

La façade, côté jardin, éclairée par quatre projecteurs suspendus au balcon. Photographie de Georges Meguerditchian, 1993.

Page de gauche : Façade arrière. Le sol du balcon est en partie constitué de pavés de verre afin que la lumière ne manque pas aux pièces placées en dessous.

Double page suivante : Façade sur cour éclairée de l'intérieur. Photographie d'Evelyn Hofer, vers 1990.

Une nouvelle fois, la presse encense l'ingéniosité du mur de lumière conçu par Chareau pour pallier cet inconvénient tout en l'éclairant comme une devanture de magasin. « Lorsque le ciel noircit, le jour ne cesse pas pour si peu de baigner et de pénétrer cette maison. Elle aime, certes, le soleil, elle s'offre toute à lui — comme à la pluie d'or, Danaé. Mais qu'il disparaisse, la maison n'en est pas émue. Alors qu'il déclinait, des projecteurs se sont allumés au-dehors. À travers les murs translucides et les larges baies aux glaces transparentes, sans que l'on s'aperçoive du changement, ils perpétuent la fête solaire[449]. » Ici les dieux solaires sont remplacés par la fée électricité. En haut des deux insolites échelles placées en avant de la façade sur cour ou attachées à de fortes armatures côté jardin, prennent place de puissants projecteurs qui s'efforcent de reproduire l'éclairage naturel. Trois intensités de cet éclairage extérieur sont possibles : faible pour la déambulation intérieure, normale et de fête. À chaque type d'intensité, l'ingénieur éclairagiste André Salomon a fait correspondre des lampes spécifiques[450]. Voilà réalisé le rêve d'Émile Zola « d'allumer la nuit, un autre soleil[451] », astre artificiel, fruit de l'invention humaine. À cet idéal technologique, Rose Adler préfère l'effet poétique provoqué : « La maison met les êtres en valeur et les êtres mettent la maison en valeur. C'est très curieux. Je suis passionnément intéressée et observe avidement le groupement des gens et comment ils se détachent sur le fond. Le mur éclairé par la cour, en transparence, donne une impression d'aube[452]. »

LA MAISON DE VERRE

LA BRIQUE NEVADA

Paroi de la chambre du personnel de maison au deuxième étage de l'aile de service. Reconnaissables à leur couleur légèrement verdâtre et à leur surface irrégulière, seules les briques Nevada de la partie basse sont d'origine. Photographie de Mark Lyon, vers 2010.

Les dessins établis en novembre 1927, à l'occasion de la première demande d'autorisation de travaux, comportent déjà, pour la seule façade avant, une paroi exclusivement constituée de petits modules carrés. Elle est dépourvue de quadrillage divisant la surface en panneaux, contrairement à la proposition établie l'année suivante. Le choix de la brique de verre se porte sur le modèle Nevada, fabriqué par l'entreprise Saint-Gobain et mise sur le marché en 1928[453]. Interrogé sur ce choix, Chareau dit avoir préféré un matériau existant qu'un matériau conçu pour l'occasion. Contrairement à la brique Falconnier brevetée en 1888[454], creuse et soufflée, le modèle de l'industriel français est plein et moulé. Il se diffuse rapidement, aidé en cela par un article dans la revue professionnelle *Glaces et Verres*[455]. Carrée, de 20 centimètres de côté, 4 centimètres d'épaisseur et d'un poids d'environ 2,6 kilos, la brique Nevada présente une teinte légèrement verdâtre (due à la présence d'impuretés dans le verre). Ses parois latérales comportent une gorge assez profonde, de manière à permettre un bon assemblage en ciment et, le cas échéant, à laisser passer un fer à béton d'un diamètre maximum de 5 millimètres. L'une des faces présente un aspect granité, l'autre est évidée en son centre de façon à alléger la pièce et à favoriser une meilleure diffusion de la lumière. L'article expose les différentes méthodes de pose, qu'il s'agisse de cloisons intérieures ou de murs extérieurs. Dans ce dernier cas, il est recommandé d'employer un coffrage en bois placé à l'horizontale et de relever le panneau entier après séchage.

Questionné sur sa façon de procéder pour assembler les briques, de manière énigmatique, Pierre Chareau répond : « Pour la pose, j'ai mis au point une méthode sur laquelle vous me permettrez de pas m'étendre[456]. » Toutefois une photographie montrant la structure métallique en construction comporte un grand panneau de brique de verre adossé au mur séparatif du 29, rue Saint-Guillaume[457]. Ce document accrédite l'idée d'une fabrication à l'horizontale, voire éventuellement d'une préfabrication modulaire. Afin de ne pas faire porter tout le poids de la paroi sur la partie basse de la façade, chaque panneau est liaisonné à une armature métallique. La plupart des modules comportent vingt-quatre briques – quatre en largeur sur six en longueur –, liés les uns aux autres à l'aide d'un joint en ciment. Ces panneaux de façade, de 91 centimètres de large, deviennent le module de base du projet. Dès les dessins établis en 1928, à l'occasion de la seconde demande auprès des autorités municipales, l'existence d'une, voire de deux grilles dimensionnelles en façade est clairement avérée. La trame de 91 centimètres adoptée lors de la construction, en se répliquant à l'intérieur assure une solution de continuité qui procure à la maison une exceptionnelle unité modulaire de conception entre le dehors et le dedans. Réglant l'ensemble du système dimensionnel jusqu'aux meubles fixes, hormis la structure porteuse, la brique montée en panneau devient la matrice de la maison et permet à un projet encore mal défini de se poursuivre avec une maîtrise extrêmement rigoureuse, quatre années durant.

Chareau n'est pas le seul à être fier de l'audace consistant à faire appel à un matériau tout nouveau et détourné de ses usages utilitaires. Ses commanditaires s'amusent de la manière dont Saint-Gobain se prémunit contre d'éventuelles défaillances du produit. En effet, rapporte le docteur, le fabricant émet « toutes réserves sur l'utilisation de ces briques en grandes surfaces verticales[458] ». Il ajoute : « Après la réussite extraordinaire de cette façade puis d'autres réalisations ultérieures de Le Corbusier [Cité du refuge à Paris 1929-1933, immeuble Clarté à Genève 1930-1932], Saint-Gobain faisait tardivement une maison de verre à l'Exposition de 1937[459]. » Cette année-là, Annie Dalsace rapporte avoir visité le pavillon Saint-Gobain et avoir revendiqué pour la rue Saint-Guillaume le titre de « première » maison de verre auprès de la firme[460].

Seule la partie inférieure de la façade arrière conserve aujourd'hui ses briques d'origine. La façade sur cour a été entièrement refaite à la fin des années 1950 avec de nouvelles briques Nevada, sensiblement différentes car moins épaisses de 1 centimètre et faites d'un verre parfaitement translucide. Lors de cette restauration, pour éviter que les montants métalliques rigidifiant la façade soient à nouveau rongés par la rouille, les joints en ciment entre les panneaux ont été recouverts, à l'extérieur, d'un fer plat de 5 centimètres peint en noir. Ce carroyage additionnel a donné lieu à de nombreuses interprétations erronées, dont la plus fréquente est celle d'une influence du mouvement De Stijl par l'intermédiaire de Bijvoet[461].

Dans son état originel, où tout décorum est inexistant, c'est une non-façade que Chareau déploie sur cour, un masque qui garantit l'introversion de la maison, repliée sur elle-même du fait de son impossibilité à communiquer avec les alentours. Réduite à l'état d'image indéchiffrable, elle dissimule toute différence, toute identité, toute intériorité et, selon Beatriz Colomina[462], toute sexualité de l'homme moderne. Sa frontalité réinstaure la dualité entre intérieur et extérieur que la serre et ses succédanés architecturaux ont abolie. La planéité de la paroi, que son auteur qualifie de « surface illimitée », sert à dissimuler la profondeur de l'intérieur. « La maison doit être silencieuse vers le dehors, recommandait Adolf Loos, et révéler toute sa richesse au-dedans[463]. » La paroi apparaît dans sa réalité crue, comme un vaste écran indéchiffrable, muet, à l'exception des indices de sa matérialité même, celle du verre et des joints en ciment. L'absence d'ouverture, sauf sur l'aile de service en retour, répond à une autre intimation de Loos : « Un homme cultivé ne regarde pas par la fenêtre ; sa fenêtre est en verre dépoli ; elle n'est là que pour donner de la lumière, non pour laisser passer le regard. » En rapportant ce propos, Le Corbusier commente : « Un tel sentiment s'explique dans la ville congestionnée[464] » et, *a fortiori*, dans une cour jugée étriquée.

Briques Nevada, échelle pour l'entretien des luminaires, poutre de soutien et projecteur sur la façade avant.

Les méthodes de pose verticale ou à plat des briques Nevada expliquées dans la revue *Glaces et Verres*, février 1930.

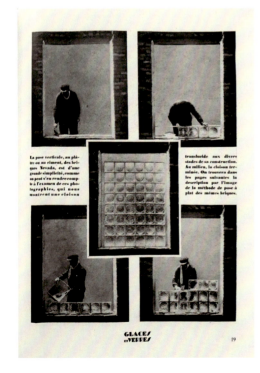

LA STRUCTURE MÉTALLIQUE

Le second choix déterminant de l'architectonique de la maison, après celui du filtre opalescent en façade, concerne le recours à une ossature de type poteau-poutre dont les dimensions minimales occupent peu d'espace. Contrairement à un principe constructif fait de murs porteurs continus — celui de l'ancien hôtel particulier de la rue Saint-Guillaume mais aussi des réalisations en béton armé de Beauvallon —, Chareau choisit, ici, un système porteur ponctuel propre à « révolutionner la construction[465] » et présentant deux avantages. D'une part, alors que la distribution des pièces demeure imprécise, il autorise la mise en place de toutes sortes de configurations futures ; d'autre part, il procure une grande liberté pour façonner l'organisation spatiale dans les trois dimensions. L'architecte Raymond Fischer résume ainsi cette mutation constructive : « Dans le passé, on bâtissait une maison à murs portants, de nos jours, on la construit avec des poteaux. Jadis, l'édifice était un crustacé portant son squelette à l'extérieur, aujourd'hui, il est un vertébré[466]. » Toutefois, la fluidité spatiale que permet le système « vertébré » est déjà esquissée, en deux dimensions, dans certains aménagements intérieurs de Chareau. Dès 1923, l'appartement Lanique-Schauffler témoigne d'une préoccupation de décloisonnement, avec l'association de quatre pièces (vestibule, petit salon, salon et rotonde) dans un même mouvement circulaire. Le pied-à-terre parisien d'Hélène de Mandrot relève d'un souci semblable d'agréger des pièces les unes aux autres pour accroître le sentiment d'espace. Quant aux appartements de Pierre Dreyfus, et surtout de Daniel Dreyfus ou de Maurice Farhi, contemporains de la Maison de verre, Chareau propose une nouvelle conception spatiale en unifiant toutes les pièces principales dans un continuum homogène que rideaux, panneaux ou parois coulissantes — où s'immiscent le fer et le verre — peuvent fractionner à volonté. Commentant lui-même son travail, il précise : « Les appartements d'une famille contemporaine, je les ai disposés selon des conditions strictement rationnelles, mais aussi avec une aisance que m'aurait interdite tout autre mode de construction[467]. »

Le Corbusier a précédé Chareau dans ce passage du « plan paralysé » dont témoignent ses premières réalisations à La Chaux-de-Fonds au « plan libre » des villas parisiennes[468]. Frank Lloyd Wright préférait l'expression « *breaking the box* » pour évoquer sa quête de connexité ou d'interrelation entre les pièces en remplacement d'entités repliées sur elles-mêmes et juxtaposées côte à côte. Ce qui relie les efforts des uns et des autres tient à la volonté de s'affranchir des entraves qu'imposait la construction traditionnelle. Avec l'apparition du fer et du béton, « les portées libres ont pu être augmentées ; les cloisons prennent toutes les formes qu'on veut leur donner, la brique de verre nous permet de réaliser des murs translucides… et voici que la composition de la maison est devenue bien plus "spirituelle" dans le vrai sens du mot, voici que les murs au lieu de nous imposer des limites, se plient à la conception, à l'idée directrice qui nous guide[469] ». Non seulement Chareau va placer les parois au gré de ses desseins, mais il va leur offrir la possibilité d'être mobiles. Ainsi, l'élément fluctuant devient une partie fondamentale de l'ouvrage. Les cloisons sont ramenées à l'état d'écrans adaptables, tantôt ouvertes pour ménager des continuités, tantôt tirées pour isoler certaines pièces. Ses intuitions premières sur la fluidité du plan n'ont pu qu'être renforcées par la visite, guidée par Gerrit Rietveld lui-même, de la maison Schröder à l'été 1927. Un des compagnons de ce voyage, effectué en compagnie d'Hélène de Mandrot, rapporte l'effet produit par cette maison « quasi tout en verre » et par la vue du premier étage où « il n'y a qu'un grand living-room mais on peut tirer à volonté les parois mobiles et on a quatre pièces parfaitement fermées[470] ». Le continuum spatial proposé par Rietveld ne porte que sur un étage d'une planéité parfaite, alors que Chareau pousse plus loin l'investigation en créant une continuité dans les trois dimensions. À l'aide de trémies et de parties de l'édifice sur double niveau, il assure une compénétration, horizontale et verticale, des espaces, des vues et des lumières entre les différents étages de la maison. Toute cette complexité spatiale est contenue au sein d'une enveloppe périphérique entièrement détachée de la structure portante et libre de se configurer à sa guise.

Sur les plans du permis de construire, en 1927 et 1928, sont dessinés des poteaux carrés d'une taille suggérant une construction en béton. Lors de la réalisation, le choix s'est porté sur une ossature métallique infiniment plus facile à mettre en œuvre. Outre cet avantage, avec un projet qui procède par mises au point successives, l'acier permet de procéder à certains ajustements, à la manière d'un jeu de Meccano. Le recours au métal dans la construction d'immeubles parisiens ne date pas de la Maison de verre. Il se développe durant le dernier quart du XIXe siècle, mais il reste dissimulé, alors que rue Saint-Guillaume il bénéficie d'une place prééminente[471]. Dans cette démarche, Chareau a été précédé par Victor Horta, qui exhibe, à Bruxelles, le fer dans l'hôtel van Eetvelde en 1895. À l'inverse, le directeur du Bauhaus, Walter Gropius, dissimule la structure métallique de sa maison numéro 17 de l'exposition du Weissenhof à Stuttgart en 1927, une réalisation qui se veut pourtant un modèle de construction industrielle.

Alors que l'avant-garde privilégie une approche formaliste, l'architecte décorateur souscrit aux propos d'Eugène Hénard, qui revendique, dès 1889, que le fer n'est pas « rebelle à l'art », qu'il lui offre même des « ressources nouvelles » et se prête « à des effets décoratifs » tout en possédant « au plus haut degré des qualités éminemment architecturales : la force, l'élégance, la durée[472] ». Si Chareau n'est pas le premier à introduire le métal dans la demeure, il n'en reste pas moins parmi les premiers à avoir été frappé par le fait que « les locomotives roulaient depuis longtemps, sans qu'on eût pensé à établir un lien entre la voie ferrée et l'intérieur de la maison[473] » ! Dans ce passage du rail à la poutrelle, le métal a acquis une dimension iconique qu'il met au service de la nouvelle architecture, celle des « monuments sidérurgiques[474] ».

Toutes les pièces de la structure, poteaux et poutres, étaient fabriquées à partir de « bleus » à l'échelle 1, numérotées, livrées prêtes à l'emploi et stockées dans la cour ou le jardin. Seule une entreprise de charpente métallique expérimentée en lien avec un bureau d'études était à même de mener à bien cette reprise en sous-œuvre. Les éléments métalliques de la structure sont de deux ordres et amènent à distinguer le sous-sol des étages supérieurs. En cave, la structure soutenant le plancher du rez-de-chaussée est faite de poutrelles en acier laminées à froid en forme de I, ou de U, dans lesquelles s'insèrent des hourdis en terre cuite. En revanche, lorsque les charges ou les portées sont importantes, il faut recourir à des poutres reconstituées, assemblées par rivets, un type de fabrication extrêmement courant à l'époque. Les poteaux verticaux relèvent de cette dernière catégorie et combinent une âme centrale plane associée à quatre cornières en L, groupées par deux, dos à dos. Ces quatre pièces d'angle rigidifient les piliers de manière à prévenir tout risque de flexion. Le poids, la manutention et la mise en place de ces poteaux imposent un fractionnement en deux. Leur liaisonnement est disposé dans le grand salon-hall, soit en partie basse, proche du sol, soit en partie haute, à peu de distance du plafond. Chareau joue du caractère particulier des plaques d'assemblage et exacerbe l'opposition entre rivets et boulons. Les parties métalliques visibles sont revêtues de peinture antirouille Minium, reconnaissable à sa couleur rouge orangé, tandis que les jonctions latérales des différentes pièces en métal sont dissimulées à l'aide de plaques d'ardoise de couleur anthracite. Il ne fait aucun doute que le caractère théâtral des poteaux, provoqué par le contraste, quelque peu japonisant, produit par le jeu des deux couleurs et accentué par la kyrielle de boulons dont est revêtue la plaque de raccordement, résulte d'une volonté délibérée de mise en spectacle de la structure verticale. Fabriquées de la même manière, les poutres horizontales

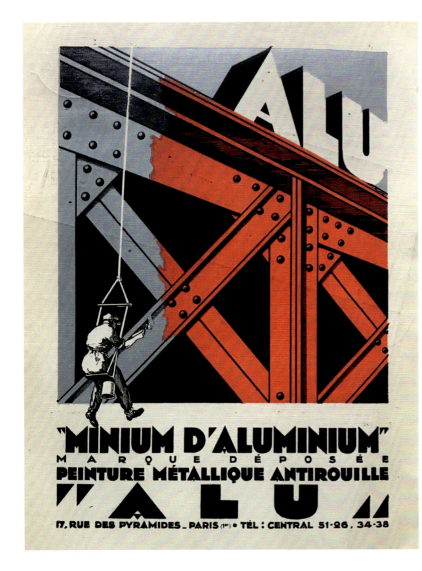

Publicité pour la peinture antirouille Minium, célèbre pour sa couleur rouge orangé. Illustration publiée dans *L'Architecture d'aujourd'hui*, 1930.

Page de droite : Christian Sumi, dessin comparatif entre les poteaux de l'immeuble Clarté à Genève, réalisé par Le Corbusier et Pierre Jeanneret, et ceux de la Maison de verre.

Les poteaux métalliques révèlent leurs parties rivetées et les éclisses boulonnées. Photographie d'Henri Lacheroy publiée dans *Architecture française*, juin-juillet 1944.

Double page suivante : Le grand salon et ses cinq poteaux. Photographie de Georges Meguerditchian, 1993.

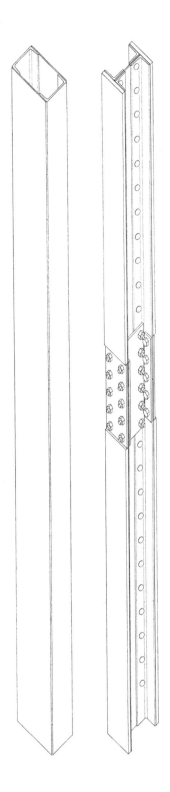

du premier et du deuxième étage ne bénéficient pas d'une telle mise en scène. Elles sont délibérément dissimulées sous un habillage masquant leur apparence manufacturière tout autant que leur fonction structurelle.

Plusieurs auteurs se sont intéressés à rapprocher la maison de la rue Saint-Guillaume (1925-1932) avec l'immeuble Clarté de Le Corbusier et Pierre Jeanneret à Genève (1930-1932), également appelé « maison de verre[475] ». En dépit de l'emploi, en Suisse, de briques de verre Nevada pour certaines parties de la façade et de pavés de verre dans les escaliers, ce n'est pas sur ces points que les spécialistes s'attardent. La comparaison porte principalement sur l'aspect et le mode de fabrication des montants de l'ossature métallique. Dans le cas de Genève, on insiste sur la modernité des poteaux rendus abstraits par l'emploi d'une nouvelle technologie : la soudure à l'électricité. « Il en résulte des colonnes creuses en acier en forme de caisson dont le caractère neutre n'est plus lié à la "construction métallique"[476]. » À l'opposé, avec ses goussets, ses boulons et ses rivets dignes de l'époque de la construction de la tour Eiffel, la structure de la Maison de verre est perçue comme archaïque. Est-ce là une divergence technique, formelle ou plastique ? Là où l'immeuble Clarté relève d'une recherche ou d'une expression puriste, Chareau met en avant l'architectonique plus rustique des constructions du XIXe siècle. Qui plus est, il n'hésite pas à jouer de l'expression antagoniste de ses choix. Ici ou là, il juxtapose la structure primaire rivetée d'aspect artisanal avec des éléments secondaires en profil laminé, provenant de catalogues industriels. Ces pièces structurelles de nature distincte attestent d'un jeu de dualité qui préside partout dans la maison.

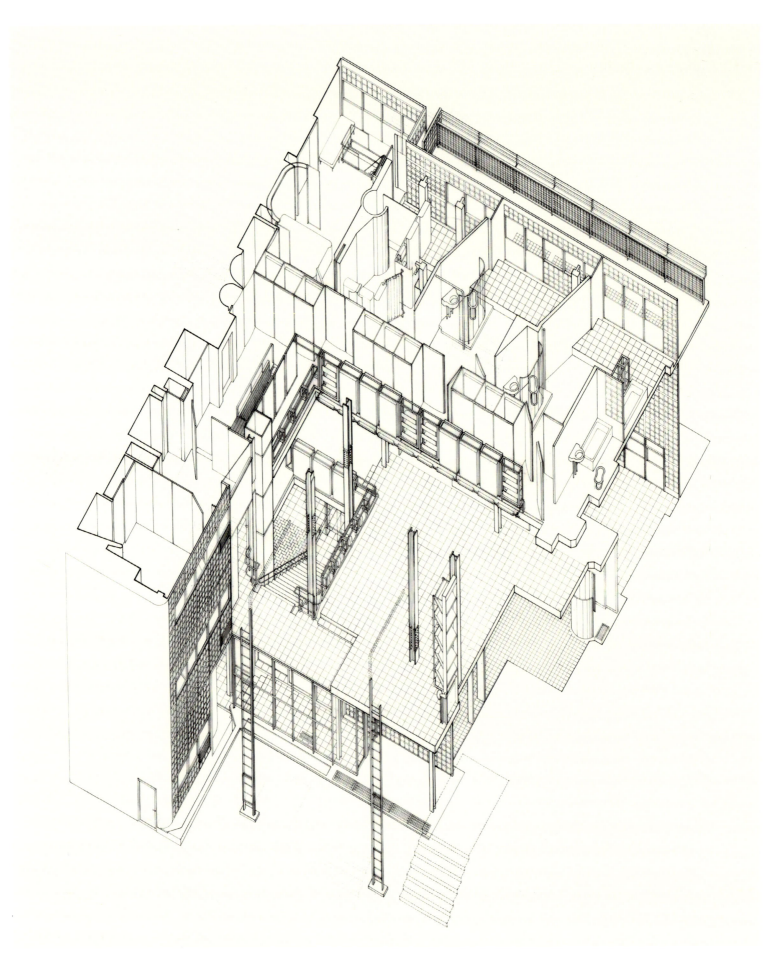

Kenneth Frampton, dessin axonométrique offrant une vue plongeante à l'intérieur de la Maison de verre depuis le dernier niveau. Encre et crayon noir sur calque, vers 1965.

Page de droite : Bernard Bauchet, plan d'ensemble du rez-de-chaussée montrant l'implantation de la Maison de verre entre rue et jardin.

ÉTONNANTE INTÉRIORITÉ

Au sein de la Maison de verre se nichent et l'intimité domestique et le secret médical, dissimulés en un même repli, mais entretenant chacun un rapport avec l'extérieur différencié. Sur cour, la paroi exclusivement en brique Nevada n'offre aucune vue sur le dehors, comme pour se soustraire du monde environnant; un isolement auquel les modestes fentes vitrées de l'aile de service ne peuvent remédier. À l'arrière, la partie inférieure de la façade, correspondant à l'activité médicale, reproduit une intrication de briques de verre et de fentes, similaire à la façade avant. Dans les étages, la partie résidentielle présente, au contraire, nombre de fenêtres procurant une vision rassurante sur le jardin. Entre les deux façades, comme le rapporte Jean Dalsace, l'organisation est la suivante : « Le rez-de-chaussée est voué à la médecine, le premier étage à la vie en société, et le second à l'habitation nocturne[477]. » Le dispositif classique du *piano nobile* situé au premier étage est ici conservé, soulignant que Chareau, contrairement à Le Corbusier, ne cherche nullement à remettre en cause l'organisation conventionnelle de l'habitation bourgeoise, mais s'attache à proposer un art d'habiter contemporain.

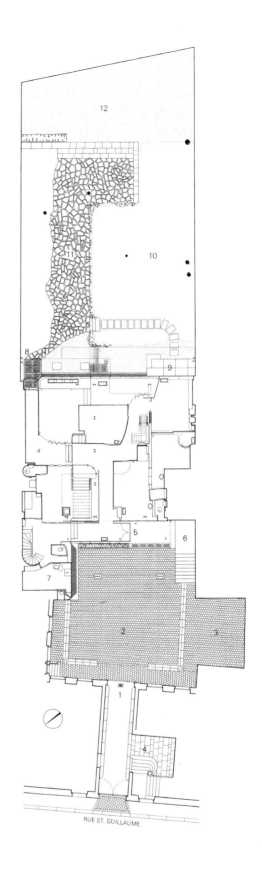

Plan de la parcelle
1. Porche d'entrée — 2. Cour de l'immeuble — 3. Garage couvert — 4. Entrée de l'immeuble sur rue — 5. Entrée de la Maison de verre — 6. Accès aux étages au-dessus de la Maison de verre — 7. Aile de service — 8. Accès au jardin — 9. Terrasse du cabinet du consultation — 10. Jardin — 11. Dallage — 12. Aire en gravillon

REZ-DE-CHAUSSÉE

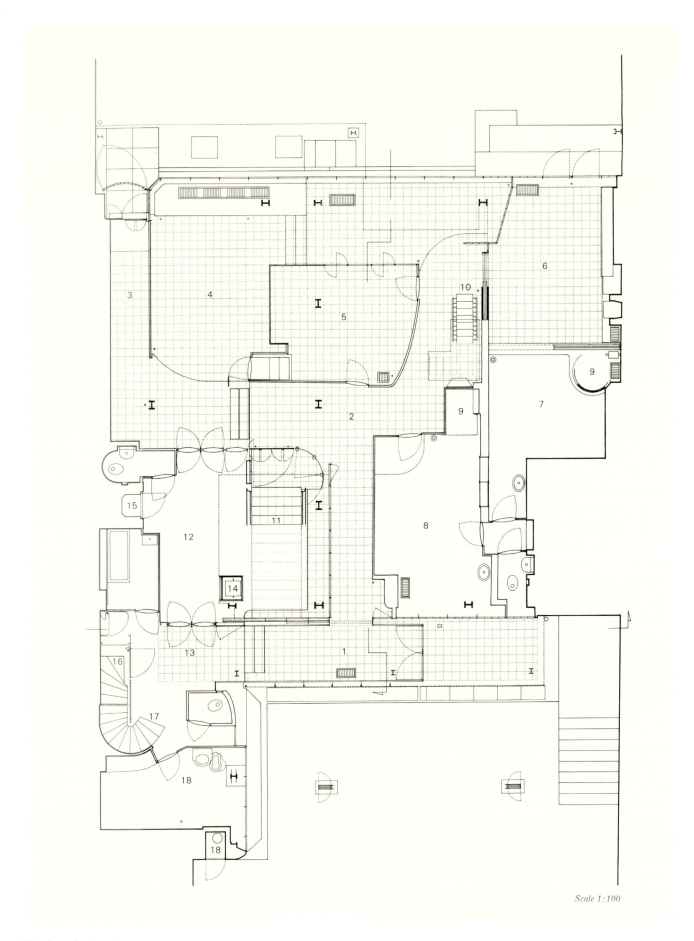

Plan du rez-de-chaussée
1. Entrée – 2. Dégagement – 3. Sortie vers le jardin – 4. Salle d'attente – 5. Secrétariat – 6. Cabinet de consultation – 7. Salle d'examen – 8. Salle de soins – 9. Cabine de déshabillage – 10. Petit escalier – 11. Grand escalier – 12. Dégagement et vestiaire – 13. Aire de service – 14. Monte-charge – 15. Ascenseur – 16. Escalier de la cave – 17. Escalier de service – 18. Chambre du personnel

Pour accéder à la sphère intérieure, encore faut-il trouver l'entrée, dont ni l'aspect ni le positionnement ne sont traditionnels. Dans la nouvelle construction, un renfoncement est ménagé dans l'axe du porche de l'immeuble sur rue, en lieu et place de l'ancien perron. Il faut alors pivoter à 90 degrés pour faire face à une porte insérée dans une boîte en verre entièrement transparente qui, pour autant, ne laisse rien deviner du dedans. Ce volume parallélépipédique, décollé sur trois de ses faces, semble être glissé sous l'édifice sans jamais le toucher.

Le seuil franchi, rien ne présage des alternatives offertes par les trois sonnettes disposées à l'extérieur : docteur, visites, service. Faisant fi des conventions, le bâtiment ne ménage pas une entrée de service séparée, néanmoins il offre des circuits différents. Les domestiques vont tout droit vers leurs quartiers ; alors que, pour pénétrer véritablement dans la maison, il faut obliquer à angle droit, passer une porte coulissante en verre cathédrale posée sur un rail en bois et emprunter le couloir menant au centre de l'édifice. À droite, un mur opaque sépare ce passage des espaces professionnels, tandis que le mur de gauche en verre cathédrale ne livre rien de ce qui se joue derrière la paroi, hormis le sentiment d'une profondeur cachée. À l'extrémité de ce passage se trouve la porte du bureau de la secrétaire. À ce point précis, trois choix sont possibles : soit les invités ou intimes accèdent au grand escalier menant à l'étage, soit les membres du personnel ou les familiers contournent le secrétariat par la droite pour atteindre la salle de soins et le cabinet de consultation du docteur, soit la patiente est conduite dans la salle d'attente que des panneaux coulissants peuvent refermer. De là, cette dernière rejoint le cabinet du docteur et entrevoit le jardin cubiste en longeant la façade arrière. « Le rez-de-chaussée, partie professionnelle de l'immeuble, permet un travail aisé et donne aux malades, la première inquiétude passée, un très grand apaisement », commente le docteur, soulignant que, dans toute la maison, « la lumière circule librement[478] ». La façade extérieure se combine à une cloison intérieure en brique de verre. Cette paroi, de même que le bureau et le passage qui y mène, court sur un double niveau. Engageant deux étages différents, un tel dispositif assure la lumière profuse tant vantée par Jean Dalsace. Cette cloison translucide est associée à des panneaux amovibles identiques

L'accès à la Maison de verre depuis la cour. L'évidement sous la façade fait office de porche. En avant de la porte d'entrée, le potelet avec les trois sonnettes. Photographie de Georges Meguerditchian, 1993.

Page de gauche : Bernard Bauchet, plan du rez-de-chaussée.

Le couloir menant au centre de la maison avec, dans l'axe, le secrétariat du docteur. Paroi en verre armé à gauche, dalle de caoutchouc au sol.

Bureau du secrétariat du docteur et dégagement entre la salle d'attente et le cabinet de consultation. Panneaux vitrés pivotants.

À la sortie du cabinet de consultation, l'escalier menant au cabinet de travail du docteur, à l'étage.

La porte du secrétariat, en face de celle du cabinet de consultation, et le couloir courbe permettant aux patientes de sortir sans repasser par la salle d'attente. Photographie de René Zuber publiée dans *Art et Médecine*, juin 1933.

LA MAISON DE VERRE

à ceux de la salle d'attente. Dans le cabinet prend place le mobilier du bureau créé par Chareau, en 1919, lors de l'aménagement de l'appartement du 195, boulevard Saint-Germain. L'ensemble est complété par une cheminée associée à une bibliothèque. La salle d'examen est la deuxième des trois pièces en enfilade affectées à la médecine. Plus basse de plafond et de forme carrée, elle occupe le centre de l'édifice. Deux panneaux coulissants revêtus de Duralumin la séparent du cabinet. Dans un angle, et de forme arrondie, se trouve une cabine de déshabillage. Derrière le fauteuil de gynécologie prennent place différents appareils, instruments ou accessoires. Un passage resserré mène à des toilettes et à une salle de soins. Ces locaux placés en façade, côté cour, sont soustraits aux regards importuns par une paroi en brique de verre. À l'exception de la double porte coulissante assurant une parfaite isolation phonique du cabinet du docteur, les autres ouvertures du rez-de-chaussée sont équipées de portes sans encadrement, en forme d'aile d'avion, allant du sol au plafond, peintes en noir et munies de fermetures automatiques.

Entre la partie dédiée à la vie professionnelle et l'aile de service, une aire rectangulaire, ou plutôt un volume virtuel, se dresse sur toute la hauteur de la maison. Reliant l'avant et l'arrière de la maison, cet espace pivot contient notamment l'escalier d'honneur menant à l'étage. Au niveau du rez-de-chaussée, le lieu est une pièce en soi, proposant un vestiaire pour les visiteurs et un monte-charge doublé d'un ascenseur. On y accède à chaque extrémité latérale par des portes battantes en métal noir. L'escalier quant à lui est précédé d'une étonnante porte en verre à deux battants. Modèle de sophistication quant à son mécanisme et de perfection quant à son fonctionnement, cette ouverture et l'escalier témoignent de l'admirable complicité entre Chareau et Dalbet. Le petit vantail est constitué par une porte pivotante en quart de cercle ; le second vantail est formé d'une grande vitre rectangulaire combinée à un cadre métallique tubulaire. Les parois vitrées sont doublées par une fine tôle perforée noire, fixe pour la partie courbe de la porte et constituée de quatre volets rabattables pour la partie plane. Cette gaze métallique est destinée à dissimuler partiellement la maison et suscite le même pouvoir hypnotique que l'effet vaporeux recherché par les modistes avec les mousselines, tulles et autres dentelles. Majestueux et ample, le grand escalier mène à un palier jouxtant la façade avant. En l'absence de contremarches, chacune des marches flotte dans l'espace à la manière d'une simple ligne horizontale. Nulle rambarde ne les borde, seuls deux petits tubes métalliques signalent, de part et d'autre, les extrémités latérales. Certaines des pièces composant l'attache supérieure de cet escalier laissent à penser qu'il pourrait être amovible et hissé à la manière d'une passerelle de bateau. Le palier d'arrivée est célébré par la fameuse photographie de René Zuber qui montre une silhouette à contre-jour entourée d'un halo lumineux, abolissant les contours des formes à la manière du sfumato.

Le dégagement entre la salle d'attente et le cabinet du docteur, avec d'un côté le secrétariat et de l'autre la façade donnant sur le jardin.

Page de droite : Le dégagement avec un alignement de bouches de chauffage, à droite. Photographie de Mark Lyon, vers 2010.

Double page suivante : Les fenêtres sont manœuvrées par un volant ou des manivelles. Photographie de Mark Lyon, vers 2010.

Ci-dessus : La salle d'attente fermée par des paravents en tissu coulissant sur un rail. À droite, photographie de Georges Thiriet.

Ci-dessous : La salle d'examen depuis le cabinet de consultation. Une double paroi coulissante revêtue de Duralumin sépare les deux pièces.

Page de droite : Le cabinet de consultation, seule pièce sur double niveau, possède son accès au jardin. Une partie du mobilier provient de l'appartement du boulevard Saint-Germain.

LA MAISON DE VERRE

La salle de soins avec le matériel nécessaire à la stérilisation des instruments. Photographie de Michael Carapetian, 1966.

Entre la salle d'examen et celle de soins, un rangement contient les instruments nécessaires aux examens gynécologiques.

Page de gauche : La salle d'examen et ses appareils ou accessoires, prolongée par le cabinet de consultation.

LA MAISON DE VERRE

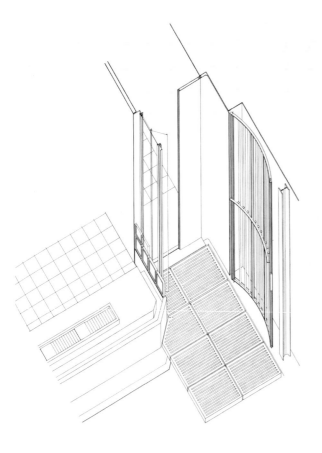

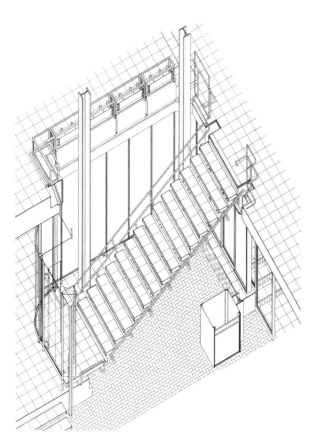

En haut : Kenneth Frampton, axonométrie de la grille et, à droite, photographie de la porte donnant accès au jardin.

Ci-dessus : Kenneth Frampton, axonométrie du grand escalier. Les portes pivotantes en verre du grand escalier en position ouverte. À droite, les portes métalliques, en forme d'aile d'avion, du dégagement et du vestiaire. Photographie de Georges Thiriet publiée dans *L'Architecture d'aujourd'hui*, novembre-décembre 1933.

Page de droite : Le grand escalier avec ses marches sans contremarches et sans rambardes de protection, remplacées par d'insignifiants tubes simulant un garde-fou.

LA MAISON DE VERRE

L'accès au grand escalier est assuré à l'aide d'une porte à deux vantaux de largeur différente. Le petit, arrondi, épouse la forme d'un quart de cercle et pivote sur un axe suspendu au plafond, tandis que le mécanisme assurant la manœuvre est dissimulé au pied de la première marche de l'escalier.

Page de droite : Le grand battant est droit. Il pivote autour d'un axe fiché dans le sol et au plafond. Les parois en verre sont doublées de quatre volets rabattables pour le grand panneau et un fixe pour le petit vantail, tous en tôle de métal perforé.

PREMIER ÉTAGE

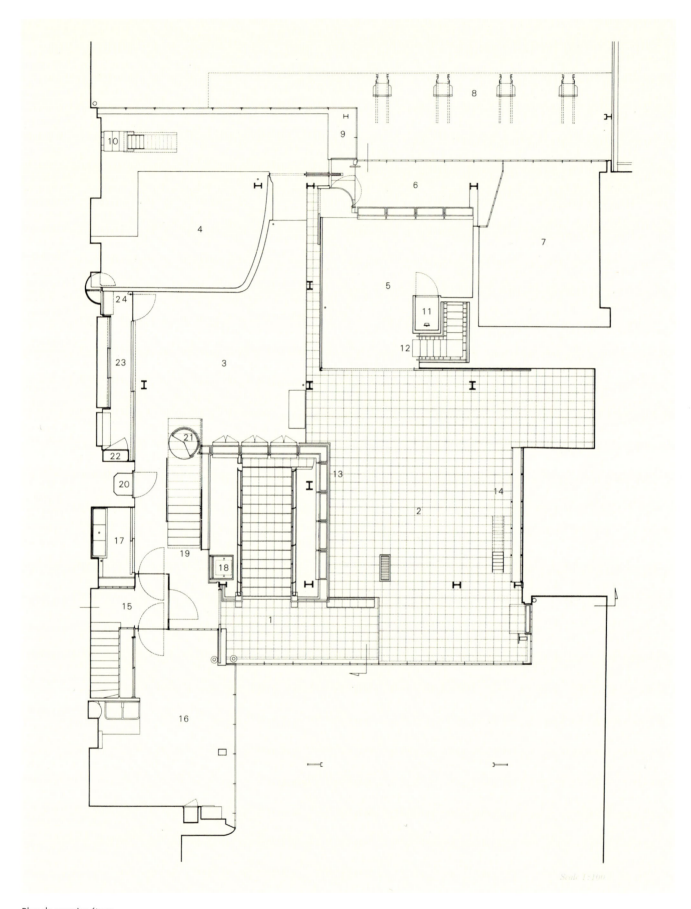

Plan du premier étage

1. Palier du grand escalier — 2. Grand salon — 3. Salle à manger — 4. Petit salon de madame — 5. Cabinet de travail du docteur — 6. Vide sur le passage reliant la salle d'attente au cabinet de consultation — 7. Vide sur le cabinet de consultation — 8. Projecteurs extérieurs — 9. Jardin d'hiver — 10. Escalier escamotable menant à la chambre — 11. Cabine téléphonique — 12. Palier du petit escalier — 13. Rayonnages ou coffres associés à la balustrade — 14. Bibliothèque murale et son échelle mobile — 15. Palier de l'escalier de service — 16. Cuisine — 17. Office — 18. Monte-charge — 19. Escalier vers le deuxième étage — 20. Ascenseur — 21. Placard à balais — 22. Tableau électrique — 23. Rangements — 24. Passe-plat

D'un côté du palier en haut de l'escalier, une porte coulissante dissimulée mène à l'office, à la cuisine et à l'escalier dérobé qui dessert le niveau des chambres. De l'autre, en pivotant, le visiteur accède au grand salon autrefois exclusivement appelé « hall ». Haut de 4,63 mètres, cet espace d'apparat est habité par cinq piliers métalliques qui contribuent à souligner la verticalité du lieu, plus mondain qu'intime. La partie avant de la façade, faisant saillie au regard du bâtiment préexistant, est signalée par une inflexion du plafond. Sur le côté de cette avancée prend place l'étonnant mécanisme d'un grand volet, servant à la ventilation de la pièce. Associé à un contrepoids, son volant manœuvre l'ouverture de six panneaux doubles disposés de manière à guider l'air frais à l'intérieur. À la suite, est installée une grande bibliothèque métallique, qui ne figurait pas dans les photographies du premier aménagement de la maison. La partie la plus visible du fond de la pièce est constituée par un long panneau coulissant en métal perforé qui, ouvert, prolonge le grand salon par le cabinet de travail du docteur et laisse entrevoir, au-delà, le jardin. Très bas de plafond, avec seulement 2 mètres de haut, l'endroit ne s'étend pas jusqu'à la façade et surplombe le passage qui, au rez-de-chaussée, longe la paroi externe. Pour rejoindre cette pièce, le docteur dispose d'un petit escalier à son seul usage. En léger débord du cabinet de travail et à mi-hauteur du salon, une coursive en porte-à-faux protège les allées et venues des occupants de l'étage des chambres, par une alternance de commodes et de rayonnages de bibliothèques. Parfois comparé à une cour intérieure, un patio, ce véritable centre de la maison, révèle combien « il n'existe qu'un espace, vaste, indivisible, dans lequel relations et interpénétrations supplantent la séparation », et satisfait en cela aux réclamations de Giedion d'« une architecture de notre temps[479] ».

En retrait du grand salon et du grand escalier se trouve la salle à manger. De hauteur de plafond courante, loin d'être un lieu clos, la pièce s'apparente à un espace traversé. La balustrade de l'escalier, faite de trois commodes basses similaires à celles de la coursive de l'étage supérieur, contribue à rendre ce lieu largement ouvert. Placées face

Le grand escalier arrive face à la façade en brique de verre. Le palier conduit d'un côté aux pièces de service et de l'autre au grand salon séparé par deux marches. Avec son plafond incliné, la partie entre la façade et la rangée de poteaux correspond à l'avancée de la Maison de verre par rapport au bâtiment existant.

Page de gauche : Bernard Bauchet, plan du premier étage.

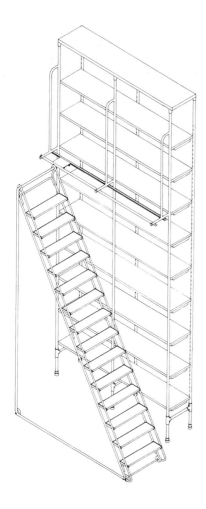

Kenneth Frampton, axonométrie de l'échelle de la bibliothèque murale avec son attache haute coulissant sur un double rail et ses trois roulettes, en bas.

Publicité du fabricant des rayonnages Lerat, adoptés par Pierre Chareau.

Souvent appelé « hall » à l'époque, le grand salon regardant l'arrière ; à gauche, la salle à manger ; à droite, le cabinet de travail du docteur qu'une paroi coulissante peut isoler.

Double page suivante :
Le grand salon. Vue plongeante depuis le deuxième étage. Photographie d'Evelyn Hofer, vers 1990.

Pages 302-303 : Le grand salon regardant vers l'escalier et les pièces de service. Photographie d'Evelyn Hofer, vers 1990.

LA MAISON DE VERRE

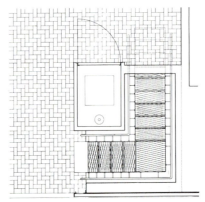

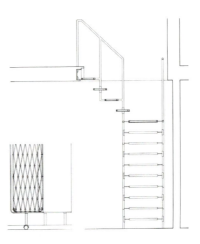

Le cabinet de travail du docteur, également appelé « coin de repos du médecin », avec l'arrivée de l'escalier venant du rez-de-chaussée. Photographie publiée dans *Art et Décoration*, janvier 1934.

Jeux de transparence entre le cabinet de travail du docteur et le petit salon de madame.

Kenneth Frampton, plan et coupe-élévation de l'escalier reliant les espaces affectés à Jean Dalsace.

Le petit salon d'Annie Dalsace, également appelé « boudoir ». À l'extrémité droite de l'estrade (ci-dessus), un jardin d'hiver est aménagé, tandis qu'à l'opposé (ci-contre) prend place l'escalier escamotable permettant d'accéder à la chambre à coucher. En haut, photographie publiée dans *Art et Décoration*, janvier 1934.

LA MAISON DE VERRE

Le petit salon d'Annie Dalsace. Bureau à caisson métallique, fauteuil cathédrale avec tapisserie de Jean Lurçat et table d'appint. Photographie d'Evelyn Hofer, vers 1990.

à la façade avant, ces commodes contenant nappes et serviettes se trouvent constamment en contre-jour, aussi Chareau invente des « meubles à fenêtres » en cerclant ces caissons d'une large bande de verre cathédrale. Fait unique, la salle à manger est meublée exclusivement de mobilier anglais. Cette pièce appartient à la travée située en léger contrebas du salon, qui s'étend de la cuisine jusqu'au seuil du petit salon de madame. L'entrée de ce dernier est signifiée par une porte coulissante transparente et une marche qui se prolonge en podium tout au long des fenêtres. Sous cette estrade court le système de chauffage, tandis qu'au-dessus s'exhibe un étonnant escalier escamotable permettant d'accéder à la chambre principale. Annie Dalsace en jouit seule, tout comme le docteur a le sien propre menant de son cabinet de consultation à son cabinet de travail. Cet élément d'une grande ingéniosité mécanique a tout d'une splendide échelle de coupée ayant dérivé jusqu'à la rue Saint-Guillaume pour y convier à la rêverie. Dans l'angle opposé, à côté de la cheminée, se trouve un passe-plat qui tient les domestiques à distance. La façade de ce petit salon forme une sorte de bow-window dont la construction des panneaux modulaires emprunte à la fabrication des automobiles ou des wagons. En sortant de ce lieu intime, « où les dames peuvent se retirer pour bavarder et fumer[480] », ces dernières jettent un regard aux plantes de la petite serre d'angle.

À l'arrière de la salle à manger, le long du mur mitoyen et dissimulée par une grille pivotante, se trouve l'autre partie du passe-plat. À la suite et rarement complètement fermés, deux panneaux coulissants dissimulent les placards destinés à la vaisselle et à l'argenterie, ainsi que le tableau électrique comptant une multitude de fusibles. Cette visibilité donnée à l'électricité, attestée par l'une des photographies d'époque, n'est pas sans rappeler l'entrée de la maison Schröder, où Rietveld affiche deux téléphones surmontés d'un tableau électrique comme éminente marque de modernité. À Paris, Chareau s'aventure plus avant, puisque le courant chemine de manière expressive dans des conduits métalliques verticaux, détachés des murs. Chaque tube comporte un boîtier où prennent place interrupteurs, prises, veilleuses... Certains, au fût augmenté, disposent d'une tablette pour accueillir un appareil téléphonique. Pour mettre en place cet appareillage et sa conception, Chareau recourt aux services de l'éclairagiste André Salomon, à qui il doit aussi le dispositif de l'éclairage extérieur. En direction de la cuisine, le passage se rétrécit, pris entre, d'un côté, l'escalier menant aux chambres et, de l'autre, l'ascenseur et l'office. La colonne du monte-charge desservant tous les niveaux de la maison jouxte l'escalier conduisant au dernier étage. Les marches sont bordées, côté salon, par des écrans opaques toute hauteur, de manière à protéger l'intimité de la famille. De l'autre côté, une simple grille à maille carrée prévient les chutes. Dans l'espace souvent ingrat sous le rampant de l'escalier, Chareau installe un volume cylindrique intrigant, qui paradoxalement dissimule un rangement pour les balais ou autres ustensiles de ménage. L'accès à la cuisine, situé dans l'aile en retour, se fait via un sas, véritable nœud où convergent l'escalier de service venant du rez-de-chaussée et trois portes qui mènent l'une vers le grand salon, l'autre à la salle à manger et la dernière à la cuisine.

Depuis le début des années 1920, l'organisation rationnelle de la cuisine est promue en France par Paulette Bernège, une spécialiste des arts ménagers, que connaît Dollie[481]. Bernège traduit les écrits de Christine Frederick, l'experte américaine de la taylorisation des tâches ménagères, qui recommande un aménagement spécifique pour chaque catégorie de travail soit, par ordre d'utilisation : « Un centre de réserves alimentaires et d'approvisionnement, un bureau de cuisine, un centre de préparation, de cuisson, de service [...] et de nettoyage[482]. » Rue Saint-Guillaume, la recherche d'une « gestion fonctionnelle » amène à partager la cuisine en trois grands secteurs : réserves et préparation, cuisson

La salle à manger avec son mobilier anglais. Au mur, tapisserie *Le Feu, le vin, la liberté* de Jean Lurçat, 1947. Le passage à gauche donne accès au petit salon de madame et au cabinet de travail du docteur, celui de droite au grand salon.

Page de droite : La salle à manger avec ses coffres suspendus pour le linge de table en bois et métal qu'une bande de verre cathédrale entoure. L'armoire cylindrique en métal contient le nécessaire pour le ménage.

Le passage vers la cuisine avec les rails de la desserte suspendue, également appelée « table servante », allant de la salle à manger à l'évier de la cuisine. À droite, un imposant tableau électrique.

LA MAISON DE VERRE

Le passage entre la cuisine et la salle à manger avec l'escalier conduisant au deuxième étage. Au plafond, les rails de la table servante.

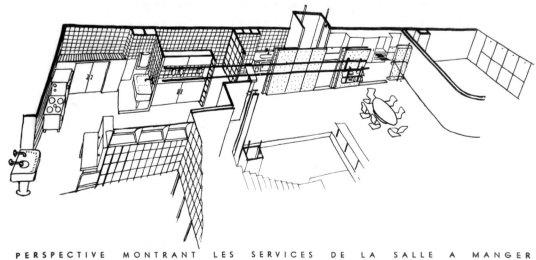

PERSPECTIVE MONTRANT LES SERVICES DE LA SALLE A MANGER

La table pour les repas est desservie par une charette suspendue à deux rails. Elle a la forme d'une lunette et ouvre automatiquement, en passant, les deux portes entre la grande salle et la cuisine, elles se referment automatiquement. Ces portes basculantes sont construites d'une manière spéciale, qui assure une étanchéité absolue et empêche les odeurs de cuisine de pénétrer dans la grande salle. Dans son trajet, la charette passe par les armoires du petit couloir de service, dont les cloisons coulissantes s'ouvrent vers la grande salle, la laverie des verres, l'armoire pour la vaisselle et s'arrête au bac à laver. Outre ce transport, le dessin démontre nettement le jeu des espaces dans la maison.

Perspective des pièces et « services de la salle à manger » se déployant le long du mur mitoyen. Le dessin illustre le déplacement de la desserte suspendue et son aptitude à ouvrir automatiquement deux portes placées sur son trajet. Illustration publiée dans *L'Architecture d'aujourd'hui*, novembre-décembre 1933.

Page de gauche : Caché derrière des cloisons coulissantes, le vaisselier. À l'extrémité, une porte en treillis métallique et le passe-plat desservant le petit salon d'Annie Dalsace.

Publicité pour l'évier-vidoir à ordures ménagères Garchey, garanti d'une cuisine salubre. Illustration publiée dans *L'Architecture d'aujourd'hui*, 1931.

Cuisine. La partie réserves et préparations avec l'évier-vidoir Garchey, récemment mis au point et salué par l'Office national des recherches scientifiques et industrielles et des inventions.

et vaisselle, rangement et salle à manger du personnel, dans une pièce en forme de L. À l'opposé de l'entrée, contre le mur du fond de la pièce, prennent place, côté paroi vitrée, un grand rangement clos pour les aliments secs dissimulé dans le mur et, dans l'angle, une série de rayonnages à claire-voie où sont entreposés les légumes frais. Entre les deux se trouve un évier-vidoir Garchey, un modèle tout récemment lancé sur le marché et salué par l'Office national des recherches scientifiques et industrielles et des inventions. Le Comité technique d'hygiène de cette émanation du ministère de l'Instruction publique salue sa capacité à évacuer une partie « des ordures ménagères, de celles en tout cas qui constituent les résidus de cuisine putrescibles[483] » dont le séjour dans un intérieur est problématique. Comme le commente Bernège, il s'agit d'un évier couplé à un vide-ordures, à cet effet un local poubelle a été ménagé au rez-de-chaussée pour recevoir les déchets. « La chute d'ordures, déclare-t-elle, est devenue aussi indispensable que les W.-C. tout-à-l'égout. D'ailleurs, les nouveaux systèmes d'évier Garchey […] sont des chefs-d'œuvre d'évacuation automatique, que les villes et les maisons modernes ne peuvent plus ignorer[484]. » Perpendiculairement à la paroi en brique de verre, se trouve un meuble destiné aux préparations culinaires. Alors que la partie inférieure est laissée libre, son sommet — occupé par des placards dotés de volets coulissants dissimulant les tiroirs à ingrédients — soustrait au regard des gens pénétrant dans la cuisine la zone « sale » de la pièce. Contigus, quoique poussés dans un renfoncement, se déploient les appareils de cuisson. « L'élément essentiel, rapporte Bernège, est la grande cuisinière à trois fours, étuve chauffe-assiettes […]. Au-dessus de la cuisinière, un ventilateur aspirateur rejette les odeurs à l'extérieur[485]. » En vis-à-vis, juché sur une plate-forme non recouverte de granito comme l'ensemble du sol de la pièce, mais carrelée en réponse à des considérations prophylactiques, parade un évier à deux bacs. En retour vers l'entrée, un placard

partiellement vitré, à l'intérieur duquel on aperçoit une double batterie de casseroles, tandis que sont dissimulés le nécessaire quotidien des domestiques tout comme quelques réserves. À gauche de la porte d'entrée, se tient l'appareil le plus moderne de la pièce, un réfrigérateur General Electric dernier cri. Une table ovale à l'usage du petit personnel complète cette partie de la cuisine. Deux rails tubulaires fixés au plafond courent de l'évier jusqu'à la salle à manger. Ils appartiennent à un système de desserte suspendu, également appelé table servante, comprenant un chariot mobile muni de quatre roues qui coulissent jusqu'à la salle à manger sur les tubes non sans avoir déclenché l'ouverture des portes, de manière automatique[486]. Plutôt que cet audacieux mécanisme, Chareau fait photographier la cuisine, montrant de la sorte toute l'importance qu'il accorde à cette pièce. Étrangement, aucune des trois prises de vue n'est alors publiée, mais un dessin perspectif de cette partie de la maison apparaît dans la revue *L'Architecture d'aujourd'hui*[487].

Publicité pour le système de réfrigération Frigéco. Illustration publiée dans *L'Architecture d'aujourd'hui*, 1932.

L'évier fait face aux fourneaux, près de l'entrée, des rangements, ainsi que de la salle à manger du personnel. On note la présence d'un modèle nouveau de réfrigérateur avec son moteur placé sur le meuble.

LA MAISON DE VERRE

DEUXIÈME ÉTAGE

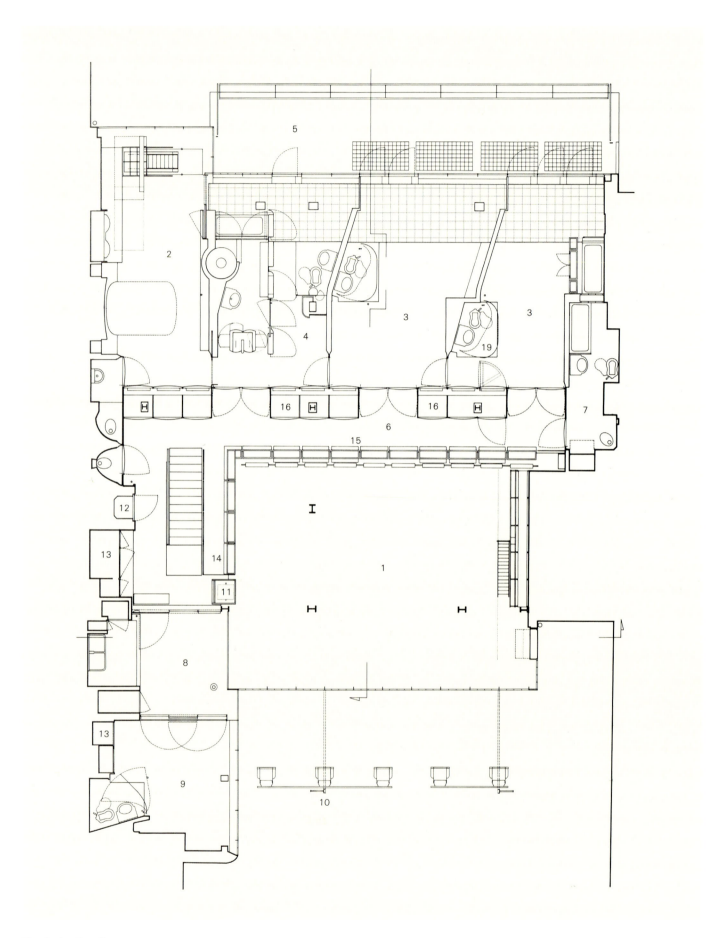

Plan du deuxième étage
1. Vide sur le grand salon — 2. Grande chambre — 3. Chambre d'enfant — 4. Grande salle de bains — 5. Balcon — 6. Galerie de distribution — 7. Petite salle de bains — 8. Lingerie — 9. Chambre du personnel — 10. Projecteurs extérieurs — 11. Monte-charge — 12. Ascenseur — 13. Placards — 14. Balustrade — 15. Bibliothèques ou coffres associés à la balustrade — 16. Penderies

La galerie surplombant le grand salon dessert les chambres. À droite, coffres en bois et bibliothèques en métal et verre suspendus. À gauche, les accès aux chambres alternent avec des armoires-penderies aux portes métalliques s'ouvrant de chaque côté.

Page de gauche : Bernard Bauchet, plan du deuxième étage.

Très présent dans les pièces consacrées à la médecine et dans la cuisine, le précepte hygiéniste étend son emprise sur l'organisation du dernier niveau où, côté jardin, sont rassemblés trois chambres, deux salles de bains, deux cabinets de toilette et deux cabinets d'aisance. La distribution de ces pièces, leur dotation en appareils sanitaires et en mobilier fixe tranchent avec les dispositions conventionnelles et témoignent d'une évolution des seuils de l'intimité ainsi que de l'hygiène corporelle. Côté jardin, hormis la chambre parentale, toutes les pièces disposent le long de la façade d'une estrade continue, dissimulant le système de chauffage et les canalisations, ainsi que de portes donnant accès au balcon servant de solarium. On accède à ces pièces à l'aide d'une coursive. Côté salon, ce passage est bordé par une alternance de commodes en bois et de bibliothèques en métal perforé, donc de parties opaques et d'autres diaphanes. Côté chambres, selon une séquence répétée trois fois, un ensemble d'armoires aux portes métalliques alterne avec une double porte commandant l'accès aux pièces. En laissant ouverts les deux battants, l'occupant témoigne d'une volonté de participer à la communauté de la maison ; fermés, ils garantissent un cadre intime.

La première double porte donne accès au domaine des parents. On pénètre indirectement dans la chambre proprement dite en empruntant le seuil de la salle de bains, alors que d'ordinaire celle-ci est discrètement adjointe à la chambre. Or rien n'est plus intime que ce lieu où « tout s'exécute désormais dans le plus grand secret avec l'absolue certitude de n'être pas dérangé[488] ». Étrangement, ici, pudeur et espièglerie se conjuguent avec rationalité et hygiène. Chacun dispose de son espace, juste séparé de l'autre par des écrans

La plate-forme d'arrivée de l'escalier rabattable entre la chambre à coucher et le petit salon d'Annie Dalsace. Derrière, perpendiculairement à la trémie, le lit de jour coulisse sur un rail.

Page de droite : La chambre à coucher, côté fenêtres, avec £le lit de jour coulissant et l'escalier ouvert derrière un bureau de dame et une bergère.

Kenneth Frampton, plan et coupe de l'escalier rabattable au mécanisme complexe. En position fermée, un caillebotis rétractable vient recouvrir l'escalier ramené à l'horizontal. En position ouverte, le caillebotis se replie sous le lit de jour de manière à laisser le passage.

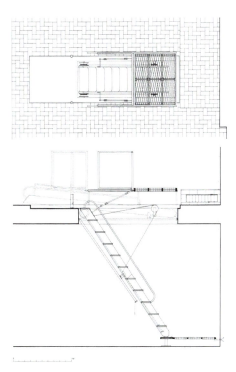

partiels qui, entre la douche de monsieur et la baignoire de madame, deviennent deux modestes volets en tôle perforée n'arrêtant pas les regards furtifs et qu'un geste suffit à entrouvrir. Lieu éminemment luxueux, clair et spacieux, à l'opposé des « cellules propres, nettes et engageantes comme le cabinet du dentiste[489] » évoquées pour railler les aménagements du Bauhaus exposés en 1930, la salle de bains du couple étale sans pudibonderie ses appareils sanitaires. Elle s'organise en quatre zones bien déterminées. Le seuil articule l'accès à la chambre, au dressing et aux quartiers masculin ou féminin de la pièce.

Face à l'entrée se dresse un meuble de rangement au système d'ouverture éminemment sophistiqué. De part et d'autre du plot central, en position fermée, un jour permet à la lumière tout comme à la vue de circuler, tandis que, en position ouverte, les interstices latéraux sont obstrués. En vis-à-vis, est disposée la partie consacrée au dressing et aux grandes armoires. Ces meubles immeubles sont pour-

vus de deux ouvertures, l'une côté coursive pour permettre au personnel de ranger les effets, l'autre côté chambre, à l'usage de l'occupant. Ils jouxtent un grand miroir associé à une tringle supportant des cintres aux formes singulières. Plus avant commence la partie consacrée à madame, qui comprend un prolongement le long de la façade sur le jardin. Au revers de cet espace en forme de L, prend place la zone affectée à monsieur. Ne dépassant pas la ligne de vision, afin de dissimuler les corps sans encombrer le volume, un alignement d'étroits placards isole ces deux parties. Alors que monsieur ne compte qu'un lavabo et une douche, madame dispose de trois appareils sanitaires. La baignoire est placée parallèlement à la façade. Sur un rehaut du sol sont installés le lavabo et le bidet juché sur des roulettes. D'après d'anciennes photographies, une psyché-coiffeuse vraisemblablement ajoutée pour l'occasion, se tenait à côté du lavabo. Depuis on lui a substitué une coiffeuse à armature tubulaire et plateau de verre.

Éloigné de la fenêtre, le lit est encadré par quatre paravents tendus de tissus. La commode de la chambre du boulevard Saint-Germain est insérée dans une paroi-bibliothèque.

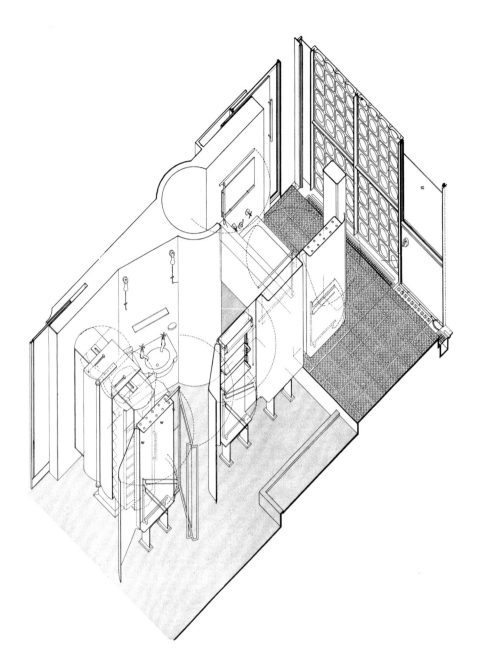

Kenneth Frampton, axonométrie de la salle de bains des parents.

L'armoire gigogne du docteur avec ses deux caissons en Duralumin. Pour ouvrir le meuble, il faut tirer les caissons vers l'avant, les rabattre latéralement ; une pression sur un bouton libère un mécanisme permettant à la colonne des tiroirs de pivoter automatiquement ; il ne reste plus alors qu'à les faire coulisser.

Page de droite : Au premier plan, la partie de la salle d'eau destinée à Annie Dalsace et, au fond, la partie vouée à Jean Dalsace. Entre les deux, des armoires qui, fermées, dissimulent serviettes ou produits d'hygiène.

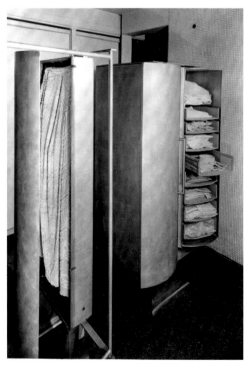

Depuis le seuil, l'accès à la chambre des Dalsace se fait par une porte coulissante opaque. Un second accès, à côté de la baignoire, dispose d'une double fermeture, coulissante, en verre transparent et en métal opaque. Longtemps, dans le beau monde, mari et épouse disposaient de pièces distinctes. Au long du XIXe siècle, la chambre conjugale s'est imposée « comme chambre à lit unique et vouée au sommeil et à l'amour[490] ». Celle de la Maison de verre, par ses agencements et par l'assortiment des matériaux, n'échappe pas à l'idée que la chambre « serait par excellence le lieu des femmes[491] ». D'autant que la pratique de la chambre-salon, du temps de Mme Récamier, tout comme le recours au boudoir ont ici disparu, du moins partiellement puisque transposés et répartis sur deux niveaux.

La chambre adopte la forme d'un long rectangle scindé en deux espaces : près de la façade, une partie jour disposant d'un lit de repos pour madame et, à l'opposé, un espace nuit avec le lit conjugal. Ce dernier est encadré, en tête et pied, par quatre petits panneaux pivotant l'isolant du reste de la pièce[492]. Le long du mur, une commode, provenant, comme le lit gondole, du mobilier de l'appartement du boulevard Saint-Germain, est encastrée dans une bibliothèque vitrée. Près des fenêtres avançant sur l'extérieur à la façon d'un bow-window, Chareau s'est livré à l'invention de deux éléments d'une redoutable sophistication technique. Un escalier escamotable permet de gagner le petit salon depuis le premier étage. S'inspirant tout à la fois de l'échelle d'un navire et de celle repliable de grenier, il dispose de mécanismes pour se replier et se dérouler qui sont de véritables modèles de perfection. Au-dessus d'une partie des marches est installé un lit de jour équipé d'un dispositif lui permettant de se déplacer d'avant en arrière.

Les chambres de la jeune fille et du garçon présentent des traits communs : double porte

L'appareillage de la partie consacrée à Annie Dalsace comprend un lavabo, un bidet et une baignoire surmontée de volets rabattables en métal perforé.

Page de droite : La coiffeuse-psyché a provisoirement été installée là. Elle sera remplacée par une table d'appoint pivotante en verre et Duralimin.

Double page suivante : Armoire-porte-serviettes en Duralumin, patères métalliques. Les poteaux métalliques et l'entourage de la baignoire sont revêtus de pâte de verre. À l'arrière, porte-savon en laiton. Photographies de Georges Meguerditchian et de Mark Lyon.

d'accès, estrade devant la façade, oblique induite par la disposition de la salle de bains des parents, escamotage partiel du lit, cabinet de toilette proéminent avec un lavabo et un bidet mobile dissimulé par un écran semi-transparent en métal perforé sur lequel des œuvres d'art sont accrochées… L'instauration de chambres communicant reproduit-elle le principe classique de la double circulation, dont témoigne la démultiplication des escaliers, ou obéit-elle à une recherche d'efficacité en matière de commodité des soins ou de surveillance ? Le fils dispose d'une plus grande pièce que sa sœur. Cette dernière bénéficie d'une baignoire à son seul usage, curieusement dissimulée par un écran métallique. La surface de cette chambre est diminuée par l'angle saillant d'une salle de bains disposée contre le mur mitoyen, qui contient une baignoire, un lavabo, un bidet, un W.-C., et s'éclaire en second jour par une paroi de brique de verre ménagée dans la cloison. Tous les occupants ont un accès direct au vaste balcon, dont le sol est partiellement constitué de pavé de verre, pour ne pas obscurcir les étages inférieurs, et suffisamment large pour accueillir du mobilier. Ce débord donnant sur le jardin participe de l'obsession pour le bien-être et la santé. Fauteuils autour d'une table et chaises longues appellent à profiter du soleil ou, plus exactement, à une cure héliotropique. Véritable pièce extérieure, le solarium renvoie, de manière subliminale, aux fonctions thérapeutiques du sanatorium[493].

Le décompte des appareils sanitaires présents dans ces trois chambres est éloquent : un lave-mains, cinq lavabos, quatre bidets (seul le docteur n'en dispose point), trois baignoires et trois W.-C. Ici la propreté devient une vertu cardinale et l'asepsie un idéal au quotidien. « Cette propreté s'ancre, en fait, dans une exigence tout intérieure, intime, difficile à formuler dans un premier temps, tant elle peut sembler "gratuite" : laver systématiquement ce qui ne se voit pas, en dehors de toute "odeur" et de toute "crasse"[494]. » Initialement

LA MAISON DE VERRE

la science a diffusé ces injonctions mais, note Georges Vigarello, cette exigence « naît du code social ». Au début du XXe siècle, elle devient une norme bien implantée et « suffisamment reconnue en tout cas pour n'avoir plus à être justifiée par quelque rôle immédiatement utilitaire[495] ».

L'obsession hygiéniste se prolonge dans les quartiers des domestiques rassemblés dans l'aile de service. Leurs chambres possèdent chacune un lavabo et un bidet, à cela s'ajoute une baignoire à disposition. Être propre garantit contre les odeurs déplaisantes et la contamination de la maisonnée, mais s'impose aussi comme une vertu morale. Si l'on veut traquer les microbes, les punaises ou autres parasites, si l'on veut mener une bataille pour la propreté, la santé et la vertu, il faut loger décemment son personnel et revenir, comme à la Maison de verre, à la solution des époques antérieures qui consistait à loger les employés à proximité de la maîtresse de maison[496]. Rue Saint-Guillaume, les espaces dédiés aux travaux ménagers et à ceux qui les exécutent sont répartis ainsi :

rez-de-chaussée, chambre de la cuisinière avec un coin-toilette et salle de bains du personnel ; premier étage, gens de cuisine ou de ménage ; deuxième étage, chambre avec cabinet de toilette de la gouvernante.

Au dernier niveau, une pièce a intrigué nombre de commentateurs, celle située entre le palier d'arrivée de l'escalier et la chambre de la gouvernante, car l'endroit dispose d'une grande vitre offrant une vue plongeante sur le grand salon. Assimilé à un poste d'observation si ce n'est à un dispositif panoptique pour une duègne veillant sur tout, ce lieu est souvent considéré à tort comme la buanderie de la maison du fait de la présence de cuves à laver. Il s'agit en fait d'une lingerie, comme le confirme l'absence de machines et d'étendoir ainsi que d'une aération satisfaisante. Hector Guimard, auparavant, a expérimenté l'avantage de mettre au même niveau que les chambres et proche des salles de bains, le lieu du tri, de l'entretien et du rangement du linge de toute la maison. Adoptée à Paris, cette organisation est particulièrement adaptée lorsque le lavage est, pour une part, confié à l'extérieur.

Chambre du fils, Bernard Dalsace. Murs bleus, sol en granito anthracite et, revêtue de dalles en caoutchouc, estrade dissimulant la gaine de chauffage et la plomberie.

Page de gauche : Cabinet de toilette identique dans les deux chambres d'enfant. L'écran en métal perforé se rabat en pivotant sur un axe.

LA MAISON DE VERRE

LA PROPRETÉ PARTOUT ET DANS TOUT

CLINIQUES DOMESTIQUES

Que ce soit par lavage, époussetage, aspiration, astiquage ou, pour les instruments du docteur, par désinfection ou stérilisation, il faut se débarrasser de tout ce qui souille ou salit. Avec le verre, on dispose d'un matériau répondant au « besoin croissant d'hygiène », voire parfait car imputrescible « dur, inaltérable à l'air, ni poreux, ni gélif[497] », de plus il est « pratique », puisque les impuretés sont facilement décelables. Son entretien est éminemment simple, note la revue scientifique *La Nature* à propos de la Maison de verre. « La paroi intérieure se nettoie aussi aisément qu'un mur lavable, et quant à la paroi extérieure, une lance d'arrosage ou d'incendie, manœuvrée du sol, suffit largement, vite et bien[498]. » À la prophylaxie active des façades répond celle des sols. Contrairement à certains commentateurs emportés par leur lyrisme, le sol n'est pas en dalle de verre[499] mais en caoutchouc, matériau qui règne sans discontinuité du seuil d'entrée jusqu'au grand salon, à l'exception des salles d'examen et de soins du docteur, au rez-de-chaussée, et de l'aile de service. Le choix se porte sur des dalles antidérapantes à plot qui supportent un usage intensif et les effets de la lumière, amortissent le bruit tout en se prêtant à un entretien fréquent manuel (balai-brosse, à frange...) ou mécanique (Rotocleaner)[500]. Matériau réfractaire aux miasmes et à la moisissure, le caoutchouc constitue un revêtement de sol idéal de par son caractère hygiénique et résilient. Néanmoins, cuisine, salles de bains et toilettes sont dotées d'un sol en granito. Leurs murs sont en carrelage clair et, pour les pièces d'eau, en mosaïque de pâte de verre. Les parties plus retirées de la maison présentent quant à elles soit un sol en ardoise noire, soit un plancher bois parfois revêtu de tapis. Les parois des chambres et des pièces de jour sont peintes de couleurs claires pour ne pas absorber la lumière. Elles satisfont également, toujours selon les prosélytes, « aux meilleures conditions d'hygiène » en recourant à une peinture « lisse, imperméable et [qui] permet le nettoyage par voie humide[501] ». Rares sont les tentures, si ce n'est dans les pièces arrière du premier étage, pour accompagner l'accrochage des tableaux selon les habitudes anciennes. Si partout ces tentures « constituent des contresens hygiéniques », elles sont néanmoins admises dans un habitat « luxueux où il est possible d'employer fréquemment des procédés de nettoyage spéciaux, très coûteux, le nettoyage par le vide notamment[502] ».

Nombre de thérapeutes ou de praticiens des professions de santé s'affichent en tant que progressistes, chantres de la prophylaxie, pourtant très peu conçoivent leur habitat et lieu de travail comme une « clinique domestique[503] ». Au tournant des années 1930, outre la Maison de verre, il existe notamment deux autres maisons et lieux d'exercice de la médecine relevant sciemment de l'architecture moderne de l'entre-deux-guerres. L'un prend place en Allemagne, l'autre aux États-Unis. Entre 1929 et 1931, aux alentours de Leipzig, la maison du docteur Erich Rabe, incluant son cabinet, est conçue par l'architecte Adolf Rading[504] en association avec Oskar Schlemmer, chargé de l'aménagement intérieur et de la décoration, directement inspirée par ses travaux menés au Bauhaus. La disposition des pièces et certains traitements présentent des analogies avec la Maison de verre. La maison Rabe compte trois niveaux inscrits dans un grand cube blanc. Le rez-de-chaussée est dédié aux activités médicales qui disposent d'une entrée spécifique. Les chambres occupent le dernier étage. Au premier, « une "pièce commune", un salon central, [...] constitue le noyau intellectuel et, surtout, spatial de l'ensemble[505] ». Prolongée par un espace plus resserré et intime, cette « salle sur double niveau est transmuée en une sorte de grande boîte en verre, tout à la fois serre et véranda[506] » surplombant le jardin. En vis-à-vis de cette baie, la fenêtre sur rue a reçu un traitement la rendant en grande partie translucide pour préserver l'intimité familiale.

Bâtie à Los Angeles, la Lovell Health House, a été réalisée par Richard Neutra de 1927 à 1929 pour le docteur Philip Lovell, un naturopathe qui promeut l'héliothérapie, les cures climatiques et une alimentation végétarienne[507]. Installé sur les flancs d'un canyon et orienté sud ou ouest pour les pièces principales, l'édifice apparaît comme un grand vaisseau transparent en apesanteur. Baignée de soleil, la maison échelonne ses parois vitrées sur deux étages, seulement interrompues par un petit nombre d'allèges peintes en blanc. L'accès se fait par le haut à l'étage des chambres, un grand escalier dans une boîte de verre sur double niveau mène au salon. La maison doit son nom à l'existence d'une salle de gymnastique en plein air, d'endroits dédiés à des

Ci-dessus : Lettre de remerciements à Le Corbusier pour l'envoi de son ouvrage

La Ville radieuse. Pierre Chareau prête particulièrement attention aux mentions sur la propreté.

sleeping baskets (lits en extérieur) ou aux bains de soleil, ainsi qu'à la piscine en contrebas de l'édifice. Détaché, le bâtiment de la clinique est installé à proximité immédiate. Marqué par les théories fonctionnalistes et machinistes des avant-gardes européennes, Neutra exploite les ressources de la technologie. De là son choix d'une ossature métallique, considérée comme une innovation pour une maison particulière, ainsi que de phares de voiture pour l'éclairage de la cage d'escalier et du toit-terrasse[508].

De manière concomitante à la réalisation de ces trois « cliniques domestiques », paraissent plusieurs publications consacrées aux hôpitaux et sanatoriums. En 1931, Roger Poulain publie deux portfolios sur ce thème. Dans l'un figure la Lovell Health House aux côtés de grands équipements[509]. Gabriel Guévrékian chargé du *Répertoire de l'architecture moderne* consacré aux hôtels et sanatoriums inclut également l'édifice californien[510]. Quant à Jean Badovici, il fait paraître conjointement deux fascicules de *L'Architecture vivante*, l'un consacré à l'architecture hospitalière et l'autre à Le Corbusier. S'y côtoient le sanatorium Zonnestraal de Bijvoet et Duiker, la Maison de santé de Neutra et l'immeuble Clarté de Le Corbusier et Pierre Jeanneret[511]. S'agit-il de ressemblances ou de convergences occasionnelles ? La réponse se trouve dans la livraison d'avril 1932 de *L'Architecture d'aujourd'hui* consacrée aux sanatoriums. En introduction, l'homme de lettres André Ménabréa déclare que la médecine a « abdiqué ses pouvoirs aux mains de l'architecture » et a reconnu que l'ensoleillement est essentiel à la santé. Mais pourquoi le réserver aux seuls malades ? Il en appelle au « retour à l'ordre du soleil » dans lequel sanatoriums et logements sont traités de façon identique, avec des « ouvertures béantes qui boivent la lumière[512] ». Explicitement, Ménabréa se réfère à tous les édifices montrés dans ces publications, où le verre constitue l'essentiel des façades.

**Page de gauche, à droite :
Publicité pour l'ouvrage de
Le Corbusier La Ville radieuse.
Illustration publiée dans
L'Architecture d'aujourd'hui,
1935.**

**Richard Neutra architecte,
Lovell Health House, Los
Angeles, 1927-1929. Résidence
et clinique de Philip Lovell,
« docteur en naturopathie ».**

**Adolf Rading architecte,
Oskar Schlemmer scénographe,
maison et cabinet de
consultation du docteur Erich
Rabe, Zwenkau, 1929-1931.**

LA MAISON DE VERRE

FÂCHEUSES MÉSAVENTURES

Jamais rien ne prémunit un ouvrage de dommages ou de préjudices, qu'il soit physique, moral ou esthétique, fût-il un chef-d'œuvre. Par deux fois la Maison de verre voit des menaces poindre. Le premier risque d'altération provient de la parcelle contiguë. L'École libre des sciences politiques, un établissement privé d'enseignement supérieur, aujourd'hui communément appelé Sciences-Po, possède les trois hôtels particuliers situés au 25, 27 et 29, rue Saint-Guillaume[513]. Celui du 29 connaît un profond remaniement, en 1934, avec l'adjonction, là où poussaient fleurs et arbres, d'une aile allant surplomber le jardin de la Maison de verre sur toute sa profondeur. « Un mur de 25 mètres de haut, rapporte Chareau, ferme l'horizon et… aurait pu replonger à tout jamais la façade côté jardin dans l'obscurité. Or… et là je dois avouer que pour moi c'était une affirmation très importante, rien n'a changé, la lumière pénètre comme avant partout[514]. » Personne n'a anticipé qu'au milieu de l'îlot un édifice équivalent à sept ou huit étages puisse être implanté. La chance des Dalsace, que ne mentionne pas l'architecte décorateur, tient au fait que la nouvelle construction prend place le long du mur séparatif orienté au nord. Ainsi, la Maison de verre et son jardin restent en pleine lumière, tandis que l'ombre provoquée s'étend sur la parcelle voisine. Avec le temps, ce mur en maçonnerie grossière a été gagné par le lierre.

La période de la Seconde Guerre mondiale est lourde de dangers pour la Maison de verre et surtout pour ses occupants. Heureusement, l'essentiel des meubles, tableaux et objets du 31, rue Saint-Guillaume est mis à l'abri dans une propriété du père de leur gendre, Léon Vellay[515]. La famille rapporte que les Allemands visitèrent la maison mais abandonnèrent l'idée de l'occuper, faute de pouvoir satisfaire aux contraintes du couvre-feu. Toutefois, un autre péril menace la maison, suite à l'ordonnance allemande du 20 mai 1940 portant sur la spoliation des biens juifs. Sitôt l'armistice signé, elle s'applique en zone occupée. En écho, le gouvernement de Vichy crée le Commissariat général aux questions juives chargé entre autres de la liquidation des biens juifs[516]. Dans ce cadre, rue Saint-Guillaume, les biens de Jean Dalsace « en raison de ses origines raciales » (entendre par là juives) sont transmis à l'administrateur provisoire Jacques Montmerlé, nommé le 15 septembre 1941. Ce dernier reçoit de l'Institut catholique une offre de location de la Maison de verre, en juillet 1942, pour y installer un restaurant pour les élèves. En octobre 1942, une première tentative de vente par soumission sous pli cacheté avec une mise à prix de 1 300 000 francs échoue. L'affaire est confiée à la chambre des notaires, qui procède le 14 mars 1944 à une adjudication. L'ingénieur et entrepreneur Georges-Louis Thaury l'acquiert pour un montant de 697 837 francs[517].

Dans le cadre des ordonnances prises à la Libération, les actes de spoliation accomplis durant le conflit sont déclarés nuls. Afin de récupérer son bien sans délai, le docteur sollicite en vain l'adjudicataire de procéder à une retransmission immédiate de l'immeuble. Il dépose une déclaration de spoliation auprès de l'Office des biens et intérêts privés qui reçoit le numéro SPO 01648 et engage une action en justice[518]. L'audience du 25 juin 1945 constate la nullité de la vente et ordonne la restitution de l'immeuble à son propriétaire d'avant-guerre[519]. Jean Dalsace poursuit l'ad-

À travers les fenêtres du petit salon, les arbres et la végétation du jardin de l'ancien hôtel de Mortemart, au 27, rue Saint-Guillaume.

ministrateur provisoire et l'acquéreur pour récupérer les loyers perçus et obtenir des réparations pour les dégradations advenues aux bâtiments, dont des infiltrations dans le cabinet médical. Pour ces négligences, Dalsace n'obtient pas de dédommagement, au motif que les bâtiments étaient déjà vétustes avant le conflit. « Pour ce qui est de l'enlèvement de certains meubles par les Allemands, signalé par le docteur, il n'est pas possible d'en rendre responsable Thaury étant donné que, d'après Montmerlé, il aurait été effectué avant son acquisition et qu'on ne possède pas de preuve formelle[520]. » Annie rapporte qu'« ils ont volé tout ce qui était dans la cuisine, ils ont volé tout ce qui était au rez-de-chaussée », dans la partie médicale, dont un grand meuble conçu par Chareau et réalisé par un spécialiste d'installation médicale. Un élément qui « devait mesurer 3 mètres sur 2 mètres de haut et peut-être […] 50 centimètres de profondeur » ainsi que des tables[521]. Quant au dernier volet de la requête, Thaury ayant acquis cet immeuble 697 837 francs, alors que le docteur Dalsace, avant la construction de la Maison de verre, l'avait payé 852 000 francs, un expert fut requis pour se prononcer sur le prix acquitté en 1944. En effet, si ce dernier s'avérait inférieur de plus du quart du « juste prix », cette acquisition pouvait être assimilée à une vente forcée exposant l'acquéreur à une amende. Quoique le bien fût estimé à 1 million de francs, comme « la mise à prix avait été fixée par un organisme officiel » et qu'il fut vendu dans le cadre d'une mise aux enchères, aucune charge ne fut retenue contre Thaury. Dans le même compte rendu d'audience, il est précisé que, dès octobre 1944, le docteur perçoit les loyers, qu'une ordonnance du 13 novembre 1944 l'autorise « à réintégrer son hôtel particulier pour y exercer sa profession de médecin[522] ». Il est, par ailleurs, indiqué que « sans attendre aucune loi, [Dalsace] est entré dans son ancien appartement le 6 janvier 1945[523] ».

Alors que Jeanne Bucher signalait, en octobre 1940, que l'électricité était coupée et que le fioul manquait à la Maison de verre, on ne peut qu'admirer l'exaltation avec laquelle Annie rapporte la réinstallation parisienne : « Nous avons simplement eu à ouvrir la lumière, ça marchait, le chauffage marchait, il n'y a que la peinture[524] » qui demandait à être rafraîchie. En l'absence de Chareau, Jean Dalsace s'adresse à Bijvoet, au printemps 1945, pour dresser un état des lieux et arrêter un programme de travaux[525]. Malgré l'abandon de la maison durant près de cinq ans, hormis de menues interventions en plomberie et en électricité, la préoccupation principale concerne la peinture, qui se révèle urgente sur certaines pièces métalliques. Au total, seuls de faibles désordres, en partie d'aspect, sont advenus. Voilà qui souligne l'excellente qualité de la construction initiale.

Par la suite, divers travaux furent menés, durant les années 1950, comme le renforcement de l'éclairage intérieur avec la mise en place de luminaires en acier noir aux lignes organiques signés Serge Mouille, l'ajout de radiateurs combinés avec le remplacement de la chaudière, la réfection de la façade avant en même temps que la disparition de ses projecteurs, le réaménagement partiel de la cuisine… Seules les restaurations conduites de 1985 à 2000 par Bernard Bauchet et Inigo Fernandez de Castro ont fait l'objet d'une démarche scientifique et documentée[526].

Henri Martin architecte, deux amphithéâtres s'élèvent à angle droit de la façade de l'ancien hôtel de Mortemart dans le jardin du 27, rue Saint-Guillaume pour l'École libre des sciences politiques.

Affiche de la vente par adjudication, le 14 mars 1944, de la propriété du 31, rue Saint-Guillaume. La vente s'inscrit dans le cadre de la politique de liquidation des biens juifs menée par le gouvernement de Vichy.

FASCINANTES MAISONS DE VERRE

Joseph-Albert Ponsin peintre verrier, Auguste Latapy architecte, Palais lumineux Ponsin, Exposition universelle, Paris, 1900. Carte postale. L'entreprise Saint-Gobain fournit l'essentiel des matériaux nécessaires à la construction, sans communiquer sur cette réalisation.

Polysémique, l'expression « maison de verre » fait florès dans de nombreux domaines, de la vie politique à la scène littéraire ou artistique, tous séduits par sa dimension utopique. Depuis longtemps, une compréhension littérale du terme fascine tout particulièrement les architectes. Ils y voient l'idéal d'un espace ouvert abolissant les frontières entre l'intérieur et l'extérieur, le privé et le public, le local et l'universel, le tangible et l'immatériel... Dès 1740, fut inauguré, à Saint-Pétersbourg, un palais des Glaces, qui reste dans les mémoires étant donné l'émerveillement causé par la transparence légèrement bleutée de ses parois[527]. Mais l'impératrice, commanditaire de ce chef-d'œuvre, veilla que jamais il ne puisse être répliqué en faisant décapiter l'architecte[528]. D'aucuns empruntèrent des voies moins exposées, comme l'écriture, pour vanter l'avènement d'une architecture de verre annonciatrice d'un monde cristallin. « Je fais avec de la poussière / Des diamants, des cristaux et des yeux / Assez puissants pour voir au fond des cieux / Un monde immense et merveilleux[529] », chantaient les verriers. Quant au chantre de la *Glasarchitektur*, l'écrivain allemand Paul Scheerbart, il prédit en 1914 une « civilisation du verre[530] » à laquelle tentent de donner forme les dessins fantastiques ou récits imaginaires des protagonistes de la *Gläserne Kette* (« chaîne de verre »)[531]. Mais auparavant déjà, rappelle Walter Benjamin, « le champ d'application du verre dans l'architecture[532] » s'est élargi avec l'apparition des serres, des aquariums, des passages couverts, des pavillons des Expositions universelles...

Dans l'historiographie moderne des édifices réalisés tout en verre, le pavillon de l'architecte Bruno Taut, édifié lors de l'exposition du Deutscher Werkbund à Cologne en 1914, occupe une place de choix[533]. Il est l'incarnation même de la *Glasarchitektur*, d'une part à cause des aphorismes de Paul Scheerbart inscrits sur l'édifice, de l'autre pour son aspect matériel. Influencé par l'esthétique expressionniste, l'architecte conçoit un bâtiment sur une base circulaire surmonté d'un imposant dôme pointu et à facettes. Le jour, la lumière entre de partout, tandis que le soir, éclairé de l'intérieur, l'ensemble ressemble à un énorme diamant multicolore et scintillant. Son financement a été assuré par le Syndicat de l'industrie verrière, notamment la société Luxfer Prismen, fournisseur des pavés de verre des escaliers et des verres colorés de la coupole. Cependant, cette réalisation a été précédée par le Palais lumineux, conçu par le peintre verrier Joseph-Albert Ponsin aidé de l'architecte Auguste Latapy pour l'Exposition universelle de 1900 à Paris. « Le Palais lumineux ne se contente pas de montrer le verre utilisé de la façon la plus imprévue »

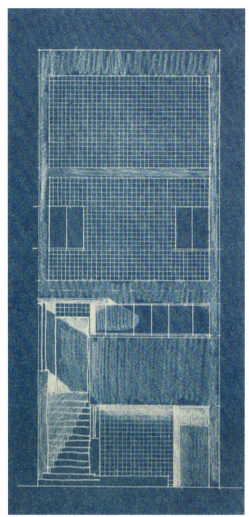

Paul-Amaury Michel architecte, maison personnelle dite « Maison de verre », façade arrière en chantier, Bruxelles, 1935.

William Lescaze, maison personnelle et agence, dessin de la façade sur rue, New York, 1934. Ces deux architectes s'inspirent sans conteste de la Maison de verre de Pierre Chareau, mais également des villas blanches de Le Corbusier et Pierre Jeanneret.

pour assurer l'amusement des yeux, mais est considéré « comme un spécimen extrêmement curieux des derniers perfectionnements de l'art de la verrerie[534] ». Paradoxalement, la société Saint-Gobain, qui fournit la quasi-totalité des pièces pour l'édification de cette folie sino-japonaise, ne souhaite pas que son nom apparaisse et ne cherche pas à exploiter cette réalisation pour promouvoir son savoir-faire industriel. Plutôt qu'une fantaisie, Jules Henrivaux, longtemps directeur de la manufacture de glace de Saint-Gobain, imaginait, six ans avant l'ouverture de l'Exposition, présenter un projet plus ambitieux de par sa finalité utilitaire. Il rêvait d'une maison édifiée et ornée exclusivement avec du verre pour démontrer les avantages de ce matériau sur le plan « architectural, hygiénique et artistique[535] ». Dans plusieurs publications, il revient sur le projet de cette demeure, aux murs en brique de verre, planchers et toitures en dalle de verre, canalisations et mobilier en verre ainsi que rideaux en petits carrés de verre[536] !

Un emballement similaire pour un emploi généralisé du verre dans la construction voit le jour aux États-Unis. Dès 1889, *The American Architect and Building News* publie des dessins de maisons en blocs de verre. La rumeur de la construction de dix-sept maisons en verre bâties à Chicago en 1893 se répand outre-Atlantique, tandis que la branche américaine de Luxfer Prismen enrôle Frank Lloyd Wright pour assurer la promotion de ses produits[537]. En France, l'écho de ces initiatives se retrouve dans les revues professionnelles comme *L'Architecture* ou *La Semaine des constructeurs*, mais il serait illusoire de penser que Chareau a puisé là son inspiration. L'évolution du projet de la Maison de verre atteste que Chareau n'adopte pas une posture doctrinaire ou arbitraire, mais poursuit une voie pragmatique en s'employant à trouver des alternatives pour contourner les embarras rencontrés. Il ouvre en revanche avec cette réalisation une voie nouvelle que certains suivront, soit relativement littéralement, comme William Lescaze à New York (1934) ou Paul-Amaury Michel à Bruxelles (1935), soit de manière plus distancée, en poursuivant une réflexion sur la dématérialisation de la paroi des façades doublée d'une recherche portant sur de nouveaux rapports entre l'intérieur et l'extérieur. Un thème que Mies van der Rohe travaille dès l'époque du projet de la maison Resor en 1937 et qui aboutit au parallélépipède transparent de la Farnsworth House (1946-1951). Depuis lors, il est illusoire d'imaginer dresser la liste de tous les succédanés engendrés par ces deux différentes directions.

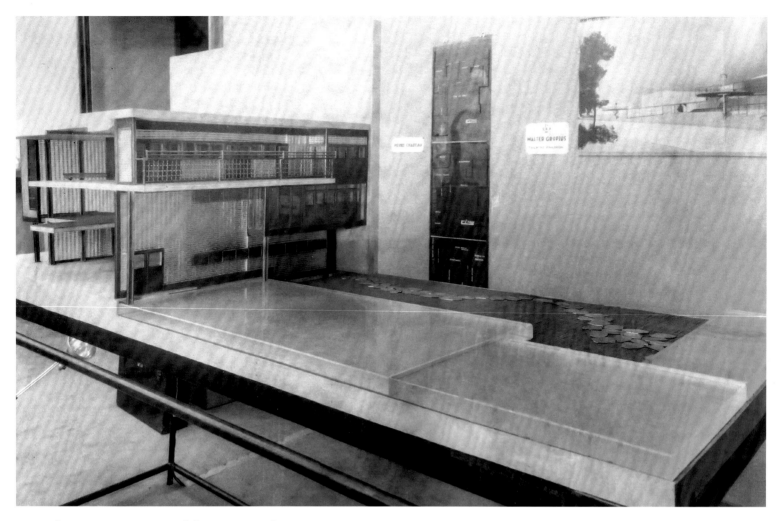

Louis Dalbet, maquette de la Maison de verre. Présentée initialement au pavillon de Marsan lors de la première exposition de l'UAM en juin-juillet 1931 et à plusieurs occasions jusqu'en 1937. Achetée alors par l'État, elle a disparu depuis.

À L'HEURE DE SA MÉDIATISATION

A. Lawrence Kocher et Albert Frey architectes, dessin de l'Aluminaire House. Maison en métal et verre construite à l'occasion de l'Architectural League and Allied Arts and Industries Exhibition de New York, avril 1931.

Avec ce projet d'habitation, Chareau est conscient d'expérimenter un emploi inédit du verre. Mieux, il pressent qu'il inaugure un temps nouveau et, sans fanfaronner, ne s'en cache pas. Aussi, il convie la presse généraliste à une visite, en mai 1931, alors que les travaux de ce laboratoire de la modernité ne s'achèveront qu'un an plus tard. Le quotidien *Paris-Midi* rapporte : « Le constructeur affirme que c'est là l'habitation de l'avenir, et que le Paris futur verra des centaines de maisons de ce genre[538]. » Entre le premier article dans *L'Intransigeant* du 27 mai et celui de *La Petite Chronique de Zurich* du 3 novembre 1931, plus de vingt journaux — dont onze la première semaine — témoignent de la stupéfaction causée par l'édifice. Sceptique, *Le Figaro* la brocarde en une. Bienveillant, *Benjamin, le premier grand hebdomadaire français pour la jeunesse* commence l'interview de l'architecte dès sa première page. Cinq quotidiens, britanniques et américains, instruisent le public anglophone de cette innovation en matière d'habitat, dont le *Daily Mail Atlantic Edition*, un journal exclusivement édité et diffusé sur les paquebots navigant entre New York et Southampton[539]. L'information circule également dans la presse en Belgique, Italie, Autriche, Suisse et Allemagne, où paraît la première publication sérieuse, délivrée par le mensuel d'architecture *Wasmuths Monatshefte für Baukunst und Städtebau*, à l'hiver 1931. Le plus souvent, les publications se contentent de descriptions ou relaient les propos de Chareau : un matériau incassable et pas onéreux, des murs en verre aussi solides qu'en pierre, l'impossibilité de voir du dehors au dedans ; et rapportent ses prophéties sur la Maison de verre comme prototype de l'habitation de l'avenir qui sera édifiée par centaines dans Paris. Quatre articles poussent plus loin leurs investigations et se livrent à une comparaison entre la Maison de verre et la Maison du futur ou Aluminaire House, exposée en avril 1931 à New York, une réalisation présentée comme « entièrement en métal et en verre[540] » ayant reçu un accueil enthousiaste. Unanimement, l'examen tourne à l'avantage de l'expérimentation parisienne, qui est jugée plus avant-gardiste et déploie davantage de surfaces vitrées.

C'est en termes de stratégie de communication qu'il convient d'analyser les efforts déployés alors par Chareau. Sa cible est à l'image de sa clientèle, un public diversifié d'amateurs instruits et aisés qu'il n'hésite pas à convier par voie de presse à une visite de la maison, une fois celle-ci achevée[541]. Le monde professionnel de l'architecture et des arts décoratifs vient en second, d'où une action moindre en direction de la presse spécialisée[542]. Outre l'organisation de ces visites du chantier, en 1931 également, une maquette est réalisée dans le but d'être présentée à la deuxième exposition de l'UAM et au Salon d'automne en premier lieu[543]. Elle offre un aperçu partiel de la maison afin de procurer une vue de l'extérieur avec les parois en brique de verre, comme de l'intérieur avec ses imbrications de volumes. On peut s'interroger si, conjointement, auraient alors été ébauchées trois vues en perspective, sommairement tracées, qui donnent à voir trois aménagements intérieurs faisant « apparaître des dispositifs qui ne verront pas le jour[544] ». Si ce n'est à cette occasion, ces dessins ont peut-être été effectués en prévision d'une publication, probablement celle d'un portfolio dont la parution n'eut jamais lieu.

APPROCHES CRITIQUES ET INTERPRÉTATIONS

Une fois le chantier achevé, vient le tour des architectes ou des critiques d'art d'interroger l'œuvre et de se livrer à son analyse. La première contribution analytique paraît aux Pays-Bas, en septembre 1933, rédigée par Jan Duiker, l'ami et ancien associé de Bijvoet[545]. L'article pose en préalable une question éthique, celle de la responsabilité de l'architecte en matière de logement populaire. À cet égard et quoiqu'en contradiction avérée avec plusieurs appréciations énoncées dans son propos, le verdict n'étonne guère, en termes d'habitat minimum : « Cet exemple est complètement sans intérêt ! » En cela il rejoint les protagonistes engagés au sein du mouvement moderne, comme André Lurçat qui, secondé par son assistant Oscar Storonov, tente d'exclure des CIAM ces concepteurs mondains que sont Robert Mallet-Stevens, Djo-Bourgeois et Pierre Chareau[546]. Proche de cette aile gauche, le critique tchèque Karel Teige tance plus généralement ces maisons d'architecte « avec tout leur luxe technique et leur design radical, avec toute leur originalité formelle, [qui] ne sont en réalité rien d'autre que de nouvelles versions de palais baroques opulents [...] Une machine à habiter ? Non, une machine de représentation et de splendeur, pour la vie oisive et paresseuse des patrons qui jouent au golf et de leurs dames qui s'ennuient dans leurs boudoirs[547] ». Moins virulent, Duiker note que la Maison de verre édifiée « grâce au portefeuille* bien garni d'un homme riche[548] », relève « d'un snobisme* fonctionnaliste très prisé à Paris et ailleurs : nouveau fonctionnalisme d'acier, de chrome et de nickel aux finitions soignées et quasi horripilantes[549] », menant tout droit à un « formalisme grossier[550] ».

L'affaire pourrait en rester là « s'il n'y avait pas la présence de nombreuses expérimentations techniques d'avant-garde rendant le cas tout à coup extrêmement intéressant[551] ». Mieux, beaucoup d'inventions, juge-t-il, sont « dignes d'éloges », et la maison tout entière constitue « un point de référence à partir duquel on peut poursuivre les recherches[552] ». La principale innovation de la Maison de verre tient, selon lui, à la primauté de la conception spatiale sur les considérations formelles. L'interpénétration des espaces, permise par le recours à une structure ponctuelle, en témoigne expressément. Il concède même que l'agencement spatial expérimenté rue Saint-Guillaume pourrait inspirer l'organisation de petits logements, au même titre que la transparence pourrait insuffler le sentiment qu'une pièce est plus grande qu'en réalité. L'habitat minimum pourrait aussi bénéficier de l'apport d'éléments mobiles ou rotatifs, du concours de meubles pour assurer une séparation entre deux lieux, etc. Duiker conclut son article par un ultime éloge en constatant : « Désormais la norme "esthétique" de la construction est entièrement renouvelée. Les ornements ne nous irriteront plus car ils sont absents. L'aspect des bâtiments ne contient pas d'autre esthétique que l'esthétique "en soi" : c'est-à-dire celle de sa propre forme fonctionnelle. Même la dissemblance des éléments ne nous affecte plus[553]. »

Du côté des revues françaises, seule *L'Architecture d'aujourd'hui* consacre un dossier à la Maison de verre, fin 1933. Elle est traitée avec moins d'égard que la villa Cavrois de Mallet-Stevens, un an plus tôt. On lui accorde moins de place, et les propos tenus offrent des points de vue contrastés. Trois articles struc-

turent le dossier : le premier, critique voire caustique, est dû à Pierre Vago, rédacteur en chef ; le deuxième, enthousiaste, est rédigé par l'architecte d'origine américaine Paul Nelson ; le dernier, plus factuel quoique comportant diverses piques, est signé Julien Lepage, pseudonyme d'un jeune critique allemand, Julius Posener[554]. Vago commence son propos par des louanges de circonstance : « Une des réalisations les plus remarquables de ces dernières années[555] » et salue le docteur pour s'être prêté à une « dangereuse expérience » qui, néanmoins, fait « progresser la civilisation et l'art[556] » ! Reste que l'architecte ne s'est pas attaché, affirme-t-il, à « satisfaire des besoins réels », mais s'en est remis à « la loi capricieuse de sa fantaisie[557] ». De là découlent de « nombreuses inconséquences » qui ramènent cette œuvre à n'être qu'« une charmante fantaisie », pire un simple « jouet ingénieux imaginé par un artiste délicat pour sa propre délectation[558] ». Au-delà des sarcasmes, Vago, en fidèle disciple d'Auguste Perret, profite de l'occasion pour attaquer les idées de Le Corbusier en matière de « machine à habiter », considérant la Maison de verre comme son anticipation. Étonnamment, sa réfutation des idées de Le Corbusier rejoint les termes du critique très réactionnaire Camille Mauclair. « Nous sommes trop humains, assène Vago, […]. La maison n'est ni un avion, ni un paquebot, ni un laboratoire. […] Acceptons plutôt la religion des dieux Lares que la tyrannie du dieu-machine[559]. » Quatre années plus tard, à l'occasion d'une nouvelle publication où figure la Maison de verre, Chareau réplique aux allégations de Vago. Récusant tout fonctionnalisme machinique, il revendique avoir essayé « de solutionner différents problèmes

Publications sur la Maison de verre : la revue hollandaise *De 8 en opbouw*, 2 septembre 1933, la revue soviétique *Архитектура за рубежом* [Architecture à l'étranger], dans son numéro sur le verre et l'architecture, 1936.

Page de gauche : Articles consacrés à la Maison de verre publiés dans *Benjamin*, hebdomadaire pour la jeunesse, 18 juin 1931, la revue allemande *Wasmuths Monatshefte für Baukunst und Städtebau*, novembre-décembre 1931, *Art et Décoration*, janvier 1934.

dominant la vie contemporaine, les solutions sont avant tout humaines et l'usage les revendique comme telles[560] ».

Dans « Observations en visitant », Posener s'emploie à signaler tous les mécanismes et leur fonctionnement qui, parfois, le déconcertent, tandis qu'il est peu disert sur les détails ou sur l'espace que Duiker a pourtant vantés. Hormis les descriptions, l'intérêt de ce texte réside dans deux petites citations de propos tenus par l'architecte. D'abord un regret que « cette famille, si cultivée, ne vive pas encore d'après le rythme de la maison », puis la précision que la maison est un « modèle réalisé par des artisans en vue d'une standardisation industrielle[561] », car Chareau est convaincu que « les maisons de verre seront les habitations de l'avenir[562] ».

Avec un texte court à l'argumentation magistrale, Paul Nelson voit, au contraire, la Maison de verre comme une promesse : un « point de départ vers une vraie architecture[563] » contemporaine et non une parodie se résumant à un choix de matériaux, à des formules toutes faites ou à des traits formels. « "L'architecture moderne" se meurt », prophétise-t-il, si elle se réduit à des « bâtiments "purs" » pour ne pas dire puristes. De quoi donc fait preuve cette réalisation pour surclasser tout ce qui l'a précédée ? La spatialité et le traitement des éléments constructifs… « La démultiplication est la caractéristique essentielle de cette vie nouvelle. […] La maison doit être une machine qui démultiplie la sensation de la vie. L'homme d'aujourd'hui connaît l'espace et plus encore le mouvement dans l'espace[564]. » Nelson convoque avec ces termes la quatrième dimension que Giedion popularisera plus avant dans son livre *Espace, temps et architecture*, publié en 1941 aux États-Unis. Quoique élève de Perret comme Vago, Nelson est le seul à percevoir l'innovation apportée par Chareau en dissociant la structure statique qui constitue l'ossature de l'édifice, de la spatialité dynamique dont témoignent tous les éléments – parois ou meubles –, qui bougent, pivotent ou coulissent[565]. De ce fait, « la maison de Chareau n'est pas immobile, elle n'est pas photographique, elle est cinématographique. Il faut parcourir des espaces pour l'apprécier – autre point de liaison avec l'homme d'aujourd'hui[566] ». À l'architecture invoquant avant tout le sentiment de permanence, l'architecte décorateur substitue une spatialité créant, comme au cinéma, l'illusion du mouvement. Quant aux éléments constructifs, ils annoncent l'avènement d'une « architecture technologique[567] ». « La recherche purement esthétique n'en a pas été le but ; mais il est curieux de constater que, uniquement par la recherche technique, cette maison a devancé la sculpture surréaliste. Calder et Giacometti pourraient y voir des réalisations[568]. » Quel plus bel hommage peut-on adresser à Chareau que d'avoir fait une œuvre d'art anticipatrice « sans avoir voulu faire de "l'art pour l'art[569]" » en s'aidant jusqu'au plus infime détail de la technique ?

Le grand historien et critique anglais Reyner Banham exprime cinquante ans plus tard un jugement similaire, reconnaissant que la Maison de verre n'a jamais été jugée « canonique » aux yeux des modernes orthodoxes : « Ce n'est pas de l'architecture moderne telle qu'on l'entend généralement. Ce n'est pas l'architecture moderne de Gropius ou de Le Corbusier. Et pourtant, cela reste indubitablement "moderne" par ses matériaux, son esthétique et le fringant style de vie que cela suppose. C'est comme si ses architectes, Pierre Chareau, la superstar Art déco français, et Bernard Bijvoet, le moderniste néerlandais, avaient inventé un modernisme alternatif pour remplacer celui qui figure dans tous les livres. Voilà pourquoi la maison n'est pas dans ces livres[570]. » S'il reconnaît que le mobilier relève immanquablement de l'Art déco, « tout le reste appartient strictement à l'"âge de la machine"[571] ». Cette contribution de Banham, publiée en 1986, fait partie d'un texte consacré à un édifice high-tech par excellence, le siège de la Lloyds à Londres, conçu par Richard Rogers (un des coauteurs du Centre Georges-Pompidou de Paris). Vingt ans plus tôt, Rogers avait fait paraître un article sur la Maison de verre, dans lequel il louait le travail d'inventeur de Chareau, soulignant qu'il ne s'était pas contenté d'exploiter « le savoir existant » pour réaliser un bâtiment « très en avance sur son temps », fait avec des techniques et matériaux de l'âge de la machine[572].

Identifier la place de Pierre Chareau parmi les grandes figures de la modernité et mesurer le retentissement que suscite la Maison de verre n'est pas un exercice aisé. Dans un premier temps, lors du chantier et à son achèvement, elle bénéficie d'un succès indéniable tant dans la presse généraliste, comme une curiosité, que dans les revues spécialisées, mais avec sensiblement moins de bonheur. Néanmoins, passé 1937, commence l'éclipse de la Maison de verre, fortuitement interrompue par la publication d'une photographie ou l'apparition d'une brève mention. Chareau n'est pourtant pas totalement étranger à la situation, car il a manqué d'empressement, de temps à autre, pour fournir aux institutions

Kenneth Frampton, coupe de la façade du petit salon d'Annie Dalsace et relevé de l'escalier repliable effectués à la Maison de verre, juillet 1965.

Page de gauche : Double page introductive de l'article sur la Maison de verre, publié dans *L'Architecture d'aujourd'hui*, novembre-décembre 1933.

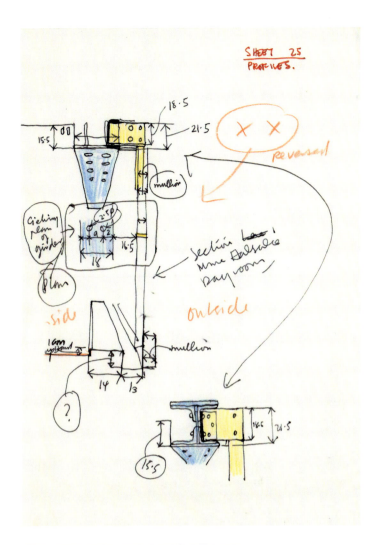

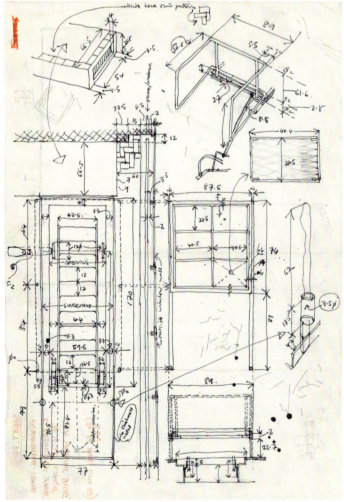

ou en vue d'une publication les documents nécessaires[573]. Au cours des années 1960, des initiatives essentiellement anglaises font sortir de l'ombre l'œuvre de Chareau[574]. Avec cette redécouverte, commencent de nouvelles approches, historiographiques d'une part et interprétatives de l'autre.

L'architecte et historien britannique Kenneth Frampton entreprend la première étude sérieuse de la maison et de la collaboration entre Chareau et Bijvoet. L'absence de documents dessinés, hormis de vagues plans schématiques de la main de Chareau, empêchait toute compréhension de l'organisation interne de la maison et une réelle appréhension de sa complexité spatiale. Pour pallier cette carence, Frampton réalise un relevé de la maison, à l'été 1965[575]. L'année suivante, paraît un premier article où il propose une analyse historique du projet, tout en s'employant à comprendre le positionnement de Chareau au sein de l'avant-garde de l'entre-deux-guerres[576]. Trois ans plus tard, dans le très select journal *Perspecta*, il publie une très longue et brillante étude dans laquelle il remet en contexte le travail de Chareau, retrace l'évolution du projet, analyse ses caractéristiques spatiales comme constructives et, au regard de ses pairs, commente l'apport de ce créateur[577]. Ainsi, il met en lumière l'évidente passion de l'architecte décorateur pour les matériaux nouveaux ou les techniques, qu'elles soient anciennes ou tirées de processus industriels récents. Frampton s'intéresse, aussi, à la manière dont Chareau excelle dans la mise au point de combinaisons nouvelles, parfois incongrues ou dissonantes, et qualifie joliment ces associations de « poésie d'équipage ». L'article est accompagné d'une vingtaine de documents graphiques

LA MAISON DE VERRE

élaborés à partir de ses relevés. Disposant désormais de plans des trois niveaux, de coupes, d'une axonométrie générale et d'une demi-douzaine de dessins analytiques de détails, il devient enfin possible de mesurer toute l'ingéniosité de cette réalisation. Deux autres épisodes rendent cette œuvre encore plus accessible. En 1965, aux côtés de Frampton, Michael Carapetian a pour tâche de photographier la maison sous tous ses aspects. La parution de ce reportage et l'ouverture à la visite de la maison amorcent de nouvelles facilités pour la rendre plus familière. Le travail de relevé est ensuite poursuivi par Bernard Bauchet et débouche sur la mise en circulation d'une documentation extensive des principaux dispositifs, composants ou mécanismes de la Maison de verre. La publication de ce travail, associée à des photographies de Yukio Futagawa, dans une volumineuse livraison de GA en 1988, accroît la diffusion à l'étranger de cet édifice[578].

La parution, fin 1984, de l'ouvrage *Pierre Chareau, architecte-meublier*, coécrit par Marc Vellay, le fils d'Aline Dalsace et Pierre Vellay, et par Kenneth Frampton inaugure une nouvelle étape. L'énigmatique singularité de la maison et ses différentes facettes sont désormais abordées en privilégiant commentaires et interprétations. Juste avant cette publication, Paolo Melis évoque, dans la revue italienne *Domus*, une « architecture-dispositif[579] » et, loin de toute mystique philosophique du type *Glasarchitektur*, trace un « fil d'Ariane », associant Pierre Chareau et Marcel Duchamp dans un même « monde de verre » où le bâtiment parisien devient « la maison mise à nu par ses célibataires, même[580] ». Frampton établit, lui aussi, une corrélation entre *Le Grand Verre* (1915-1923) et la Maison de verre (1925-1932), mais en précisant : « Ce parallélisme va bien au-delà du fait apparemment trivial que les deux œuvres étaient fondées sur un usage obsessionnel et superflu du verre[581]. » Il s'emploie à confronter deux « constructions » majeures, n'hésitant pas à transmuer les limites de leur domaine respectif et dont l'étrangeté fait d'elles des « œuvres inclassables ». « L'une comme l'autre sont des "anti"-œuvres, la Maison de verre étant un morceau d'anti-architecture et *Le Grand Verre* une anti-peinture[582]. » Cela posé, il recourt à l'analyse proposée par Michel Carrouges de *La Mariée mise à nu par ses célibataires, même* et la fameuse lecture qu'il tire de leur « machine célibataire » renvoyant à deux systèmes : l'un sexuel, l'autre mécanique[583]. Voilà qui nous renvoie au tout premier sous-titre de l'œuvre *Mécanisme de la pudeur/Pudeur mécanique*, ainsi qu'à une allusion subtile aux dispositifs symboliques et aux zones mâle et femelle déployés dans la partie médicale ou privée de la maison. « Les deux œuvres, précise Frampton, font montre, de façon différente, d'une sorte de machinisme excessif et inutile, en second lieu les deux œuvres comportent des dispositions qui, du moins pour une part, ont des implications érotiques ou sexuelles[584]. »

De la sexualité et de la dualité masculin/féminin, qui se sont subrepticement invitées dans l'interprétation de la Maison de verre au recours à la psychanalyse, le pas est franchi par Brian Brace Taylor en 1993. Il invoque l'un des quatre concepts fondamentaux de Jacques Lacan : la notion de « tuchê », soit une rencontre du réel, d'essence traumatique, advenant toujours par hasard[585]. Le tuchê contredit le déterminisme et introduit la dimension de l'aléatoire, en l'occurrence dans la rencontre entre gynécologie et architecture[586]. Dès lors, la voie est ouverte non seulement pour ausculter la maison sous l'angle du genre, quand d'autres s'en tiennent à la question du regard et du voyeurisme, avec l'obscénité qu'affiche Georges Bataille dans *Histoire de l'œil* en moins[587]. Il s'agit plus de voir, d'entrevoir, de deviner, d'ausculter les corps des patientes ou celui de la maison, voire de ses organes, au filtre de la technologie guérissant les maux des êtres (le docteur) ou ceux de la ville congestionnée (Chareau)[588]. D'autres interrogent l'habitabilité de cette « utopie des sens », pour aboutir à une conclusion heureuse, à l'opposé de nombre de maisons iconiques que leurs propriétaires ont vite abandonnées[589]. Quelques satrapes en herbe en appellent à la pataphysique pour étudier l'édifice, quand d'autres empruntent un spéculum pour l'observer jusqu'à ses tréfonds et prélèvent des échantillons de poussière en écho à *Élevage de poussière* de Man Ray et Marcel Duchamp[590]. Aux côtés de ces exégètes, depuis peu, des illustrateurs se sont emparés de l'édifice pour lui prêter une vie fictionnelle[591].

Tout compte fait, l'incroyable étrangeté, à moins que ce ne soit l'inquiétante étrangeté de la maison, paraît loin d'avoir épuisé le champ des interprétations possibles dont la diversité consacre combien la Maison de verre de Chareau occupe une place à part parmi les chefs-d'œuvre de l'architecture moderne de la première partie du XXe siècle.

Quand la bande dessinée se saisit de la Maison de verre... Sérigraphies de Jacques de Loustal et de Ted Benoit, 2010.

NOTES

DE LA DÉCORATION À L'ARCHITECTURE INTÉRIEURE

1 Cette découverte a été rendue possible par le croisement d'archives jusqu'alors peu ou insuffisamment exploitées et par un long travail de recollement de sources iconographiques issues de publications de l'époque ou provenant essentiellement des collections du musée des Arts décoratifs de Paris et de photographies récemment redécouvertes dans les fonds du MoMA, à New York.
2 Walter Benjamin, « Expérience et pauvreté », *Œuvres II*, Paris, Gallimard, 2000, p. 367-368. Benjamin emprunte cette citation à Adolf Loos, « Céramique », *Paroles dans le vide. Malgré tout*, Paris, Ivréa, 1994, p. 183.
3 Témoignage de Gilberte Dreyfus à Francis Lamond recueilli en 1991.
4 Guillaume Janneau, *L'Art décoratif moderne. Formes nouvelles et programmes nouveaux*, Paris, Bernheim Jeune, 1925, p. 7. Ainsi que Pierre Chareau, « La création artistique et l'imitation commerciale », *L'Architecture d'aujourd'hui*, n° 9, septembre 1935, p. 68.
5 Éric Poncy, *Souvenirs sur Hélène de Mandrot et le château de la Sarraz, 1924-1939*, tapuscrit, 1978, p. 9-10. Archives cantonales vaudoises, PP869/164.
6 Témoignage de Dollie Chareau recueilli par Kenneth Frampton, en 1965. CCA Archives K. Frampton, box 197-2017-001 T, folder 197-001-004.
7 *Ibid.*
8 Marc Vellay, *Portraits croisés. La Maison de verre. Dalsace/Chareau*, Paris, Éditions du Regard, 2021, p. 232. Sans date, cette lettre est vraisemblablement de mars 1927.
9 La somme de 137 800 francs correspond à environ 87 000 euros et le surcoût s'élève à 7,25 % du devis initial. De nombreux architectes, Le Corbusier ou Mies van der Rohe en premier lieu, subirent l'ire de leurs clients pour avoir dépassé le budget initialement fixé. À titre de comparaison, le docteur dit avoir dépensé pour vivre durant l'année 1930 la somme de 115 000 francs. Robert Dalsace, journal manuscrit de ses mémoires rédigé en 1983, inédit. Archives familiales.
10 Par trois fois, des perspectives axonométriques partielles d'appartements (Madeleine Lanique-Schauffler, Daniel Dreyfus et Maurice Farhi) ont paru dans des revues, ces dessins semblent avoir été effectués *a posteriori* en vue de la publication. On peut se demander s'ils sont le fait de l'atelier Chareau.
11 Dessin d'une chambre de jeune homme, dans Edmond Fleg, « Nos décorateurs, Pierre Chareau », *Les Arts de la maison*, Paris, Éditions Albert Morancé, hiver 1924.
12 Francis Jourdain, *L'Art international d'aujourd'hui*, n° 6 *Intérieurs*, Paris, Éditions d'art Charles Moreau, 1929, n.p.
13 *Ibid.*
14 *Ibid.*
15 Waldemar George, « Les intérieurs de Pierre Chareau », *L'Amour de l'art*, n° 3, mars 1923, p. 483.
16 Christian Zervos, « Architecture intérieure, enquêtes », *Cahiers d'art*, n° 1, Paris, Éditions Albert Morancé, 1926, p. 14.
17 Edmond Fleg, « Nos décorateurs : Pierre Chareau », *Les Arts de la maison, op. cit.*, p. 23-25.
18 Karl Kraus, « Aphorismes », *Les Cahiers d'aujourd'hui*, n° 7, octobre 1913, p. 342.
19 Edmond Fleg, « Nos décorateurs : Pierre Chareau », *Les Arts de la maison, op. cit.*, p. 25.
20 Waldemar George, « Les intérieurs de Pierre Chareau », *L'Amour de l'art*, n° 3, mars 1923, p. 486.
21 *Ibid.*
22 *Ibid.*
23 Pierre Chareau, « L'architecture intérieure et Pierre Chareau », *Conferencia*, n° 23, 15 novembre 1926, p. 536.
24 Robert Dalsace, journal manuscrit de ses mémoires, rédigé en 1983. Archives familiales.
25 Pierre Chareau, cité par Léon Moussinac, « Introduction », *Intérieurs I*, Paris, Albert Lévy, 1924, n.p.
26 Maximilien Gauthier, « M. Pierre Chareau », *L'Art et les Artistes*, avril 1924, p. 286.
27 Jacques Fredet, *Types courants de l'architecture mineure parisienne*, Paris, Éditions de la Villette, 2020, p. 102.
28 « À notre époque, qu'avons-nous besoin d'un salon, d'une salle à manger, je dirais même d'une chambre à coucher, aux seules fonctions de recevoir, dormir ou manger ? », dans Pierre Chareau, « L'architecture intérieure », *Conferencia*, n° 23, 15 septembre 1926, p. 537.
29 Edmond Fleg, « Nos décorateurs : Pierre Chareau », *Les Arts de la maison, op. cit.*, p. 24.
30 *Ibid.*
31 Immeuble du 136, rue de la Tour à Paris, dont le chantier est achevé en 1928.
32 Jean de Bercel, « Une décoration sur plan par Patout et Pierre Chareau », *Art et Industrie*, n° 6, août-septembre 1926, p. 16.
33 Pour reprendre une dénomination avancée par Arthur Rüegg, « Aménagements intérieurs », dans Olivier Cinqualbre (dir.), *Pierre Chareau architecte, un art intérieur*, Paris, Éditions du Centre Pompidou, 1993, p. 166.
34 Gabriel Henriot, « Pierre Chareau », *Mobilier et Décoration*, novembre 1928, p. 227. Gabriel Henriot était le conservateur en chef de la bibliothèque Forney.
35 Barry Parker et Raymond Unwin, *The Art of Building a Home*, Londres/New York/Bombay, Longmans, Grenn & Co, 1901. Le chapitre 8, « The Art of Designing Small Houses and Cottages », est plus particulièrement consacré à ces questions.
36 Christian Zervos, « Architecture intérieure, enquêtes », *Cahiers d'art*, n° 1, Paris, Éditions Albert Morancé, 1926, p. 14.
37 Jo Abram, « Aux confins de la culture cubiste », dans Olivier Cinqualbre (dir.), *Pierre Chareau architecte, un art intérieur, op. cit.*, p. 43.
38 Guillaume Janneau, « Le mouvement moderne : première exposition d'art décoratif contemporain », *La Renaissance de l'art français et des industries de luxe*, avril 1934, p. 206.
39 Dora Vallier, « Braque, la peinture et nous », *Cahiers d'art*, 1954, p. 16, cité par John Golding, *Le Cubisme*, Paris, Le Livre de Poche, 1968, p. 141.
40 Yve-Alain Bois, « Cubistic, Cubic, and Cubist », dans Eve Blau et Nancy Troy (dir.), *Architecture and Cubism*, Cambridge, MIT Press/Montréal, Centre canadien d'architecture, 2002, p. 189-194.
41 Maximilien Gauthier, « M. Pierre Chareau », *L'Art et les Artistes*, avril 1924, p. 285.
42 *Ibid.*
43 Adolf Loos, « Le principe du revêtement », *Paroles dans le vide. Malgré tout*, Paris, Champ Libre, 1979, p. 72. Cet article est paru le 4 septembre 1898 dans le cadre de ses « Chroniques écrites à l'occasion de l'Exposition viennoise du Jubilé » publiées par *Neue freie Presse*.
44 La photographie, publiée en 1903 dans la revue *Kunst*, se veut l'extrême opposé de la célèbre chambre à coucher d'Otto Wagner présentée à Vienne en 1898 et à Paris en 1900. Aucune autre vue de son appartement ne parut de son vivant.
45 Contrairement à la tradition française qui fait de la construction l'essence de l'architecture, Gottfried Semper dans son ouvrage *Les Quatre Éléments de l'architecture* (1851) fait de l'enveloppe ou « clôture » en branchage ou tissu l'élément premier de cet art. Cette inversion l'amène par la suite à développer le « principe du revêtement » et à réhabiliter la question de l'ornement. Présentement, Loos s'aligne délibérément sur la théorie de Gottfried Semper.
46 Adolf Loos, « Le principe du revêtement », *Paroles dans le vide. Malgré tout, op. cit.*, p. 74.
47 Olivier Cinqualbre, « Aménagement des pièces de réception du Grand Hôtel », dans Olivier Cinqualbre (dir.), *Pierre Chareau architecte, un art intérieur, op. cit.*, p. 190.

Architecture intérieure : habitations

48 Témoignage de Dollie Chareau, *L'Architecture d'aujourd'hui*, n° 31, 1950, p. VII. À partir de mi-1917, les permissions sont de dix jours tous les quatre mois.
49 Le catalogue officiel du Salon d'automne en 1919 mentionne un bureau comprenant tapisserie et sculpture. Le pochoir reproduit dans Léon Moussinac, *Intérieurs I, op. cit.*, pl. 1, est dénommé « cabinet de travail ». Formulée par Edmond Fleg, dans « Nos décorateurs : Pierre Chareau », *Les Arts de la maison, op. cit.*, p. 22, l'expression « cabinet d'étude d'un jeune médecin » est erronée et a induit de nombreuses mésinterprétations. Il ne s'agit pas d'un cabinet de consultation ou du bureau d'un avocat, mais d'un endroit où l'étudiant en droit et en médecine Jean Dalsace travaille. D'ailleurs, le mobilier ne compte aucune table d'examen médical. Par ailleurs, une des publications du Salon porte la mention « hall », une expression fréquemment utilisée par Chareau pour désigner le salon, d'où découle la confusion fréquente rabaissant cette pièce à un simple vestibule d'entrée.
50 Marc Vellay, Kenneth Frampton, *Pierre Chareau, architecte-meublier, 1883-1950*, Paris, Éditions

du Regard, 1984, p. 32. Marc Vellay évoque « une chambre, une table à langer, des chaises et des espaces de rangement ».

51 Jean Dalsace est admis à l'ordre des avocats en 1924 et soutient sa thèse de médecine en 1926, nonobstant dès l'été 1925 il participe à la création d'un centre de consultation médicale avec cinq autres médecins au 5, rue des Lions dans le 4e arrondissement de Paris. Ses études achevées, le bureau de l'étudiant Jean Dalsace n'est pas converti en un cabinet de consultation, comme le prouve l'absence de tout équipement nécessaire à des examens gynécologiques. Fonds Dalsace-Vellay, Dalsace 0, bibliothèque interuniversitaire de santé.

52 Edmond Fleg, « Nos décorateurs, Pierre Chareau », *Les Arts de la maison*, *op. cit.*, p. 22.

53 Léon Moussinac, *Intérieurs I*, *op. cit.*, pl. 1. Dans Edmond Fleg, « Nos décorateurs : Pierre Chareau », *Les Arts de la maison*, *op. cit.*, p. 22, les schémas de la pièce et la description faite par Edmond Fleg placent l'alcôve à gauche de la cheminée, contrairement au pochoir. Des photographies, pour certaines publiées à l'époque, montrent le bureau près de la fenêtre et positionné à droite de la cheminée. Un autre cliché révèle le canapé placé dans l'alcôve. Quant à la commode, le schéma de la revue la positionne sur le mur opposé, exactement en face de la cheminée, soit en parfaite symétrie.

54 Ernest Tisserand, « Du studio au salon », *L'Art vivant*, 16 avril 1926, p. 305.

55 Née à Toul en 1881, Marcelle Bernheim fut élevée dans la tradition et la religion juives. Ses cinq enfants furent instruits à la maison par des précepteurs. Voir Michel Dreyfus, « Heurs et malheurs de l'entreprise immobilière Bernheim (c. 1890-1945) », *Archives juives*, n° 2, 2015, p. 96.

56 Ernest Tisserand, « La chambre à coucher », *L'Art vivant*, 16 juin 1926, p. 510-511.

57 *Ibid.*

58 Pierre Chareau, « L'architecture intérieure », *Conferencia*, n° 23, 15 novembre 1926, p. 536.

59 *Ibid.*, p. 533.

60 Jane Alfassa, « M. Pierre Chareau », *ibid.*, p. 534.

61 Pierre Chareau, « L'architecture intérieure », *ibid.*, p. 533-539. Les deux plans mentionnés ne sont pas reproduits dans la revue.

62 *Ibid.*, p. 537.

63 *Ibid.*

64 Son père Paul, à l'initiative de l'entreprise familiale, était membre du Comité national des grains, farines et fourrages durant la Première Guerre mondiale.

65 Michel Dreyfus, « Heurs et malheurs de l'entreprise immobilière Bernheim (c. 1890-1945) », *Archives juives*, n° 2, 2015, p. 90.

66 Paul Fiérens, « Jean Lurçat, le cubisme et la sensibilité », *Sélection*, n° 2, novembre 1924, p. 172.

67 *Ibid.*

68 Ernest Tisserand, « Living-room et studio », *L'Art vivant*, 1er avril 1926, p. 268.

69 Catherine Lawton-Lévy, *Du colportage à l'édition. Bifur et les éditions du Carrefour. Pierre Lévy, un éditeur au temps des avant-gardes*, Genève, Metropolis, 2004, p. 114.

70 Une table similaire trouve place dans le *dressing room* de Daniel Dreyfus en 1930.

71 Lorsqu'en 1936 Madeleine Lanique-Schauffler ouvre un salon de beauté, elle ne sollicite pas Chareau pour agrémenter ou aménager le local.

72 Les circonstances de cette collaboration entre les deux hommes ne sont pas connues, probablement elles sont à chercher du côté de l'amitié. Quoi qu'il en soit, elle préfigure leur travail conjoint à « Une ambassade française » dans le cadre de la salle de sport et de repos à l'Exposition internationale de 1925.

73 De manière erronée, la revue *Mobilier et Décoration* d'avril 1927 nomme cette pièce « boudoir », alors que rien dans le mobilier ne correspond à une telle affectation, d'autant plus que la coiffeuse prend place dans la chambre.

74 Waldemar George, « Les intérieurs de Pierre Chareau », *L'Amour de l'art*, n° 3, mars 1923, p. 486.

75 Témoignage de Robert Dalsace recueilli par Francis Lamond, en 1992, complété par la consultation de ses mémoires manuscrites, rédigées en 1983. Archives familiales.

76 Edmond Fleg, « Nos décorateurs : Pierre Chareau », *Les Arts de la maison*, *op. cit.*, pl. VI.

77 Témoignage de Robert Dalsace recueilli par Francis Lamond en 1992, complété par la consultation de ses mémoires manuscrites rédigées en 1983.

78 *Id.*

79 Gabriel Henriot, « Pierre Chareau », *Mobilier et Décoration*, novembre 1928, p. 227.

80 Lettre d'Armand Moss à Rosanna Liebman, 14 août 1985, dans Rosanna Liebman, *Pierre Chareau : American and Abroad, 1883-1950*, mémoire de thèse, University of Virginia, 1989, p. 64.

81 L'ensemble Édouard-VII est situé entre l'Opéra Garnier et la Madeleine. Il compte des immeubles de logement, des boutiques et notamment le théâtre du même nom et l'Olympia.

82 Témoignage de Madeleine Dior recueilli par Francis Lamond en 1992.

83 *Id.*

84 Éric Poncy, *Souvenirs sur Hélène de Mandrot et le château de La Sarraz, 1924-1939*, *op. cit.*, p. 9-10. Archives cantonales vaudoises, PP869/164.

85 La rue Mallet-Stevens est inaugurée en grande pompe le 20 juillet 1927. Elle est bordée par un ensemble de six immeubles conçus par l'architecte éponyme.

86 René Chavance, « Quelques exemples d'installations modernes rue Mallet-Stevens », *Mobilier et Décoration*, avril 1928, p. 160.

87 *Ibid.*, p. 158.

88 Initialement, trois portes, correspondant aux trois grandes fenêtres du salon, étaient prévues ; seulement deux furent maintenues.

89 René Chavance, « Quelques exemples d'installations modernes, rue Mallet-Stevens », *Mobilier et Décoration*, avril 1928, p. 156.

90 Gabriel Henriot, « Pierre Chareau », *Mobilier et Décoration*, novembre 1928, p. 215-230.

91 Pour reprendre la dénomination avancée par Arthur Rüegg, dans « Aménagements intérieurs », Olivier Cinqualbre (dir.), *Pierre Chareau architecte, un art intérieur*, *op. cit.*, p. 166.

92 Gabriel Henriot, « Pierre Chareau », *Mobilier et Décoration*, novembre 1928, p. 228.

93 *Ibid.*, p. 224.

94 *Ibid.*

95 *Ibid.*, p. 216.

96 Pierre Dreyfus publie un ouvrage d'écrits de son père sous le titre *Souvenirs et Correspondance*, aux éditions Bernard Grasset en 1936.

97 L'ingénieur-éclairagiste André Salomon décrit un tel dispositif sous l'appellation « lemniscate de révolution » dans son ouvrage *Notions d'éclairagisme*, paru chez Dunod en 1939, p. 134-135. Un dispositif similaire est employé par Mallet-Stevens dans le bar Cafés du Brésil, du 1, boulevard Haussmann, en 1928. Proposé aux deux architectes, ce système permet d'obtenir « une surface de révolution de brillance uniforme » selon les propos de l'ingénieur.

98 *Encyclopédie des métiers d'art, décoration moderne*, t. II, Paris, Albert Morancé, s.d. [vers 1930], pl. 81.

99 *Ibid.*

100 « Deux mutations différentes de vieux moulins », *La Vie à la campagne*, 1er septembre 1931, p. 374.

101 Pierre Migennes, « Sur deux ensembles de Pierre Chareau », *Art et Décoration*, avril 1932, p. 130.

102 Olivier Cinqualbre, « Appartement D. Dreyfus », dans Olivier Cinqualbre (dir.), *Pierre Chareau architecte, un art intérieur*, *op. cit.*, p. 200. L'auteur de ces lignes ne tient pas compte, dans cette appréciation, du fait que cet aménagement est concomitant au travail de serrurerie mené à la Maison de verre. Il est donc difficile de déterminer quel chantier a précédé l'autre, à ceci près que Dalbet intervient rue Saint-Guillaume en 1931 et 1932.

103 Roger Picard, « Une innovation dans le commerce de détail : les magasins à prix uniques », *Revue d'économie politique*, vol. 48, n° 1, 1934, p. 74. Voir aussi Laurence Badel, *Un milieu libéral et européen : le grand commerce français 1925-1948*, Vincennes, Comité pour l'histoire économique, 1999 ; et Philippe Verheyde, *Les Mauvais Comptes de Vichy : l'aryanisation des entreprises juives*, Paris, Perrin, 1999.

104 Arthur Rüegg, « Aménagements intérieurs », dans *Pierre Chareau architecte, un art intérieur*, *op. cit.*, p. 162.

105 *Ibid.*

106 Pierre Migennes, « Sur deux ensembles de Pierre Chareau », *Art et Décoration*, avril 1932, p. 131.

107 Réalisée par le magazine, l'axonométrie parue dans *Art et Décoration* en 1932 ainsi que la reconstitution du plan effectuée dans les années 1990 ne sont pas conformes à la description de Pierre Migennes. Elles ne sont pas plus conformes à l'observation minutieuse des photographies qui révèlent aussi le recours à une menuiserie métallique de la jonction des parois fixes et mobiles similaires à celles du salon-bureau d'Hélène Bernheim, réalisé peu auparavant. Chez Farhi, la cloison entre la salle à manger et le boudoir est composée, côté vestibule, par deux pans rectilignes et fixes, l'un opaque en maçonnerie, l'autre vitré. Dans le prolongement, vient un pan en arc de cercle, vitré et coulissant, qui peut être déplacé au gré des humeurs sans jamais complètement obstruer le passage. Soit il reste solidaire de la paroi vitrée fixe, soit il migre vers la façade sur rue, mais dans chacun des cas une partie libre reste toujours ménagée entre les deux pièces. Une telle absence de séparation complète peut apparaître surprenante au regard des conventions, mais elle relève de la conception de pièces à multiples usages développée par Pierre Chareau.

108 Pierre Migennes, « Sur deux ensembles de P. Chareau », *Art et Décoration*, avril 1932, p. 132.

109 Gabriel Henriot, « Pierre Chareau », *Mobilier et Décoration*, novembre 1928, p. 227.

110 Olivier Cinqualbre, « Appartement M. Farhi », dans Olivier Cinqualbre (dir.), *Pierre Chareau architecte, un art intérieur*, *op. cit.*, p. 206.

Architecture intérieure : hôtel, commerce, bureaux

111 Yvanhoé Rambosson, « Les expositions : 1. Les arts appliqués », *Le Bulletin de l'art ancien et moderne*, n° 747, avril 1929, p. 135. Paul Bernheim est le neveu d'Edmond et d'Émile Bernheim. Son père, Julien Bernheim, possède aux environs de Tours un château construit au XVIIIe siècle, au lieu-dit Les Mazeraies.

112 Maurice Boille est le second d'une dynastie d'architectes de la ville. Élève à l'École des beaux-arts de Paris dans l'atelier de Victor Laloux, il en sort diplômé en 1910. Sa vie professionnelle se déroule à Tours et dans la région.

113 Ernest Tisserand, « L'art décoratif au Salon d'automne », *L'Art vivant*, 1er décembre 1926, p. 892.

114 « Inauguration du Grand Hôtel », *La Dépêche du Centre et de l'Ouest*, 25 septembre 1926, p. 2.

115 P. F., « Un hôtel moderne à Tours », *Art et Industrie*, janvier 1928, p. 46.

116 Ernest Tisserand, « Une œuvre nouvelle de Pierre Chareau, ensemblier », *L'Art et les Artistes*, n° 83, janvier 1928, p. 132.

117 *Ibid.*

118 *Ibid.*

119 « Les ensembles mobiliers », *La Science et la Vie*, n° 95, mai 1925, p. 381.

120 Ernest Tisserand, « Une œuvre nouvelle de Pierre Chareau, ensemblier », *L'Art et les Artistes*, n° 83, janvier 1928, p. 133.

121 P. F., « Un hôtel moderne à Tours », *Art et Industrie*, janvier 1928, p. 46.

122 *Ibid.*

123 Yvanhoé Rambosson, « Un grand hôtel à Tours », *Art et Décoration*, février 1928, p. 33.

124 P. F., « Un hôtel moderne à Tours », *Art et Industrie*, janvier 1928, p. 46.

125 Ernest Tisserand, « Une œuvre nouvelle de Pierre Chareau, ensemblier », *L'Art et les Artistes*, n° 83, janvier 1928, p. 134.

126 Yvanhoé Rambosson, « Un grand hôtel à Tours », *Art et Décoration*, février 1928, p. 34.

127 *Ibid.*

128 « Le récital de Vera Janacópulos », *La Dépêche du Centre et de l'Ouest*, 11 décembre 1927, p. 2.

129 Lettre de Jeanne Bucher à Mme Thomas Catesby Jones, New York, 8 décembre 1927. Archives Muriel Jaeger.

130 Anita, « Mariette Quesnay, de la lingerie moderne en une boutique de Pierre Chareau », *La Semaine à Paris*, 15 décembre 1929, p. VIII.

131 *Ibid.*

132 P. L., « On a inauguré hier un hôtel qui résume tout l'art décoratif moderne... », *Paris-Midi*, 2 mars 1930, p. 2.

133 Rose Adler, *Journal*, Paris, Éditions des Cendres, 2014, p. 50, « 8 octobre 1931 ». La Jeanine en question reste à cette heure une inconnue, elle n'apparaît pas dans l'ours de la revue.

134 « Vernissage de nos nouveaux bureaux », *La Semaine à Paris*, 7 mars 1930, p. 6-7.

135 Ernest Tisserand, « Les "Artistes modernes" à *La Semaine à Paris* », *L'Art vivant*, 1er mai 1930, p. 362.

136 Rose Adler, *Journal*, *op. cit.*, 8 octobre 1931, p. 50.

137 La société LTT, fondée en mars 1920, est spécialisée dans la fabrication des câbles télégraphiques longue distance. Quand Chareau intervient, l'effectif de l'usine dépasse 1 500 personnes. Ancien élève de l'École polytechnique et de l'École supérieure des postes et télégraphes, Georges Viard dirige l'entreprise depuis sa fondation jusqu'à son décès en février 1933. LTT a quitté l'immeuble de la rue de la Faisanderie en 1939. L'aspect d'origine des deux bâtiments a été modifié au tournant de l'année 2010 afin de rendre leur apparence plus conforme

avec les constructions du 16e arrondissement de Paris.
138 Fonds Louis Dalbet, DAL 1-2 (MNAM-CCI), bibliothèque Kandinsky du Centre Georges-Pompidou.
139 « La maison de la rue de la Faisanderie, où je suis né, rapporte Jean Hugo, devait être vendue. J'y retournai une dernière fois. Elle était déjà vidée de ses meubles et sinistre. Je retrouvai cependant quelques souvenirs de mon enfance, la rampe en chêne de l'escalier et sa gouttière où l'on pouvait faire glisser des objets ; l'autre escalier, en fonte imitant le bois, qui descendait au jardin, entre les glycines et les rhododendrons et dont les marches sonnaient sous les pas. » Jean Hugo, *Avant d'oublier 1918-1931*, Paris, Fayard, 1976, p. 276.
140 René Chavance, « Bureaux industriels par Pierre Chareau », *Art et Décoration*, septembre 1933, p. 124-126.
141 *Ibid.*
142 *Ibid.*, p. 126-127.
143 *Ibid.*, p. 127.
144 Lettre d'André Leconte, architecte BCPN, à l'administrateur du Collège de France, 7 mai 1958. Archives du Collège de France.
145 Louis Chéronnet, « Cabinet de travail et salon de réception de l'administrateur du Collège de France », *Art et Décoration*, avril 1938, p. 113-120.
146 *Ibid.*, p. 120.
147 Catherine Nicault, « Jean Marx, universitaire et diplomate (Paris, 26 octobre 1884-Paris, 26 avril 1972) », *Archives juives*, janvier 2013, vol. 46, p. 120-129 ; https://www.cairn.info/revue-archives-juives1-2013-1-page-120.htm (consulté le 7 décembre 2020). Sous son impulsion furent créés une trentaine d'instituts français, autant de lycées et plusieurs centaines de chaires françaises dans les universités étrangères.
148 Le devis s'élève à 100 600 francs pour le bureau, à 50 300 francs pour le secrétariat et à 5 000 francs pour la peinture des deux pièces. Archives nationales F/21/6782.
149 Seule la lettre d'envoi de Chareau sans le devis proposé figure dans le dossier. En marge, un agent du ministère note : « Il pourrait – sans inconvénient – supprimer bien des provisions somptuaires. » Archives nationales F/21/6782.
150 Courrier de Robert Rey, inspecteur général des Beaux-Arts, à monsieur le directeur général des Beaux-Arts, 9 juillet 1938. Archives nationales F/21/6782.

PIERRE CHAREAU ARCHITECTE

Chareau au regard de ses pairs

151 En 1904, le registre de mariage du couple ainsi que celui du décès de son frère en 1911 mentionnent Pierre Chareau en tant que « dessinateur ».
152 Maximilien Gauthier, « M. Pierre Chareau », *L'Art et les Artistes*, n° 45, avril 1924, p. 286.
153 Pierre Chareau, *L'Art vivant*, n° 12, juin 1925, p. 2.
154 Le Corbusier, « L'architecture au Salon d'automne », *L'Esprit nouveau*, n° 19, 1923, p. 24.
155 Le Corbusier, *L'Art décoratif d'aujourd'hui*, Paris, Arthaud, 1980, p. 136-137.
156 Guillaume Janneau, « L'Exposition internationale des arts décoratifs... La décoration intérieure. Le mobilier », *Beaux-Arts*, n° 15, 15 juin 1925, p. 24.
157 René Chavance, « Bureaux industriels par Pierre Chareau », *Art et Décoration*, avril 1933, p. 123.
158 L'école du Bauhaus en constitue un exemple paroxystique avec la présence dans chaque atelier d'un maître de forme (artiste) et d'un maître d'atelier (artisan). Voir *L'Esprit du Bauhaus*, Paris, Les Arts Décoratifs, 2016, p. 68.
159 Alina Payne, *L'Architecture parmi les arts*, Paris, Hazan/Le Louvre, 2016. Se référer aux développements de la partie « *Kleinarchitektur* : l'architecture et les objets », p. 66-73.
160 *Ibid.*, p. 72.
161 Parmi ces trois contradicteurs, seul Pierre Vago a connu Chareau de son vivant.
162 « Architekt Ludwig Mies : Villa Des... Prof. Dr Riehl in Neubabelsberg », *Moderne Bauformen*, n° 9, 1910, p. 42-48, cité par David Spaeth, « Mies : une approche biographique », dans *Mies van der Rohe, sa carrière, son héritage et ses disciples*, Paris, Éditions du Centre Pompidou, 1987, p. 20.
163 Margaret Tallet, « The Maison de Verre Revisited », *Architecture and Building*, mai 1960, p. 192-195. Margaret Tallet a ultérieurement exprimé à l'auteur son dépit que le rédacteur en chef ait modifié la fin de son texte et qu'il ait conclu à l'inverse de son propos en célébrant « l'unique chef-d'œuvre d'un maître architecte déjà oublié ». De nouveau, en 1994, lors de l'exposition du Centre Georges-Pompidou consacrée à Chareau, elle déplore la « mythologie » du « lobby Chareau » qui occulte le rôle des deux indispensables collaborateurs. L'expression « mythologie » apparaît dans l'article de Margaret Tallet[-Antalopoulos], « Verre Verity », *Architectural Review*, février 1994. Celle de « lobby Chareau » dans une lettre du 22 mars 1994, adressée à Michael Rubenstein, Pierre and Dollie Chareau Collection, C1453_Bx1_F10, Princeton University Library.
164 Pierre Vago, *Une vie intense*, Bruxelles, AAM Éditions, 2000, p. 101-103. Il ne fait aucun doute qu'une partie des renseignements historiques sur Chareau sont tirés du catalogue *Pierre Chareau architecte, un art intérieur*, *op. cit.*, et non en puisant dans ses souvenirs. Quant à l'authenticité du déroulement des deux anecdotes citées, à chacun de s'en faire une opinion.
165 Pierre Vago, « Un hôtel particulier à Paris », *L'Architecture d'aujourd'hui*, n° 9, novembre-décembre 1933, p. 8.
166 Jan Molema et Suzy Leemans, *Bernard Bijvoet (1889-1979). Cher maître van de Nederlandse architectuur*, Nimège, Uitgeverij Vantilt, 2017. Les auteurs de cette monographie, entachée de subjectivité, s'appuient sur des témoignages à caractère parfois spéculatif de proches ou de collaborateurs de la période après 1945. Ils se réfèrent notamment au récit du fils du meilleur ami de Bijvoet, Nico H. Andriessen. Celui-ci a 2 ans en 1926, lors du départ de Bijvoet pour la France. Devenu architecte en 1947, Nico travaille et habite avec Bijvoet pendant plus de deux années. En mai 1991, il adresse une lettre au professeur allemand Ulrich Hamann, livrant un long récit sur celui qui fut son inspirateur. Lettre, archives privées.
167 Jan Molema et Suzy Leemans, « Bijvoet in France », https://bernardbijvoet.files.wordpress.com/2015/04/bijvoet-in-france.pdf (consulté le 23 mai 2020). Notre traduction.
168 René Herbst, *Pierre Chareau... un inventeur*, Paris, Salon des arts ménagers/Union des artistes modernes, 1954, p. 8-9. Sur l'expérience de Chareau en matière d'urbanisme, on peut rappeler sa participation au IVe CIAM de 1933, d'où résulte la « charte d'Athènes ». Quelques années plus tard, sur les ondes de la radio de l'École supérieure des PTT, il est invité à dialoguer avec un jeune homme sur le thème de l'urbanisme. Voir « TSF tribune », *L'Ouest-Éclair*, 30 janvier 1935, p. 15. Aux États-Unis, en 1945, enfin, il donne une conférence sur l'architecture et l'urbanisme au Black Mountain College, une université expérimentale de Caroline du Nord.
169 René Herbst, *Pierre Chareau... un inventeur*, Paris, Salon des arts ménagers/Union des artistes modernes, 1954, p. 8-9.
170 « La réalisation de cette maison a été possible grâce à la générosité de ses clients, le docteur et Mme Dalsace, qui aimaient l'art, et à M. Chareau, ainsi que parce que j'avais un état d'esprit artistique en harmonie. » Bijvoet, cité par Margaret Tallet, « Verre Verity », *Architectural Review*, février 1994. Notre traduction.
171 Kenneth Frampton, Antoine Grumbach, Aline Vellay, « Entretien avec Bernard Bijvoet », 27 novembre 1976, chez lui à Haarlem. Archives MDV.
172 Evangelos Kotsioris, « "The Queering of Architecture History Has Yet to Happen": The Intra-Canonical Outlook of Beatriz Colomina », *Architectural Histories*, 10 décembre 2020, p. 8. Voir https://doi.org/10.5334/ah.547 (consulté le 8 février 2021). Notre traduction.
173 Jan Duiker, « Clubhouse », *De 8 en opbouw*, 7 janvier 1932, p. 6-7, et « Het huis van Dr. D'Alsace [*sic*] in de rue St. Guillaume te Parijs [La maison de Dr Dalsace de la rue Saint-Guillaume à Paris] », *De 8 en opbouw*, n° 18, 2 septembre 1933, p. 155-164.
174 En 1928, ce dernier vient juste de publier l'ouvrage *Bauen in Frankreich, Bauen in Eisen, Bauen in Eisenbeton* (*Construire en France, construire en fer, construire en béton*, Paris, Éditions de la Villette, 2000), qui fait l'éloge des avancées françaises en matière d'architecture, notamment celles d'Auguste Perret et de Le Corbusier.
175 Sigfried Giedion, *Espace, temps, architecture. La naissance d'une nouvelle tradition*, Bruxelles, La Connaissance, 1968, p. 425.
176 Antoine Baudin, *Hélène de Mandrot et la Maison des artistes de La Sarraz*, Lausanne, Payot, 1978, p. 34 et p. 217-221. Il en alla de même des deux autres architectes auxquels elle confia une réalisation : Le Corbusier et Alfred Roth.
177 *Ibid.*, p. 38. Baudin signale que ce voyage a été immortalisé par un dessin dans le *Livre des hôtes de La Sarraz*, du peintre Pierre Zénobel. Le dessin est recouvert des noms de Rietveld, Chareau, Lurçat, Gropius, Dudock, Mallet-Stevens, Jeanneret, Le Corbusier et Ozenfant. Baudin fait de Chareau le principal protagoniste de ce voyage.
178 Propos prêtés à Hélène de Mandrot par Éric Poncy, *Souvenirs sur Hélène de Mandrot et le château de La Sarraz, 1924-1939*, *op. cit.*, p. 12-16. Archives cantonales vaudoises, PP869/164. Chareau fait défaut à la première partie du voyage (Stuttgart, Cologne, Francfort et la rencontre avec Ernst May) et ne les rejoint que tardivement en Hollande avec une douzaine de jours de retard, pour visiter notamment la maison Schröder sous la conduite de Rietveld et la Weissenhofsiedlung de Stuttgart.
179 Antoine Baudin, *Hélène de Mandrot et la Maison des artistes de La Sarraz*, *op. cit.*, p. 221.
180 Fondation Le Corbusier : F3.3.6.
181 Dans ce premier courrier, la lettre de Chareau commence par « Mon cher ami » (B2-7-143). FLC : F2-14-270.
182 *L'Esprit nouveau*, n° 19, 1923 avec une photographie pleine page, n° 23 et n° 24, 1924, et n° 28, 1925.
183 Fondation Le Corbusier : A1.10.258-259.
184 Gustave-Édouard Magnat, « Des mots, des mots, des mots », dactylographe, La Sarraz, juin 1928, gta/ETH 1-4-11 0. Magnat avait été secrétaire de rédaction de la revue *L'Esprit nouveau* en 1921-1922.
185 Statuten 1-9-11 F. Chareau est proposé au poste d'archiviste, Lurçat à celui de trésorier, Guévrékian de secrétaire, Mallet-Stevens de vice-président et Le Corbusier de président. En définitive, c'est un groupe CIAM-France qui voit le jour, et Chareau compte parmi les membres du bureau.
186 Olivier Cinqualbre, « Un destin en pièces », dans Olivier Cinqualbre (dir.), *Pierre Chareau architecte, un art intérieur*, *op. cit.*, p. 25.
187 La teneur des travaux menés, dont l'étude de trente-trois villes présentées selon une nouvelle méthode d'analyse multidimensionnelle, est restituée dans *Technika chronika – Les Annales techniques, organe officiel de la chambre technique de Grèce*, nos 44-46, 15 octobre-15 novembre 1933 ; Josep Lluís Sert, *Can Our Cities Survive ? An ABC of Urban Problems, Their Analysis, Their Solutions*, Cambridge, Harvard University Press, 1942 ; Le Corbusier, *La Charte d'Athènes*, Boulogne-sur-Seine, L'Architecture d'Aujourd'hui, collection « L'équipement de la civilisation machiniste », 1943.
188 « Il est évident que l'architecte [Nikos Mitsakis], qui a conçu ce splendide édifice [de la rue Koletti], a opportunément transposé les projets faits en Europe de l'Ouest. Avec les terrasses et le système de coursives, il a réussi à adapter l'édifice au climat. L'élimination d'une desserte sur le côté nord tandis que la circulation se fait au moyen d'une coursive exposée au sud constituent deux intuitions de l'architecte témoignant de cet exemplaire ajustement. Cet édifice satisfait parfaitement aux principes de la nouvelle architecture. D'un côté aucun contact avec la rue et, de l'autre, un contact parfait avec l'espace ouvert. Le résultat est également exemplaire du point de vue esthétique. Toutefois ce qui m'impressionne le plus, au regard d'une initiative aussi courageuse et moderne, c'est qu'elle n'a provoqué aucune réaction d'hostilité. *A fortiori*, comment cette initiative a été soutenue par un ministre aussi éclairé et faisant preuve d'idées aussi ouvertes. » Propos de Pierre Chareau, « L'admiration des étrangers pour nos nouvelles écoles, signe d'une civilisation avancée », *Nèos Kòsmos*, 4 août 1933, reproduits dans Andreas Giacumacaros et Ezio Godoli, *L'Architettura delle scuole e il razionalismo in Grecia*, Florence, Modulo, 1985, p. 9-10. Notre traduction.
189 Le concours international pour l'édification du palais des Soviets, lancé en 1931, auquel participent des architectes russes et étrangers, parmi lesquels Le Corbusier, Walter Gropius, Erich Mendelsohn, Albert Kahn... se conclut par l'élimination des projets d'avant-garde au profit d'une architecture néoclassique grandiose qui préfigure le réalisme socialiste. Un tel désaveu du modernisme obère alors toute hypothèse de congrès CIAM en URSS.
190 FLC : D2-6-408.
191 Une note manuscrite de cette rencontre du 8 juillet 1936 suggère une modalité d'organisation avec à sa tête Chareau. Gta/ETH Kongress Paris 1937 29 Juni-2 Juli 1937.

192 Gta/ETH. Lettre de Sigfried Giedion à Pierre Chareau, 13 juillet 1935 (mais lire 1936), S. Giedion 1935 ; lettre de Sigfried Giedion à Pierre Chareau, 21 août 1936, S. Giedion 1936 et FLC : D2.6.212.
193 Selon un courrier non daté, Pierre Chareau n'entend rester à La Sarraz qu'une seule journée et gagner Sion le soir même pour retrouver Louis Moret. On peut imaginer que, plus que la cause des CIAM, Chareau s'attache à faire prospérer la boutique de son ancien apprenti dans l'espoir qu'elle devienne une véritable succursale pour ses productions, compensant l'effondrement des commandes parisiennes. Juste avant cette date, au cours du mois d'août 1936, une visite de Chareau et de son épouse avait été projetée et apparaît ne pas avoir eu lieu. Lettre de Dollie Chareau à Louis Moret, 5 août 1936, et lettre manuscrite de Pierre Chareau à Louis Moret, s.d., publiées dans *Pierre Chareau, archives Louis Moret*, Martigny, Fondation Louis Moret, 1994, p. 69 et 95. La lettre sans date est postulée dans cette publication comme probablement écrite en mai 1939, or les deux rencontres CIAM à La Sarraz justifiant de la présence de Chareau à cette occasion ont lieu en 1928 et 1936.
194 La Maison de la culture est une structure mise en place par le Parti communiste français regroupant un éventail assez large d'artistes et d'écrivains, principalement unis dans la dénonciation du fascisme. Mais ce n'est guère ce volet qui est mis en avant que sa capacité de mobilisation et ses relais dans tout le pays.
195 La Réunion internationale des architectes (RIA), fondée par Pierre Vago, par ailleurs rédacteur en chef de *L'Architecture d'aujourd'hui*, a prévu d'organiser sa quatrième rencontre à Paris en 1937 et suggère d'unir ponctuellement les efforts des deux groupements. En 1948, elle devient l'Union internationale des architectes (UIA).
196 Gta/ETH DV La Sarraz 1936, Protokoll, réf. 5-1-72 F.
197 Martin Steinmann, *CIAM Dokumente 1928-1939*, Bâle/Stuttgart, Birkhäuser, 1979, p. 23, note 3. Cet ouvrage, le premier sur le sujet, a le mérite d'exister, mais présente les limites d'une première investigation dans des archives mal classées.
198 Robert Motherwell, « Letter to Christian Leprette », 5 août 1984, dans Stephanie Terenzio (dir.), *The Collected Writings of Robert Motherwell*, Los Angeles, University of California Press, 1999, p. 274. Chareau est meurtri par cette éviction, rapporte-t-il, que les deux associés ont ourdie pour des raisons aussi professionnelles que stratégiques, le Français représentant la fondation des CIAM et donc une période européenne révolue, alors qu'eux visent l'avenir du mouvement dans un essor en Amérique.
199 En 1930, Chareau expose en tant qu'invité au Ier Salon de l'UAM en juin 1930 et n'adhère à l'Union que le 1er décembre 1930.
200 Lettre de Pierre Chareau à Raymond Templier, en tant que secrétaire du comité directeur de l'UAM, 3 mai 1929. Archives de l'UAM, fonds René Herbst, 8832 F1-F10, archives de l'UAM, musée des Arts décoratifs.
201 Il n'est pas donné de connaître les deux parrains qui portèrent la candidature de Chareau à la SAM. Le premier annuaire des membres de la SAM retrouvé date de 1926, Chareau y figure.
202 Créée sous le nom de Groupe des architectes modernes, elle devient la Société des architectes modernes sept années plus tard. Malgré ce terme de « moderne » ou parfois de « modernisme » dont se pare ce regroupement, rien dans les statuts n'éclaire cette revendication. Derrière ce flou doctrinal se cache une « société d'architecture traditionnelle, certes de sensibilité anti-académique, mais dont l'objectif immédiat est d'appuyer des orientations artistiques de l'Exposition des arts décoratifs de 1925 », selon Jean-Baptiste Minnaert, *Henri Sauvage ou l'exercice du renouvellement*, Paris, Norma, 2002, p. 240.
203 Société des architectes modernes, annuaire, Paris, 1934. Ifa, archives Perret, 535 AP 561/1.
204 Chareau est indiqué comme tel dans la revue *Construisons*, 1936, p. 2. Le Rassemblement des architectes (RDA) est né d'une initiative de quelques architectes et décorateurs, de tout âge et peu connus, qui ont élaboré une lettre qu'ils ont soumise pour approbation à des confrères de grande notoriété, dont Frantz Jourdain (président de la SAM), Auguste Perret, Pierre Chareau, Auguste Bluysen (président de la SAM après le décès de Frantz Jourdain), Roger-Henri Expert, Louis Madeline, Marcel Chappey, etc. Adressée en juin 1935 à un grand nombre d'architectes de la région parisienne, cette lettre se double d'un questionnaire suscitant une petite centaine de réponses. Après l'été, un manifeste en six points est validé par une assemblée de quelques centaines de membres avant d'être diffusé dans la presse.
205 Pierre Chareau, « La création artistique et l'imitation commerciale », *L'Architecture d'aujourd'hui*, n° 9, septembre 1935, p. 68. Une partie conséquente de cet article est inspirée par la « Lettre du 18 mars-28 mai 1935 » adressée aux architectes de la région parisienne à l'initiative des initiateurs du Rassemblement des architectes, ainsi que du manifeste de ce mouvement, comme indiqué en fin du texte. Le constat de Chareau s'appuie sur ces chiffres : « Pour Paris, l'indice de la production de la construction est tombé de 100 en 1929 à 36 en 1934, la situation des affaires des architectes a diminué d'une manière plus forte que cette proportion, de 64 %. [...] Cependant que, privé de travail, l'architecte désespère, ce qui reste à construire est de plus en plus le privilège de trusts ou de sociétés immobilières qui projettent et surveillent la construction de quartiers entiers. Des entreprises spécialisées dans la construction de maisons "sur catalogue" avec leurs moyens financiers puissants, ont éliminé, pour une autre partie, ceux des architectes qui pouvaient encore ainsi exercer leur art. »
206 Pierre Chareau, « La création artistique et l'imitation commerciale », *L'Architecture d'aujourd'hui*, n° 9, septembre 1935, p. 68-69.
207 « Le concours des musées d'Art moderne », *L'Architecture d'aujourd'hui*, n° 10, décembre 1934-janvier 1935, p. 14.
208 Gérard Monnier, « La crise économique et le travail d'architecture en France », *L'Art face à la crise, 1929-1939*, Saint-Étienne, CIEREC/Université de Saint-Étienne, 1980, p. 142.
209 « Le manifeste du Rassemblement des architectes », *L'Architecture d'aujourd'hui*, n° 11, 1935, p. 92, puis en version raccourcie dans *La Construction moderne*, n° 19, 17 novembre 1935, p. XIX et dans l'édition de 1934 de l'annuaire Sageret. Le comité d'initiative du Rassemblement des architectes se transforme alors en comité d'action dans le cadre d'un « mouvement actif de défense des intérêts généraux et particuliers de la profession », voire plus largement de l'ensemble des entrepreneurs, propriétaires, locataires ainsi que de la main d'œuvre manuelle.
210 En 1939, associé à Lipchitz, Pocheron est le lauréat du monument à la mémoire de Paul Vaillant-Couturier, Chareau figurant au jury.
211 « Architecture », *L'Humanité*, 19 avril 1936, p. 8. Chareau dans son article de *L'Architecture d'aujourd'hui*, n° 9, septembre 1935, met lui aussi l'accent sur les mauvais comportements de certaines administrations publiques.
212 Hélène Jannière, *Politiques éditoriales et Architecture « moderne »*, Paris, Arguments, 2002, p. 179.
213 *L'Architecture d'aujourd'hui* se distingue, par l'ampleur de son ouverture internationale, des périodiques à caractère professionnel comme *L'Architecture* ou *La Construction moderne* mais également de *L'Architecture vivante* (fondée en 1923) de Jean Badovici ou des *Cahiers d'art* (fondés en 1926) de Christian Zervos. Ces derniers s'intéressent essentiellement aux avant-gardes européennes tout en présentant aussi quelques « précurseurs », dont Frank Lloyd Wright ou Auguste Perret. La revue organise les voyages suivants : URSS et Pologne en 1932, Italie en 1933, Tchécoslovaquie, Hongrie et Autriche en 1935.
214 Les Réunions internationales d'architectes (RIA) deviennent en 1948 l'Union internationale des architectes (UIA).
215 André Bloc écrit dans le premier numéro, en novembre 1930 : « Notre programme est simple ; il consiste à lutter contre toutes les routines, contre les règlements défectueux, contre les matériaux néfastes, contre la vague de laideur qui a permis l'édification en plein Paris [...] de monstrueuses constructions élevées à coups de millions, mais au mépris de toutes considérations d'art. »
216 André Bloc, éditorial, *L'Architecture d'aujourd'hui*, n° 5, avril-mai 1931, p. 3.
217 Hélène Jannière, *Politiques éditoriales et Architecture « moderne »*, *op. cit.*, p. 202. Voir aussi « Formalisme », *L'Architecture d'aujourd'hui*, n° 1, 1932, p. 26 et n° 3, p. 107, ainsi que le témoignage de Julius Posener recueilli par Jean-Louis Cohen, dans *L'Architecture d'aujourd'hui*, n° 272, 1990, p. 62 : « La revue était très inspirée par Perret. [...] Pierre Vago était un élève de Perret. C'est lui qui représentait Perret en quelque sorte. »
218 D'abord en 1934, à la galerie Vignon, avec une exposition consacrée à l'architecture française suivie d'une autre portant sur architecture étrangère. De plus, de 1934 à la guerre, la revue organise au sein du Salon des arts ménagers un Salon de l'habitation.
219 Concours de *L'Architecture d'aujourd'hui* : le 1er « Maison individuelle », 1933 ; le 2e « Maison de week-end », 1934 ; le 3e « Cité de week-end sur la Côte d'Azur », 1935 ; le 4e « Fontes d'ornement d'esprit moderne », 1936 ; le 7e « Club des collaborateurs de la société du Fibrociment et des revêtements Elo », 1938.
220 *L'Architecture d'aujourd'hui*, n° 6, 1936, p. 79.
221 Il s'agit des numéros 1-4 de 1930-1931.
222 Concours de l'OTUA consacré aux « Nouveaux procédés de construction d'immeubles », *L'Architecture d'aujourd'hui*, n° 2, février 1939, p. 62-63. Pierre Chareau, « La création artistique et l'imitation commerciale », *L'Architecture d'aujourd'hui*, septembre 1935, n° 9, p. 68-69.
223 Pierre Chareau, « La création artistique et l'imitation commerciale », *L'Architecture d'aujourd'hui*, septembre 1935, n° 9, p. 68.
224 Chareau est mentionné une cinquantaine de fois de 1930 à 1940 et deux fois en 1950. La plupart du temps il s'agit juste d'une mention de sa participation à des événements, de brefs commentaires sur sa contribution à des Salons et expositions ou en matière mobilier. Le pic – entre six et neuf fois l'an – se situe entre 1933 et 1936. Dans les actualités de l'année 1938, à l'occasion de deux expositions différentes, Dollie Chareau est mentionnée à propos de ses travaux sur les tissus.
225 La Maison de verre, dans *L'Architecture d'aujourd'hui*, n° 9, novembre-décembre 1933, p. 4-15 ; le club-house dans le n° 3, avril 1934, p. 89, la maison de Long Island dans le n° 3, juillet 1950, p. 51.
226 Emmanuel Buron, Philippe Guérin et Claire Lesage (dir.), *Les États du dialogue à l'âge de l'humanisme*, Tours, Presses universitaires François-Rabelais, 2015, p. 468.
227 Comme ceux parus dans le *Répertoire du goût moderne*, Paris, Albert Lévy, 1929, vol. 5, pl. 1-5.
228 Que ce soit ceux publiés dans *Wasmuths Monatshefte*, novembre-décembre 1931, p. 497, ou dans *L'Architecture d'aujourd'hui*, n° 9, novembre-décembre 1933.
229 Marcel Roux, « L'architecture au Salon de l'UAM », *L'Architecture d'aujourd'hui*, n° 5, 1933, p. 97 ; Pierre Vago, « Art décoratif au Salon d'automne », *L'Architecture d'aujourd'hui*, n° 10, 1936, p. 76 ; Pierre Chareau, « La Maison de verre de Pierre Chareau commentée par lui-même », *Le Point*, mai 1937, p. 54.
230 La société Bernheim frères et fils pour le club-house, Edmond Bernheim pour la villa Vent d'Aval et la Maison de verre.
231 Dont il a pu prendre connaissance soit lors d'échanges au sein de son milieu professionnel, en particulier chez Waring & Gillow, soit à travers ses propres lectures.
232 John Ruskin, *Les Sept Lampes de l'architecture*, Paris, Les Presses d'Aujourd'hui, 1980 (1849), p. 19 et p. 232 concernant Proust.
233 Jan Duiker, « Het huis van Dr. D'Alsace [*sic*] in de rue St. Guillaume te Parijs [La maison de Dr Dalsace de la rue Saint-Guillaume à Paris] », *De 8 en opbouw*, n° 18, 2 septembre 1933, p. 156. Ce commentaire apparaît uniquement dans la partie de l'article qui traite de la question de savoir ce que ce type de démonstration apporte au logement pour le plus grand nombre.
234 John Ruskin, *Les Sept Lampes de l'architecture*, *op. cit.*, p. 9.
235 Louis H. Sullivan, « Ornement in Architecture », *Kindergarten Chats and Other Writings*, New York, Dover Publications, 1979, p. 187-190. Notre traduction.
236 Adolf Loos, « Architecture, 1910 », *Ornement et Crime*, Paris, Payot & Rivages, 2003, p. 113 et 115. Il fut publié en français dès 1912.
237 Adolf Loos, « Ornement et éducation, 1924 », *Ornement et Crime*, *op. cit.*, p. 247.
238 Le règlement édicté par l'OTUA pour le concours des cabines de paquebot ou celui des nouveaux procédés de constructions d'immeubles requiert la collaboration d'industriels, auxquels Chareau préfère Dalbet, son artisan attitré.

239 Jacques Fredet, *Architecture, mettre en forme et composer*, vol. 6 *Catégories de Vitruve et d'Alberti*, Paris, Éditions de la Villette, 2018, p. 29.
240 John Ruskin, *Les Sept Lampes de l'architecture*, *op. cit.*, p. 177-178.
241 Hermann Muthesius et Henry van de Velde, « Werkbund. Thèses et contre-thèses 1914 », *Paris-Berlin, 1900-1933*, Paris, Éditions du Centre Pompidou, 1978, p. 325.
242 Claude Lévi-Strauss, *La Pensée sauvage*, Paris, Pocket, 1990, p. 30. Dans ce passage de l'ouvrage, seule est retenue l'analyse produite sur le phénomène du bricolage, en revanche est laissée de côté son analogie avec la réflexion mythique qui n'entre pas dans notre sujet.
243 *Ibid.*, p. 32.
244 *Ibid.*, p. 33.
245 *Ibid.*, p. 30.
246 *Ibid.*

Des Années folles aux années noires

247 Le thème du logement pour les travailleurs intellectuels et employés émerge durant les années 1920. Ainsi, les deux cités-jardins au sud de Paris, au Plessis-Robinson et à Châtenay-Malabry, étaient spécialement conçues pour loger des employés, des travailleurs de la pensée ou des artistes. En 1937, Francis Jourdain présente le plan du « Logis d'une travailleuse manuelle ou intellectuelle ».
248 Le Corbusier, « L'exposition de l'École spéciale d'architecture », *L'Esprit nouveau*, n° 23, 1924, n.p.
249 Robert Mallet-Stevens, *Arlequin*, juin 1923, dans les argus de presse de Pierre Chareau. Archives Muriel Jaeger. Le jardinet nous apparaît situé à l'arrière de la maison.
250 Guillaume Janneau, « L'Exposition des arts techniques de 1925. Que sera, demain, le logis ? », *Le Bulletin de la vie artistique*, octobre 1923, p. 413.
251 *Ibid.*, p. 414-415.
252 *Ibid.*, p. 414.
253 Jean de Bercel, « Une décoration sur plan par Patout et Pierre Chareau », *Art et Industrie*, n° 6, août-septembre 1926, p. 16.
254 « Beauvallon », *L'Éclaireur illustré*, n° 6, juillet 1937, p. 31.
255 Selon Jean-Baptiste Minnaert, initialement confié à l'architecte Henri Sauvage et aux frères Sarazin, le grand hôtel est achevé par Julien Flegenheimer (dans Jean-Baptiste Minnaert, *Henri Sauvage*, *op. cit.*, p. 122-123). Antoine Goissard (dans « Golf-hôtel », *La Construction moderne*, 2 février 1930, p. 272), lui, attribue entièrement la conception et la réalisation de ces trois ensembles à Julien Flegenheimer. C'est aussi le cas de l'ouvrage *Monographies de bâtiments modernes*, Paris, Librairie R. Ducher, s.d.
256 Square Edmond-Fleg, une statue en bronze exécutée par Chana Orloff a été « érigée par souscription publique à la mémoire d'Émile Bernheim, créateur et bienfaiteur de Beauvallon, décision du conseil municipal de Grimaud », en 1931.
257 Dollie date le chantier de 1927, et des photographies avec la présence de meubles sont publiées en 1929 dans *La Semaine à Paris*, n° 365, 24 mai 1929, p. XVI-XIX, ainsi que dans *Wasmuths Monatshefte*, juillet 1929, p. 273-275. Ceci contredit l'idée d'un chantier débutant en 1929, fondé sur la base d'une indication puisée dans *Les Tablettes de la Côte d'Azur*, 11 janvier 1929.
258 Colette, *La Naissance du jour*, Paris, Flammarion, 1984, p. 24.
259 Tant le site, du fait des actuelles plantations, que le club-house, du fait des altérations et extensions successives, rendent difficile la perception de leur constitution originelle. Néanmoins, malgré le désintérêt des élites locales et parisiennes, la poursuite des dégradations fut stoppée grâce à l'intervention, en 1993, de Francis Lamond auprès des services de la Direction régionale des affaires culturelles de Provence-Alpes-Côte d'Azur. En 2001, le club-house se voit décerner le label Patrimoine XXe siècle.
260 *L'Architecture d'aujourd'hui*, n° 3, avril 1934, p. 89.
261 Marc Vellay, Kenneth Frampton, *Pierre Chareau, architecte-meublier 1883-1950*, *op. cit.*, p. 238.
262 *Ibid.*
263 Montpar, « Pierre Chareau et le club-house du golf de Beauvallon », supplément tourisme de *La Semaine à Paris*, n° 365, 24 mai 1929, p. XIX.
264 *L'Architecture d'aujourd'hui*, n° 3, 1934, p. 89.
265 Montpar, « Pierre Chareau et le club-house du golf de Beauvallon », supplément tourisme de *La Semaine à Paris*, n° 365, 24 mai 1929, p. XIX.
266 Marc Vellay, *Portraits croisés. La Maison de verre. Dalsace/Chareau*, *op. cit.*, p. 230. Sans date, cette lettre est sans nul doute de 1928.
267 Marc Vellay, *Pierre Chareau, architecte meublier*, Paris, Rivages, 1986, p. 56. Cette commande advient de manière quasi concomitante avec le moment où la société Bernheim double la superficie de son domaine à Grimaud.
268 Jan Molema et Suzy Leemans, *Bernard Bijvoet (1889-1979)*, *op. cit.*, p. 132-133. Conservé dans les archives de Duiker, le cliché montre un édifice sur deux niveaux avec deux corps de bâtiment sensiblement de mêmes dimensions, disposés en équerre. Un système poteau-poutre permet l'ouverture de grandes baies vitrées ou des loggias. Des balcons, des terrasses étagées, quelques parties courbes en toiture et sur l'un des pignons adoucissent le caractère systématique de l'ensemble. Plastiquement, le projet est très rationaliste et la structure mise en avant, aussi Molema suggère que cet épannelage est le fruit d'investigations menées exclusivement par Bijvoet. De là, il conclut que l'attribution de la villa revient au Hollandais plus qu'à Chareau ! Cette maquette, posée sur un socle plat alors que la parcelle de Beauvallon est en pente, est présentée par des spécialistes de Duiker comme étant celle de la blanchisserie industrielle de Diemen. Voir Evert Jelle Jelles, Anton C. Alberts, *Duiker 1890-1935*, Amsterdam, Genootschap Arti et Amicitia, 1976, p. 20.
269 Témoignage de Jeannine Dreyfus, née Aron, recueilli par Bernard Bauchet et Olivier Cinqualbre dans le cadre de la préparation de l'exposition « Pierre Chareau, 1883-1950 », qui s'est tenue au Centre Georges-Pompidou du 3 novembre 1993 au 17 janvier 1994.
270 L'actuelle construction propose une version altérée du projet proposé en maquette.
271 Le Corbusier, *Vers une architecture*, Paris, Éditions G. Crès et Cie, 1924, p. 16.
272 Le projet de Meudon débute en 1927, et le couple emménage en décembre 1930. Cette visite est rapportée par Stanislaus von Moos dans « "Maison de Verre", 31, rue Saint-Guillaume, Paris 1931-1932. Architekt : Pierre Chareau », *Werk*, vol. 52, n° 2, février 1965, p. 52.
273 À Stuttgart, Chareau a visité la Weissenhofsiedlung, ce lotissement modèle coordonné par Mies van der Rohe. Il a pu y observer la combinaison de volume associé à l'usage de la courbe et du porte-à-faux avec la maison d'Hans Scharoun, l'incidence de l'arrondi avec celle de Max Taut, les effets de l'agrégation de volume chez Adolf Rading et ceux de la dissymétrie avec Hans Poelzig, etc.
274 Olivier Cinqualbre, « Vent d'Aval », dans Olivier Cinqualbre (dir.), *Pierre Chareau architecte, un art intérieur*, *op. cit.*, p. 68.
275 Toutefois, les consoles reliant les poteaux de la façade principale à la charpente du toit sont quelque peu ouvragées et pourraient évoquer un type d'assemblage courant en Asie.
276 Pour simplifier l'exécution, les traverses horizontales se superposent aux verticales sans aucune découpe ou moisage.
277 Olivier Dufau, Philippe Bourgeois, Jean-Marc Dutrevis, Robert Ecoiffier et Rémi Leberre, « Un projet inédit de Pierre Chareau », *Architecture, mouvement et continuité*, n° 51, mars 1980, p. 49-54. À l'extérieur, l'échelle de meunier a été remplacée ultérieurement par un escalier. Témoignage d'Olivier Dufau recueilli le 15 décembre 2016 par Marc Bédarida, dont la mère avait acquis la maison auprès de Djemil Anik, qui avait été contrainte de la vendre en 1942.
278 *Holzbauten der Moderne / Timber House of the Modern Age*, Niesky, Museum Niesky, s.d. L'ouvrage évoque bien le cas de Konrad Wachsmann — plus connu pour ses immenses hangars en structure tridimensionnelle conçus aux États-Unis — que pour ses constructions de maisons en bois pour la firme Christoph & Unmack-Holzhäuser à la fin des années 1920, dont sa propre maison et celle d'Albert Einstein.
279 Le Corbusier, *Des canons, des munitions ? Merci ! Des logis, svp...*, Boulogne-sur-Seine, Éditions de L'Architecture d'aujourd'hui, 1938, p. 94.
280 FLC : H2.17.467, H2.17.471 et H2.14.34.
281 Pascal Ory, *La Belle Illusion : culture et politique sous le signe du Front populaire, 1935-1938*, Paris, Plon, 1994, p. 762.
282 « Maisons de repos », *L'Employé. Organe du Syndicat des employés du commerce et de l'industrie et de la Fédération française des syndicats chrétiens d'employés*, 10 juin 1937, p. XI.
283 Pierre Delon, « 200 enfants sont partis hier au château des métallurgistes », *L'Humanité*, 18 juillet 1937, p. 6. Aurélia Dufils, *Le Parc de loisirs de Baillet, une réalisation sociale de l'union syndicale CGT des travailleurs métallurgistes de la région parisienne, de 1937 à 1972*, mémoire de maîtrise d'histoire sous la direction de Danielle Tartakowsky, 2005 ; et http://www.ufm-idf.fr/historique/parc-de-loisirs-de-culture-henri-gautier-a-baillet-france (consulté le 20 juillet 2020).
284 Pierre Chareau Photo Collection, A&D Architectural Photo Archive, The Architecture & Design Study Center, archives MoMA.
285 « Nouveaux procédés de construction d'immeubles », *L'Architecture d'aujourd'hui*, n° 2, février 1939, p. 62-63.
286 *Ibid.*, p. 63.
287 *Ibid.*
288 Marcel Roux, « L'architecture au Salon de l'UAM », *L'Architecture d'aujourd'hui*, n° 5, 1933, p. 97
289 Pierre Vago, « Art décoratif au Salon d'automne », *L'Architecture d'aujourd'hui*, n° 10, 1936, p. 76.
290 Pierre Chareau, « La Maison de verre de Pierre Chareau commentée par lui-même », *Le Point*, mai 1937, p. 54. Cette publication advient cinq années après l'achèvement de la Maison de verre, aussi on peut s'interroger si l'étude d'ensoleillement de 1933 et l'étude de faisabilité ne pourraient pas relever de deux volets différents d'un même projet.

Le champ d'expérimentation de l'après-guerre

291 Thomas B. Applegat, Memorandum, 11 juillet 1940. Rockefeller Archives Center, RG1.1, series 200, box 46, folder 530.
292 https://rockfound.rockarch.org/fr/refugee-scholar-program (consulté le 15 juillet 2020).
293 Lettre de Jeanne Bucher à Jean et Annie Dalsace, 11 octobre 1945. Archives Muriel Jaeger. Lettre d'Oscar Nitzchké, 23 mars 1945 et de Wallace K. Harrison, 26 mars 1945, à la Fondation Rockefeller, et compte rendu de la réunion du Committee du 17 avril 1945. Rockefeller Archives Center, Cohn, box 3, folder. La somme de 100 dollars en 1945 équivaut à 1 500 dollars en 2021.
294 Rockefeller Archives Center, Cohn, box 3, folder 22. Notre traduction. Il est intéressant de noter que, contrairement à ce qui est précisé, Chareau n'a jamais travaillé le plastique.
295 Rockefeller Archives Center, Cohn, box 3, folder 26.
296 Rockefeller Archives Center, Cohn, box 3, folder 29, s.d. Hormis un dossier administratif, la Fondation Rockefeller ne dispose d'aucun dessin, maquette, photographie ou archive des travaux exécutés à cette occasion par Chareau. Notre traduction.
297 Rockefeller Archives Center, Cohn, box 3, folder 29, 22 octobre 1945. Notre traduction.
298 Rockefeller Archives Center, Cohn, box 3, folder 22.
299 Julian P. Leggett, « The Era of Plastics », *Popular Mechanics*, mai 1940, p. 658. Sans offrir d'image, l'auteur prédit que « les Américains à l'avenir vivront dans une maison en plastique ». « Maison en plastique, 1955, Schein, Magnant, Coulon », *Elle*, n°s 530-531, février 1956. Celle-ci est exposée au Salon des arts ménagers. La même année, à Londres, Alison et Peter Smithson réalisent une *House of the Future* tout en plastique pour la Daily Mail Ideal Home Exhibition. En 1957, la firme Monsanto en association avec le Massachusetts Institute of Technology et Walt Disney conçoivent une maison du futur tout en plastique.
300 Il est rapporté qu'André Breton inspiré pas les lieux y composa son poème « Les États généraux » : « Il y aura toujours une pelle au vent dans les sables du rêve. »
301 Le 20 novembre 1946 a lieu la signature de la vente, pour un montant d'environ 800 dollars, d'une parcelle à l'angle de Jericho Lane et Georgica Road de 8 000 mètres carrés (2 acres). Voir *Robert Motherwell, Paintings and Collages. A Catalogue Raisonné, 1941-1991*, New Haven, Yale University Press, 2012, p. 188-190.
302 Lettre de Pierre Chareau à Robert et Maria Motherwell, 3 août 1946. Dedalus Foundation 1945-1946, Correspondance, I.A.01.
303 Motherwell disposait d'un pécule suite au décès de son père, directeur à San Francisco de la banque Wells Fargo.
304 « Robert Motherwell Quonset Hut », *Harper's Bazaar*, juin 1948, p. 87 et Rosanna Liebman, *Pierre Chareau : American and Abroad, 1883-1950*, mémoire de thèse, University of Virginia, 1989, p. 72.

305 En 1946, le modèle de *Quonset hut* 20 x 48 pieds coûtait environ 300 dollars selon les uns et plus de 1000 dollars pour d'autres. James A. Revson, dans « Razing the Roof Where Motherwell Once Lived », *Newsday*, 6 juin 1985, part III, p. 5, évoque une acquisition et la livraison des deux *Quonset huts* par camion pour un total de 3000 dollars.
306 Propos de Motherwell cité par Rosanna Liebman, *Pierre Chareau : American and Abroad, 1883-1950*, *op. cit.*, p. 70 mais qu'il ne rappelle point dans la lettre à Christian Leprette.
307 S'inspirant d'un modèle anglais Nissen datant de la guerre de 1914-1918, une équipe américaine dirigée par l'architecte suisse Otto Brandenberger révisa la proposition en lien avec la compagnie George A. Fuller Co. puis son sous-traitant la Stran-Steel Corporation, qui fabriqua l'essentiel des *Quonset huts*. Voir Julie Decker et Chris Chiel (dir.), *Quonset Hut, Metal Living for a Modern Age*, New York, Princeton Architectural Press, 2005, p. 17, et Jean-Louis Cohen, *Architecture en uniforme, projeter et construire pour la Seconde Guerre mondiale*, Paris, Hazan, 2011, p. 258-261.
308 Voir Julie Decker et Chris Chiel (dir.), *Quonset Hut, Metal Living for a Modern Age*, *op. cit.*, p. 17. Notre traduction. Le *Quonset hut* est constitué d'une ossature en poutrelle métallique cintrée de manière à former un demi-cercle. Ces cadres sont reliés entre eux par des pannes horizontales qui, ensemble, soutiennent une couverture incurvée en tôle ondulée. La toiture courbe est doublée à l'intérieur par une isolation en fibres de bois que dissimulent des panneaux d'Isorel prêts à peindre. De-ci de-là, le demi-cylindre peut être percé pour ménager quelques fenêtres, tandis que les extrémités avant et arrière sont constituées de panneaux verticaux soit pleins, soit comportant des ouvertures.
309 « Maison d'été pour un peintre à Long Island », *L'Architecture d'aujourd'hui*, juillet 1950, n° 30, p. 51.
310 Robert Motherwell, « Letter to Christian Leprette », 5 août 1984, dans Stephanie Terenzio (dir.), *The Collected Writings of Robert Motherwell*, *op. cit.*, p. 275.
311 *Ibid.*
312 Chareau n'est pas le seul à « customiser » les *Quonset huts*. Le célèbre architecte Bruce Goff achève la maison Ford à Aurora dans l'Illinois en 1947. Elle est publiée par *Life Magazine* en 1951. Devant l'hostilité du voisinage les propriétaires avaient écrit sur la pancarte de chantier : « *We don't like your house either !* » En septembre 1947, le magazine *Progressive Architecture* a consacré un article à des réutilisations très variées (habitation, bureau, banque, laverie automatique, motel, usine…) de différents modèles de *Quonset huts*.
313 Hellen Harrison, citée par James A. Revson, dans « Razing the Roof Where Motherwell Once Lived », *Newsday*, 6 juin 1985, part III, p. 5.
314 Vers 1948, un cloisonnement partiel percé d'un long passe-plat viendra un peu dissimuler la cuisine.
315 « Maison d'été pour un peintre à Long Island », *L'Architecture d'aujourd'hui*, n° 30, juillet 1950, p. 51.
316 Les *Quonset huts* ne recourent pas à l'emploi de tirant car la structure du plancher maintient en place la forme en demi-cercle.
317 Rosanna Liebman, *Pierre Chareau : American and Abroad, 1883-1950*, *op. cit.*, p. 72, et Alastair Gordon, *Weekend Utopia, Modern Living in the Hamptons*, New York, Princeton Architectural Press, 2001, p. 50. Le peintre insiste sur la mise en place d'un système solaire sans le savoir.
318 Cette maison se trouve à Middleton dans le Wisconsin (1943-1948) et a été partiellement réalisée en autoconstruction, ce qui explique la durée du projet.
319 James A. Revson, « Razing the Roof where Motherwell Once Lived », *Newsday*, 6 juin 1985, part III, p. 5.
320 Lettre de Robert Motherwell à Andrew MacNair, 7 avril 1981. Dedalus Foundation, VI.025 Chareau, Pierre 1972-1981.
321 Robert Motherwell, « Letter to Christian Leprette », 5 août 1984, dans Stephanie Terenzio (dir.), *The Collected Writings of Robert Motherwell*, *op. cit.*, p. 274-275. Le peintre semble oublier que, pour équiper la cuisine, le couple n'a guère regardé à la dépense. Voir brochures d'appareils électroménagers et factures, Dedalus Foundation I.B.11 House 1946.
322 Les 27000 dollars de 1947 correspondent à 300000 dollars en 2021, soit 255000 euros.
323 James Tanner, « East Hampton : the Solid Gold Melting Pot », *Harper's Bazaar*, août 1958, p. 144.
324 Olivier Cinqualbre, « Un destin en pièce », dans Olivier Cinqualbre (dir.), *Pierre Chareau architecte, un art intérieur*, *op. cit.*, p. 33.
325 Rosanna Liebman, *Pierre Chareau : American and Abroad, 1883-1950*, *op. cit.*, p. 77. Elle interviewa Motherwell dans la première moitié des années 1980. Le permis de construire ne figure pas dans les archives municipales.
326 L'acquéreur, Barney Rossett, un éditeur de New York, conserva la maison en lui apportant diverses transformations. Revendue en 1985, elle fut aussitôt détruite en dépit d'une campagne de presse.
327 Alastair Gordon, *Weekend Utopia, Modern Living in the Hamptons*, *op. cit.*, p. 50. Motherwell ne mentionne que la peinture de ces poutrelles courbes. Il ne dit rien quant aux tirants, poteaux et à la structure sous le plancher de l'étage. Pourtant, il rapporte : « À l'intérieur de la maison, cela ressemblait beaucoup à un Calder », son ami, à qui il avait demandé : « Quelle sorte de peinture mets-tu sur tes mobiles ? Il me dit, j'utilise une sorte de laque faite pour peindre des bandes de couleur sur des automobiles de luxe. » Notre traduction.
328 Andrea Palladio, *Les Quatre Livres de l'architecture*, livre II, chap. 2, trad. Fréart de Chambray, Paris, Flammarion, 1997, p. 117.
329 *Agreement*, Dedalus Foundation House, I.B.11. Notre traduction.
330 La taille de la pièce-maison de Chareau, avec ses 50 mètres carrés, peut difficilement être comparée aux 13,4 mètres carrés du cabanon de Le Corbusier, auquel, de nouveau, il est parfois fait référence. Le premier tient du cabanon de week-end, tandis que le second procède de la cabine de bateau.
331 Les façades furent ultérieurement enduites, gommant de la sorte toute cette modénature ornementale.
332 Selon le nom porté sur le plan de la maison.
333 Olivier Cinqualbre, « Les maisons à noyau porteur », dans *Jean Prouvé bâtisseur*, Paris, Éditions du Patrimoine, 2016, p. 147-161.
334 Voir « MoMA Exhibition History List 1940-1949 » : https://www.moma.org/research-and-learning/archives/archives-exhibition-history-list#19401949 (consulté le 22 septembre 2020). Notamment les expositions suivantes : « Frank Lloyd Wright, American Architect », novembre 1940-janvier 1941 ; « Buckminster Fuller's Dymaxion Deployment Unit », octobre 1941-avril 1942 ; « Built in the USA, 1932-1944 », mai-octobre 1944 ; « Building with Wood », novembre 1944-février 1945 ; « Integrated Building : Kitchen, Bathroom, and Storage », février-mai 1945 ; « Mies van der Rohe », septembre 1947-janvier 1948.
335 https://www.moma.org/calendar/exhibitions/3165?installation_image_index=1 et https://assets.moma.org/documents/moma_master-checklist_325459.pdf, p. 4 (consultés le 22 septembre 2020).
336 Catherine Maumi, « Broadacre City : pour une architecture organique, i. e. démocratique », dans Frank Lloyd Wright et Catherine Maumi, *Broadacre City, la nouvelle frontière*, Paris, Éditions de la Villette, 2015, p. 85-93.
337 Lancée par la société Beech Aircraft qui songe à se reconvertir, la Wichita House est commandée à 37000 exemplaires. Mais finalement, la firme renonce à lancer la production en série de maisons. Auparavant, en octobre 1941, le MoMA a exposé la Dymaxion Deployement Unit, baraque imaginée par Fuller pour l'armée.
338 Philip Johnson, *Mies van der Rohe*, New York, MoMA, 1947, p. 162. Responsable du département architecture du MoMA et grand admirateur de Mies, Philip Johnson s'inspire effrontément de ce projet pour dessiner sa Glass House, à New Canaan, dont la construction est terminée en 1949, alors que la Farnsworth House, dessinée en 1946, n'est achevée qu'en 1951.
339 Peut-être ont-ils été mis au propre par Oscar Nitzchké, comme dans le cas de la maison de Motherwell. Quoi qu'il en soit, ils portent une mention postérieure au décès de Chareau, Aussi, on ne peut exclure qu'il s'agisse d'un relevé et de dessins faits par une main anonyme en hommage à Chareau.
340 Il est rapporté que le couple Damaz, ami des Chareau, a profité de la maison après le décès de Pierre et ce jusqu'à ce que Motherwell la vende. La date de la démolition de la pièce-maison est incertaine. Quoique transformée, elle aurait survécu jusqu'en 2004.
341 Enfant trouvée, recueillie par un banquier, elle reçut une bonne éducation. Il semble que c'est à la suite de deux douloureuses épreuves sentimentales qu'elle se tourne vers l'ésotérisme. Elle hérita d'une grande fortune, qu'elle mit généreusement au service de ses convictions. Une *cabin* aux États-Unis est une modeste résidence secondaire similaire à un gîte ou une datcha.
342 Germaine Bénédictus était une élève de la pianiste Victoria Barrière, la première épouse de Pierre Monteux. Âgée de 18 ans, Germaine épouse le chef d'orchestre en 1910, ils eurent deux enfants. Elle fut contrainte de renoncer à une carrière de pianiste virtuose afin de ne point partir en tournée. Loin des salles prestigieuses, elle continua à jouer dans des écoles de musique ou des formations de chambre. Dès 1924, Pierre Monteux eut une nouvelle compagne, mais ils ne divorcèrent qu'en 1928. Faute de percevoir régulièrement une pension pour l'éducation des enfants, Germaine occupa divers emplois, dans le cadre desquels elle rencontra Nancy Laughlin.
343 https://threefold.org/our-foundation/history/ (consulté le 22 septembre 2020).
344 Chestnut Ridge est situé dans l'État de New York, à deux pas de la limite avec le New Jersey.
345 La maison est située 181 Hungry Hollow Road, Chestnut Ridge.
346 Le style Shingle caractérise une partie importante de l'architecture domestique américaine. Il doit son nom à l'emploi de bardeaux de bois en façade. Il s'agit de maisons à la volumétrie compacte dominée par des lignes horizontales.
347 Rudolf Steiner cité par Christian Leclercq, *L'Architecture et son rôle éducatif*, Paris, Triades, 1979, p. 38 et 35. Dornach est le siège de la Société anthroposophique universelle, créée en 1923 par Rudolf Steiner.
348 Selon les interprétations multiples existantes, le pentagramme est aussi le symbole de la magie, l'image de l'homme déchu, de l'homme caché à l'intérieur de l'homme, etc. Rudolf Steiner, *Occult Signs and Symbols, Lecture 1*, Berlin, 7 octobre 1907, https://wn.rsarchive.org/Lectures/GA101/English/AP1972/19070913p01.htm (consulté le 7 décembre 2020).
349 Il n'est pas exclu que l'anthroposophie intéresse Dollie Chareau plus que par simple curiosité.
350 « Une maison française aux États-Unis », *Art et Décoration*, n° 27, 1952, p. 24-25. L'activité littéraire de Laughlin reste à démontrer, car son nom n'apparaît pas dans le catalogue de la Library of Congress. Seuls un ou deux petits articles ont été repérés.

La Maison de verre

351 Bernard Champigneulle, « Avons-nous un style d'ameublement ? », réponse de René Herbst commentant la Maison de verre, *Mobilier et Décoration*, n° 3, mars 1934, p. 119.
352 Walter Gropius, « Préface » de juin 1968, dans Sigfried Giedion, *Espace, temps, architecture. La naissance d'une nouvelle tradition*, *op. cit.*, p. 10. Première édition, *Space, Time and Architecture : the Growth of a New Radition*, Cambridge, Havard University, 1944. Dans la cinquième édition parue en 1967, Giedion a ajouté un chapitre sur les CIAM, où Chareau figure une fois comme proche de Mme de Mandrot et partie prenante de cette initiative, p. 425. Il faut reconnaître que Giedion n'accorde que très peu d'attention aux architectes français dans cet ouvrage. Mallet-Stevens, Lurçat, Roux-Spitz et tant d'autres sont ignorés.
353 Lettre de Henry-Russell Hitchcock à Jacobus Johannes Pieter Oud, Paris, 10 août 1930, courrier trouvé par Jan Molema dans le fonds Jacobus Johannes Pieter détenu par le Het Nieuwe Instituut à Rotterdam. Je remercie Jean-Louis Cohen de m'avoir communiqué ce document. Chareau n'est pas nommé dans cet échange, cela tient probablement au tropisme néerlandais très prononcé de Henry-Russell Hitchcock et de son complice Philip Johnson, qui a également la charge de l'exposition new-yorkaise.
354 Dans le passage consacré à la France du catalogue de l'exposition, Henry-Russell Hitchcock et Philip Johnson mentionnent comme architectes modernes : Le Corbusier, Roux-Spitz, Mallet-Stevens, Nelson, Guévrékian, Elkouken et ajoutent : « *Men primarily decorators, such as Djo-Bourgeois and Chareau, who works in collaboration with Bijvoet of Amsterdam, have tried their hand at modern building* » (« Des individus avant tout décorateurs, tels que Djo-Bourgeois ou Chareau, qui travaillent en collaboration avec Bijvoet d'Amsterdam, se sont essayés à des constructions

modernes »), dans *Modern Architecture, International Exhibition*, New York, MoMA, 1932, p. 22.

355 Kenneth Frampton, « Maison de verre », *Arena, the Architectural Association Journal*, avril 1966, p. 257.

356 Lettre de Jeanne Bucher à André Cournand, 27 septembre 1939. Archives Muriel Jaeger.

357 Bernard Champigneulle, « Avons-nous un style d'ameublement ? », *Mobilier et Décoration*, n° 8, août 1934, p. 335.

358 « Allocution du Dr Solal à l'occasion de la remise à Jean Dalsace de son livre jubilaire », 21 novembre 1966, dans *Jean Dalsace 1893-1970*, p. 5. Fonds Dalsace-Vellay, Dalsace 0, bibliothèque interuniversitaire de santé.

359 Lettre de Pierre Chareau à Annie Dalsace, s.d. (avant 1932). Archives MDV.

360 Voir Marc Vellay, *Portraits croisés. La Maison de verre. Dalsace/Chareau*, *op. cit.*, p. 235.

361 Lettre de Pierre Chareau à Annie Dalsace, 13 juin 1932, reproduite par Marc Vellay, Kenneth Frampton, *Pierre Chareau, architecte-meublier 1883-1950*, *op. cit.*, p. 9.

362 Lettre de Jean Dalsace à René Herbst, s.d. Fonds René Herbst, ARCH-HERB, musée des Arts décoratifs, Paris. Ce passage est incomplètement reproduit dans René Herbst, *Pierre Chareau*, *op. cit.*, p. 8.

363 Karel Teige, *The Minimum Dwelling*, Cambridge (Mass.)/Londres, The MIT Press, 2002, p. 6. Le nom de l'auteur de cette affirmation n'est pas mentionné par Teige. Notre traduction.

364 Kristian Gullichsen, « Foreword », dans Juhani Pallasmaa (dir.), *Alvar Aalto : villa Mairea 1938-1939*, Helsinki, Alvar Aalto Foundation/Mairea Foundation, 1998, p. 11.

365 Marc Vellay, Kenneth Frampton, *Pierre Chareau, architecte-meublier 1883-1950*, *op. cit.*, p. 34.

366 Voir Marc Vellay, *Portraits croisés. La Maison de verre. Dalsace/Chareau*, *op. cit.*, p. 55.

367 Dominique Vellay, *La Maison de verre, le chef-d'œuvre de Pierre Chareau*, Arles, Actes Sud, 2007, p. 145.

368 *Ibid.*, p. 148.

369 Témoignage de Gilberte Dreyfus à Francis Lamond recueilli en 1991.

370 Pierre Benjamin Bernheim (24 août 1892-8 janvier 1915) était sergent fourrier au sein du 46ᵉ régiment d'infanterie.

371 Registre des mariages, archives de la synagogue de La Victoire. La réception prend place dans le jardin de René et Marcelle Dreyfus, avenue de Villiers.

372 Rose Adler, *Journal*, *op. cit.*, p. 19, « 13 juillet 1930 ».

373 Catherine Lawton-Lévy, *Du colportage à l'édition*, Genève, Metropolitis, 2004, p. 295.

374 Albert Netter, « Éloge de Jean Dalsace prononcé devant la Société française de gynécologie, le 18 janvier 1971 », dans *Jean Dalsace 1893-1970*, p. 24-25. Fonds Dalsace-Vellay, Dalsace 0, bibliothèque interuniversitaire de santé. Voir Marc Vellay, *Portraits croisés. La Maison de verre. Dalsace/Chareau*, *op. cit.*, p. 265.

375 En 1965, Annie se rend au chevet de Dollie à New York. Auparavant, elle a accueilli Dollie lors de chacun de ses voyages en France (1951, 1958 et 1960), à Paris comme à Beauvallon.

376 Lettre d'Annie Dalsace à Jacques Lipchitz, 10 avril 1955. Jacques Lipchitz Papers and Bruce Bassett Papers, box 1, folder 47, Archives of American Art, Smithsonian Institution. http://edan.si.edu/slideshow/viewer/?damspath=/CollectionsOnline/lipcjacq2/Box_0001/Folder_047 (consulté le 9 décembre 2020).

377 Né à Épinal, Jean Charles Isidore Dalsace est l'aîné d'une fratrie de trois enfants. Son père Henry Dalsace (1865-1926) épouse Sarah Caroline Jane Wolf (1873-1965). Ce dernier finit sa carrière comme trésorier payeur général des Côtes-du-Nord.

378 Archives départementales des Vosges, feuillets matricules n° 102, classe 1913, 1R1670-116458.

379 Fonds Dalsace-Vellay, Dalsace 0, bibliothèque interuniversitaire de santé.

380 Sandra Garcia, http://maitron-en-ligne.univ-paris1.fr/spip.php?article21330 (consulté le 9 décembre 2020).

381 Marc Vellay, *Portraits croisés. La Maison de verre. Dalsace/Chareau*, *op. cit.*, p. 35.

382 Lettre de Jeanne Bucher à Sybille Cournand, Paris, 27 octobre 1940. Archives Muriel Jaeger.

383 Marc Vellay, *Portraits croisés. La Maison de verre. Dalsace/Chareau*, *op. cit.*, p. 300.

384 Albert Netter, « Éloge de Jean Dalsace prononcé devant la Société française de gynécologie, le 18 janvier 1971 », dans *Jean Dalsace 1893-1970*, p. 27. Fonds Dalsace-Vellay, Dalsace 0, bibliothèque interuniversitaire de santé.

385 Lettre d'Annie Dalsace à Jacques Lipchitz, 4 décembre 1966. Jacques Lipchitz Papers and Bruce Bassett Papers, box 1, folder 47, Archives of American Art, Smithsonian Institution. http://edan.si.edu/slideshow/viewer/?damspath=/CollectionsOnline/lipcjacq2/Box_0001/Folder_047 (consulté le 9 décembre 2020). Il quitte le PCF bien après la condamnation, en 1953, des médecins soviétiques impliqués dans le pseudo « complot des blouses blanches » et la répression de l'insurrection de Budapest en 1957.

386 Maria Gough, « Paris, Capital of the Soviet Avant-Garde », *October*, n° 101, été 2002, p. 53-83. Hormis la leçon inaugurale, intitulée « Les courants politiques dans la littérature », la suite du cycle était sur abonnement afin d'aider l'orateur à subvenir à son séjour à Paris. Ces conférences devaient porter sur le roman et Franz Kafka, l'essai et Ernst Bloch, le théâtre et Bertolt Brecht, le journalisme et Karl Kraus.

387 Voir https://re.public.polimi.it/retrieve/handle/11311/1178246/635442/Actes-du-colloque-Collectionner-aux-XIXe-et-XXe-sie%cc%80cles%20-%20-Les-hommes%2c-l%27esprit-et-les-lieux_compressed.pdf (consulté le 24 juillet), p. 50, et « Le Salon de la folle enchère », *Art et Décoration*, janvier 1923, n.p.

388 Voir l'invitation de Jean Dalsace à Louis Dalbet. Fonds Louis Dalbet, DAL 1, 10727.

389 Christophe Gauthier, *La Passion du cinéma : cinéphiles, ciné-clubs et salles spécialisées à Paris de 1920 à 1929*, Paris, Éditions de l'École nationale des Chartes, 1999, p. 201.

390 Raoul Palmer, « Éloge de Jean Dalsace prononcé devant la Société nationale de gynécologie et d'obstétrique (groupement de Paris), le 7 décembre 1970 », dans *Jean Dalsace 1893-1970*, p. 20. Fonds Dalsace-Vellay, Dalsace 0, bibliothèque interuniversitaire de santé.

391 Sommier des biens immeubles 1880-1945, Archives de Paris, DQ18 1326.

392 Calepin de propriété bâtie (1901), Archives de Paris, D1P4 2411. La parcelle mesure environ 1 350 mètres carrés.

393 Selon le cadastre, la cour a une superficie de 162 mètres carrés, le jardin de 470 mètres carrés et l'emprise au sol de la nouvelle maison est de 271 mètres carrés. Lors des spoliations, la superficie de la parcelle est estimée à 1 200 mètres carrés environ.

394 Léon Daudet décède le 2 juillet 1942, toutefois un mois plus tard, sa veuve Marthe Allard Daudet, qui professe les mêmes idées que feu son mari, fait jouer ses relations en écrivant au Commissariat général aux questions juives et lui demandant de procéder non pas à une vente englobant toute la propriété mais une vente en deux lots de manière à pouvoir se porter acquéreur du seul bâtiment sur rue dont elle occupe depuis 1915 une partie. Dans un courrier du 20 mai 1943, elle annonce renoncer à son projet d'achat. Archives nationales AJ/38/2457, dossier 21084.

395 M. Bousquet, « Maison de verre », *La Nature*, 1ᵉʳ février 1932, p. 113.

396 André Fage, « La première maison de verre et sans fenêtres est en construction à Paris », *Le Monde illustré*, 11 juillet 1931, p. 21.

397 Un refus tardif de quitter les lieux est l'explication donnée par la critique Lonia Winternitz, « Glas, das Haus eines Arztes in Paris », *Wasmuths Monatshefte*, novembre-décembre 1931, p. 497. Le calepin de propriété bâtie mentionne mademoiselle Marie de Hees comme occupant une grande partie des locaux au-dessus de la Maison de verre. Elle semble avoir pratiqué la sous-location et serait décédée avant la Seconde Guerre mondiale, puisque, en 1939, la déclaration de révision de l'évaluation des propriétés bâties mentionne comme occupants « héritiers de Hees ». Archives de Paris, D1P4 2411.

398 Jean Dalsace, cité par René Herbst dans René Herbst, *Pierre Chareau... un inventeur*, *op. cit.*, p. 7.

399 Pierre Chareau, « La Maison de verre de Pierre Chareau commentée par lui-même », *Le Point*, n° 2, mai 1937, p. 51.

400 Pierre Chareau, « La création artistique et l'imitation commerciale », *L'Architecture d'aujourd'hui*, n° 9, 1935, p. 68.

401 Archives de Paris, 1 Fi 455. Le nom de l'architecte ne figure pas sur les documents.

402 Archives de Paris, 3 Fi 4008.

403 Immeuble, 5, rue des Lions, installation d'une clinique, 17 juillet 1925. Fonds Dalsace-Vellay, Dalsace 0, bibliothèque interuniversitaire de santé.

404 Les documents fournis à l'administration et conservés aux Archives de Paris comprennent : un relevé des façades avant et arrière de l'édifice existant montrant la partie à conserver et celle à détruire, 1 Fi 454 ; trois plans de niveaux 2 Fi 637-739 ; deux coupes dont l'emplacement n'est pas mentionné sur les plans 2 Fi 642-643 ; deux élévations 2 Fi 640-641.

405 Archives de Paris, 3 Fi 4008, refus du 13 décembre 1927. Décret du 13 août 1902 « Art. 17. – Dans les bâtiments, de quelque nature qu'ils soient, en bordure des voies publiques ou privées ou des cours, la hauteur du rez-de-chaussée et celle de l'étage placé immédiatement au-dessus ne peuvent jamais être inférieures à 2,80 mètres mesurés sous plafond. »

406 Onze documents sont fournis à l'administration et conservés aux Archives de Paris : un relevé complet de l'édifice existant, 1 Fi 455 ; un plan des canalisations 1 Fi 456, 3589 W 2152 ; quatre plans de niveau, 2 Fi 644-647 ; deux coupes, 2 Fi 651-652 ; trois élévations, 2 Fi 648-650. Chacun de ces documents porte la signature de Jean Dalsace, précédée de la mention « vu et approuvé ».

407 Archives de Paris, 3 Fi 4008.

408 Au rez-de-chaussée, la chambre noire ne possède aucune aération, au premier étage, le local archives et le débarras mesurent respectivement 2,45 et 2,10 mètres sous plafond.

409 Sigfried Giedion, *Construire en France, construire en fer, construire en béton*, *op. cit.*, p. 8.

410 Interview d'Annie Dalsace par Brian Housden, 2 décembre 1958. Archives famille Housden.

411 Jules Henrivaux, « Une maison de verre », *Revue des deux mondes*, 1ᵉʳ novembre 1898, p. 113.

412 Michel Dreyfus, « Heurs et malheurs de l'entreprise immobilière Bernheim (c. 1890-1945) », Archives juives, n° 2, 2015, p. 92-93. Voir aussi Marc Vellay, *Portraits croisés. La Maison de verre. Dalsace/Chareau*, *op. cit.*, p. 241, note 28 et p. 303, note 119 ; et Archives nationales AJ/38/2457 dossier 21084.

413 René de Laromiguière, « Murs de verre », *Art et Médecine*, juin 1934, p. 24.

414 Cette indication a été recueillie par Robert Vickery auprès de Bijvoet. Elle est rapportée par Kenneth Frampton dans « Maison de verre », *Perspecta*, n° 12, 1969, p. 79, note 8, ou « La Maison de verre de Pierre Chareau et Bernard Bijvoet », *AMC*, n° 46, septembre 1978, p. 32, note 7.

415 Kenneth Frampton, Antoine Grumbach, Aline Vellay, « Entretien avec Bernard Bijvoet », 27 novembre 1976, chez lui à Haarlem. Archives MDV.

416 Les travaux de gros œuvre sont essentiellement le fait de trois entreprises : Parisy & fils pour la maçonnerie, Dubuc & Thomas pour la charpente métallique, les établissements Paul Dindeleux pour le béton armé translucide. Voir Marc Vellay, *Portraits croisés. La Maison de verre. Dalsace/Chareau*, *op. cit.*, p. 243-244.

417 Deux publications témoignent de cet avancement : *Glaces et Verres*, n° 17, août 1930, p. 19-20, et *L'Architecture d'aujourd'hui*, n° 3, janvier-février 1931, p. 70-71. Les illustrations montrent les façades avant et arrière avec tous les panneaux en pavé de verre mis en place.

418 Renée Michel, *André Lurçat, l'homme et son œuvre*, Sceaux, 1970, mémoire dactylographié, cité par Jean-Louis Cohen, *André Lurçat, 1894-1970 : autocritique d'un moderne*, Liège, Mardaga, 1995, p. 67.

419 Paul Juillerat, *L'Hygiène du logement*, Paris, Delagrave, 1909, p. 69-71. Le chauffage à eau chaude recueille l'assentiment de nombreux hygiénistes, qui reprochent aux conduits d'air d'être des nids à poussière impossibles à nettoyer. Archives de Paris, 3 Fi 4008.

420 Lettre de Pierre Chareau à Annie Dalsace, 13 juin 1932, reproduite dans Marc Vellay, Kenneth Frampton, *Pierre Chareau, architecte-meublier 1883-1950*, *op. cit.*, p. 9.

421 Nous remercions Bernard Bauchet de nous avoir permis de disposer de l'interview d'André Dalbet, le fils de Louis, réalisée en décembre 1990.

422 Renée Miche, *André Lurçat, l'homme et son œuvre*, Sceaux, 1970, mémoire dactylographié, cité par Jean-Louis Cohen, *André Lurçat (1894-1970) : autocritique d'un moderne*, *op. cit.*, p. 65-67.

423 « Invention ou pastiche, une enquête du *Décor d'aujourd'hui* », *Le Décor d'aujourd'hui*, n° 27, 1938, p. 26.

424 Dès juin 1930, les travaux de la Maison de verre sont suffisamment avancés pour y organiser deux soirées de projection cinématographique, pour lesquelles une « tenue de ville » est exigée. Deux ans plus tard, différents éléments témoignent de l'achèvement de la Maison de verre et de son occupation par les Dalsace, autour de l'été 1932. La société britannique H. K. Lewis & Co, basée à Londres, envoie au 31, rue Saint-Guillaume, en date du 30 septembre 1932, une lettre commençant de la sorte : « *We are in receipt of your letter of September 25th and have duly noted your change of address for the future copies of the Journal of Obstetrics and Gynaecology of the British Empire.* » Fonds Dalsace-Vellay, Dalsace 0, bibliothèque interuniversitaire de santé. L'étude des règlements des protagonistes ou entreprises principales (honoraires de Chareau), paiements aux entreprises Parisy (maçonnerie), Dubuc & Thomas (charpente métallique), Dindeleux (béton translucide), Dalbet (serrurerie) déclinent tous de manière significative après 1931-1932. Pour autant, il n'est pas exclu que différents corps d'état parachèvent les travaux en 1932 et même en 1933. On peut également noter que, dès septembre et novembre 1933, deux revues d'architecture publient des photographies de la Maison de verre montrant une maison meublée et décorée : tentures et cadres aux murs, présence de plantes à différents endroits. Or il faut un nombre non négligeable de semaines voire de mois pour effectuer des prises de vue, adresser les tirages sélectionnés par le concepteur aux mensuels afin d'être mis en pages et imprimés.

425 Rose Adler, *Journal, op. cit.*, p. 99, « 31 décembre 1932 ».
426 Yankel Fijalkow, « L'enquête sanitaire urbaine à Paris en 1900. Le casier sanitaire des maisons », *Mil neuf cent. Revue d'histoire intellectuelle*, vol. 22, n° 1, 2004, p. 95-106, et Mirko Zardini et Giovanna Borasi (dir.), *En imparfaite santé : la médicalisation de l'architecture*, Zurich, Lars Müller, 2011.
427 Lyra Kilston, *Sun Seekers, the Cure of California*, Los Angeles, Atelier Editions, 2019, p. 23.
428 J. Orgeas, *L'Hiver à Cannes, Saint-Raphaël, Grasse et Antibes, guide descriptif, historique, scientifique, médical et pratique*, Cannes, 1889, p. 425. La démonstration de l'auteur s'appuie autant sur des observations végétales ou animales qu'humaines. Par ailleurs, il juge que l'apparition du chemin de fer a révolutionné les possibilités de soin en rendant facile la migration vers les régions chaudes l'hiver.
429 *Ibid.*, p. 461.
430 « Colonie de convalescence "Zonnestraal" à Hilversum (Hollande) par B. Bijvoet et J. Duiker », *Cahiers d'art*, n° 9, 1928, p. 388-395. Bien que leur association soit dissoute en 1925, Bijvoet en France et Duiker aux Pays-Bas continuent à collaborer sur de nombreux projets, jusqu'au décès de ce dernier en 1935.
431 Beatriz Colomina, *X-Ray Architecture*, Zurich, Lars Müller, 2019, p. 91.
432 Les chiffres parlent d'eux-mêmes : « À Paris, sur dix enfants qui meurent entre la troisième et la quinzième année, quatre au moins doivent leur triste sort à la tuberculose […], et, parmi les jeunes gens de 20 à 30 ans, six décès sur dix » sont dus à ce fléau. Voir docteur Henri Barth, « La tuberculose à Paris et les sanatoriums populaires », *Revue des deux mondes*, 5ᵉ période, t. II, 1901, p. 890-920.
433 Yankel Fijalkow, « L'enquête sanitaire urbaine à Paris en 1900. Le casier sanitaire des maisons », *Mil neuf cent. Revue d'histoire intellectuelle*, vol. 22, n° 1, 2004, p. 95-106. Dès 1888, les travaux des médecins pastoriens Nocard et Roux démontrent que le bacille de Koch (découvert en 1884) se développe beaucoup mieux à l'obscurité qu'à la lumière, dans le froid qu'à la chaleur humide.
434 Marie-Jeanne Dumont, *Le Logement social à Paris, 1850-1930*, Liège, Mardaga, 1991, p. 59-77.
435 Augustin Rey, communication au 2e Congrès international d'assainissement et de salubrité de l'habitation, 1906, cité par Marie-Jeanne Dumont, *Le Logement social à Paris, 1850-1930, op. cit.*, p. 60.
436 Georges-Maurice Debove, Albert-Faron Plicque, *Hygiène*, Paris, Delagrave, 1907, p. 125-158.
437 André Fage, « La première maison de verre et sans fenêtres est en construction à Paris », *Le Monde illustré*, 11 juillet 1931, p. 21.
438 Jean Dalsace, cité par René Herbst, dans *Pierre Chareau… un inventeur, op. cit.*, p. 7-8. *Le Correspondant* est une revue catholique qui paraît de 1829 à 1937, avant d'être absorbée par la revue jésuite *Études*. Elle occupait l'emplacement de l'actuelle Maison de verre dans le vieil hôtel particulier.
439 Georges-Maurice Debove, Albert-Faron Plicque, *Hygiène, op. cit.*, p. 156.
440 *Ibid.*, p. 138.
441 « Une maison de verre s'élève à Paris, rue Saint-Guillaume », *Le Matin*, 28 mai 1931, p. 8. Tantôt l'initiative de la démolition des étages inférieurs est attribuée à Pierre Chareau, parfois au docteur Dalsace.
442 Walter Benjamin, « Les cités-casernes », *Lumières pour enfants*, Paris, Christian Bourgois, 1988, p. 89-90, cité par Philippe Duboÿ, « Prologue », *Paul Scheerbart : architecture de verre*, Paris, B2, 2015, p. 26. Ce texte provient des émissions de radio faites par Benjamin durant la seconde moitié des années 1920.
443 Sigfried Giedion, *Construire en France, construire en fer, construire en béton, op. cit.*, p. 84.
444 André Fage, « La première maison de verre et sans fenêtres est en construction à Paris », *Le Monde illustré*, 11 juillet 1931, p. 21.
445 Selon les termes rapportés par Henri Kubnick, « Ce que m'a dit M. Chareau, l'homme qui construit une maison de verre », *Benjamin*, n° 84, 18 juin 1931, p. 6.
446 Dans René Chavance, « Applications et techniques nouvelles du verre », *Art et Décoration*, octobre 1932, p. 312.
447 M. D., « Une maison de verre », *Glaces et Verres*, n° 16, juin 1930, p. 19. Chareau précise qu'il s'est refusé à concevoir un matériau nouveau pour l'occasion.
448 André Breton, *Nadja*, Paris, Le Livre de Poche, 1971, p. 18. Annette Fierro, dans *The Glass State : The Technology of the Spectacle, Paris, 1981-1998*, Cambridge, MIT Press, 2003, p. 106, souligne au contraire combien Chareau s'emploie à rendre le verre énigmatique.
449 René de Laromiguière, « Murs de verre », *Art et Médecine*, juin 1934, p. 23.
450 « Association des ingénieurs de l'éclairage, visite à la Maison de verre », *Lux*, novembre 1934, p. 142.
451 Émile Zola, *Les Quatre Évangiles : travail*, Paris, Eugène Fasquelle, 1901, p. 634.
452 Rose Adler, *Journal, op. cit.*, p. 99, « 31 décembre 1932 ».
453 En disposition verticale (murs ou cloisons), on emploie le terme « brique de verre » ; en position horizontale ou courbée (planchers, voûtes ou coupoles), le mot approprié est « pavé ». Ces derniers présentent des caractères de résistance mécanique plus importants.
454 Aline Jeandrevin, Catherine Schmutz Nicod, Alexia Ryf et Vincent Lieber, *Un rêve d'architecte. La brique de verre Falconnier*, Berne, Till Schaap, 2018.
455 « La brique Nevada », *Glaces et Verres*, n° 14, février 1930, p. 16-21.
456 M. D., « Une maison de verre », *Glaces et Verres*, n° 16, juin 1930, p. 20.
457 Toutefois ce panneau comporte plus de briques que les panneaux en façade, mais il peut avoir été fabriqué pour une paroi à l'intérieur de la maison.
458 Lettre de Jean Dalsace à René Herbst, s.d. Fonds René Herbst, ARCH-HERB, musée des Arts décoratifs, Paris.
459 *Ibid.*
460 Interview d'Annie Dalsace par Brian Housden, 2 décembre 1958. Archives famille Housden. Les façades en brique de verre du pavillon conçu par René Coulon, Jacques Adnet et l'ingénieur maison Robert Touvay sont réalisées avec un modèle de brique creuse Verisolith, de 30 x 30 centimètres de côté et 10 centimètres d'épaisseur.
461 Une telle supposition méconnaît le fait que Bijvoet et Duiker n'ont jamais rejoint les rangs des tenants du néoplasticisme. L'intérêt de Chareau pour l'œuvre de Mondrian n'est longtemps resté connu que de rares initiés. Non seulement, les deux participent ensemble en 1924 à une exposition de travaux des élèves de Mallet-Stevens, mais Chareau lui achète un tableau en 1928.
462 Beatriz Colomina, *La Publicité du privé*, Orléans, HYX, 1998, p. 31-48.
463 Adolf Loos, « Heimatkunst », *Ornement et Crime, op. cit.*, p. 165.
464 Le Corbusier, *Urbanisme*, Paris, Vincent, Fréal et Cie, 1966, p. 174.
465 Sigfried Giedion, *Construire en France, construire en fer, construire en béton, op. cit.*, p. 84.
466 Raymond Fischer, « Notre enquête sur les matériaux de la construction », *L'Architecture d'aujourd'hui*, n° 1, novembre 1930, p. 21.
467 René Chavance, « Applications et techniques nouvelles du verre », *Art et Décoration*, octobre 1932, p. 312.
468 Le Corbusier, « Les techniques sont l'assiette même du lyrisme », *Précisions sur un état présent de l'architecture et de l'urbanisme*, Paris, Altamira, 1994 (1930), p. 40-45.
469 W. Vetter, « Considérations sur la maison », *Le Point*, 1937, p. 47.
470 Éric Poncy, *Souvenirs sur Hélène de Mandrot et le château de la Sarraz, 1924-1939, op. cit.* Archives cantonales vaudoises, PP869/164. L'auteur pointe leur frustration de ne pouvoir véritablement échanger avec Rietveld à cause de la barrière des langues.
471 Bien avant l'utilisation du métal dans des programmes domestiques, on le trouve employé et laissé visible. En 1815, John Nash emploie des colonnes métalliques, déguisées en palmier, dans la cuisine du Pavillon royal de Brighton ; Henri Labrouste exhibe celles de la bibliothèque Sainte-Geneviève, sous des traits de colonnes classiques, en 1850, tandis que Louis-Auguste Boileau pare d'un habit de troubadour celles de l'église Saint-Eugène en 1854. En Amérique, dans le Bradbury Building, George Wyman met en scène la fonte dans l'atrium de cet édifice de bureau, et l'on pourrait citer son emploi habituel pour des programmes tels que usines, gares, marchés couverts, etc.
472 Eugène Hénard, « L'Exposition universelle de 1889, l'emploi du fer », *L'Architecture*, 17 août 1889, p. 394-396.
473 Léon Werth, « Le Iᵉʳ Salon de l'Union des artistes modernes », *Art et Décoration*, août 1930, p. 35.
474 Selon une expression de Joris-Karl Huysmans dans « L'architecture nouvelle », *L'Architecture cuite et autres textes*, Paris, Éditions de l'Éclat, 2016 (1883), p. 21.
475 Le Corbusier utilise cette même dénomination pour son immeuble Molitor, rue Nungesser-et-Coli à Paris, 1931-1934. Lors de l'exposition « Les arts dits primitifs dans la maison d'aujourd'hui », organisée par Louis Carré dans l'appartement de l'architecte en juillet 1935, en haut du dépliant figure la mention : « Dans la maison de verre (Le Corbusier et Pierre Jeanneret, architectes) ».
476 Christian Sumi, *Immeuble Clarté Genf 1932*, Zurich, GTA/Ammann, 1989, p. 17.
477 Lettre de Jean Dalsace à René Herbst, s.d. Fonds René Herbst, ARCH-HERB, musée des Arts décoratifs, Paris. Passage reproduit dans René Herbst, *Pierre Chareau… un inventeur, op. cit.*, p. 8.
478 *Ibid.*
479 Sigfried Giedion, *Construire en France, construire en fer, construire en béton, op. cit.*, p. 8 et 68.
480 Paul Reboux, *Le Nouveau Savoir-Vivre*, Paris, Flammarion, 1948, p. 191, cité par Michelle Perrot, *Histoire de chambres*, Paris, Seuil, 2009, p. 187.
481 En 1936, Dollie Chareau succède à Paulette Bernège au sein de la revue *La Femme au travail* pour tenir la rubrique « Rentrons chez nous ». Dans la livraison de juillet 1936, son article traite de deux versions différentes d'un aménagement de cuisine-salle à manger.
482 Paulette Bernège, « Quand une femme construit sa cuisine », *L'Art ménager*, août 1933, reproduit dans *Culture technique*, n° 3, 1981, p. 174.
483 « L'évier-vidoir Garchey », *Recherches et Inventions*, n° 156, août 1927, p. 315.
484 Paulette Bernège, *Si les femmes faisaient les maisons*, Paris, À Mon chez Moi, 1928, p. 20-37. Reproduit dans https://www.persee.fr/doc/flux_1154-2721_1989_hos_5_1_910#flux_1154-2721_1989_hos_5_1_T1_0067_0000 (consulté le 2 décembre 2020), p. 72. L'hygiéniste Paul Juillerat, tout en reconnaissant leur commodité, déconseille vivement tout type de vide-ordures, car les matières organiques ou autres débris putrescibles collent aux parois, et non seulement infectent la maison mais aussi répandent des odeurs désagréables.
485 Paulette Bernège, « Quand une femme construit sa cuisine », *L'Art ménager*, août 1933, reproduit dans *Culture technique*, n° 3, 1981, p. 175.
486 « Chariot sur rail » était le terme utilisé par Dollie, rapporte « Glass House is Started in Paris », *Chicago Daily Tribune and the Daily News New York*, 28 mai 1931, p. 2. Par contre, la curieuse expression de « charrette suspendue à deux rails » est employée par *L'Architecture d'aujourd'hui*, n° 9, novembre-décembre 1933, p. 9.
487 *L'Architecture d'aujourd'hui*, n° 9, novembre-décembre 1933, p. 9.
488 La comtesse de Tramar, citée par Georges Vigarello, *Le Propre et le Sale, l'hygiène du corps depuis le Moyen Âge*, Paris, Seuil, collection « Points », 1987, p. 281-282, note 2.
489 Pierre Lavedan, « Le Salon des décorateurs », *L'Architecture*, vol. XLIII, n° 7, 1930, p. 231.
490 Michelle Perrot, *Histoire de chambres, op. cit.*, p. 187.
491 *Ibid.*, p. 167.
492 Simulant en quelque sorte un lit clos, ces panneaux couverts de tissu et agrémentés de tableaux ont

été retirés au tournant des années 1970-1980.
493 De manière contemporaine à l'édification de la Maison de verre, le docteur Jean Saidman s'emploie à démontrer les bienfaits de l'héliothérapie naturelle ou artificielle et entreprend à cet effet l'édification d'un solarium tournant à Aix-les-Bains. Celui-ci est à la fois un lieu de soin et un outil d'expérimentation d'une science naissante, l'actinothérapie. Cécile Raynal, Thierry Lefebvre, *Les Solariums du Dr Jean Saidman*, Paris, Glyphe, 2010.
494 Georges Vigarello, *Le Propre et le Sale, l'hygiène du corps depuis le Moyen Âge*, *op. cit.*, p. 228.
495 *Ibid.*
496 Anne Martin-Fugier, *La Place des bonnes. La domesticité féminine à Paris en 1900*, Paris, Perrin, 2004, p. 115-136. Mme Pariset, *Nouveau manuel complet de la maîtresse de maison, ou Lettres sur l'économie domestique*, Paris, Roret, 1852, p. 8 et 22. Disposant de chambres sous les combles, les Dalsace n'ont pas opté pour un éloignement de leur personnel hors de leur propre domicile.
497 « Le verre », *L'Architecture d'aujourd'hui*, n° 3, 1931, p. 64.
498 M. Bousquet, « Maison de verre », *La Nature*, 1er février 1932, p. 113-114.
499 Comme à la Samaritaine de Frantz Jourdain ou, lors d'une exposition, dans deux expérimentations ponctuelles menées par Eileen Gray et Le Corbusier.
500 Le fabricant de ces dalles à plot, également dites « à ventouse », n'est jamais mentionné.
501 Paul Juillerat, *L'Hygiène du logement*, *op. cit.*, p. 121.
502 *Ibid.*, p. 122-123.
503 Paul Overy, *Light, Air and Openness. Modern Architecture between the Wars*, Londres, Thames & Hudson, 2007, p. 83-97. Dans ce chapitre l'auteur aborde la question de la « Domestic Clinic ».
504 Après sa formation, Adolf Rading travaille brièvement chez Peter Behrens. Ultérieurement, il s'associe avec Hans Scharoun en 1926 puis collabore avec Oskar Schlemmer. Il devient membre du Deutscher Werkbund et contribue à l'exposition de la Weissenhofsiedlung. Il émigre en Palestine et devient l'architecte de la ville de Haïfa. La maison du docteur Rabe est réalisée entre 1929 et 1931 à Zwenkau.
505 Edith Nowak-Rischkowski, « Das Wohnhaus eines Arztes – Eine Arbeit von Professor Adolf Rading, Berlin », *Innendekoration : mein Heim, mein Stolz; die gesamte Wohnungskunst in Bild und Wort*, n° 6, 1932, p. 199. Notre traduction.
506 *Ibid.*
507 Né Morris Saperstein à New York, Philip Lovell part vers l'ouest tenté par l'aventure. Il suit l'enseignement d'un médecin magnétiseur adepte de l'homéopathie et s'installe à Los Angeles où il se fabrique une nouvelle identité. Là, ce « praticien sans drogue », comme il se présente, rencontre un grand succès. Auparavant, en 1926, Rudolph Schindler lui a construit la Lovell Beach House au sud de Los Angeles, édifice réalisé tout en béton.
508 Lyra Kilston, *Sun Seekers, the Cure of California*, *op. cit.*, p. 73-103.
509 Roger Poulain, *Hôpitaux, sanatoria*, 1re et 2e séries, Paris, Vincent, Fréal et Cie, 1931.
510 Gabriel Guévrékian, *Répertoire de l'architecture moderne*, n° 6 *Hôtels et Sanatoria*, Paris, Éditions S. de Bonadona, s.d (1931 ou 1933).
511 Jean Badovici, *L'Architecture vivante*, n° 41 *L'Architecture hospitalière*, n° 42 *Le Corbusier*, Paris, Albert Morancé, 1933. L'immeuble Clarté comme l'édifice de l'Armée du Salut empruntent au traitement des parois vitrées de la Maison de verre.
512 André Ménabréa, « Le soleil dans l'architecture », *L'Architecture d'aujourd'hui*, n° 3, avril 1932, p. 6-9.
513 L'Institut d'études politiques de Paris (IEP de Paris), dit « Sciences-Po », a succédé en 1945 à l'ancienne École libre des sciences politiques, un établissement privé d'enseignement supérieur fondé en 1872. Le patrimoine immobilier profondément disparate de Sciences-Po est dissimulé en 1952, grâce à la réalisation d'une façade unifiant les 25, 27 et 29, rue Saint-Guillaume.
514 Pierre Chareau, « "La Maison de verre" de Pierre Chareau commentée par lui-même », *Le Point*, n° 2, mai 1937, p. 54.
515 Michel Dreyfus, « Heurs et malheurs de l'entreprise immobilière Bernheim (c. 1890-1945) », *Archives juives*, n° 2, 2015, p. 96. La famille transféra, dit-il « la plus grande partie des meubles et des tableaux dans une propriété du Bourbonnais appartenant à Léon Vellay, l'associé de Bernheim pour la région Centre : en avril et en mai 1941, soixante-deux caisses y furent expédiées. Les Dalsace confièrent certains de leurs biens mobiliers à la galeriste Jeanne Bucher ». On peut être surpris de la date tardive du déménagement et du passage sans encombre de la zone nord à la zone sud, ainsi que du fait que rien n'ait été volé entre une visite de la maison par la Gestapo à la fin de l'été 1940 et l'expédition à Vichy dix mois plus tard. Annie Dalsace rapporte cependant que certains objets notamment dans la cuisine et un meuble à usage médical disparurent. Pour autant, les Dalsace ne déposèrent que des dossiers de spoliation à caractère immobilier auprès du Service de restitution des biens des victimes des lois et mesures de spoliation.
516 Alya Aglan, « L'aryanisation des biens juifs sous Vichy : les cas comparés de la France et de l'Allemagne », *Revue d'histoire moderne et contemporaine*, vol. 49, n° 4, 2002, p. 154-169. Claire Andrieu, « Écrire l'histoire des spoliations antisémites (France, 1940-1944) », *Histoire@Politique*, vol. 9, n° 3, 2009, p. 94.
517 Le calepin de propriété bâtie confirme la date du 14 mars 1944, et le sommier des biens immeubles précise les dates des mutations et d'enregistrement, soit le 13 et 17 juillet 1944. Aux Archives de Paris, D1P4 2411 un montant de 651 000 francs est indiqué ; pour DQ18 1326 c'est un montant de 697 837 francs incluant les frais accessoires qui est affiché. Le nom de l'acquéreur Thaury est parfois mal orthographié sous la forme Thory. Archives nationales AJ/38/2457 dossier 21084.
518 Marc Vellay, *Portraits croisés. La Maison de verre. Dalsace/Chareau*, *op. cit.*, p. 300-302.
519 Archives de Paris, 47W5 n° 698. Il en alla de même des biens des Bernheim. Voir Michel Dreyfus, « Heurs et malheurs de l'entreprise immobilière Bernheim (c. 1890-1945) », *Archives juives*, vol. 48, n° 2, 2015, p. 84-100.
520 Archives de Paris, audience du 10 juillet 1947, 47W65 n° 7391.
521 Interview d'Annie Dalsace par Brian Housden, 2 décembre 1958. Archives famille Housden.
522 Archives de Paris, audiences du 25 juin 1945, 47W5 n° 698 et du 10 juillet 1947, 47W65 n° 7391.
523 *Id.*
524 Lettre de Jeanne Bucher à Sybille Cournand, Paris, 27 octobre 1940. Archives Muriel Jaeger. Interview d'Annie Dalsace par Brian Housden, 2 décembre 1958. Archives famille Housden.
525 Lettre de Bernard Bijvoet à Jean Dalsace, 29 avril 1945, reproduite dans Marc Vellay, *Portraits croisés. La Maison de verre. Dalsace/Chareau*, *op. cit.*, p. 302.
526 Bernard Bauchet, « Archéologie de la Maison de verre », dans Olivier Cinqualbre (dir.), *Pierre Chareau architecte, un art intérieur*, *op. cit.*, p. 105-109.
527 La Maison de verre est décrite « translucide, comme un morceau de glace », dans Chamine, « La première maison de verre », *L'Intransigeant*, 27 mai 1931, p. 7 ; ou encore dans « Like an Eskimo Hut », *The Daily Mail*, 27 mai 1931. La même comparaison apparaît dans les colonnes de *La Cité Tekhné*, n° 11, juillet 1931, p. 247.
528 George Wolfgang Kraft, *Description et Représentation exacte de la maison de glace…*, Paris, B2, 2011 (1741). Un article publié par *The Daily Mail* le 27 mai 1931, consacré à la Maison de verre la comparait à l'« igloo des esquimaux construit en glace ».
529 Refrain de « La chanson du verrier », *La Verrerie champenoise, Charbonneaux-BSN, Reims de 1870 à nos jours*, Die, La Manufacture, 1984, p. 35.
530 Paul Scheerbart est l'auteur d'un recueil d'aphorismes, intitulé *Glasarchitektur*, paru en 1914. Voir Claude Massu, « Le verre ou la clarté absente », *Traverse*, n° 46, mars 1989, p. 42-58.
531 Maria Stavrinaki (dir.), *La Chaîne de verre : une correspondance expressionniste*, Paris, Éditions de la Villette, 2009.
532 Walter Benjamin, *Paris, capitale du XIXe siècle : le livre des passages*, Paris, Éditions du Cerf, 1989, p. 47, cité par Philippe Duboÿ, « Prologue », *Paul Scheerbart : architecture de verre*, *op. cit.*, p. 27.
533 De l'édifice, détruit lors de la guerre de 1914-1918, il ne reste que des photographies en noir et blanc.
534 « Palais lumineux Ponsin », *L'Illustré Soleil du dimanche*, 1900, https://www.worldfairs.info/expopavillondetails.php?expo_id=8&pavillon_id=84 (consulté 24 janvier 2020). Le pavillon s'est vu décerner une médaille d'or.
535 Jules Henrivaux, « Une maison de verre », *Revue des deux mondes*, 1er novembre 1898, p. 124.
536 Léon Appert, Jules Henrivaux, *Verre et Verrerie*, Paris, Gauthier-Villars, 1894, p. 324-334. Jules Henrivaux, *La Verrerie au XXe siècle*, Paris, E. Bernard, 1903, p. 306-307 pour les plans.
537 Marc Bédarida, « Liquide surfondu et pierre artificielle » et « Maison de verre, ascendances et filiations », dans Olivier Cinqualbre (dir.), *Pierre Chareau architecte, un art intérieur*, *op. cit.*, p. 57-63 et p. 111-119.
538 « Une maison de verre vient d'être construite rue Saint-Guillaume », *Paris-Midi*, 30 mai 1931, p. 2. Cette affirmation apparaît dans plusieurs journaux.
539 « New Departure in House-Building», *Daily Mail Atlantic Edition*, 17 mai 1931, p. 2. Version spéciale du *The Daily News New York*.
540 « First All-Glass Home Built in Paris », *The Daily Mail*, Londres, 27 mai 1931, p. 9, « Une maison de verre vient d'être construite rue Saint-Guillaume », *Paris-Midi*, 30 mai 1931, p. 2, « Das "Ganz aus Glas" Haus ist da ! », *Freiheit !* (journal des travailleurs sociaux chrétiens), Vienne, n° 1154, 2 juin 1932, p. 5 et « Chronique artistique. La première maison de verre », *La Croix*, 22 septembre 1931, p. 3. Réalisée dans le cadre d'une exposition d'une semaine et vue pas près de 100 000 visiteurs, la Aluminaire House a été conçue par Albert Frey, un jeune architecte suisse ayant travaillé chez Le Corbusier et venant d'émigrer aux États-Unis, et A. Lawrence Kocher, l'éditeur du magazine *Architectural Record*.
541 Voir *Comœdia* du 12 mars 1933 ou *Sept* du 28 février 1936.
542 Sur les vingt-deux articles actuellement recensés durant l'année 1931, les trois quarts sont issus de la presse grand public, mais cela n'est plus vrai pour les sept articles parus en 1933 et les dix en 1934. La presse spécialisée devient progressivement prépondérante, et la dimension des articles, photographies comprises, est nettement plus importante. Leur contenu est évidemment plus substantiel.
543 Cette maquette est présentée à plusieurs reprises : 1931, exposition de l'UAM et Salon d'automne ; 1933, galerie Vignon ; 1934, galerie des *Cahiers d'art* ; 1937, pavillon de l'UAM à l'Exposition internationale des arts et techniques.
544 Olivier Cinqualbre, « Maison de verre », dans Olivier Cinqualbre (dir.), *Pierre Chareau architecte, un art intérieur*, *op. cit.*, p. 71. L'un de ces dessins perspectifs est publié dans « Un hôtel particulier à Paris », *L'Architecture d'aujourd'hui*, n° 9, novembre-décembre 1933, p. 12.
545 Jan Duiker, « Het huis van Dr. D'Alsace [*sic*] in de rue St. Guillaume te Parijs [La maison de Dr Dalsace de la rue Saint-Guillaume à Paris] », *De 8 en opbouw*, n° 18, 2 septembre 1933, p. 155-164. Curieusement le début de l'article concerne un écrit paru dans un précédent numéro et n'entretient aucun rapport avec le reste du texte.
546 Jean-Louis Cohen, « Pierre Chareau and the Networks of Modern Architecture », dans Esther da Costa Meyer (dir.), *Pierre Chareau, Modern Architecture and Design*, New Haven/Londres, Yale University Press, 2016, p. 273. Jean-Louis Cohen, *André Lurçat (1894-1970) : autocritique d'un moderne*, *op. cit.*, p. 79-92.
547 Karel Teige, *The Minimum Dwelling*, Cambridge/Londres, MIT Press, (1932) 2002, p. 7. Notre traduction.
548 Jan Duiker, « Het huis van Dr. D'Alsace [*sic*] in de rue St. Guillaume te Parijs [La maison de Dr Dalsace de la rue Saint-Guillaume à Paris] », *De 8 en opbouw*, n° 18, 2 septembre 1933, p. 156. Toutes les citations qui suivent ont été traduites par nous avec l'aide de Lize Braat. L'astérisque signale l'emploi d'un terme français dans le texte en néerlandais.
549 *Ibid.*
550 *Ibid.*
551 *Ibid.*, p. 157.
552 *Ibid.*, p. 162.
553 *Ibid.*, p. 155-164.
554 Il est intéressant de noter que, soixante ans après, revenant sur cette publication, tant Vago que Posener considéraient avoir été laudatifs à l'égard du travail de Chareau. Voir Olivier Cinqualbre, « Un objet singulier », dans Olivier Cinqualbre, *Pierre Chareau, la Maison de verre, 1928-1933*, Paris, Jean-Michel Place, 2001, p. 7-8. De manière générale, Vago n'apparaît pas comme un grand fervent de Chareau. Dans le numéro spécial de la revue qu'il consacre à l'équipement de l'habitat en 1939, parmi plusieurs centaines d'illustrations de mobilier, Chareau n'apparaît que deux fois. Enfin, dans ses mémoires intitulées *Une vie intense*, parues en 2000,

il relate des épisodes de manière fallacieuse ou purement inventée qui plus est en des termes désobligeants.
555 Pierre Vago, « Un hôtel particulier à Paris », *L'Architecture d'aujourd'hui*, n° 9, novembre-décembre 1933, p. 5 et 8.
556 *Ibid.*
557 *Ibid.*
558 *Ibid.*
559 Camille Mauclair, *La Crise du « panbétonnisme intégral ». L'architecture va-t-elle mourir ?*, Paris, Éditions de la Nouvelle Revue Critique, 1934. À rebours de Vago, le rédacteur en chef de la revue dans laquelle Duiker a publié son article sur la Maison de verre, utilise dans sa chronique cet édifice parisien à dessein de contrer certaines allégations de Camille Mauclair, *De 8 en opbouw*, n° 6, avril 1934, p. 93.
560 Pierre Chareau, « "La Maison de verre" de Pierre Chareau commentée par lui-même », *Le Point*, mai 1937, p. 51. Olivier Cinqualbre, « Un objet singulier », dans Olivier Cinqualbre, *Pierre Chareau, La Maison de verre, 1928-1933*, *op. cit.*, p. 8.
561 Julien Lesage, « Observations en visitant », *L'Architecture d'aujourd'hui*, n° 9, novembre-décembre 1933, p. 13 et 15.
562 D. de Charnage, « La première maison de verre », *La Croix*, 22 septembre 1931, p. 3.
563 Paul Nelson, « La maison de la rue Saint-Guillaume », *L'Architecture d'aujourd'hui*, n° 9, novembre-décembre 1933, p. 9.
564 *Ibid.*
565 Joseph Abram, « Aux confins de la culture cubiste », dans Olivier Cinqualbre (dir.), *Pierre Chareau architecte, un art intérieur*, *op. cit.*, p. 44.
566 Paul Nelson, « La maison de la rue Saint-Guillaume », *L'Architecture d'aujourd'hui*, n° 9, novembre-décembre 1933, p. 9 et suivantes. De nombreux chroniqueurs, dont Posener, regrettent que les photographies ne restituent que très imparfaitement le travail de Chareau. Sur ce point, voir Sigfried Giedion, *Construire en France, construire en fer, construire en béton*, *op. cit.*, p. 92. Il écrit au sujet d'une réalisation de Le Corbusier : « Des vues fixes ne permettent pas de s'en faire une idée claire. Il faudrait pouvoir accompagner le regard dans ses déplacements : seule la caméra peut rendre justice à la nouvelle architecture. »
567 Paul Nelson, « La maison de la rue Saint-Guillaume », *L'Architecture d'aujourd'hui*, n° 9, novembre-décembre 1933, p. 9 et suivantes.
568 *Ibid.*
569 *Ibid.*
570 Reyner Banham, « Modern Monument », *New Society*, n° 1246, 14 novembre 1986, p. 12-13. Notre traduction.
571 *Ibid.*
572 Richard Rogers, « La "Casa di vetro" di Pierre Chareau : una rivoluzione che non continua », *Domus*, n° 443, octobre 1966, p. 9.
573 En 1935, Lipchitz écrit de Moscou à Chareau pour l'informer que les frères Vesnine, Moïsseï Ginzbourg et leur entourage aspirent à disposer de tout le matériel possible pour faire connaître en URSS la Maison de verre. En 1938, faute d'avoir adressé à temps les documents requis, son aménagement de parc en centre de repos n'est pas reproduit dans Le Corbusier, *Des canons, des munitions ? Merci ! Des logis, svp*. En septembre 1946, le département architecture du MoMA écrit à Chareau en regrettant de ne pas avoir de plans et de photographies de la Maison de verre une fois achevée. De même, l'institution se montre intéressée par les investigations qu'il semblerait mener sur les hangars *Quonset* et sur ses divers travaux en cours. Le musée s'engage à couvrir les frais de duplication des clichés originaux. Aucune suite n'est donnée à cette demande. Il faut attendre le dépôt effectué par Georges Boinet en 1968 de quelque 400 photographies trouvées après le décès de Dollie Chareau pour que le musée puisse accroître sa documentation sur le personnage.
574 Marc Bédarida, « Maison de verre, ascendances et filiations », dans Olivier Cinqualbre (dir.), *Pierre Chareau architecte, un art intérieur*, *op. cit.*, p. 111-119.
575 Frampton est accompagné de Michael Carapetian et de Robert Vickery, qui a entamé un travail sur Bijvoet et Duiker, aboutissant à son article « Bijvoet and Duiker », *Perspecta*, n°s 13-14, 1971, p. 130-161. Auparavant Margaret Tallet-Antalopoulos avait effectué un premier relevé qu'elle publia dans son article « The Maison de Verre Revisited », *Architecture and Building*, mai 1960, p. 192-195.
576 Kenneth Frampton, *Arena, the Architectural Association Journal*, avril 1966, p. 257-262. Voir également Jean-Louis Cohen, « Pierre Chareau and the Networks of Modern Architecture », dans Esther da Costa Meyer (dir.), *Pierre Chareau, Modern Architecture and Design*, *op. cit.*, p. 270-280.
577 Kenneth Frampton, « Maison de verre », *Perspecta*, n° 12, 1969, p. 77-126, ou la version française, « La Maison de verre de Pierre Chareau et Bernard Bijvoet », *AMC*, n° 46, septembre 1978, p. 27-43. La traduction française n'est pas exempte d'erreurs. La publication de 1969 remplace un projet de livre pour lequel Frampton n'est pas parvenu à trouver un éditeur.
578 Bernard Bauchet, Marc Vellay et Yukio Futagawa, *La Maison de verre*, Pierre Chareau, GA, Tokyo, ADA Edita, 1988. En 1977, avec une introduction de Fernando Montes, un premier numéro de la série *Global Architecture* était publié. Voir « Pierre Chareau with Bernard Bijvoet. Maison Dalsace ("Maison de verre") Paris, France, 1928-1932 », *GA*, n° 46, Tokyo, ADA Edita, 1977.
579 Paolo Melis, « Il grande vetro dell'architettura », *Domus*, n° 640, juin 1983, p. 28.
580 *Ibid.*, p. 22.
581 Marc Vellay, Kenneth Frampton, *Pierre Chareau, architecte-meublier 1883-1950*, *op. cit.*, p. 244.
582 *Ibid.*
583 Michel Carrouges, « Mode d'emploi », *Les Machines célibataires*, Venise, Alfieri, 1975, p. 21. Cité par Marc Vellay, Kenneth Frampton, *Pierre Chareau, architecte-meublier 1883-1950*, *op. cit.*, p. 245.
584 Marc Vellay, Kenneth Frampton, *Pierre Chareau, architecte-meublier 1883-1950*, *op. cit.*, p. 245.
585 Brian Brace Taylor, « Voir et savoir dans la Maison de verre », *Connaissance des arts*, n° 499, octobre 1993, p. 57. Jacques Lacan, *Le Séminaire, livre XI. Les Quatre Concepts fondamentaux de la psychanalyse*, Paris, Seuil, 1973, p. 54.
586 Sarah Wigglesworth, « Maison de Verre : Section Through an In-Vitro Conception », *The Journal of Architecture*, vol. 3, automne 1998, p. 263-286.
587 Christopher Wilson, « Looking at/in/from the Maison de Verre », dans Hilde Heynen, Gülsüm Baydar, *Negotiating Domesticity : Spatial Productions of Gender in Modern Architecture*, Londres, Routledge, 2005, chap. 13.
588 Sarah Wigglesworth, « Maison de Verre : Section Through an In-Vitro Conception », *The Journal of Architecture*, vol. 3, automne 1998, p. 263-286.
589 Jean Edwards, Geoff Gjertson, « La Maison de Verre : Negotiating Modern Domesticity », *Journal of Interior Design*, n° 1, 2008, p. 15-37.
590 Mary Vaughan Johnson, « A Pataphysical Reading of the Maisons de Verre », dans Catherine Veikos et Judith Bing (dir.), *Fresh Air*, ACSA, 2007. https://www.acsa-arch.org/chapter/a-pataphysical-reading-of-the-maison-de-verre/ (consulté le 8 octobre 2020). Emma Cheatle, *Part-Architecture, The Maison de Verre, Duchamp, Domesticity and Desire in 1930s Paris*, Londres, Routledge, 2017.
591 En 1986, à l'initiative de Marc Vellay, une exposition intitulée « L'affaire Ted Benoit » est organisée à la Maison de verre durant le mois d'octobre. Cet auteur de bande dessinée avait fait figurer cet édifice dans son album *Ray Banana. Cité lumière*, paru en 1986. Lors de la mise en vente de la maison, en 2006, il invite François Avril, Ted Benoit, Jean-Claude Götting, André Juillard et Jacques de Loustal à célébrer la maison. Leurs dessins sont présentés en 2010 à l'exposition « Archi & BD, la ville dessinée » organisée par la Cité de l'architecture. À cette occasion, un portfolio de douze sérigraphies est publié.

LISTE DES AMÉNAGEMENTS D'HABITATIONS CONÇUS PAR PIERRE CHAREAU

Identifiés à ce jour, avec la date estimée de leur achèvement

1908. Appartement Edmond et Madeleine Fleg, 1 quai aux Fleurs, Paris.
1919. Appartement Jean et Annie Dalsace, 195 boulevard Saint-Germain, Paris.
1920. Appartement René et Marcelle Dreyfus, 81 avenue de Villiers, Paris.
1920. Appartement Philippe et Jacqueline Etlin, 2 rue de Messine, Paris.
1920. Appartement Edmond et Madeleine Fleg, 1 quai aux Fleurs, Paris.
1920-1927. Château Edmond et Berthe Bernheim, Villeflix, Noisy-le-Grand.
1922. Appartement Pierre Gaspard et Georgette Lévy, 40 avenue Charles-Floquet, Paris.
1923-1929. Appartement Paul et Hélène Bernheim, 21 rue de Varenne, Paris.
1923. Hôtel particulier Marcel Kapferer, 64 avenue Henri-Martin, Paris.
1923. Studio Armand Moscovitz, Paris.
1924. Appartement Mme Boinet, 19 rue Théodore-de-Banville, Paris.
1924. Appartement Léon Bril, 5 rue de l'Alboni, Paris.
1924. Studio Daniel et Gilberte Dreyfus, rue Bayen, Paris.
1924. Appartement Pierre et Madeleine Lanique-Schauffler, 72 avenue Henri-Martin, Paris.
1926. Appartement Robert et Andrée Dalsace, 3 rue Margueritte, Paris.
1926. Appartement Marcel Dreyfus, 14 rue Rallé, Paris.
1926. Appartement M. et Mme Errera, Bruxelles.
1926. Appartement Philippe et Jacqueline Etlin, 2 rue de Messine, Paris.
1926. Appartement Charles et Suzanne Guggenheim, 39 avenue Victor-Hugo, Paris.
1926. Appartement Armand Moscovitz, 6 rue Roger-Bacon, Paris.
1926. Atelier Chana Orloff, 7 bis villa Seurat, Paris.
1926. Appartement Ernest Teplansky, 5 avenue de Messine, Paris.
1926. Appartement Germaine Schwob, 52 avenue de La Motte-Picquet, Paris.
1927. Appartement Mme B.
1927. Appartement Edmond Bernheim, 65 rue d'Anjou, Paris.
1927. Appartement Émile Bernheim.
1927. Appartement M. Blum, 3 rue Louis-Boilly, Paris.
1927. Appartement Jacques Cahen-Fouquey.
1927. Appartement Madeleine et Raymond Dior, 3 square de l'Opéra, Paris.
1927. Appartement Bernard Kahn, 96 bis rue Pierre-Demours, Paris.
1927. Appartement Jean Lévy, Strasbourg.
1927. Appartement Germaine Malançon, 83 rue Pierre-Demours, Paris.
1927. Appartement Hélène de Mandrot, 52-54 avenue de La Motte-Piquet, Paris.
1927. Appartement Paul Planus de Schotten.
1927. Hôtel particulier Hélène Reifenberg, 4 rue Mallet-Stevens, Paris.
1927. Appartement Fernand Simon, Le Rebberg, Mulhouse.
1927. Appartement Michel Zetlin, 2 rue Nicolo, Paris.
1928. Appartement Josiah Victor Adès, 122 boulevard Malesherbes, Paris.
1928. Appartement Denise Baur.
1928. Appartement M. Brunschwig, Genève.
1928. Appartement Dr Jacques-Marie Le Mée, 55 rue de Varenne, Paris.
1928. Appartement M. Levilion.
1929. Appartement Raymond Bernheim, 5 avenue de Villiers, Paris.
1929. Appartement Philippe Jacques Didisheim, 11 avenue Ernest-Hentsch, Genève.
1929. Appartement Lucien Dreyfus, 54 rue de Tocqueville, Paris.
1929. Appartement Pierre et Marie Dreyfus, 4 square de l'Alboni, Paris.
1929. Appartement M. Giovanna, 14 rue Troyon, Paris.
1929. Appartement M. Letev-Wolley.
1929. Appartement M. Lévy-Decker.
1929. Appartement M. Schuchalter, 24 rue Marie-Stuart, Paris.
1930. Appartement M. Andremont, rue Raffet, Paris.
1930. Appartement Edgar et Arlette Baer, 31 bis boulevard Suchet, Paris.
1930. Appartement Mme Cournand, 61 rue Gachard, Bruxelles.
1930. Appartement Daniel et Gilberte Dreyfus, 9 rue Le Tasse, Paris.
1930. Appartement Maurice et Hélène Farhi, 2 bis avenue Raphaël, Paris.
1930. Vieux moulin Edmond et Madeleine Fleg, Beauvallon.
1930. Appartement Gilbert Lévy, 27 rue Ballu, Paris.
1930. Appartement Robert Lévy, 8 rue Nicolas-Chuquet, Paris.
1930. Appartement Mme Vogt, 1 rond-point Bugeaud, Paris.
1931. Appartement Bodenheimer, 72 avenue Victor-Hugo, Paris.
1931. Appartement M. Elkan.
1931. Appartement Marcel Worms, 33 boulevard Exelmans, Paris.
1934. Appartement Robert Nordmann, 4 square Jean-Paul-Laurens, Paris.
1934. Appartement Georges et Julie Ullmann, Paris.
1938. Appartement Marcelle Minet, 30 rue de l'Observatoire, Paris.

Date inconnue
Appartements Aron-Dreyfus, Alexandre Israël, M. Laten, Francis Perrin, Roger Waller.

CLIENTS RÉPERTORIÉS DE LA BOUTIQUE

Rose Adler,
Mme Alreu,
M. Aron-Dreyfus,
Bernard Bijvoet,
Georges Boris,
Mme Braghy,
Jeanne Bucher,
Mme Burgué,
Thomas Catesby Jones,
Marc Chagall,
Mme Clément,
M. Dalloz,
Lise Deharme,
Irène Dumont,
M. Elkan,
M. Feather,
M. Gonzales,
M. Gyr,
Jacques Heim,
M. Héraud,
Octave Homberg,
Henri Kapferer,
M. Le Guillard,
M. Lickteig,
Marcel L'Herbier,
Rubin Lipchitz,
Maison de couture Goupy,
Robert Mallet-Stevens,
Jacques Millot,
Charles de Noailles,
M. Paz,
Georges-Henri Pingusson,
Pierre Pinsard,
Mme Reich,
Helena Rubinstein,
M. Stall,
Louis Vauxcelles,
Jean Walter,
Elsie de Wolfe.

CHRONOLOGIE

Pierre Chareau 1883-1950
Dollie Chareau 1880-1967

1872

Mariage à Bordeaux de Georges Adolphe Chareau (1847-1930), négociant en vin, et Esther Isabelle Carvalho (1853-1928).

1883

Naissance à Bordeaux de leur fils Pierre Paul Constant Chareau, après celle de Paul (1873-1911) et avant celle de Jeanne (1886-1964).
Georges Chareau fonde la société Chareau frères et dépose le bilan trois ans plus tard.

1886

Édouard Drumont publie *La France juive*.

1893

La famille Chareau s'installe à Paris, au 15, rue du Printemps, dans le 17e arrondissement. Le père travaille à la Société générale des chemins de fer économiques.
Naissance de Jean Charles Isidore Dalsace à Épinal.

1894

Arrestation du capitaine Dreyfus. L'année suivante, il est dégradé publiquement avant d'être innocenté et réintégré dans l'armée en 1906.

1896

Pierre Chareau fréquente l'école Monge (actuel lycée Carnot), qu'il quitte en classe de troisième.
Naissance d'Anna Suzanne Bernheim, future Annie Dalsace, à Bar-le-Duc.

1899

Chareau s'inscrit dans l'atelier de l'architecte Victor Laloux, grand « patron » d'atelier à l'École des beaux-arts.
Fondation de la société collective immobilière Bernheim frères, dont les activités ont commencé auparavant.
Ravel écrit *Pavane pour une infante défunte* et Debussy compose ses *Trois nocturnes*.

1900

Inscrit aux sessions d'avril et d'octobre du concours d'entrée de l'École des beaux-arts, Chareau ne se présente pas.
Il quitte le domicile familial et réside chez son frère.
Charles Péguy fonde *Les Cahiers de la quinzaine*.
Colette publie son premier livre *Claudine à l'école*, sous le pseudonyme de Willy.
L'Exposition universelle de Paris ouvre ses portes le 15 avril.
La première ligne du métro parisien est inaugurée, et la Compagnie du chemin de fer métropolitain de Paris confie à Hector Guimard la conception des entourages ou édicules des trémies d'accès.

1901

Création de la Société des artistes décorateurs par quatorze artistes, dont Hector Guimard, Eugène Grasset, Maurice Dufrène et Paul Follot...
Inauguration à Paris du palais Galliera, consacré à l'art industriel.

1903

Création du Salon d'automne, à l'initiative de Frantz Jourdain. Architectes et décorateurs y exposent aux côtés de peintres et de sculpteurs.
Auguste Perret conçoit un immeuble au 25, rue Franklin, avec ossature en béton armé, où il s'installe l'année suivante.
Josef Hoffmann et Koloman Moser créent à Vienne les Wiener Werkstätte (ateliers d'art viennois).

1904

Pierre Chareau entre chez Waring & Gillow comme calqueur et y reste dix ans.
Dollie Chareau devient la répétitrice d'Anna Bernheim.
Mariage de Pierre Chareau et de Louisa (Dollie) Dyte, fille de David Hyman Dyte, médecin hospitalier à Londres, et de Sarah Salomon.
Matricule 1881, classe 1903, Chareau est ajourné en 1904 et 1905 par le conseil de révision. En 1906 il est placé dans les services auxiliaires et en 1907 dans la réserve de l'armée active.
Ier Salon de la Société des artistes décorateurs.
Picasso s'installe définitivement à Paris.
Ouverture du musée des Arts décoratifs de Paris.

1905

Chareau réalise le décor pour une pièce lyrique de marionnettes donnée chez ses cousins Duteil Robinet d'Ozanne.
Exposition des fauves au Salon d'automne.
Eugène Printz ouvre son atelier.
Fondation, en Allemagne, du groupe expressionniste Die Brücke.

1906

Le couple Chareau emménage au 24, rue Vernier, Paris 17e.

1907

Au Salon de la Société des artistes français, Chareau expose « Intérieur de hall, Renaissance anglaise », perspective publiée dans le portfolio *L'Architecture aux Salons de 1907*.
Le Deutscher Werkbund est fondé à l'instigation d'Hermann Muthesius.

1908

Les Chareau emménagent au 101, rue Nollet, Paris 17e.
Premier aménagement de Pierre Chareau en son nom propre pour Edmond et Madeleine Fleg.

1910

Le Deutscher Werkbund est invité à exposer au Salon d'automne.
Création de la revue d'avant-garde *Der Sturm*.
Invention du tube au néon par le physicien et chimiste Georges Claude.

1911

Décès de Paul Chareau, frère aîné de Pierre.
Création des ateliers Martine de Paul Poiret.
Exposition d'artistes cubistes au Salon des indépendants.

1912

Exposition de la Maison cubiste d'André Mare et de Raymond Duchamp-Villon au Salon d'automne.
Première de *L'Après-midi d'un faune* de Claude Debussy créé par les Ballets russes de Serge de Diaghilev au théâtre du Châtelet.
Première exposition cubiste de la Section d'or à la galerie La Boétie à Paris.
Piet Mondrian s'installe à Paris.

1913

Publication d'*Intérieurs modernes anglais et français*, portfolio consacré aux travaux de Waring & Gillow,

où figure un ensemble pour une salle à manger légendé « Pierre Chareau, décorateur ».
Traduction dans *Les Cahiers d'aujourd'hui* d'« Ornement et crime » d'Adolf Loos.
Marcel Proust publie *Du côté de chez Swann*.
Création du *Sacre du printemps* d'Igor Stravinsky par les Ballets russes au théâtre des Champs-Élysées.

1914

Jean Jaurès est assassiné dans le Café du Croissant à Paris.
Déclaration de guerre à la France par l'Allemagne le 3 août.
Mobilisé, Chareau est détaché comme dessinateur auprès des Ateliers de construction de Puteaux.
Bruno Taut présente son pavillon du Verre à l'exposition du Deutscher Werkbund à Cologne.

1915

En avril, Chareau rejoint l'armée active. Le 21 octobre, il est promu premier canonnier conducteur.
Naissance de Robert Motherwell.

1916

André Cournand se lie à Jean Lurçat sur le front de l'Argonne.
Pierre Albert-Birot fonde la revue *SIC* (Sons, idées, couleurs).
Création du groupe des Six, qui comprend les compositeurs Georges Auric, Louis Durey, Arthur Honegger, Darius Milhaud, Francis Poulenc et Germaine Tailleferre.
Tristan Tzara publie *La Première Aventure céleste de Mr Antipyrin*, premier volume de la collection Dada.

1917

Theo van Doesburg fait paraître le premier numéro de la revue *De Stijl*.
Tony Garnier publie *Une cité industrielle. Étude pour la construction des villes*.
Première représentation du drame surréaliste *Les Mamelles de Tirésias* de Guillaume Apollinaire.
Première du ballet *Parade*, scénario de Jean Cocteau, musique d'Erik Satie, décors et costumes de Pablo Picasso.
Gerrit Rietveld conçoit une première version de ce qui deviendra, en 1923, le fauteuil *Rouge-Bleu*.
Premier numéro de la revue *Dada* et première exposition à la galerie Corey à Zurich.

1918

Mariage du Jean Dalsace et d'Annie Bernheim, le 17 août.
Ils s'installent au 195, boulevard Saint-Germain, Paris 6e.
L'armistice est signé le 11 novembre marquant la fin de la Première Guerre mondiale.

1919

Pierre Chareau est démobilisé en mars.
Au Salon d'automne, exposition du mobilier conçu pour l'appartement du jeune couple Dalsace au 195, boulevard Saint-Germain.
Aménagement de l'appartement de Jean et Annie Dalsace.
Francis Jourdain ouvre sa boutique Chez Francis Jourdain.
Création de la maison DIM par René Joubert et Philippe Petit.
Süe et Mare fondent la Compagnie des arts français.
Marcel Proust obtient le prix Goncourt pour *À l'ombre des jeunes filles en fleurs*.
Fondation du Bauhaus par Walter Gropius à Weimar.

1920

La Société d'encouragement à l'art et à l'industrie attribue une plaquette de bronze à Chareau pour ses réalisations présentées au Salon d'automne.
Aménagements pour René Dreyfus, Philippe Etlin, Edmond Fleg et Edmond Bernheim au château de Villeflix.
Louis Barillet ouvre un atelier de vitrail et de mosaïques, que Jacques Le Chevallier rejoint à l'automne.
Pierre Legrain expose ses premières reliures au Salon des artistes décorateurs.
La revue *L'Esprit nouveau* est fondée par Paul Dermée, Le Corbusier et Amédée Ozenfant. Pierre Chareau s'y abonne.
Hélène Henry présente ses tissus à la boutique de Francis Jourdain.
Le manifeste *Le Néoplasticisme* de Piet Mondrian paraît en français.
André Breton et Philippe Soupault publient *Les Champs magnétiques*, premier ouvrage surréaliste, fruit de l'expérimentation de l'écriture automatique.

1921

Les Chareau aménagent au 54, rue Nollet, Paris 17e.
Chareau est admis au Salon des artistes décorateurs.
Il est coopté comme sociétaire du Salon d'automne.
De 1921 à 1923, ventes aux enchères de la collection de la galerie Kahnweiler.

1922

Chareau est membre de la Chambre syndicale des artistes décorateurs modernes, au sein de la première section, celle des arts des ensembles architecturaux et mobiliers.
Chareau prend part au Salon des artistes décorateurs, où il fait la connaissance de Louis Dalbet, qui y expose également.
Au Salon d'automne, il présente trois chambres pour une villa imaginaire.
Aménagement pour Pierre Gaspard Lévy.
Mariage de Sybille Blumer, fille de Jeanne Bucher, avec Gabriel Paul Birel-Rosset, qui décède peu de temps après.
Francis Jourdain siège au conseil d'administration du Salon d'automne.
Eileen Gray ouvre sa galerie Jean Désert ; Marie Cuttoli ouvre la galerie Myrbor.
Les grands magasins parisiens créent des ateliers d'art consacrés à la décoration de la maison.
André Domin et Marcel Genevrière fondent la maison Dominique.
Jeanne Bucher ouvre le rayon bibliothèque étrangère de la librairie Jean Budry au 3, rue du Cherche-Midi.
Disparition de Marcel Proust.

1923

Ouverture de La Boutique, 3, rue du Cherche-Midi, où sont vendus les meubles édités et diffusés par Chareau (Jean Burkhalter, Hélène Henry…).
Au Salon des artistes décorateurs, Chareau présente du mobilier pour enfant et la maquette d'une maison du travailleur intellectuel.
Première exposition du Salon d'art décoratif contemporain, organisé par l'Union centrale des arts décoratifs. Chareau y est convié.
Au Salon d'automne, présentation d'un ensemble de mobilier de forme tulipe.
Conception de l'édition du Salon du goût français au palais de Glace.
Aménagements pour Paul Bernheim, Marcel Kapferer, Henri Kapferer, Armand Moscovitz.
Le Corbusier publie son ouvrage manifeste *Vers une architecture*.
Exposition De Stijl à la galerie L'Effort Moderne de Léonce Rosenberg.

1924

Du mobilier de Chareau contribue aux décors du film *L'Inhumaine* de Marcel L'Herbier.
Pierre Chareau, Francis Jourdain et le groupe De Stijl participent à l'exposition de l'amicale de l'École spéciale d'architecture, avec les travaux d'élèves de Mallet-Stevens.
Pierre Chareau participe au deuxième Salon d'art décoratif contemporain.
Au Salon des artistes décorateurs, Chareau conçoit et coordonne « La réception et l'intimité d'un appartement moderne », programme auquel participent Robert Mallet-Stevens, Pierre Legrain, Jacques-Émile Ruhlmann et Paul Poiret.
Au Salon d'automne, Pierre Chareau conçoit une des devantures de boutique dans la section art urbain et expose une pièce de mobilier dans la section art appliqué.
Aménagements pour Mme Boinet, Léon Bril, Daniel Dreyfus, Madeleine Lanique-Schauffler.
Naissance de Pierre Birel-Rosset, petit-fils de Jeanne Bucher, dont les Chareau auront la garde quelques années.
Jean Prouvé ouvre son atelier de ferronnerie à Nancy.
Le Corbusier publie *Urbanisme* et en adresse un exemplaire à Chareau.
André Breton publie *Manifeste du surréalisme*.
Le Cartel des gauches remporte les élections législatives.

1925

Exposition internationale des arts décoratifs et industriels modernes à laquelle participent vingt et un pays, à l'exclusion de l'Allemagne. Pierre Chareau conçoit un bureau-bibliothèque et une petite salle de repos pour le pavillon « Une ambassade française », une salle à manger pour le pavillon de l'Indochine et aménage les stands de la galerie A consacrés aux ensembles mobiliers.
Aménagement pour Chana Orloff.
Jeanne Bucher entame sa carrière de galeriste.
À l'Exposition de 1925, Sonia Delaunay ouvre, avec le couturier Jacques Heim, une boutique de mode et de décoration intérieure sur le pont Alexandre-III.
Hitler publie *Mein Kampf*.

1926

L'architecte Bernard Bijvoet rejoint vers mars l'atelier Chareau et y restera jusqu'en 1933 ou 1935 (selon les propres dires du Hollandais), participant à tous les principaux projets.
Acquisition par l'Union centrale des arts décoratifs du bureau et du fauteuil du bureau-bibliothèque d'« Une ambassade française ».
Chareau se voit décerner le grade de chevalier de la Légion d'honneur.
Chareau compte parmi la cinquantaine d'architectes et de décorateurs sélectionnés par l'Association française d'expansion et d'échanges pour une exposition sur l'habitation moderne d'abord présentée à New York au Fine Art Building.
Chareau participe au Salon des artistes décorateurs.
Le groupe des Cinq est fondé par Pierre Chareau, Dominique, Pierre Legrain, Jean Puiforcat et Raymond Templier. Ils exposent à la galerie Barbazanges.
Chareau expose à la galerie Huret avec une trentaine d'artistes sur le thème « L'art et l'enfant ».
Du mobilier de Chareau contribue aux décors du film *Vertige* de Marcel L'Herbier.
Au Salon d'automne, le mobilier conçu pour le salon de lecture et de correspondance du Grand Hôtel de Tours est présenté.
Chareau expose aux côtés de Ruhlmann, Dominique et Dufrêne au Salon d'automne de Lyon.
Aménagements pour Robert Dalsace, Marcel Dreyfus, M. et Mme Errera, Philippe Etlin, Charles Guggenheim, Armand Moscovitz, Germaine Schwob, Ernest Teplansky.
Pierre Birel-Rosset, dit « petit Pierre », est confié au couple Chareau jusqu'en 1932.

1927

L'association L'Art pour Tous organise, rue Nollet, la conférence de Robert Chassé intitulée « L'élément

traditionnel dans l'art contemporain : l'art du meuble et le décor intérieur chez Pierre Chareau ».
Du mobilier de Chareau participe au décor du film *La Fin de Monte-Carlo* de Mario Nalpas et Henri Étiévant.
Voyage avec Hélène de Mandrot aux Pays-Bas et en Allemagne, avec visites de la maison Schröder à Utrecht et de la Weissenhofsiedlung à Stuttgart, notamment les bâtiments de Mies van der Rohe, Gropius, Oud, Le Corbusier, Poelzig…
Conférence d'Edmond Fleg sur le thème « L'esprit de l'habitation moderne : Pierre Chareau et son œuvre » pour le Groupe d'études philosophiques et scientifiques.
Chareau prend part au Salon d'art décoratif contemporain organisé par l'Union centrale des arts décoratifs, à l'exposition du groupe des Cinq à la galerie Barbazanges et au Salon d'automne.
Chareau compte parmi les représentants français à l'Exposition européenne d'art appliqué à Leipzig.
Concert inaugural dans la grande salle du Grand Hôtel de Tours.
Refus de la demande d'autorisation de travaux adressée aux services de la Ville de Paris concernant le 31, rue Saint-Guillaume.
Edmond Bernheim commande à Chareau la villa Vent d'Aval.
Aménagements pour Mme B., Edmond Bernheim, Émile Bernheim, M. Blum, Jacques Cahen-Fouquey, Madeleine et Raymond Dior, Bernard Kahn, Jean Lévy, Germaine Malançon, Hélène de Mandrot, le docteur Millot, Paul Planus de Schotten, Hélène Reifenberg, Fernand Simon, Michel Zetlin.
André Salomon fonde la société Perfecla, spécialisée dans le perfectionnement de l'éclairage.
Gabriel Guévrékian réalise la villa de Jacques Heim à Neuilly.
Jacques Le Chevallier expose pour la première fois ses lampes au Salon d'automne.
La rue Mallet-Stevens est inaugurée le 20 juillet.

1928

Décès d'Esther Isabelle Chareau, née Carvalho, la mère de Pierre Chareau.
Premier Congrès international d'architecture moderne (CIAM) réuni à La Sarraz ; Chareau en est un des membres fondateurs.
Du mobilier de Chareau contribue aux décors du film *L'Argent* de Marcel L'Herbier.
Jeanne Bucher expose Piet Mondrian et Nicolas Eekman. Chareau est le seul acquéreur d'une toile de Mondrian.
À New York, les magasins Lord & Taylor organisent l'exposition « Modern French Decorative Art » ; Chareau et Jourdain représentent la tendance moderne.
Chareau expose au Salon des artistes décorateurs, avec le groupe des Cinq, à l'exposition d'art moderne à Casablanca et à la galerie Manuel frères pour une manifestation intitulée « Dans quel décor aimeriez-vous vivre ? ».
L'autorisation d'entreprendre les travaux en vue de réaliser la Maison de verre est accordée le 27 août.
Dépôt d'un brevet d'invention pour un siège pliant à structure en éventail.
Aménagements pour Josiah Victor Adès, Denise Baur, M. Brunschwig, le docteur Jacques Le Mée, M. Levilion.
Richard Buckminster Fuller invente la première maison Dymaxion, où tous les services sont regroupés autour d'un noyau central.
Albert Lévy confie à Djo-Bourgeois l'édition des cinq volumes du *Répertoire du goût moderne*.
Hannes Meyer remplace Walter Gropius à la tête du Bauhaus.

1929

Chareau réalise le septième volume, consacré aux meubles, de la série *L'Art international d'aujourd'hui*.
Représentation à la Comédie-Française du *Marchand de Paris*, comédie en trois actes d'Edmond Fleg, décor de Pierre Chareau.
Exposition de tapis de Jean Burkhalter, Serge Charchoune et Philippe Hosiasson, organisée par La Boutique.
Exposition du groupe des Cinq au Salon d'automne.
Chareau présente le mobilier de *La Semaine à Paris*.
Achèvement du club-house du golf de Beauvallon.
Boutique de lingerie Mariette Quesnay, vitrine et intérieur, 21, rue Racine à Paris.
Aménagements pour Raymond Bernheim, Philippe Jacques Didisheim, Lucien Dreyfus, Pierre Dreyfus, M. Giovanna, M. Letev-Wolley, M. Lévy-Decker, M. Schuchalter.
La galerie Jeanne Bucher s'installe au 5, rue du Cherche-Midi, tout en continuant à utiliser La Boutique comme lieu complémentaire.
Création de l'UAM. Le comité directeur est composé d'Hélène Henry, René Herbst, Francis Jourdain et Robert Mallet-Stevens, avec Raymond Templier comme secrétaire.
Anaïs Nin déménage à Louveciennes dans une propriété mitoyenne de celle des Chareau.
Achèvement de la Lovell Health House à Los Angeles, réalisée par Richard Neutra pour le docteur Philip Lovell.
Ouverture du Museum of Modern Art (MoMA) de New York, avec comme directeur Alfred H. Barr.

1930

Décès de Georges Chareau, le père de Pierre Chareau.
Présentation du film *Weekend* du cinéaste allemand Walter Ruttmann chez les Chareau.
Chareau préside le jury de la section arts appliqués du Salon d'automne.
Il est membre du comité de patronage de la nouvelle revue *L'Architecture d'aujourd'hui*.
Chareau achète des cartons de tapisserie à Nicolas Eekman.
Chareau participe en tant qu'invité à la première exposition de l'UAM au pavillon de Marsan. En décembre, il adhère à l'UAM et entre au comité directeur.
Chareau est présent à l'Exposition internationale de ferronnerie décorative et de textile en coton, organisée par La Fédération américaine des arts.
Inauguration du siège de l'hebdomadaire *La Semaine à Paris*, dont l'aménagement a été confié à des membres de l'UAM. Chareau est chargé du hall d'entrée.
Le couple Chareau se rend à Londres pour la naissance de Muriel Cournand, la fille de Sybille et André Cournand.
Aménagements pour M. Andremont, M. Baer, Mme Cournand, Daniel Dreyfus, Jean-Pierre Dubost, Maurice Farhi, Edmond Fleg, Gilbert Lévy, Robert Lévy, Mme Vogt, Mme Walter.
Jeanne Chareau donne un concert de clavecin salle Pleyel, dans un des petits auditoriums.
Manifestation antisémite lors de la projection du film *L'Âge d'or* de Luis Buñuel et Salvador Dalí.
Ouverture, à Chemnitz, du grand magasin Schocken conçu par Erich Mendelsohn.

1931

Séjour à Berlin de Pierre Chareau, Pierre Barbe et Ernö Goldfinger, pour assister aux travaux du CIRPAC (Comité international pour la réalisation des problèmes de l'architecture contemporaine).
Chareau signe la pétition lancée par la revue *Europe* dénonçant la terrible répression menée en Indochine par les autorités coloniales françaises.
Chareau présente une maquette en métal de la Maison de verre, réalisée par Dalbet, à l'occasion de l'exposition de l'UAM et du Salon d'automne.
Aménagements pour M. Bodenheimer, M. Elkan, Marcel Worms.
Réorganisation de l'entreprise Bernheim, qui devient la société anonyme immobilière Bernheim frères et fils et se structure en vingt-cinq filiales implantées dans les principales villes de province, dont Vichy.
Achèvement de la maison du docteur Erich Rabe à Zwenkau, conçue par l'architecte Adolf Rading en association avec Oskar Schlemmer.
L'Architectural League de New York, associée à l'Allied Arts and Industries, expose un prototype de maison économique destinée à être construite en série, l'Aluminaire House, conçue par Albert Frey et Alfred Lawrence Kocher. En une semaine, elle attire 100 000 visiteurs.
À New York, inauguration de l'Empire State Building, ouverture du Whitney Museum of American Art et de la galerie Pierre Matisse.

1932

Achèvement de la Maison de verre, le réveillon de la Saint-Sylvestre tient lieu d'inauguration.
Visite arrangée par Rose Adler de membres de la famille d'industriels belges Solvay à la Maison de verre dans l'espoir d'apporter à Chareau des opportunités de travail à Bruxelles.
Décès de Sarah Dyte, la mère de Dollie.
Troisième exposition de l'UAM.
Assassinat du président de la République Paul Doumer.
Georges-Henri Pingusson livre l'hôtel Latitude 43 à Saint-Tropez.
Paul Vaillant-Couturier, Léon Moussinac, Francis Jourdain et Charles Vildrac fondent l'Association des écrivains et artistes révolutionnaires (AEAR).

1933

Chareau participe au quatrième CIAM, qui se tient sur le bateau *Patris II* entre Marseille et Athènes.
Chareau aménage l'étage de direction du siège social de la société des Lignes télégraphiques et téléphoniques (LTT), 89, rue de la Faisanderie, Paris 16e.
L'atelier Chareau rencontre des difficultés économiques et sollicite la clémence de l'administration en raison de cotisations sociales de ses employés.
Avant la fermeture définitive de La Boutique, Dollie Chareau et Rose Adler organisent une exposition sur le thème de l'été pour y vendre leurs créations respectives : bijoux, lingeries, objets décoratifs.
Quatrième exposition de l'UAM.
Robert Mallet-Stevens achève la villa Noailles à Hyères.
Hitler prend le pouvoir. Premier autodafé à Berlin : des étudiants et des chemises brunes brûlent des livres.
Fermeture définitive du Bauhaus et exode de nombreux artistes : Josef Albers à New York, Marcel Breuer à Londres et Vassily Kandinsky à Paris…
Création du Black Mountain College en Caroline du Nord.
Eugène Beaudouin et Marcel Lods commencent la construction de la cité de la Muette à Drancy.

1934

Au Salon d'automne, l'OTUA (Office technique pour l'utilisation de l'acier) en collaboration avec l'UAM confie à six architectes et décorateurs, dont Chareau, la conception de cabines de paquebot en acier présentées sous forme de maquettes grandeur.
Au deuxième Salon de la lumière, organisé sous les auspices de la Compagnie parisienne de distribution d'électricité (CPDE), Chareau présente un « coin de hall » avec une paroi de brique de verre rétroéclairée.
Aménagements pour Robert Nordmann et Georges Ullmann.
L'UAM publie un manifeste intitulé « Pour l'art moderne, cadre de la vie contemporaine », écrit avec la collaboration littéraire de Louis Chéronnet.
« Machine Art », première exposition de design organisée par le MoMA à New York.

1935

À l'Exposition universelle et internationale de Bruxelles, assisté par Jean Bossu, Louis Moret et André Salomon, Chareau est chargé de la section architecture du Pavillon français. Photomontages, films et photographies assurent la présentation des projets de soixante-neuf de ses confrères.
À la deuxième Exposition de l'habitation, dans le cadre

Salon des arts ménagers, Chareau aménage la galerie des décorateurs ainsi que son stand. Au troisième Salon de la lumière, en collaboration avec Rose Adler et André Salomon, il propose une bibliothèque aux étagères éclairées successivement.
Au Petit Palais, lors de la huitième exposition du Groupe des artistes de ce temps, Chareau expose aux côtés des peintres André Lhote et Marc Chagall.
Chareau est invité à dialoguer avec un jeune étudiant sur le thème de l'urbanisme, à l'École supérieure des PTT.
Chareau participe à la condamnation de l'Italie fasciste en signant un manifeste des intellectuels paru dans les pages de *L'Humanité* et un autre dans la revue *Europe*.
Les lois de Nuremberg accentuent le processus d'exclusion des juifs de la société allemande, entamé dès 1933, en les privant de leur citoyenneté et de leurs droits politiques.
Le Corbusier publie *La Ville radieuse* et adresse un exemplaire à Chareau.
Frank Lloyd Wright reçoit la commande de la Maison sur la cascade, dessinée l'année suivante et construite entre 1937 et 1939.

1936

Chareau adhère au Rassemblement des architectes, dont le bulletin *Construisons* le présente en tant que trésorier.
Promouvant l'intégration des arts, André Bloc crée l'Union pour l'art, dont Chareau est membre fondateur.
Se situant dans la mouvance du Parti communiste français, Chareau participe aux activités de l'Association des écrivains et artistes révolutionnaires (AEAR) et s'associe aux intellectuels et artistes qui, à travers la revue *Commune*, mènent une lutte idéologique contre le fascisme et dénoncent la politique française à l'égard de l'Espagne.
L'atelier Chareau rencontre de nouvelles difficultés économiques et sollicite l'intervention de Georges Huisman, directeur général des Beaux-Arts, pour obtenir un moratoire de l'administration concernant l'arriéré de cotisations sociales de son personnel.
L'OTUA et l'UAM renouvellent leur association et présentent au Salon d'automne le résultat de leur concours sur le mobilier scolaire en métal. Chareau, associé à la Compagnie parisienne d'ameublement, propose un mobilier flexible, car démontable et empilable.
À la grande exposition « Cubism and Abstract Art » du MoMA à New York, Chareau figure parmi les 150 artistes conviés, avec un bureau exécuté pour Thérèse Bonney.
Arrivée au pouvoir du Front populaire.

1937

Dans le cadre de l'Exposition internationale des arts et des techniques dans la vie moderne, au pavillon de l'UAM, Chareau présente dans la section architecture la Maison de verre et du mobilier, dont celui que l'État lui a commandé pour l'occasion. L'ensemble du mobilier scolaire conçu en lien avec l'OTUA est à nouveau présenté. Sur la toiture-terrasse de l'édifice, il aménage également le centre d'accueil. Dans le cadre des commandes de la Ville de Paris, il livre quatre pièces de mobilier placées dans divers espaces officiels. Dans le pavillon des Temps nouveaux, dont Le Corbusier est l'initiateur, Chareau expose la maquette d'un projet d'aménagement de parc de loisirs comprenant une série de pavillons et celle de la Maison de verre. L'État acquiert cette dernière.
Au pavillon de Marsan, l'exposition « Le décor de la vie de 1900 à 1925 », donne lieu au remontage du bureau-bibliothèque présenté en 1925 dans « Une ambassade française ». Chareau suggère à Georges Huisman, directeur général des Beaux-Arts, un achat par l'État de cet ensemble.
La direction générale des Beaux-Arts passe commande à Chareau de la décoration et de l'ameublement du bureau de Jean Marx, au ministère des Affaires étrangères.
Réalisation pour la danseuse Djemil Anik de la villa Tjinta Manis, petit cabanon de week-end en bois situé à Bazainville.

Chareau est promu officier de la Légion d'honneur.
Exposition à Munich sur « l'art dégénéré », où sont présentées les œuvres des artistes bolcheviques et juifs.
Pablo Picasso expose *Guernica* au Pavillon espagnol de l'Exposition internationale.
Louis-Ferdinand Céline publie son second pamphlet antisémite, *Bagatelles pour un massacre*

1938

Au bord de la faillite, Louis Dalbet est contraint d'engager une procédure en recouvrement de créances à l'encontre de Chareau. Il s'ensuivra la fin de leur collaboration.
Chareau est membre de la commission des achats aux Salons aux côtés de René Herbst et Robert Mallet-Stevens notamment.
Au Salon d'automne, Chareau présente le mobilier exposé au pavillon de l'UAM lors de l'Exposition de 1937.
L'aménagement du bureau et des salons de réception de l'administrateur du Collège de France est confié par les services de l'État à un groupe de quatre décorateurs : Jacques Adnet, Louis Sognot, Francis Jourdain et Pierre Chareau.
Aménagement pour Marcelle Minet.
Robert Motherwell voyage en Europe, passe l'été à l'université de Grenoble et loue un atelier à Paris d'octobre 1938 à juillet 1939.
Hitler et Goebbels déclenchent la Nuit de cristal à Berlin à la suite de l'attentat à Paris où Ernst vom Rath, secrétaire à l'ambassade d'Allemagne, est tué par le jeune juif Herschel Grynszpan.

1939

Exposition des dessins et maquettes d'immeuble d'habitation en acier à l'invitation de l'OTUA, qui a convié douze équipes d'architectes, dont Chareau, à explorer les « nouveaux procédés de construction d'immeubles » d'habitations.
L'exposition de l'association Porza, intitulée « De l'idée à la forme », se tient au musée Galliera ; Chareau compte parmi les artistes invités.
Chareau siège dans le jury du concours pour l'érection d'un monument à la mémoire de Paul Vaillant-Couturier, rédacteur en chef de *L'Humanité*.
Pierre et Dollie Chareau passent leurs vacances d'été dans le Valais et rentrent précipitamment à Paris suite à la déclaration de guerre.
Le Royaume-Uni et la France déclarent la guerre à l'Allemagne le 3 septembre.

1940

À l'occasion du deuxième Salon de la France d'outre-mer au Grand Palais, Chareau est chargé de concevoir le « Foyer du soldat colonial ».
Chareau participe à l'exposition « Artisans de France », organisée par *L'Architecture d'aujourd'hui* et André Bloc à la galerie Revillon.
L'offensive allemande est déclenchée le 10 mai.
Face à l'avancée de l'armée allemande et avant son entrée dans Paris, en compagnie des Lipchitz, le couple Chareau quitte Paris pour se réfugier dans la famille de Pierre à Castelmoron-sur-Lot. Jeanne Chareau tout comme Jeanne Bucher et sa fille Ève Daniel les rejoignent. La famille Dalsace, Edmond Bernheim et son épouse se replient à Vichy.
Depuis Londres, le 18 juin, le général de Gaulle lance son appel à la Résistance.
Signature de l'armistice le 22 juin par le maréchal Pétain.
La France et coupée en deux zones, et le gouvernement se replie à Vichy.
Pierre Chareau et Ève Daniel quittent Castelmoron-sur-Lot le 20 juin et parviennent à New York le 4 décembre.
Dollie reste provisoirement en France faute d'argent et afin de régler quelques affaires.
Promulgation des lois antijuives en France.
Fondation du camp de concentration d'Auschwitz.

1941

Dollie quitte Castelmoron et s'installe à Vichy, où elle donne des cours et retrouve Annie Dalsace.
Chareau aménage les studios de Moïse Kisling et d'Armand Moss à New York.

1942

Chareau s'installe au 215 East 57th Street.
Dollie quitte Marseille le 14 mai et accoste à New York le 25 juin.
Chareau organise l'exposition de la Free French Week, à l'aide de documents clandestins rapportés de France par Dollie.
La direction, plutôt honorifique, du Fighting French Exhibition Service est confiée à Chareau.
À New York est créée l'École libre des hautes études ; Ève Daniel y donne des cours de théâtre.
Conférence de Chareau intitulée « Le métier et la création dans les arts décoratifs » à l'École libre des hautes études.
Peggy Guggenheim fonde à New York sa galerie Art of this Century et confie son aménagement à Frederick Kiesler.
À Paris, le 16 juillet, sur ordre du gouvernement de Vichy a lieu la rafle du Vél d'Hiv, la plus importante arrestation de juifs réalisée en France.

1943

Conférence de Chareau sur les arts décoratifs et l'architecture française, à la New York Public Library.
À l'initiative de Maria Jolas, ouverture de La Marseillaise, la cantine de la mouvance gaulliste à New York que Chareau aménage avec la contribution de Léger, Masson et Kisling.
Jeanne Bucher installe Nicolas de Staël et sa famille au 54, rue Nollet.

1944

Pierre Chareau organise, pour France Forever, la réception du général de Gaulle à New York.
Conférence de Chareau intitulée « Les artisans français » à l'École libre des hautes études.
Engagé dans les Forces françaises combattantes, Pierre Birel-Rosset décède, en France, lors d'un parachutage.
L'administrateur provisoire, nommé par le Commissariat général aux questions juives, chargé des biens de Jean Dalsace, vend les bâtiments du 31, rue Saint-Guillaume. Pierre Chareau rencontre Robert Motherwell durant l'été.
Richard Buckminster Fuller conçoit la dernière version de la maison Dymaxion. Cet habitat en métal, de forme cylindrique, contient un noyau central.

1945

Pierre Chareau est secrétaire de la Four Arts Aid Association, dirigée par Moïse Kisling. Dollie se consacre à la levée de fonds pour cette organisation caritative à destination des artistes français en détresse.
Chareau donne, au Black Mountain College, une conférence sur l'architecture et l'urbanisme.
L'American Committee for Refugee Scholars, Writers & Artists, créée par la Fondation Rockefeller, accorde à Chareau une bourse d'un an, grâce à l'appui des architectes Oscar Nitzchké et Wallace K. Harrison.
Jeanne Bucher séjourne plusieurs mois à New York.
Décès de Robert Mallet-Stevens le 8 février.
Fondation aux États-Unis par Walter Gropius de l'agence The Architects Collaborative.
Signature de l'armistice le 8 mai, qui marque la fin de la Seconde Guerre mondiale.

Le tribunal civil de la Seine prononce, le 25 juin, la nullité de la vente du 31, rue Saint-Guillaume et ordonne sa restitution à Jean Dalsace.
Le 54, rue Nollet est vendu à l'automne.

1946

Chareau contribue à l'exposition « France Comes Back » organisée par Jean Carlu à l'American Museum of Natural History.
Chareau seconde le conseiller culturel, notamment à l'occasion de la mise en place d'expositions. Il réalise l'aménagement de la bibliothèque des services culturels français de New York.
Robert Motherwell confie à Chareau la conception de sa maison et de son atelier situés à East Hampton. Réalisés à l'aide de baraques militaires vendues par l'armée américaine, ces deux édifices sont livrés l'été suivant.
Vente par Pierre Chareau de son Mondrian *Composition V* à la collectionneuse Sadie A. May, qui le léguera à son décès au Baltimore Museum.
Décès de Jeanne Bucher à Paris.

1947

Publication du premier et unique numéro de la revue *Possibilities*, publiée à l'initiative de Robert Motherwell et d'Harold Rosenberg, qui sont secondés par John Cage pour la musique et Chareau pour l'architecture.
Chareau commence la réalisation de sa pièce-maison sur le terrain que lui cède Motherwell.
Vente, le 29 juin, par les Dalsace du 54, rue Nollet à Marie Schärer.
Après une ouverture partielle durant la guerre, le Musée national d'art moderne ouvre définitivement ses portes au palais de Tokyo.

1948

Création à New York de la Subjects of the Artist School par William Baziotes, David Hare, Robert Motherwell, Barnett Newman et Mark Rothko.

1949

Suite à une rupture sentimentale, Motherwell habite dans l'appartement des Chareau durant près de trois mois.
De France, Dollie rapporte à New York des tableaux et objets laissés à Paris en 1940.
Chareau réalise la maison La Colline, à la demande de Nancy Laughlin, l'amie de Germaine Monteux, à Spring Valley.
Philip Johnson achève la Glass House, inspirée d'un projet de Ludwig Mies van der Rohe en cours de réalisation.

1950

24 août, décès de Pierre Chareau. Il est inhumé à Most Holy Trinity Catholic Cemetery, East Hampton, Long Island.

1951

Dollie séjourne en France durant l'été.
Ludwig Mies van der Rohe termine le chantier de la Farnsworth House, une boîte de verre dont le projet était dessiné dès 1946.
Le Corbusier se voit confier le projet de la chapelle de Ronchamp.

1952

La Cariatide d'Amedeo Modigliani est achetée par la Simon Guggenheim Foundation avant d'intégrer la collection du MoMA.
Un incendie ravage l'atelier de Jacques Lipchitz et détruit une grande partie de son œuvre américaine. Dollie propose une contribution financière pour aider à sa reconstruction.

Jean Prouvé et Maurice Silvy mettent au point une étude de maison à noyau porteur en béton et façade légère. Le principe est développé l'année suivante à l'occasion du projet de maison Alba, qui, ultérieurement, donnera lieu à la Maison des jours meilleurs, sollicitée par l'abbé Pierre.

1954

Publication par René Herbst du livre *Un inventeur… L'architecte Pierre Chareau*, préface de Francis Jourdain, documentation de Dollie Chareau, Éditions du Salon des arts ménagers/UAM.

1956

Dollie Chareau traduit le livre de Paul Damaz, *Art in European Architecture. Synthèse des Arts*, préface de Le Corbusier, New York, Reinhold Publisher Corp.

1958

Voyage de Dollie en France, dont quelques jours à Beauvallon.
Dollie assiste aux spectacles donnés par la troupe de théâtre expérimental du Living Theatre dans leur nouvelle salle de Greenwich Village.

1960

Voyage de Dollie en France et en Suisse, notamment à Baden, où elle suit une cure, et à Ascona, où elle rejoint les Fleg.

1961

Dollie déménage du 215 East 57th Street au 357 East 57th Street à New York.
Publication d'*Encounters. The Life of Jacques Lipchitz* par Irene Patai.

1964

Dollie Chareau, Jacques Lipchitz, Mme Catesby Jones et Robert Motherwell sponsorisent The French Art Theatre à New York, dirigé par Ève Daniel, qui présente *La Peur des coups* de Georges Courteline et *Délire à deux* d'Eugène Ionesco.

1965

Jacques Lipchitz se rend compte que la santé de Dollie se dégrade fortement.

1967

Décès de Dollie Chareau à New York, le 29 novembre.

1968

Georges Boinet remet au MoMA les photographies des réalisations de Pierre Chareau trouvées dans l'appartement de Dollie.
Décès d'Annie Dalsace.

1970

Décès de Jean Dalsace.

1993

Le Centre Georges-Pompidou organise, du 3 novembre 1993 au 3 janvier 1994, la première exposition rétrospective consacrée à l'œuvre de Pierre Chareau.

2006

La famille Vellay vend la Maison de verre.

BIBLIOGRAPHIE

MONOGRAPHIES, CATALOGUES ET BIOGRAPHIE CONSACRÉS À PIERRE CHAREAU

Cinqualbre, Olivier (dir.), *Pierre Chareau, architecte, un art intérieur*, Paris, Éditions du Centre Pompidou, 1993.
Cinqualbre, Olivier (dir.), *Pierre Chareau. Architect of the House of Glass : A Modernist in the Time of Art Deco*, Tokyo, Kashima Shuppanka, 2014.
Collectif, *Pierre Chareau, archives Louis Moret*, Martigny, Fondation Louis Moret, 1994.
Costa Meyer, Esther da, *Pierre Chareau : Modern Architecture and Design*, New Haven/Londres, Yale University Press, 2016.
Doria, Denis, *Pierre Chareau : un architecte moderne de Paris à New York*, Paris, Michel de Maule, 2016.
Herbst, René, *Un inventeur… L'architecte Pierre Chareau*, Paris, Éditions du Salon des arts ménagers/Union des artistes modernes, 1954.
Taylor, Brian Brace, *Pierre Chareau. Designer and Architect*, Cologne, Taschen, 1992.
Vellay, Marc, Frampton, Kenneth, *Pierre Chareau, architecte-meublier, 1883-1950*, Paris, Éditions du Regard, 1984.
Vellay, Marc, *Pierre Chareau, architecte meublier*, Paris, Rivages, 1986.

ÉCRITS DE PIERRE CHAREAU

« Le concours des musées d'art moderne », *L'Architecture d'aujourd'hui*, n° 10, décembre 1934-janvier 1935, p. 12-25.
« La création artistique et l'imitation commerciale », *L'Architecture d'aujourd'hui,* septembre 1935.
« La Maison de verre de Pierre Chareau commentée par lui-même », *Le Point*, n° 2, mai 1937, p. 54.
« Nouveaux procédés de construction d'immeubles », *L'Architecture d'aujourd'hui*, n° 2, février 1939.

ARTICLES NÉCROLOGIQUES

Chareau, Dollie, « Pierre Chareau », *L'Architecture d'aujourd'hui*, n° 30, septembre 1950.
Guévrékian, Gabriel, « Pierre Chareau », *L'Architecture d'aujourd'hui*, n° 30, septembre 1950.
Jourdain, Francis, « Pierre Chareau », *L'Architecture d'aujourd'hui*, n° 30, septembre 1950.
Nelson, Paul, « Pierre Chareau », *L'Architecture d'aujourd'hui*, n° 30, septembre 1950.
Dufet, Michel, « Pierre Chareau », *Le Décor d'aujourd'hui*, n° 31, 1950.

PRINCIPAUX ARTICLES SUR LA CRÉATION MOBILIÈRE ET LES APPAREILS D'ÉCLAIRAGE

Vaudoyer, Jean-Louis, « Le Salon d'automne », *Art et Décoration*, décembre 1919.
Janneau, Guillaume, « Au Salon d'automne : l'art décoratif », *Art et Décoration*, novembre 1920.
Dufet, Michel, « Deux décorateurs modernes, Chareau et Lurçat », *Feuillets d'art*, n° 10, octobre-novembre 1921.
Chareau, Pierre, « La réforme du mobilier », *Mobilier et Décoration*, janvier-février 1922.
Janneau, Guillaume, « Le mouvement moderne, le mobilier au Salon d'automne », *La Renaissance de l'art français et des industries du luxe*, juin 1922.
Vauxcelles, Louis, « L'art décoratif au Salon d'automne », *Excelsior*, 6 novembre 1922.
Santini, Lucien, « L'art appliqué au Salon d'automne », *La Construction moderne*, 31 décembre 1922.
Santini, Lucien, « Exposition de l'Union centrale des arts décoratifs », *La Construction moderne*, 11 mars 1923.
Varenne, Gaston, « L'esprit moderne de Pierre Chareau », *Art et Décoration*, mai 1923.
Zervos, Christian, « Réalisations et projets. Boudoir par Chareau », *Les Arts de la maison*, automne-hiver 1923.
Le Corbusier, « L'architecture au Salon d'automne », *L'Esprit nouveau*, n° 19, 1923.
« Pierre Chareau », *Mobilier et Décoration d'intérieur*, février-mars 1924.
Chavance, René, « L'art décoratif contemporain au pavillon de Marsan », *Art et Décoration*, avril 1924.
Gauthier, Maximilien, « M. Pierre Chareau », *L'Art et les Artistes*, avril 1924.
Rambosson, Yvanhoé, « Au Salon des décorateurs, les ensembles », *Comœdia*, 8 juin 1924.
Deshairs, Léon, « Le XVe Salon des artistes décorateurs », *Art et Décoration*, juin 1924.
« Les ensembles mobiliers », *La Science et la Vie*, n° 95, mai 1925.
Janneau, Guillaume, « L'Exposition internationale des arts décoratifs… La décoration intérieure. Le mobilier », *Beaux-Arts*, n° 15, 15 juin 1925.
Dormoy, Marie, « Les intérieurs », *L'Amour de l'art*, août 1925.
Le Févre, Georges, « À l'Exposition des arts décoratifs. Déclarations de quelques décorateurs », *L'Art vivant*, 15 juin 1925.
Rémon, Georges, « Nos artistes décorateurs. Pierre Chareau » *Mobilier et Décoration*, n° 3, 1925.
Rémon, Georges, « L'Exposition internationale des arts décoratifs, le meuble », *L'Art vivant*, 15 septembre 1925.
Rémon, Georges, « Groupements et regroupements, Pierre Chareau, Dominique, Pierre Legrain, Jean Puiforcat et Raymond Templier », *Mobilier et Décoration*, n° 6, mai 1926.
Régamey, Raymond, « Le XVIe Salon des artistes décorateurs », *Art et Décoration*, juillet 1926.
Regamey, Raymond, « Le XVIe Salon des artistes décorateurs », *Art et Décoration*, juillet-décembre 1926, p. 17.
Colombier, Pierre de, « Le Salon d'automne », *Art et Décoration*, décembre 1926.
René-Jean, « Le mobilier contemporain », *Comœdia*, 31 mars 1927.
Rémon, Georges, « Les créations de Pierre Chareau », *Mobilier et Décoration*, n° 4, avril 1927, p. 97-106.
Rambosson, Yvanhoé, « La saison des arts appliqués », *La Revue de l'art ancien et moderne*, août 1927.
Huyghe, René, « Le Salon d'automne », *L'Architecture*, 15 décembre 1927.
Storey, Walter Rendell, « France Send us her Decorative Art », *The New York Times*, 19 février 1928.
« French Art Modern Exposition in New York », *Good Furniture Magazine*, mars 1928.
Mumford, Lewis, « Modernist Furniture », *New Republic*, 20 mars 1928.
Chavance, René, « Quelques exemples d'installations modernes rue Mallet-Stevens », *Mobilier et Décoration*, avril 1928.
Chavance, René, « Les Cinq », *Mobilier et Décoration*, juillet 1928.
Henriot, Gabriel, « Dernières réalisations de Pierre Chareau », *Mobilier et Décoration*, novembre 1928.
Clouzot, Henri, « Le groupe des Cinq à La Renaissance », *La Renaissance de l'art*, avril 1929.
« Exposition des Cinq à la galerie La Renaissance », *Art et Industrie*, avril 1929.
Cabire, Emma, « Salon d'automne. Les meubles de Chareau », *La Semaine à Paris*, 15 novembre 1929.
Zahar, Marcel, « L'Union des artistes modernes », *Art et Industrie*, juillet 1930.
« Le IVe Salon de l'UAM », *Art et Décoration*, août 1933.
Blanc, Pierre E., « IIe Salon de la lumière », *La Construction moderne*, 24 novembre 1934.
Jamet, Pierre, « Le Salon de la lumière », *Le Journal*, 13 octobre 1935.
« Invention ou pastiche », *Le Décor d'aujourd'hui*, n° 27, 1938.

PRINCIPAUX ARTICLES SUR LES AMÉNAGEMENTS

Janneau, Guillaume, « L'art décoratif au Salon d'automne », *Art et Décoration*, juillet-décembre 1920.
Janneau, Guillaume, « Le mouvement moderne, le mobilier au Salon d'automne », *La Renaissance de l'art français et des industries du luxe*, janvier 1921.
Dufet, Michel, « Deux décorateurs modernes, Chareau et Lurçat », *Feuillets d'art*, n° 10, octobre-novembre 1921.
Varenne, Gaston, « Le mobilier et l'art décoratif », *Art et Décoration*, décembre 1921.
« Salon d'automne », *Mobilier et Décoration d'intérieur*, novembre-décembre 1922.
« Pierre Chareau, chambre à coucher », *Mobilier et Décoration d'intérieur*, février-mars 1923.
George, Waldemar, « Les intérieurs de Pierre Chareau », *L'Amour de l'art*, n° 3, mars 1923.
Varenne, Gaston, « L'esprit moderne de Pierre Chareau », *Art et Décoration*, mai 1923.
Mallet-Stevens, Robert, *Arlequin*, juin 1923.
V.S., « Au palais de Glace : une exposition dans une malle », *L'Intransigeant*, 8 juillet 1923.
Varenne, Gaston, « L'art urbain et le mobilier au Salon d'automne », *Mobilier et Décoration*, juillet-décembre 1923.
Gauthier, Maximilien, « M. Pierre Chareau », *L'Art et les Artistes*, avril 1924.
Fleg, Edmond, « Nos décorateurs : Pierre Chareau », *Les Arts de la maison*, hiver 1924.
Le Févre, Georges, « À l'Exposition des arts décoratifs. Déclarations de quelques décorateurs », *L'Art vivant*, n° 12, 15 juin 1925.
Gabrielle, Rosenthal, « La Cour des métiers et Une ambassade française », *L'Art vivant*, n° 20, 15 octobre 1925.
Janneau, Guillaume, « Que sera, demain, le logis », *L'Art décoratif moderne. Formes nouvelles et programmes nouveaux*, Paris, Bernheim Jeunes, 1925.
Zervos, Christian, « Architecture intérieure, enquêtes », *Cahiers d'art*, n° 1, 1926.
Rémon, Georges, « Pierre Chareau », *Mobilier et Décoration*, février 1926.
Tisserand, Ernest, « Living-room et studio », *L'Art vivant*, 1er avril 1926.
Tisserand, Ernest, « Du studio au salon », *L'Art vivant*, 16 avril 1926.
Tisserand, Ernest, « La chambre à coucher », *L'Art vivant*, 16 juin 1926.
Bercel, Jean de, « Une décoration sur plan par Patout et Pierre Chareau », *Art et Industrie*, n° 6, août-septembre 1926.
Chareau, Pierre, et Alfassa, Jane, « L'architecture intérieure », *Conferencia*, n° 23, 15 septembre 1926.
« Un appartement moderne », *Art et Industrie*, n° 8, novembre 1926.
Chavance, René, « Quelques exemples d'installations modernes, rue Mallet-Stevens », *Mobilier et Décoration*, avril 1927.
Rémon, Georges, « Les créations de Pierre Chareau », *Mobilier et Décoration*, avril 1927
Tisserand, Ernest, « Une œuvre nouvelle de Pierre Chareau, ensemblier », *L'Art et les Artistes*, n° 83, janvier 1928.
« Un hôtel moderne à Tours », *Art et Industrie*, janvier 1928.
Rambosson, Yvanhoé, « Un grand hôtel à Tours », *Art et Décoration*, février 1928.
Varenne, Gaston, « Un ensemble de Pierre Chareau au grand hôtel de Tours », *L'Amour de l'art*, février 1928.
Gain, André, « Le cinéma et les arts décoratifs », *L'Amour de l'art*, n° 9, septembre 1928.
Henriot, Gabriel, « Pierre Chareau », *Mobilier et Décoration*, novembre 1928.
Veber, Pierre, « Les premières : *Le Marchand de Paris* », *Le Petit Journal*, 6 mars 1929.
Cabire, Emma, « Projet du hall *La Semaine à Paris* exposé au Salon d'automne par Pierre Chareau », *La Semaine à Paris*, 13-22 novembre 1929.
« Appartement de M. G. décoré par Pierre Chareau », *Art et Industrie*, n° 11, novembre 1929.
Anita, « Mariette Quesnay, de la lingerie moderne en une boutique de Pierre Chareau », *La Semaine à Paris*, 15 décembre 1929.
« Vernissage de nos nouveaux bureaux », *La Semaine à Paris*, 7 mars 1930.
Tisserand, Ernest, « Les "Artistes modernes" à *La Semaine à Paris* », *L'Art vivant*, 1er mai 1930.
Vaillat, Léandre, « Au Salon des artistes décorateurs », *Le Temps*, 21 mai 1930.
Cogniat, Raymond, « Deuxième exposition de l'Union des artistes modernes », *Art et Décoration*, juillet 1931.
Migennes, Pierre, « Sur deux ensembles de Pierre Chareau », *Art et Décoration*, avril 1932.
Chéronnet, Louis, « Les échos d'art », *Art et Décoration*, juillet 1933.
Chavance, René, « Bureaux industriels par Pierre Chareau », *Art et Décoration*, septembre 1933.
Janneau, Guillaume, « Le mouvement moderne : première exposition d'art décoratif contemporain », *La Renaissance de l'art français et des industries de luxe*, avril 1934.
« Ensembles lumineux des architectes, Pierre Chareau », *Arts et Métiers graphiques*, octobre 1935.
Moutard-Uldry, Renée, « L'UAM à l'Exposition de 1937 ou la tyrannie de la pureté », *Beaux-Arts*, 24 décembre 1937, p. 4.
Chéronnet, Louis, « Cabinet de travail et du salon de réception de l'administrateur du Collège de France », *Art et Décoration*, avril 1938.
Hermant, André, « Le 2e Salon de la France d'outre-mer », *L'Architecture d'aujourd'hui*, n°s 3-4, 1940.
Koering, Élise, « Décoratrice ensemblière : une étape vers la profession d'architecte dans les années 1920 ? », *Livraisons d'histoire de l'architecture*, n° 35 *Femmes, architecture et paysage*, 2018.

PRINCIPAUX ARTICLES SUR SES ARCHITECTURES

Gelbert, A., « L'architecture au Salon des artistes français », *La Construction moderne*, 1er juin 1907.
Dauphin, Th., « Salon de la Société des artistes français en 1907 », *L'Architecte*, juin 1907.
Mallet-Stevens, Robert, *Arlequin*, juin 1923.
Montpar, « Pierre Chareau et le club-house du golf de Beauvallon », supplément tourisme de *La Semaine à Paris*, n° 365, 24 mai 1929.
Winternitz, Lonia, « Club house in Beauvallon », *Wasmuths Monatshefte*, n° 13, juillet 1929.
« Club de golf à Beauvallon », *L'Architecture d'aujourd'hui*, n° 3, avril 1934.
Chareau, Pierre, « Exposé sommaire du système constructif », *Cabines en acier — Paquebots*, Paris, OTUA, 1935.
« Robert Motherwell Quonset Hut », *Harper's Bazaar*, juin 1948.
« Maison d'été pour un peintre à Long Island », *L'Architecture d'aujourd'hui*, n° 30, juillet 1950.
« Une maison française aux États-Unis », *Art et Décoration*, n° 27, 1952.
Dufau, Olivier, Bourgeois, Philippe, Dutrevis, Jean-Marc, Ecoiffier, Robert, et Leberre, Rémi, « Un projet inédit de Pierre Chareau », *Architecture, mouvement et continuité*, n° 51, mars 1980.

MAISON DE VERRE

Henrivaux, Jules, « Une maison de verre », *Revue des deux mondes*, 1er novembre 1898.
« La brique Nevada », *Glaces et Verres*, n° 14, février 1930.
D.M., « Une maison de verre », *Glaces et Verres*, n° 17, juin 1930.
« Le verre », *L'Architecture d'aujourd'hui*, n° 3, janvier-février 1931.
Chamine, « La première maison de verre », *L'Intransigeant*, 27 mai 1931.
« First all-Glass Home Built in Paris », *The Daily Mail*, Londres, 27 mai 1931.
« New Departure in House-Building », *Daily Mail Atlantic Edition*, 27 mai 1931.
« Glass House is Started in Paris », *Chicago Daily Tribune*, 28 mai 1931, p. 2.
« Glass House is Started in Paris », *Daily News New York*, 28 mai 1931, p. 2.
« Une maison de verre s'élève à Paris rue Saint-Guillaume », *Le Matin*, 28 mai 1931.
The New York Herald, 28 mai 1931.
« Une maison de verre vient d'être construite rue Saint-Guillaume », *Paris-Midi*, 30 mai 1931.
Farnoux-Reynaud, Lucien, « La Maison de verre », *Le Figaro*, 15 juin 1931.
Farnoux-Reynaud, Lucien, « La Maison de verre », *L'Afrique du Nord illustré*, 4 juillet 1931.
Kubnock, H., « Pourquoi M. Chareau a construit une maison de verre en plein Paris », *Benjamin*, n° 84, 18 juin 1931.
Fage, André « La première maison de verre et sans fenêtre est en construction à Paris », *Le Monde illustré*, 11 juillet 1931.
« Paris, Maisons de verre », *La Cité & Tekhné*, n° 11, juillet 1931.
Prist, Paul, « Une curieuse innovation, le béton translucide », *Clarté*, n° 8, août 1931.
Il Secolo Illustrato, 1er août 1931.
Charnage, D. de, « Chronique artistique. La première maison de verre », *La Croix*, 22 septembre 1931.
Prevost, Marie-Louise, « La première et unique Maison de verre est terminée », *L'Ami du peuple*, 29 octobre 1931.
La Petite Chronique de Zurich, 3 novembre 1931.
Vaillat, Léandre, « Au Salon d'automne », *Le Temps*, 27 novembre 1931.
G.F., « La Maison de verre », *Les Chantiers nord-africains*, novembre 1931.
Winternitz, Lonia, « Glas, das Haus eines Arztes in Paris », *Wasmuths Monatshefte für Baukunst und Städtebau*, novembre-décembre 1931.
Bousquet, M., « Maison de verre », *La Nature*, février 1932.
« Wohnhaus aus Glas », *Innsbrucker Nachrichten*, 7 mai 1932.
« Wohnhaus aus Glas », *Vorarlberger Landes-Zeitung*, 7 mai 1932.
« Das "Ganz aus Glas" Haus ist da ! », *Freiheit !*, Vienne, n° 1154, 2 juin 1932.
Chavance, René, « Applications et techniques nouvelles du verre (architecture décorative) », *Art et Décoration*, octobre 1932.
Waleffe, M. de, « Le Paris de l'an 2000 a été inauguré cette nuit », *Paris-Midi*, 11 février 1933.
« Glass and Steel House in Paris », *The Architectural Record*, avril 1933.
Chavance, René, « L'emploi du verre et du métal », *L'Illustration*, n° 4708, 27 mai 1933.
L'Illustration, hors-série « Intérieurs modernes », 27 mai 1933.
Vautel, Clément, « Appartement trop moderne », *Paris-midi*, 15 août 1933.
Bernège, Paulette, « Quand une femme construit sa cuisine », *L'Art ménager*, août 1933.
Duiker, Jan, « Het huis van Dr D'Alsace [sic] in te rue St. Guillaume te Parijs », *De 8 en opbouw*, n° 18, septembre 1933.
Vago, Pierre, « Un hôtel particulier à Paris » ;
Nelson, Paul, « La maison de la rue Saint-Guillaume » ;
Lepage, Julien (Julius Posener), « Observations en visitant *L'Architecture d'aujourd'hui*, n° 9, novembre-décembre 1933.
Cogniat, Raymond, « La maison de verre de Pierre Chareau », *Art et Décoration*, janvier 1934.

G.F., « Les revues : *L'AA* nov.-déc. 1933 », *Les Chantiers nord-africains*, février 1934.
« Un hôtel particulier à Paris », *Les Chantiers nord-africains*, avril 1934.
Hoste, Huib, « Dagboek », *De 8 en opbouw*, n° 6, 1er avril 1934.
« A House of Glass in Paris », *The Architect & Building News*, 13 avril 1934.
Laromiguière, René de, « Murs de verre », *Art et Médecine*, juin 1934.
« Ein Haus aus Glas », *Neues Wiener Journal*, 17 juin 1934.
Brunon-Garcia, Georges, « L'architecture nouvelle et le plaisir de vivre », *Les Nouvelles littéraires*, 21 juillet 1934.
« Visite de la Maison de verre », *Lux*, novembre 1934.
« Maison en acier et verre », *Acier*, 1934.
« Steklo v arkhitekture », *Arhitektura za ribezom*, n° 6, 1936.
« Maison de verre », *Industrial Arts*, octobre 1936.
Sabatou, Jean-Pierre, « Ambiance moderne », *Foyer-magazine*, décembre 1936.
« La "Maison de verre" de Pierre Chareau commentée par lui-même », *Le Point*, mai 1937.
Vitale, F., « L'acier », *L'Architecture française*, nos 44-45, 1944.
Architectural Association Journal, janvier 1959, p. 136.
« Pierre Chareau », *L'Œil*, n° 60, 1959.
Tallet, Margaret, « The Maison de Verre Revisited », *Architecture and Building*, mai 1960.
Smithson, Alison et Peter, « The Heroic Period of Modern Architecture », *Architectural Design*, n° 12, décembre 1965.
Roth, Alfred, « "Maison de verre", 31 rue Saint-Guillaume, Paris 1931-1932 », *Werk*, n° 2, février 1965.
Frampton, Kenneth, « Maison de verre », *Arena, the Architectural Association Journal*, avril 1966.
Rogers, Roger, « La "casa di vetro" di Pierre Chareau : una rivoluzione che non continua », *Domus*, n° 443, octobre 1966.
Frampton, Kenneth, « Maison de verre », *Perspecta*, n° 12, 1969.
Frampton, Kenneth, « La maison de Pierre Chareau et Bernard Bijvoet », *Architecture, mouvement, continuité*, n° 46, décembre 1978.
Prangnell, Peter. « La "Maison de verre" », *Spazio e Societa*, n° 12, décembre 1980.
Melis, Paolo, « Il grande vetro dell'architettura », *Domus*, n° 640, juin 1983.
Herzberger, Hermann, « Maison de verre », *L'Architecture d'aujourd'hui*, n° 236, décembre 1984.
Banham, Reyner, « Modern Monument », *New Society*, n° 1246, 14 novembre 1986.
Taylor, Brian Brace « Voir et savoir dans la Maison de Verre », *Connaissance des arts*, n° 499, octobre 1993.
Gopnik, Adam, « The Ghost of the Glass House », *The New Yorker*, 2 mai 1994.
Wigglesworth, Sarah, « Maison de Verre : Section Through an In-Vitro Conception », *The Journal of Architecture*, vol. 3, automne 1998
Wilson, Christopher, « Looking at/in/from the Maison de Verre », dans Hilde Heynen, Gülsüm Baydar, *Negotiating Domesticity : Spatial Productions of Gender in Modern Architecture*, Londres, Routledge, 2005.
Johnson, Mary Vaughan, « A Pataphysical Reading of the Maisons de Verre », dans Veikos, Catherine, et Bing, Judith (dir.), *Fresh Air*, ACSA, 2007.
Edwards, Jean, et Gjertson, Geoff, « La Maison de Verre : Negociating Modern Domesticity », *Journal of Interior Design*, n° 1, 2008.

MONOGRAPHIES SUR LA MAISON DE VERRE

Bauchet, Bernard, Vellay, Marc, et Futagawa, Yukio, *La Maison de Verre, Pierre Chareau*, GA, Tokyo, ADA Edita, 1988.
Carapetian, Michael, *100 x Maison de verre. Photographies*, Berlin, Brinkmann und Bose, 2016.
Cheatle, Emma, *Part-Architecture, The Maison de Verre, Duchamp, Domesticity and Desire in 1930s Paris*, Londres, Routledge, 2017.
Montes, Fernando, *Pierre Chareau with Bernard Bijvoet. Maison Dalsace (« Maison de Verre ») Paris, France, 1928-1932*, GA, Tokyo, ADA Edita, 1977.
Vellay, Dominique, et Halard, François, *La Maison de verre, le chef-d'œuvre de Pierre Chareau*, Arles, Actes Sud, 2007.

AUTOBIOGRAPHIES, JOURNAUX ET CORRESPONDANCE

Adler, Rose, *Journal*, Paris, Éditions des Cendres, 2014.
Arnason, Harvard H., et Lipchitz, Jacques, *My Life in Sculpture*, New York, Viking Press, 1972.
Chareau, Dollie Pierre, *My Father*, Pawlet, Claude Fredericks, 1960.
Cournand, André F., *From Roots... to Late Budding, the Intellectual Adventures of a Medical Scientist*, New York/Londres, Gardner Press, 1986.
Jaër, Muriel, *Dieu dansera ta vie*, Pont-Aven, Vagamundo, 2017.
Jourdain, Francis, *Né en 76*, Paris, Éditions du Pavillon, 1951.
Jourdain, Francis, *Sans remords ni rancune*, Paris, Corrêa, 1953.
Léger, Fernand, « Fernand Léger, une correspondance de guerre », *Les Cahiers du Musée national d'art moderne*, 1990.
Nin, Anaïs, *Journal 1. 1931-1934*, Paris, Le Livre de Poche, 1974.
Nin, Anaïs, *Journal 3. 1939-1944*, Paris, Le Livre de Poche, 1977.
Nin, Anaïs, *Journal 4. 1944-1947*, Paris, Le Livre de Poche, 1977.
Nin, Anaïs, *Mirages : the Unexpurgated Diary of Anaïs Nin 1939-1947*, Athens, Ohio University Press, 2013.
Nin, Anaïs, *Trapeze : the Unexpurgated Diary of Anaïs Nin, 1947-1955*, Athens, Ohio University Press, 2017.
Patai, Irene, *Encounters. The Life of Jacques Lipchitz*, New York, Funk & Wagnalls Company, 1961.
Staël, Nicolas de, *Lettres 1926-1955*, Paris, Le Bruit du Temps, 2014.
Terenzio, Stephanie, *The Collected Writings of Robert Motherwell*, New York, Oxford University Press, 1992.

PRINCIPAUX OUVRAGES CONSULTÉS

Abbé Jaubert, *Dictionnaire raisonné universel des arts et métiers*, t. IV *L'Art de décorateur*, Bordeaux, Didot Jeune, 1773.
Abbott, Berenice, *Changing New York*, New York, E.P. Dutton & Company, 1939.
Adam, Peter, *Eileen Gray. Sa vie, son œuvre*, Paris, Éditions de la Différence, 2012.
Appert, Léon, et Henrivaux, Jules, *Verre et Verrerie*, Paris, Gauthier-Villars, 1894.
Badovici, Jean, *L'Architecture vivante*, n° 41 *L'Architecture hospitalière*, Paris, Albert Morancé, 1933.
Barnes, Henry, *Into the Heart's Land. A Century of Rudolf Steiner's work in North America*, Great Barrington, Steiner Books, 2013.
Barthes, Roland, *La Chambre claire, note sur la photographie*, Paris, Cahiers du cinéma/Gallimard/Seuil, 1980.
Baudin, Antoine, *Hélène de Mandrot et la Maison des artistes de La Sarraz*, Lausanne, Payot, 1978.
Bayard, Émile, *L'Art appliqué français d'aujourd'hui*, Paris, Ernest Gründ, 1930.
Bayer, Patricia, *Intérieurs Art déco : les classiques de la décoration 1920-1930*, Paris, Éditions de l'Amateur, 1990.
Benjamin, Walter, *Illuminations*, Paris, Fontana, 1973 (1931).
Benjamin, Walter, « Les cités-casernes », *Lumières pour enfants*, Paris, Christian Bourgois, 1988.
Benjamin, Walter, « Expérience et pauvreté », *Œuvres II*, Paris, Gallimard, 2000.
Benjamin, Walter, « Eduard Fuchs, collectionneur et historien », *Œuvres III*, Paris, Gallimard, 2000.
Benjamin, Walter, *Paris, capitale du XIXe siècle*, Paris, Allia, 2015.
Blau, Eve, et Troy, Nancy (dir.), *Architecture and Cubism*, Cambridge/Montréal, MIT Press/Centre canadien d'architecture, 2002.
Bois, Yve-Alain, et Troy, Nancy, « De Stijl et l'architecture à Paris », dans Bois, Yve-Alain, et Reichlin, Bruno, *De Stijl et l'Architecture en France*, Liège, Pierre Mardaga, 1985.
Bonney, Thérèse et Louise, *A Shopping Guide to Paris*, New York, Robert M. McBride & Company, 1929.
Bonney, Thérèse et Louise, *Buying Antique and Modern Furniture in Paris*, New York, Robert M. McBride & Company, 1929.
Bowness, Alan, *Les Conditions du succès. Comment l'artiste moderne devient-il célèbre ?*, Paris, Allia, 2011
Breton, André, *Entretiens 1913-1952 avec André Parinaud*, Paris, Gallimard, 1952.
Breton, André, *Nadja*, Paris, Le Livre de Poche, 1971.
Breton, André, et Péret, Benjamin, *Correspondance 1920-1959*, Paris, Gallimard, 2017.
Brunhammer, Yvonne, et Tise, Suzanne, *Les Artistes décorateurs 1900-1942*, Paris, Flammarion, 1990.
Carrouges, Michel, « Mode d'emploi », *Les Machines célibataires*, Venise, Alfieri, 1975.
Catelain, Jaque, *Marcel L'Herbier*, Paris, Jacques Vautrin, 1950.
Caws, Mary Ann, *Maria Jolas, Woman of Action*, Columbia, University of South Carolina Press, 2004.
Chiei, Chris, et Decker, Julie, *Quonset Hut. Metal living for a Modern Age*, New York, Princeton Architectural Press, 2005.
Cinqualbre, Olivier, *Jean Prouvé bâtisseur*, Paris, Éditions du Patrimoine, 2016.
Clifford, Tim, « Chronology », *Robert Motherwell. Paintings and Collages, a Catalogue Raisonné, 1941-1991*, vol. 1, New York, Yale University Press, 2012.
Cohen-Solal, Annie, *Leo Castelli et les Siens*, Paris, Gallimard. 2009.
Cohen, Jean-Louis, *Architecture en uniforme, projeter et construire pour la Seconde Guerre mondiale*, Paris, Hazan, 2011.
Colette, *La Naissance du jour*, Paris, Flammarion, 1984.
Colomina, Beatriz, *La Publicité du privé, de Loos à Le Corbusier*, Orléans, HYX, 1998.
Colomina, Beatriz, *X-Ray Architecture*, Zurich, Lars Müller, 2019.
Corrao, Rossela, *Glassblock and Architecture*, Florence, Alinea, 2010.
Cournand, André, *From Roots to Late Budding. Adventure of a Medical Student*, New York, Gardner Press, 1985.
Day, Susan, *Tapis modernes et Art déco*, Paris, Norma, 2002.
Debove, Georges-Maurice, et Plicque, Albert-Faron, *Hygiène*, Paris, Delagrave, 1907.
Denizeau, Gérard, et Lurçat, Simone, *L'Œuvre peint de Jean Lurçat : catalogue raisonné*, Lausanne, Acatos, 1998.
Dubourg, Jacques, et Staël, Françoise de, *Nicolas de Staël*, Paris, Le Temps, 1968.
Dumont, Marie-Jeanne, *Le Logement social à Paris, 1850-1930*, Liège, Mardaga, 1991.
Fiero, Annette, *The Glass State : the Technology of the Spectacle, Paris, 1981-1998*, Cambridge, MIT Press, 2003.
Fontaine, Julien, *La Maison de verre, Paul-Amaury Michel*, Bruxelles, AAM, 2004.
Fredet, Jacques, *Architecture, mettre en forme et composer*, vol. 6 *Catégories de Vitruve et d'Alberti*, Paris, Éditions de la Villette, 2018.
Fredet, Jacques, *Types courants de l'architecture mineure parisienne*, Paris, Éditions de la Villette, 2020.
Froissart Pezone, Rossella, *L'Art dans tout, les arts décoratifs en France et l'utopie d'un art nouveau*, Paris, CNRS, 2005.

Fry, Varian, *La Liste noire*, Paris, Plon, 1999.
Gauthier, Christophe, *La Passion du cinéma : cinéphiles, ciné-clubs et salles spécialisées à Paris de 1920 à 1929*, Paris, Éditions de l'École nationale, 1999.
Giedion, Sigfried, *Construire en France, construire en fer, construire en béton*, Paris, Éditions de la Villette, 2000.
Gimpel, René, *Journal d'un collectionneur. Marchand de tableaux*, Paris, Hermann, 2011.
Gordon, Alastair, *Weekend Utopia Modern Living in the Hamptons*, New York, Princeton Architectural Press, 2001.
McGrath, Raymond, et Frost, Albert Childerstone, *Glass in Architecture and Decoration*, Londres, The Architectural Press, 1937.
Guévrékian, Gabriel, *Répertoire de l'architecture moderne, n° 6 Hôtels et Sanatoria*, Paris, S. de Bonadona, s.d. (1931 ou 1933).
Guillaume, Paul, *Les Écrits de Paul Guillaume. Une esthétique nouvelle. L'art nègre.* Neufchâtel, Ides et Calendes, 1993.
Hatje, Gerd et Ursula, *Ameublement et Décoration modernes*, Paris, Éditions du Pont Royal, 1964.
Henrivaux, Jules, *La Verrerie au xxe siècle*, Paris, E. Bernard, 1903.
Housez, Judith, *Marcel Duchamp, biographie*, Paris, Grasset, 2007.
Janneau, Guillaume, *Le Luminaire*, Paris, Éditions d'art Charles Moreau, 1925.
Jannière, Hélène, *Politiques éditoriales et Architecture « moderne »*, Paris, Arguments, 2002.
Jelle, E. J., et Alberts, C.A., *Duiker 1890-1935*, Amsterdam, Architectura et Amicitia Forum XXII-5/6, 1976.
Jong, Cees W. de, *Les Ateliers de Mondrian*, Paris, Hazan, 2015.
Joyeux-Prunel, Béatrice, *Les Avant-Gardes artistiques 1918-1945*, Paris, Gallimard, 2017.
Juillerat, Paul, *L'Hygiène du logement*, Paris, Delagrave, 1909.
Juquin, Pierre, *Aragon, un destin français 1897-1939*, Paris, La Martinière, 2012.
Kahnweiler, Daniel-Henry, *Entretiens*, Paris, Gallimard, 1961.
Kilston, Lyra, *Sun Seekers, the Cure of California*, Los Angeles, Atelier Editions, 2019.
Krystof, Doris, *Amedeo Modigliani, 1884-1920 : la poésie du regard*, Cologne/Paris, Taschen, 1996.
Lamond, Francis M., et Addade, Stéphane-Jacques, *Portfolios modernes Art déco*, Paris, Norma, 2014.
Lanux, Pierre de, *New York 1939-1945*, Paris, Hachette, 1947.
Lassaigne, Jacques, et Weelen, Guy, *Vieira da Silva*, Paris, Éditions du Cercle d'Art, 1978.
Lavigne, Emma, Biezunski, Elia, et Pitiot, Cloé (dir), *Couples modernes*, Paris/Metz, Gallimard/Éditions du Centre Pompidou-Metz, 2018.
Lawton-Lévy, Catherine, *Du colportage à l'édition, Bifur, Pierre Lévy, un éditeur au temps des avant-gardes*, Genève, Métropolis, 2004.
Le Corbusier, *Des canons, des munitions ? Merci ! Des logis, svp...*, Boulogne-sur-Seine, Éditions de L'Architecture d'aujourd'hui, 1938.
Le Corbusier, *L'Art décoratif d'aujourd'hui*, Paris, Arthaud, 1980.
Léger, Fernand, « New York, 1931 », *Mes voyages*, Paris, L'École des Lettres, 1997.
Lemoine, Serge, *Mondrian et De Stijl*, Paris, Hazan, 2010.
Lenormand, Henri-René, *Les Pitoëff : souvenirs*, Paris, Odette Lieutier, 1943.
Level, André, *Souvenirs d'un collectionneur*, Paris, Alain C. Mazo, 1959.
Lévi-Strauss, Claude, *De près et de loin*, Paris, Odile Jacob, 1988.
Lévi-Strauss, Claude, *La Pensée sauvage*, Paris, Pocket, 1990.
Loos, Adolf, *Paroles dans le vide*, Paris, Champ Libre, 1979.
Loos, Adolf, *Ornement et Crime*, Paris, Payot & Rivages, 2003.
Loyer, Emmanuelle, *Paris à New York : intellectuels et artistes français en exil 1940-1947*, Paris, Grasset, 2005.
Maïakovski, Vladimir, *Ma découverte de l'Amérique*, Paris, Éditions du Sonneur, 2017.
Man Ray, *Autoportrait*, Paris, Seghers, 1986.
Martin-Fugier, Anne, *La Place des bonnes. La domesticité féminine à Paris en 1900*, Paris, Perrin, 2004.
Martin-Vivier, Pierre-Emmanuel, *Jean-Michel Frank*, Paris, Norma, 2008.
Mathey, François, *Les Années 25*, Paris, Éditions du musée des Arts décoratifs, 1966.
Mauclair, Camille, *La Crise du « panbétonnisme intégral ». L'architecture va-t-elle mourir ?*, Paris, Éditions de la Nouvelle Revue Critique, 1934.
Modigliani, Jeanne, *Amedeo Modigliani, une biographie*, Paris, Olbia, 1990.
Molema, Jan, et Leemans, Suzy, *Bernard Bijvoet (1889-1979). Cher maître van de Nederlandse architectuur*, Nimège, Uitgeverij Vantilt, 2017.
Mollier, Jean-Yves, et George, Jocelyne, *La Plus Longue des Républiques*, Paris, Fayard, 1994.
Mourey, Gabriel, *Histoire générale de l'art français de la Révolution à nos jours*, t. III, Paris, Librairie de France, 1926.
Moussinac, Léon, *Le Meuble français moderne*, Paris, Librairie Hachette, 1925.
Muensterberger, Werner, *Le Collectionneur : anatomie d'une passion*, Paris, Payot, 1994.
Ory, Pascal, *La Belle Illusion : culture et politique sous le signe du Front populaire, 1935-1938*, Paris, Plon, 1994.
Overy, Paul, *Light, Air and Openness. Modern Architecture between the Wars*, Londres, Thames & Hudson, 2007.
Ozenfant, Amédée, et Le Corbusier, *Après le cubisme*, Paris, Éditions des Commentaires, 1918.
Paul-Boncour, Joseph, *Art et Démocratie*, Paris, P. Ollendorff, 1912.
Payne, Alina, *L'Architecture parmi les arts*, Paris, Hazan-Le Louvre, 2016.
Perrot, Michelle, *Histoire de chambres*, Paris, Seuil, 2009.
Pleynet, Marcelin, *Motherwell*, Paris, Daniel Papierski, 1989.
Poiret, Paul, *En habillant l'époque*, Paris, Grasset, 1974.
Poulain, Roger, *Hôpitaux, sanatoria*, 1re et 2e séries, Paris, Vincent, Fréal et Cie, 1931.
Reboux, Paul, *Le Nouveau Savoir-Vivre*, Paris, Flammarion, 1948.
Remarque, Erich Maria, *La Nuit à Lisbonne*, Paris, Le Livre de Poche, 2013.
Remarque, Erich Maria, *Cette terre promise*, Paris, Stock, 2017.
Rodriguez, Antonio, *Max Jacob. La vérité du poète*, Paris, La Table Ronde, 2015.
Rosenberg, Harold, *Introduction à la peinture moderne américaine*, Paris, galerie Maeght, 1945.
Roy, Claude, *Jean Lurçat*, Genève, Pierre Cailler, 1956.
Rüegg, Arthur, « La pavillon de *L'Esprit nouveau* en tant que musée imaginaire », dans Moos, Stanislaus von (dir.), *L'Esprit nouveau, Le Corbusier et l'industrie 1920-1925*, Berlin, Ernst & Sohn, 1987.
Ruskin, John, *Les Sept Lampes de l'architecture*, Paris, Les Presses d'Aujourd'hui, 1980 (1849).
Salomon, André, *Notions d'éclairagisme. À l'usage des architectes, ensemblier, peintres...*, Paris, Dunod, 1939.
Salon d'automne 1919, 12e exposition, catalogue, Paris, Société française d'imprimerie, 1919.
Sartoris, Alberto, *Gli Elementi dell'architettura funzionale*, Milan, Hoepli, 1932.
Scheerbart, Paul, *L'Architecture de verre*, Strasbourg, Circé, 1995.
Schlansker Kolosek, Lisa, *L'Invention du chic, Thérèse Bonney et le Paris moderne*, Paris, Norma, 2002.
Schuldenfrei, Robin, *Luxury and Modernity : Architecture and the Object in Germany 1900-1933*, Princeton/Oxford, Princeton University Press, 2018.
Schulze, Franz, *Philip Johnson, Life and Work*, New York, Alfred A. Knopf, 1994.
Sontag, Susan, *Sur la photographie*, Paris, Christian Bourgois, 2006.
Storez, Maurice, *L'Architecture et l'Art décoratif en France après la guerre*, Paris, Floury, 1915.
Sullivan, Louis H., « Ornament in Architecture », *Kindergarten Chats and Other Writings*, New York, Dover Publications, 1979.
Sumi, Christian, *Immeuble Clarté Genf 1932*, Zurich, GTA/Ammann, 1989.
Tajan, Cécile, *UAM. Les modernes à l'épreuve*, Paris, Norma, 2018.
Teige, Karel, *Le Marché de l'art*, Paris, Allia, 2000.
Teige, Karel, *Modern Architecture in Czechoslovakia and Other Writings*, Los Angeles, The Getty Research Institute, 2000 (1928).
Teige, Karel, *The Minimum Dwelling*, Cambridge (Mass.)/Londres, The MIT Press, 2002.
Toulet, Emmanuelle, « Une plastique mouvante », *Le Cinéma au rendez-vous des arts, France années 20 et 30*, Paris, BnF, 1995.
Vellay, Marc, *Portraits croisés. La Maison de verre Dalsace/Chareau*, Paris, Éditions du Regard, 2021.
Veronesi, Giulia, *Style 1925*, Lausanne, Anthony Krafft, 1968.
Vigarello, Georges, *Le Propre et le Sale, l'hygiène du corps depuis le Moyen Âge*, Paris, Seuil, 1987.
Whitney, David, et Kipnis, Jeffrey, *Philip Johnson. The Glass House*, New York, Pantheon Books, 1993.
Wolfgang Kraft, George, *Description et Représentation exacte de la maison de glace...*, Paris, B2, 2011 (1741).
Wouters, Luc, « Cinéma et architecture », dans Pinchon, Jean-François (dir.), *Rob. Mallet-Stevens : architecture, mobilier, décoration*, Paris, Philippe Sers, 1986.
Wright, Frank Lloyd, et Maumi, Catherine, *Broadacre City, la nouvelle frontière*, Paris, Éditions de la Villette, 2015.
Yorke, Francis Reginald Stevens, *The Modern House*, Londres, The Architectural Press, 1934.
Zardini, Mirko, et Borasi, Giovanna (dir.), *En imparfaite santé : la médicalisation de l'architecture*, Zurich, Lars Müller, 2011.
Zoetbrood, Ronald, « J. Duiker, an "Elder of the Young Generation" », *Het Nieuwe Bouwen, Previous History*, Delf, Delf University Press, 1982.
Zola, Émile, *Les Quatre Évangiles : travail*, Paris, Eugène Fasquelle, 1901.

CATALOGUES D'EXPOSITION

Bizot, Chantal, Brunhammer, Yvonne, et Tise, Suzanne, *Les Années UAM 1929-1958*, Paris, Union centrale des arts décoratifs, 1988.
Brunhammer, Yvonne, *Cinquantenaire de l'Exposition de 1925*, Paris, Union centrale des arts décoratifs, 1976.
Cinqualbre, Olivier, Migayrou, Frédéric, et Zucchelli, Anne-Marie (dir.), *UAM, une aventure moderne*, Paris, Éditions du Centre Pompidou, 2018.
Collectif, *Francis Jourdain, un parcours moderne*, Paris, Somogy, 2000.
Collectif, *Hommage à Torres García*, Paris, galerie Marwan Hoss, 1990.
Collectif, *Nicolas de Staël 1914-1955*, Paris, Éditions du Centre Pompidou, 2003.
Collectif, *La Rencontre Nicolas de Staël Jeannine Guillou, la vie dure*, Antibes, musée Picasso, 2012.
Collectif, *The T. Catesby Jones Collection*, Richmond, The Virginia Museum of Fine Arts, 1946.
Derouet, Christian, et Lehni, Nadine, *Jeanne Bucher, une galerie d'avant-garde, 1925-1946. De Max Ernst à de Staël*, Genève, Skira/musée de la Ville de Strasbourg, 1994.
Herbst, René, *25 années UAM*, Paris, Éditions du Salon des arts ménagers, 1956.

Hug, Catherine, et Umland, Anne (dir.), *Francis Picabia*, Bruxelles/New York, Fonds Mercator/MoMA, 2016.
Léal, Brigitte (dir.), *Mondrian*, Paris, Éditions du Centre Pompidou, 2010.
Noell, Matthias, « Peindre l'espace », dans Guignon, Emmanuel, Werf, Hans van der, et Willinge, Mariet, *L'Aubette ou la couleur dans l'architecture*, Strasbourg, Éditions des Musées de Strasbourg, 2006.
Pitiot, Cloé (dir.), *Eileen Gray*, Paris, Éditions du Centre Pompidou, 2013.

PORTFOLIOS

Anonyme, *Encyclopédie des métiers d'art, décoration de style*, t. I, Paris, Albert Morancé, 1928.
Anonyme, *Encyclopédie des métiers d'art, décoration moderne*, t. II, Paris, Albert Morancé, s.d. (vers 1930).
Anonyme, *Ensembles nouveaux*, Paris, Éditions d'art Charles Moreau, 1934.
Anonyme, *Hôtels de voyageurs, II*, Paris, Éditions d'art Charles Moreau, 1928.
Anonyme, *Intérieurs modernes anglais et français*, Paris, Librairie d'art R. Ducher, 1913.
Anonyme, *L'Architecture aux Salons de 1907*, Paris, Armand Guérinet, s.d.
Anonyme, *Les Arts de la maison*, Paris, Albert Morancé, hiver 1924.
Anonyme, *Nouveaux intérieurs français*, Paris, Éditions d'Art Charles Moreau, 1933.
Anonyme, *Nouveaux intérieurs français*, 3e série, Paris, Éditions d'art Charles Moreau, 1935.
Anonyme, *Répertoire du goût moderne*, vol. 5, Paris, Albert Lévy, 1929.
Anonyme, *Sièges contemporains*, Paris, Éditions d'art Charles Moreau, 1929.
Anonyme, *L'Art international d'aujourd'hui*, Paris, Éditions d'art Charles Moreau, s.d. (vers 1929), collection de 20 portefeuilles de 50 planches.
Adnet, J. J., *Sièges modernes*, Paris, Eugène Moreau, 1929.
Badovici, Jean, *Intérieurs français*, Paris, Albert Morancé, 1925.
Bouchet, Léon-Émile, *Intérieurs au Salon des artistes décorateurs 1929*, Éditions d'Art Charles Moreau, 1929.
Bouchet, Léon-Émile, *Petits meubles du jour*, Paris, Éditions d'art Charles Moreau, s.d. (vers 1930).
Bouchet, Léon-Émile, *Nouveaux intérieurs français*, 2e série, Paris, Éditions Charles Moreau, 1934.
Bouchet, Léon-Émile, *Nouveaux intérieurs français*, 4e série, Paris, Éditions d'art Charles Moreau, 1936.
Chavance, René, *Une ambassade française*, Paris, Éditions d'art Charles Moreau, 1925.
Delacroix, Henry, *Décoration moderne dans l'intérieur*, Paris, S. de Bonadona, s.d.
Dufrène, Maurice, *Ensembles mobiliers*, 1re série *Exposition internationale des arts décoratifs Paris 1925*, Paris, Éditions d'art Charles Moreau, 1925.
Dufrène, Maurice, *Ensembles mobiliers*, 2e et 3e séries, Paris, Éditions d'art Charles Moreau, 1928
Follot, Paul, *Intérieurs français au Salon des artistes décorateurs, Paris 1927*, Paris, Éditions d'art Charles Moreau, 1927.
George, Waldemar, *Intérieurs et Ameublements modernes*, Paris, Eugène Moreau, 1927.
George, Waldemar, *Intérieurs d'aujourd'hui*, Paris, Eugène Moreau, 1928.
Hairon, Charles, *Le Salon des artistes décorateurs*, vol. 1, Paris, Vincent, Fréal et Cie, 1930.
Herbst, René, *Devantures et Installations de magasins*, Paris, Éditions d'art Charles Moreau, 1925.
Janneau, Guillaume, *Le Luminaire et les Moyens d'éclairage nouveaux*, 1re série, Paris, Éditions d'art Charles Moreau, 1926.
Janneau, Guillaume, *Le Luminaire et les Moyens d'éclairage nouveaux*, 2e série, Paris, Éditions d'art Charles Moreau, s.d. (vers 1930).
Janneau, Guillaume, *Le Luminaire. Procédés d'éclairages nouveaux*, 3e série, Paris, Éditions d'art Charles Moreau, s.d. (vers 1930).
Kohlmann, Étienne, *Petits meubles modernes*, Paris, Eugène Moreau, 1929.
Matet, Maurice, *Tapis modernes*, Paris, H. Ernst, s.d. (vers 1928).
Moussinac, Léon, *Intérieurs I-IV*, Paris, Albert Lévy/Librairie centrale des beaux-arts, 1924.
Pinsard, Pierre, *Meubles modernes en métal*, Paris, Librairie des arts décoratifs/A. Calavas, s.d. (vers 1930).
Poulain, Roger, *Boutiques 1931*, Paris, Vincent, Fréal et Cie, 1932.
Rapin, Henri, *Intérieurs présentés au Salon des artistes décorateurs, 1930*, Paris, Éditions d'art Charles Moreau.
Roche, Antoine, *Paris 1929*, Paris, Librairie des Arts décoratifs A. Calavas, 1929.
Sézille, Louis-Pierre, *Devantures de boutiques*, Paris, Albert Lévy, 1927.
Zervos, Christian, *Les Arts de la maison*, Paris, Albert Morancé, 1923, 1924 et 1926.

FONDS D'ARCHIVES CONSULTÉS

Architecture & Design Center, MoMA
Archives and Special Collections, Health Sciences Library, Columbia University
Archives cantonales vaudoises
Archives de Paris
Archives diplomatiques
Archives nationales d'outre-mer
Archives nationales
Archives privées Arcurial
Archives privées Nico H. Adriessen
Archives privées Robert Dalsace
Archives privées Jeannine Dreyfus
Archives privées galerie Jeanne Bucher
Archives privées Muriel Jaeger
Archives privées Christian Leprette
Archives privées Antoine Tudal
Bibliothèque du musée des Arts décoratifs
Bibliothèque Jacques Doucet
Bibliothèque Kandinsky
Centre canadien d'architecture
Centre d'archives d'architecture contemporaine
Fondation Custodia
Fondation Jean et Simone Lurçat
Fondation Le Corbusier
GTA Archives — ETH Zurich
Princeton University Library
Rockefeller Archive Center
Smithsonian Institution
Syracuse University Archives
Threefold Community Archive

INDEX

Les chiffres composés en gras renvoient aux légendes des illustrations.
Les chiffres précédés de N. renvoient aux notes.

A

Abraham, Pol, 178, 187, 201
Adès, Joshua Victor, 352, 355
Adler, Rose, 74, 153, 155, 221, 228, 255, 267, 352
Adnet, Jacques, **162**, 163, **270**
Albert-Birot, Pierre, **21**, 354
Alix, Charlotte, 153
Allard-Daudet, Marthe, 348 (N. 394)
Alreu, Mme, 352
Andremont, M., 352, 355
Andriessen, Nico H., 344 (N. 166)
Apollinaire, Guillaume, 354
Aron Jeannine, voir Jeannine Dreyfus
Aron-Dreyfus, 352
Astruc, Henry, 264
Auric, Georges, 354
Avril, François, 351 (N. 591)

B

B., Mme, 108-111, 352
Badovici, Jean, **22**, **51**, 182, 329, 345 (N. 213)
Baer, Edgar et Arlette, 352, 355
Baillie Scott, Mackay Hugh, 25
Banham, Reyner, 338
Barbe, Pierre, 175, 355
Barbier-Bouvet, André, 194
Barbusse, Henri, 231
Barillet, Louis, 153, **153**, 354
Barr, Alfred H., 355
Barrière, Victoria, 347 (N. 342)
Bataille, Georges, 340
Bauchet, Bernard, **244**, **245**, **279**, **281**, **297**, **315**, 331, 340, 346 (N. 269), 348 (N. 421)
Baudin, Antoine, 344 (N. 177)
Baur, Denise, 352, 355
Baziotes, William, 357
Beaudouin, Eugène, 201, 218
Behrens, Peter, 350 (N. 504)
Bénédictus, Germaine, 347 (N. 342)
Benjamin, Walter, 231, 261, 332, 349 (N. 442)
Benoît-Lévy, Jean, 204
Benoit, Ted **340**, 351 (N. 591)
Bernège, Paulette, 307, 312, 349 (N. 481)
Bernheim frères et fils, 54, 60, 194, 230, 345 (N. 230), 346 (N. 257), 353, 355
Bernheim, Anna, voir Annie Dalsace
Bernheim, Berthe, **15**, 54-57, 352
Bernheim, Edmond, 14, **15**, 54-57, 190, 194, 343 (N. 111), 345 (N. 230), 350 (N. 515), 352, 354, 355
Bernheim, Émile, **15**, 125, 189, 194, 249, 343 (N. 111), 346 (N. 256), 352, 355
Bernheim, famille, 54, 80, 174, 184, 230
Bernheim, Hélène, née Teplansky, 14, 33, 34, 60-67, 74, 343 (N. 107), 352
Bernheim, Julien, 343 (N. 111)
Bernheim, Madeleine, voir Madeleine Fleg
Bernheim, Paul, 33, 34, 48, 60-67, 140, 343 (N. 64), 343 (N. 111), 352, 354
Bernheim, Pierre, **229**, 348 (N. 370)
Bernheim, Raymond, 352, 355
Bijvoet, Bernard, 103, 171, 172, **173**, 184, 194, 196, 201, 249, 258, **259**, 270, 329, 331, 336, 338, 339, 344 (N. 166, 170), 346 (N. 268), 347 (N. 354), 348 (N. 414), 349 (N. 430, 461), 350 (N. 525), 351 (N. 575), 352, 354
Birel-Rosset, Pierre, 354
Bloc, André, 180, 345 (N. 215)
Bloch, Ernst, 204, **229**, 348 (N. 386)
Blum, M., 352, 355
Blumer, Sybille, voir Sybille Cournand
Bluysen, Auguste, 345 (N. 204)
Bodenheimer, André-Jacques, 352, 355
Bodington, George, 258
Boileau, Louis-Auguste, 349 (N. 471)
Boille, Maurice, 140, **141**, 343 (N. 112)
Boinet, Georges, 351 (N. 573)
Boinet, Mme, 73, 352, 354
Bois, Yve-Alain, 35
Bonney, Thérèse, **37**, **54**, **90**, **102**, **140**, **143**, **144**, **147**, **148**, 356
Boris, Georges, 352
Bossu, Jean,
Braghy, Mme, 352
Brandenberger, Otto, 347 (N. 307)
Braque, Georges, **38**, 228
Brecht, Bertolt, 348 (N. 386)
Breton, André, 264, 346 (N. 300), 354
Breuer, Marcel, **177**
Bril, Léon, 14, 70-72, 352, 354
Brunschwig, M. et Mme, 114-115, 352, 355
Bucher, Jeanne, 74, 96, 148, 156, 221, 228, 331, 343 (N. 129), 346 (N. 293), 348 (N. 356, 382), 350 (N. 515, 524), 352, 354, 355
Buckminster Fuller, Richard, 204, 219
Buñuel, Luis, 355
Burgué, Mme, 352
Burkhalter, Jean, **57**, **95**, **129**, 354, 355

C

Cage, John, 357
Cahen-Fouquey, Jacques, 352, 355
Calder, Alexander, 338
Carapetian, Michael, **291**, 340, 351 (N. 575)
Carlu, Jean, 357
Carré, Louis, 349 (N. 475)
Carrouges, Michel, 340
Carvalho, Esther Isabelle, épouse Chareau, 353
Catesby Jones, Thomas, 343 (N. 129), 352
Cavrois, 336
Céline, Louis-Ferdinand, 356
Chagall, Marc, 352
Champigneulle, Bernard, 228
Chappey, Marcel, 345 (N. 204)
Charchoune, Serge, 221, 355
Chareau frères, 353
Chareau, Dollie, née Louisa Dyte, 14, 37, **38**, 43, 51, 74, **95**, 193, **216**, 221, 228, 230, 246, 307, 342 (N. 6), 345 (N. 193, 224), 346 (N. 257), 347 (N. 349), 348 (N. 375), 349 (N. 481), 351 (N. 573), 353
Chareau, Georges Adolphe, 353, 355
Chareau, Jeanne Marie Adrienne, 353, 355
Chareau, Paul, 353
Chassé, Robert, 354
Chavance, René, 171, **273**
Chéronnet, Louis, 355
Claude, Georges, 353
Clément, Mme, 352
Club-house, Beauvallon, 38, 171, 172, **172**, **178**, 181, 183, 184, 189-193, 355
Cocteau, Jean, 156, 354
Cohen, Jean-Louis, 347 (N. 353)
Colette, Sidonie-Gabrielle Colette, dite, 190, 353
Collège de France, Paris, 162-164
Colomina, Beatriz, 172, 270
Compagnie des arts français, 354
Coulon, René, **270**
Cournand, André, 348 (N. 356), 354, 355
Cournand, Sybille, née Blumer, 348 (N. 382), 350 (N. 524), 352, 354, 355
Cuttoli, Marie, 354

D

Dalbet, André, 348 (N. 421)
Dalbet, Louis, 58, 76, 171, 172, 201, 255, 284, **334**, 343 (N. 102), 349 (N. 424), 354, 355
Dalí, Salvador, 355
Dalloz, M., 352
Dalsace, Aline, voir Aline Vellay
Dalsace, Andrée, née Bernheim, 84-87, 352
Dalsace, Annie, née Anna Suzanne Bernheim, 14, **15**, 17, 22, 38, **41**, 42-45, 53, 54, 85, 228-231, 232, 248, 249, 261, 264, 270, **305**, 307, **307**, **311**, **316**, **320**, 321, **322**, 330, 331, **339**, 344 (N. 170), 346 (N. 293), 348 (N. 359, 361, 375, 376, 385, 420), 349 (N. 424), 350 (N. 496, 515), 352, 353, 354
Dalsace, Bernard, 43, 228, **327**
Dalsace, famille Jean, 58, 103, 228, 232, 255
Dalsace, Henry, 348 (N. 377)
Dalsace, Jean, 17, 22, 25, **41**, 42-45, 53, 54, **55**, 85, **183**, 228-231, 232, 233, **233**, **236**, **238**, 246, 249, 251, 261, 264, 279, 281, **304**, **320**, 321, 330, 331, 342 (N. 49), 343 (N. 51), 346 (N. 293), 348 (N. 362, 377), 349 (N. 424, 441, 458), 350 (N. 496, 515, 525), 352, 353, 354
Dalsace, Robert, 17, **20**, 21, 84-87, 342 (N. 9), 343 (N. 75, 77), 352, 354
Dalsace, Sarah Caroline Jane, née Wolf, 348 (N. 377)
Damaz, Paul, 347 (N. 340)
Daniel, Ève, née Blumer, 356, 357
Daudet, Léon, 232, 348 (N. 394)
Debove, Georges-Maurice, 258
Debussy, Claude, 353
Deharme, Lise, 352
Delaunay, Sonia, 354
Dermée, Paul, 354
Deshairs, Léon, 187
Diaghilev, Serge de, 353
Didisheim, Philippe Jacques, 14, 124, 352, 355
DIM, voir maison Dominique
Dindeleux, **248**, **251**, 348 (N. 416)
Dior, Madeleine, 14, 96-97, 109, 343 (N. 82), 352, 355
Dior, Raymond, 14, 96-97, 109, 352, 355
Djemil Anik, Marie Le Blond, dite, 198, 205, 218, 346 (N. 277)
Djo-Bourgeois, Georges Bourgeois, dit, 153, 174, 187, 336, 347 (N. 354), 355
Doesburg, Theo van, 196, 354
Domin, André, 354
Dominique, maison, 354
Dongen, Kees van, **64**
Dreyfus, Alfred, capitaine, 116, 353
Dreyfus, Daniel, 14, 17, 34, **34**, 38, 80-81, 126-129, 135, 273, 342 (N. 10), 343 (N. 70), 352, 354, 355

Dreyfus, famille, 127
Dreyfus, Gilberte, née Recht, 14, 17, **34**, 80-81, 126-129, 342 (N. 3), 348 (N. 369), 352
Dreyfus, Jeannine, née Aron, 194, 346 (N. 269)
Dreyfus, Lucien, 352, 355
Dreyfus, Marcelle, née Bernheim, 14, 48-49, 343 (N. 55), 348 (N. 371), 352, 354
Dreyfus, Marie, **15**, **34**, 116-121, 352
Dreyfus, Pierre, 14, **15**, 34, **34**, 74, 116-121, 127, 273, 352, 355
Dreyfus, René, 14, 48-49, 348 (N. 371), 352, 354
Drumont, Édouard, 353
Dubost, Jean-Pierre, 355
Duchamp-Villon, Raymond, 353
Duchamp, Marcel, 340
Ducher, R., **189**
Dudok, Willem Marinus, 344 (N. 177)
Dufau, Olivier, 346 (N. 277)
Dufrène, Maurice, 353, 354
Dufy, Raoul, **79**
Duhart, Emilio H., 219
Duiker, Jan, 172, 184, 194, 196, 258, **259**, 329, 336, 338, 346 (N. 268), 349 (N. 430, 461), 351 (N. 559, 575)
Dumont, Irène, 352
Durey, Louis, 354
Duteil Robinet d'Ozanne, famille, 353
Dyte, David Hyman, 353
Dyte, Sarah, née Salomon, 353

E

Eekman, Nicolas, 355
Eesteren, Cornelis van, 177
Einstein, Albert, 346 (N. 278)
Eisenstein, Serguei̇̈, 101
Elkan, M., 352, 355
Elkouken, Bruno, 347 (N. 354)
Éluard, Paul, 156
Ernst, Max, **66**, 80, 228
Errera, Jacques et Jacqueline, 88, 352, 354
Étiévant, Henri, 355
Etlin, Jacqueline et Philippe, 17, 52-53, 82-83, 352, 354, 354
Expert, Roger-Henri, 345 (N. 204)

F

F., Mme, 69
Farhi, Hélène, **34**, 130-135, 352
Farhi, Maurice, 14, 34, **34**, 38, 74, 127, 130-135, 273, 342 (N. 10), 343 (N. 107), 352, 355
Farnsworth House, Plano, 333
Feather, M., 352
Fernandez de Castro, Inigo, 331
Fischer, Raymond, 180, 273
Fleg, Edmond, né Flegenheimer, 17, 22, 24, 50-51, 58, **60**, 125, 343 (N. 53), 352, 353, 354, 355

Fleg, Madeleine, née Bernheim, 17, 24, 50-51, 125, 352, 353
Flegenheimer, Julien, 346 (N. 255)
Follot, Paul, 353
Fondation Rockefeller, 204, **205**, 346 (N. 293, 296)
Frampton, Kenneth, 172, 228, **278**, **292**, **298**, **304**, **316**, **320**, 339, **339**, 340, 342 (N. 6), 348 (N. 361, 414, 420), 351 (N. 575)
Frederick, Christine, 307
Frey, Albert, **335**, 350 (N. 540)
Futagawa, Yukio, 340

G

G., M., 95
Galais, F., **259**
Galerie Barbazanges, 354, 355
Galerie Huret, 354
Galerie Jean Désert, 354
Galerie Jeanne Bucher, 355
Galerie Kahnweiler, 354
Galerie L'Effort Moderne, 354
Galerie La Boétie, 353
Galerie Manuel Frères, 355
Galerie Myrbor, 354
Galerie Vignon, 345 (N. 218)
Garnier, Charles, **42**, 43
Garnier, Tony, 174, 187, 354
Genevrière, Marcel, 354
Giacometti, Alberto, 338
Giedion, Sigfried, 174, 176, 177, **177**, 226, 248, 258, **259**, 261, 297, 338, 345 (N. 192), 347 (N. 352)
Ginzbourg, Moïsseï, 351 (N. 573)
Giovanna, M., 352, 355
Goethe, Johann Wolfgang von, 261
Goldfinger, Ernö, **175**, 355
Goll, Clara et Yvan, 204
Gonzales, M., 352
Gordon, Alastair, 212
Götting, Jean-Claude, 351 (N. 591)
Goupy, 352
Grand Hôtel, Tours, 140-151, 354
Grasset, Eugène, 353
Gray, Eileen, 182, 200, 350 (N. 499), 354
Gropius, Walter, 177, **177**, 198, 273, 338, 344 (N. 177, 189), 354, 355
Grumbach, Antoine, 178
Guévrékian, Gabriel, 103, 174, 175, 180, 329, 344 (N. 185), 347 (N. 354), 355
Guggenheim, Charles, 90-93, 94, 352, 354
Guggenheim, Peggy, 356
Guggenheim, Suzanne, 90-93, 94, 352
Guimard, Hector, 178, 187, 327, 353
Gyr, M., 352

H

Hamann, Ulrich, 344 (N. 166)
Harrison, Wallace K., 177, 204
Hees, Marie de, 232, 348 (N. 397)

Heim, Jacques, 352, 354, 355
Hénard, Eugène, 273
Henriot, Gabriel, 33, 92, 342 (N. 34)
Henrivaux, Jules, 333
Henry, Hélène, **81**, **95**, **126**, **143**, 147, 153, 354, 355
Héraud, M., 352
Herbst, René, **155**, 171, 345 (N. 200), 348 (N. 362), 349 (N. 458), 355
Hess, Noémie, 103
Hitchcock, Henry-Russell, 226, 347 (N. 353, 354)
Hofer, Evelyn, **229**, **264**, **267**, **299**, **307**, **322**
Hoffmann, Josef, 25, 174, 353
Homberg, Octave, 352
Honegger, Arthur, 354
Horta, Victor, 273
Hosiasson, Philippe, 355
Hugo, Jean, 156, **229**, 344 (N. 139)
Hugo, Victor, 156
Huisman, George, 165, 366

I

Israël, Alexandre, 352

J

Jacob, Max, 156
Jaeger, Muriel, née Cournand, 348 (N. 356, 382), 355
Janacópulos, Vera, 148
Janneau, Guillaume, 171, 187
Jaques, Ronny, **213**, **214**
Jaurès, Jean, 354
Jean Budry, librairie, 354
Jeanneret, Pierre, 36, 153, 174, 176, **274**, 275, 329, **333**, 344 (N. 177)
Johnson, Philip, 347 (N. 338, 353, 354)
Jolas, Maria, 356
Joubert, René, 354
Jourdain, Francis, 22, 74, **74**, 103, 153, 163, **164**, 174, 264, 346 (N. 247), 354, 355
Jourdain, Frantz, 178, 180, 345 (N. 204), 350 (N. 499), 353
Juillard, André, 351 (N. 591)
Juillerat, Paul, 258, 349 (N. 484)

K

Kafka, Frantz, 348 (N. 386)
Kahn, Albert, 344 (N. 189)
Kahn, Bernard, 352, 355
Kahnweiler, Daniel-Henry, 228, 354
Kandinsky, Vassily, 221, 355
Kapferer, Henri et Marcel, 14, 352, 354
Kisling, Moïse, 356
Kocher, Lawrence, **335**
Kracauer, Siegfried, 204
Krasner, Lee, 205
Kraus, Karl, 22, 348 (N. 386)
Krull, Germaine, **100**
Kupka, Frantisek, 221

L

L'Herbier, Marcel, 127, 352, 354, 355
La Colline, Chestnut Ridge, 220-224

La Semaine à Paris, 153-155, 355
Labrouste, Henri, 349 (N. 471)
Lacan, Jacques, 340
Lacheroy, Henri, **274**
Laloux, Victor, 343 (N. 112), 353
Lanique-Schauffler, Madeleine, 14, 33, 74-78, 120, 273, 342 (N. 10), 343 (N. 71), 352, 354
Lanique-Schauffler, Pierre, 74-78, 273, 352
Lapicque, M., 201
Latapy, Auguste, 332, **332**
Laten, M., 352
Laughlin, Nancy, 221, 222, 347 (N. 350)
Le Chevallier, Jacques, 354, 355
Le Corbusier, Charles-Édouard Jeanneret-Gris, dit, 14, 36, **128**, 153, 171, 174, 175, 176, 180, 187, 192, 196, 198, 200, 201, 205, 210, 212, **214**, 219, 222, 225-341, 346 (N. 290), 348 (N. 397), 349 (N. 424), 350 (N. 493, 511), 351 (N. 559, 591), 357
Maison en plastique, 184, 204
Malançon, Germaine, 352, 355
Mallet-Stevens, Robert, **79**, **102**, 103, **103**, 140, 153, **153**, 171, 174, 178, **178**, 180, 187, 196, 336, 343 (N. 97), 344 (N. 177, 185), 347 (N. 352, 354), 349 (N. 461), 352, 354, 355
Man Ray, Emmanuel Radnitsky, dit, 340
Mandrot, Hélène de, 14, 100-101, 174, **175**, 196, 273, 344 (N. 178), 347 (N. 352), 352, 355
Mare, André, 353, 354
Martel, Jan et Joël, 153
Martine, ateliers, 353
Marx, Jan, 21, 168
Masson, André, 356
Matisse, Henri, 180
Mauclair, Camille, 337, 351 (N. 559)
Maus-Nordman, famille, 131
Maus, Hélène, 131
May, Ernst, 344 (N. 178)
Méguerditchian, Georges, **264**, **267**, **274**, **281**, **322**
Melis, Paulo, 340
Ménabréa, André, 329
Mendelsohn, Erich, 344 (N. 189), 355
Menuhin, Yehudi, 14, 80
Meyer, Hannes, 355
Michel, Paul-Amaury, 333, **333**
Mies van der Rohe, Ludwig, 37, 171, 177, 333, 342 (N. 9), 346 (N. 273), 347 (N. 338), 355
Migennes, Pierre, 127, 343 (N. 107)
Milhaud, Darius, 228, 354
Millot, Jacques, 352, 355
Minet, Marcelle, 352, 356
Ming Pei, Ieoh, **219**
Ministère des Affaires étrangères, Paris, 165
Minnaert, Jean-Baptiste, 346 (N. 255)
Mitsakis, Nikos, 344 (N. 188)
Modigliani, Amedeo, 357

Le Guillard, M., 352
Le Mée, Jacques-Marie, 352, 355
Leconte, André, 344 (N. 144)
Leemans, Suzy, 171
Léger, Fernand, **25**, 180
Legrain, Pierre, 354
Leleu, Jules, 116
Lescaze, William, 333, **333**
Letev-Wolley, M., 352, 355
Levilion, M., 352, 355
Lévi-Strauss, Claude, 185
Lévy-Decker, M., 352, 355
Lévy, Albert, **17**, **42**, **59**, **131**, 355
Lévy, Claude, 153
Lévy, Georgette, née Flegenheimer, 58, 228, 352
Lévy, Gilbert, 352, 355
Lévy, Jean, 352, 355
Lévy, Pierre Gaspard, **14**, 24, 58, 228, 352, 354
Lévy, Robert, 352, 355
Lhote, André, 356
Lickteig, M., 352
Liebman, Rosanna, 343 (N. 80)
Lipchitz, Jacques, **77**, 180, 345 (N. 210), 348 (N. 376, 385), 351 (N. 573)
Lipchitz, Rubin, 352
Lods, Marcel, 65, 201, 218
Loos, Adolf, 22, 37, 174, 185, **185**, 192, 270, 342 (N. 45), 354
Lord & Taylor, 355
Loustal, Jacques de, **340**, 351 (N. 591)
Lovell, Philip, 328, 350 (N. 507), 355
LTT (Lignes télégraphiques et téléphoniques), 21, 156-161, 355
Lurçat, André, 174, 251, 336, 344 (N. 177, 185), 347 (N. 352)

Lurçat, Jean, **38**, **45**, **48**, 54, **54**, **56**, **57**, 80, **81**, **89**, **90**, **98**, 108, **126**, **136**, 180, 231, **307**, **308**, 354
Lyon, Mark, **270**, **284**, **322**

M

Mackintosh, Charles Rennie, 25
Macnair, Andrew, 347 (N. 320)
Madeline, Louis, 345 (N. 204)
Magnat, Gustave-Édouard, 175
Maillol, Aristide, 180
Maison de verre, Paris, **8**, 14, 21, 34, 36, 38, **42**, 43, 54, 120, 127, 128, 163, 171, 172, 176, 181, 182, 183, 184, 190, 200, 201, 205, 210, 212, **214**, 219, 222, 225-341, 346 (N. 290), 348 (N. 397), 349 (N. 424), 350 (N. 493, 511), 351 (N. 559, 591), 357

Moholy-Nagy, László, 176, 177, **177**
Molema, Jan, 171, 194, 347 (N. 353)
Mondrian, Piet, 349 (N. 461), 353, 354, 355
Monteux, Germaine, 221, 222, **222**
Monteux, Pierre, 221, 347 (N. 342)
Montmerlé, Jacques, 330
Moos, Stanislaus von, 346 (N. 272)
Morancé, Albert, **43**, **60**, **74**, **75**, **77**, **83**, **140**, **143**, **144**, **153**, **155**
Moreau, Charles, **29**, **30**, **41**, **64**, **78**, **105**, **114**, **122**, **124**, **135**
Moret, Louis, 198, 345 (N. 193)
Moreux, Jean-Charles, 116, 174, 187
Morris, William, 184, 185, **185**
Moscovitz, Armand, voir Armand Moss
Moser, Koloman, 353
Moser, Lida, **222**
Moss, Armand Moscovitz, dit, 17, 68, 94, 343 (N. 80), 352, 354
Motherwell, Maria, 212, **213**, 346 (N. 302)
Motherwell, Robert, 177, 181, 184, 185, 205-215, 216, 218, 346 (N. 302, 303), 347 (N. 306, 320, 327, 339, 340), 354
Mouille, Serge, 331
Moussinac, Léon, **42**, **46**, **47**, **59**, **131**
Muthesius, Hermann, 185, 353

N

Nalpas, Mario, 355
Namuth, Hans, **214**
Nash, John, 349 (N. 471)
Nelson, Paul, 337, 338, 347 (N. 354)
Neutra, Richard, 177, **177**, 328, **329**, 355
Niemeyer, Oscar, 204
Nin, Anaïs, 355
Nitzchké, Oscar, 204, 212, 346 (N. 293), 347 (N. 339)
Noailles, Charles et Marie-Laure de, 79, 103, 352
Nordman, Robert, 352

O

Orgeas, J., 258
Orloff, Chana, **51**, 346 (N. 256), 352, 354
Oud, Jacobus Johannes Pieter, 347 (N. 353), 355
Ozenfant, Amédée, 344 (N. 177), 354

P

Parker, Barry, 33
Patout, Pierre, 32, **33**
Paul, Bruno, 26
Payne, Alina, 171
Paz, M., 352
Péguy, Charles, 353
Perret, Auguste, 127, 174, 179, 180, 337, 338, 344 (N. 174), 345 (N. 204), 345 (N. 213, 217), 353

Perriand, Charlotte, 36, 153, 176, 177
Perrin, Francis, 352
Petit, Philippe, 354
Picasso, Pablo, 156, 353, 354
Pièce-maison, East Hampton, 184, **211**, 212, 216-219, 347 (N. 340), 357
Pingusson, Georges-Henri, 352
Pinsard, Pierre, 352
Planus de Schotten, Paul, 14, 352, 355
Plicque, Albert-Pharon, 258
Plumet, Charles, 90, 187
Pocheron, Paul-Albert, 179, 345 (N. 210)
Poelzig, Hans, 198, 346 (N. 273)
Poiret, Paul, 353, 354
Pollock, Jackson, 205, 333
Poncy, Éric, 101
Ponsin, Joseph-Albert, 332, **332**
Posener, Julius, Julien Lepage, dit, 337, 338, 345 (N. 217), 350 (N. 554), 351 (N. 566)
Poulain, Roger, 329
Poulenc, Francis, 228, 354
Printz, Eugène, 353
Proust, Marcel, 184, 354
Prouvé, Jean, **79**, 218, 354
Provensal, Henry, 258
Puiforcat, Jean, 354

Q

Quesnay, Mariette, 152, 355

R

Rabe, Erich, 328, 329, 350 (N. 504), 355
Radiguet, Raymond, 156
Rading, Adolf, 328, **329**, 346 (N. 273), 350 (N. 504), 355
Ravel, Maurice, 353
Reich, Lilly, 37, 352
Reifenberg, Hélène, 21, 102-107, 352, 355
Reifenberg, Hugo, 103
Rey, Augustin, 258
Rey, Robert, 168, 344 (N. 150)
Rietveld, Gerrit, 176, 228, 273, 344 (N. 177, 178), 349 (N. 470), 354
Rogers, Richard, 201, 338
Rol-Tanguy, colonel, 231
Rolland, Romain, 231
Rosenberg, Harold, 357
Rosenberg, Léonce, 354
Roth, Alfred, 344 (N. 176)
Roux-Spitz, Michel, 347 (N. 352, 354)
Rubinstein, Helena, 352
Rüegg, Arthur, 60, **132**
Ruhlmann, Jacques-Émile, 354
Ruskin, John, 184, 185, **185**
Ruttmann, Walter, 127, 231, 355

S

Saidman, Jean, 350 (N. 493)
Saint-Gobain, 270, **270**, **332**, 333
Salaün, Alban, **162**

Salomon, André, 69, 307, 343 (N. 97), 355
Salomon, Sarah, 353
Saperstein, Maurice, 350 (N. 507)
Sarazin, frères, 346 (N. 255)
Satie, Erik, 156, 354
Sauvage, Henri, 178, 180, 187, 346 (N. 255)
Scharoun, Hans, 198, 346 (N. 273), 350 (N. 504)
Scheerbart, Paul, 332
Schindler, Rudolph, 350 (N. 507)
Schlemmer, Oskar, 328, **329**, 350 (N. 504), 355
Schröder, Utrecht, 355
Schuchalter, M., 352, 355
Schwob, Germaine, 352, 354
Sert, Josep Lluís, 176, 177, **177**
Siclis, Charles, 187
Simon, Fernand, **14**, 98-99, 352, 355
Simpson, Tom, 189
Smithson, Peter et Alison, 346 (N. 299)
Sognot, Louis, 153, **162**, 163
Solvay, famille, 355
Soupault, Philippe, 354
Spengler, Alexander, 258
Staël, Nicolas de, 356
Stall, M., 352
Steiner, Rudolf, 74, 210, 221
Storonov, Oscar, 336
Stravinsky, Igor, 354
Studio Jies, **140**
Süe, Louis, 354
Sullivan, Louis, 184
Sumi, Christian, **274**

T

Tabard, Maurice, **100**
Tailleferre, Germaine, 354
Tallet, Margaret, 171, 172, 344 (N. 163), 351 (N. 575)
Taut, Bruno, 332, 354
Taut, Max, 346 (N. 273)
Taylor, Bryan Brace, 340
Teige, Karel, 336
Templier, Raymond, 345 (N. 200), 354, 355
Teplansky, Ernest, 352, 354
Thaury, Georges-Louis, 330, 331, 350 (N. 517)
Thiriet, Georges, **68**, **84**, **85**, **86**, **87**, **106**, **108**, **111**, **226**, **288**, **292**
Tihanyi, Lajos, 185
Tjinta Manis, Bazainville, 184, 198-199, 205, 221, 356
Trélat, Émile, 258
Tzara, Tristan, 354

U

Ullmann, Georges et Julie, 136-138, 352
Umbdenstock, Gustave, 179
Unwin, Raymond, 33

V

Vago, Pierre, 171, 180, 337, 338, 345 (N. 195, 217), 350 (N. 554), 351 (N. 559)
Vaillant-Couturier, Paul, 345 (N. 210), 355, 356

Vaillat, Léandre, 187
Vallotton, Félix, **185**
Vauxcelles, Louis, 352
Velde, Henry van de, 185
Vellay, Aline, née Dalsace, **15**, 25, 43, 172, 228, 340
Vellay, Léon, 330, 350 (N. 515)
Vellay, Marc, 194, 340, 343 (N. 50), 348 (N. 361, 420), 351 (N. 591)
Vellay, Pierre, 340
Vent d'Aval, Beauvallon, 171, 194-197, 355
Vesnine, frères, 351 (N. 573)
Viard, Georges, 156
Vickery, Robert, 348 (N. 414), 351 (N. 575)
Vigarello, Georges, 327
Vigneau, André, **264**
Viollet-le-Duc, Eugène, 171, 258
Vogt, Mme, 352, 355
Voysey, Charles Francis Annesley, 25

W

Wachsmann, Konrad, 198, 346 (N. 278)
Wagner, Martin, 198
Wagner, Otto, 342 (N. 44)
Waller, Roger, 352
Walter, Jean, 352, 355
Waring & Gillow, 171, 353
Weissenhofsiedlung, Stuttgart, 344 (N. 178), 355
Weissmann, Ernest, 176, 177
Wiener, Paul L., 177
Wolf, Elsie de, 352
Worms, Marcel, 352, 355
Wright, Frank Lloyd, 24, 171, 174, 210, 219, 273, 333, 345 (N. 213), 356
Wyman, George, 349 (N. 471)

Z

Zadkine, Ossip, 180
Zénobel, Pierre, **174**, 344 (N. 177)
Zervos, Christian, 22, 33
Zetlin, Michel, 352, 355
Zola, Émile, 267
Zuber, René, **214**, **283**, 284

CRÉDITS PHOTOGRAPHIQUES

1 RMN-Grand Palais/Centre Georges-Pompidou, MNAM-CCI/Georges Meguerdtichian **2-7** Mark Lyon **10** MAD, Paris **14g** Christie's Images Limited **14d** Archives Muriel Jaeger **15hg** Archives Michel Dreyfus **15hd** Coll. part. **15bg** Archives Francis Lamond **15bd** Archives Michel Dreyfus **16h** Coll. part. **16bg, 16bd** Christie's Images Limited **19** Christie's Images Limited **20b** Coll. part. **21** Archives Muriel Jaeger **23** MAD, Paris **25b** MAD, Paris **26-27** MAD, Paris **32b** Christie's Images Limited **35** MAD, Paris **36** RMN-Grand Palais/Centre Georges-Pompidou, MNAM-CCI **37** Coll. Laurent Moos **42h** Paris-Musées/Musée Carnavalet **44** MAD, Paris **45hg** The Smithsonian Libraries and Archives, Washington D.C. **45hd, 45b** MAD, Paris **47hg** MAD, Paris **50h** MAD, Paris **52** Archives famille Etlin **53b** MAD, Paris **56h** Centre Georges-Pompidou, bibliothèque Kandinsky, Paris/Fonds Louis Moret **56b** MAD, Paris **57h** Centre Georges-Pompidou, bibliothèque Kandinsky, Paris/Fonds Louis Moret **57b** MAD, Paris **60h** MAD, Paris **61-62** MAD, Paris **63** Sotheby's Images **64h** MAD, Paris **66h** Christie's Images Limited **66b** RMN-Grand Palais/Centre Georges-Pompidou, MNAM-CCI **68** Archives Francis Lamond **69h** The Smithsonian Libraries and Archives, Washington D.C. **69b** MAD, Paris **70b** MAD, Paris **71-72h** Stéphane Briolant **72b** MAD, Paris **76bg** MAD, Paris **77h** MAD, Paris **78h** Christie's Images Limited **79bg** Archives Francis Lamond **80** The Smithsonian Libraries and Archives, Washington D.C. **81b** The Smithsonian Libraries and Archives, Washington D.C. **82h** Archives Galerie Marcilhac, Paris **82b** MAD, Paris **85m** Christie's Images Limited **85b** RMN-Grand Palais/Centre Georges-Pompidou, MNAM-CCI/Georges Meguerditchian **86h, 86m** Christie's Images Limited **87h** MAD, Paris **87b** Christie's Images Limited **90bg** MAD, Paris **90bd** The Smithsonian Libraries and Archives, Washington D.C. **91** MAD, Paris **94h** Archives Francis Lamond **98-99** Christie's Images Limited **100** Archives vaudoises/Maurice Tabard **101** Archives vaudoises **103b** The Smithsonian Libraries and Archives, Washington D.C. **105h** Coll. Laurent Moos **106-107** MAD, Paris **111h** MAD, Paris **111b** Archives Francis Lamond **112d 1-3** Christie's Images Limited **112d 4** RMN-Grand Palais/Centre Georges-Pompidou, MNAM-CCI **114h** MAD, Paris **122h** Christie's Images Limited **123** MAD, Paris **126b-127** MAD, Paris **129** MAD, Paris **130b-132** MAD, Paris **133b** MAD, Paris **136** MAD, Paris **138** MAD, Paris **141hg** Archives départementales d'Indre-et-Loire **141b** Archives départementales d'Indre-et-Loire/JIES Studio **142** MAD, Paris **144b-151** MAD, Paris **153b** Coll. part. **156-157** MAD, Paris **158b, 159** MAD, Paris **160-161** MAD, Paris **168** Coll. part. **170** Archives Muriel Jaeger **172h** Archives Francis Lamond **172m** MAD, Paris **172b** Marc Bédarida **173h** Archives famille Andriessen **173b** MAD, Paris **174** Archives de la Maison des artistes, Lausanne **175h** Bibliothèque cantonale et universitaire, Lausanne **175b** SIAF/CAPA/Archives d'architecture contemporaine/Fonds Pierre Barbe **176g** Benaki Museum, Athènes **176d** Archives gta/ETH Zurich **177h** RMN-Grand Palais/Centre Georges-Pompidou, MNAM-CCI **177b** Archives gta/ETH Zurich **178** Archives Jean-Louis Cohen **179** Coll. Richard Klein **183h** Archives nationales **183m, 183b** MAD, Paris **186** MAD, Paris **189b** Archives Francis Lamond **190** MAD, Paris **191hd, 191b** MAD, Paris **192h** MAD, Paris **193b** MAD, Paris **195** MAD, Paris **196h** Marc Bédarida **196b, 197** Archives Francis Lamond **198** DR **199hg** MAD, Paris **199mg** Archives Olivier Dufau **202** National Museum of the US Navy **204** Rockefeller Foundation, New York **206** Rhode Island Historical Society, Manuscripts Collection **207** US Army Corps of Engineers **211b** Marc Bédarida **212-213** Ronny Jacques **214** Dedalus Foundation, New York/Hans Namuth **215** Ronny Jacques **216** Archives S. Zajac-M. Karnowski, Chestnut Ridge **217h** MAD, Paris **217bd** Alastair Gordon/Studio Gordon de Vries **218h** Scala/The Museum of Modern Art, New York **219** MAD, Paris **220h** Archives Muriel Jaeger **220b, 221** Marc Bédarida **223** Archives S. Zajac-M. Karnowski, Chestnut Ridge **224** Marc Bédarida **226-227** MAD, Paris **229hg** Archives Evelyn Hofer **229hd** Archives Muriel Jaeger **229bg** Archives MAHJ, Paris **229bd** Christie's Images/Bridgeman Images **230g** Bibliothèque La Contemporaine, Nanterre **230d** Marc Bédarida **231** Paris-Musées/Musée Carnavalet **232g, 232d** Archives de Paris **233** RMN-Grand Palais/Médiathèque du Patrimoine et de la Photographie/Charles Léger **235-241** Archives de Paris **242hg** Bibliothèque Forney, Paris **242hd, 242b** MAD, Paris **243** Centre canadien d'architecture/Fonds Kenneth Frampton **244-245** Bernard Bauchet **246** MAD, Paris **247** Bibliothèque Forney, Paris **248** RMN-Grand Palais/Médiathèque du Patrimoine et de la Photographie/Thérèse Bonney **249-250** MAD, Paris **251h** Centre canadien d'architecture/Fonds Kenneth Frampton **252-256h** MAD, Paris **256b** Centre canadien d'architecture/Fonds Kenneth Frampton **257** MAD, Paris **259b** Marc Bédarida **260** Centre Georges-Pompidou, bibliothèque Kandinsky, Paris/Fonds André Salomon **262-263** Bibliothèque historique de la Ville de Paris, Paris **264-265** RMN-Grand Palais/Centre Georges-Pompidou, MNAM-CCI/Georges Meguerditchian **266** Marc Bédarida **267** RMN-Grand Palais/Centre Georges-Pompidou, MNAM-CCI/Georges Meguerditchian **268-269** Archives Evelyn Hofer **271** Mark Lyon **272h** MAD, Paris **276-277** RMN-Grand Palais/Centre Georges-Pompidou, MNAM-CCI/Georges Meguerditchian **278** Centre canadien d'architecture/Fonds Kenneth Frampton **279-280** Bernard Bauchet **281** RMN-Grand Palais/Centre Georges-Pompidou, MNAM-CCI/Georges Meguerditchian **282, 283h, 283bg** MAD, Paris **284** MAD, Paris **285** Mark Lyon **286-287** Mark Lyon **288-289** MAD, Paris **291h** Scala/The Museum of Modern Art, New York **291b** MAD, Paris **292hg, 292bg** Centre canadien d'architecture/Fonds Kenneth Frampton **292hd, 292bd** MAD, Paris **293-294h** MAD, Paris **294b** RMN-Grand Palais/Centre Pompidou, MNAM-CCI/Georges Meguerditchian **295** Mark Lyon **296** Bernard Bauchet **297** MAD, Paris **298h** Centre canadien d'architecture/Fonds Kenneth Frampton **299** MAD, Paris **300-301** Archives Evelyn Hofer **302-303** RMN-Grand Palais/Centre Georges-Pompidou, MNAM-CCI/Georges Meguerditchian **304bg** MAD, Paris **305b** MAD, Paris **306-307** Archives Evelyn Hofer **308-311h** MAD, Paris **312b** MAD, Paris **313b** MAD, Paris **314** Bernard Bauchet **315-316** MAD, Paris **317h** Marc Bédarida **317b** Centre canadien d'architecture/Fonds Kenneth Frampton **318-319** MAD, Paris **320h** Centre canadien d'architecture/Fonds Kenneth Frampton **320b-323** MAD, Paris **324** RMN-Grand Palais/Centre Georges-Pompidou, MNAM-CCI/Georges Meguerditchian **325** Mark Lyon **326-327** MAD, Paris **328** Fondation Le Corbusier, Paris **329b** Universität Heidelberg Archives **330** MAD, Paris **331h** Albert Harlingue/Roger-Viollet **331b** Archives nationales, Paris **333g** Archives d'architecture moderne, Bruxelles **334b** MAD, Paris **337h** Getty Center, Los Angeles **337b** Archives Jean-Louis Cohen **339** Centre canadien d'architecture/Fonds Kenneth Frampton **340** Archives Jacques de Loustal **341** Estampe La Maison de Verre, 1996/Ted Benoit & Bulle d'Encre/Archives Valéry Ponzone/Ayant-droit Madeleine DeMille

© Adagp, Paris, 2023, pour les œuvres de Jacques Adnet, Georges Braque, Kees van Dongen, Raoul Dufy, Max Ernst, Jean Hugo, Pierre Jeanneret, Francis Jourdain, Fernand Léger, Chana Orloff, Jean Prouvé, Pierre Zénobel.

© Fondation Lurçat / Adagp, Paris, 2023, pour Jean Lurçat.

© Dedalus Foundation / Adagp, Paris, 2023, pour l'œuvre de Robert Motherwell.

© F.L.C. / Adagp, Paris, 2023, pour l'œuvre de Le Corbusier.

Les dessins de la Maison de verre publiés dans le présent ouvrage sont issus de deux campagnes successives de relevés et de mises au point. En juillet 1965, Kenneth Frampton, aidé de Michael Carapetian et de Robert Vickery, effectue un relevé approfondi de la Maison de verre, accompagné d'une campagne photographique. Des dessins au té et à l'équerre ainsi que des axonométries sont réalisés ultérieurement par ses étudiants de l'Université de Princeton. Cet ensemble est publié en 1969 dans la revue *Perspecta* n° 12, en accompagnement d'un article de Frampton qui fait référence. Le travail de relevé et de restitution est poursuivi de manière très détaillée par Bernard Bauchet en 1984 et 1985. La publication de son remarquable travail de dessin, associé à des photographies de Yukio Futagawa, advient en 1988 dans une livraison trilingue de la série *Global Architecture*.

I.

BIOGRAPHIE
EXPOSITIONS
MOBILIER

BIOGRAPHIE

L'énigme Pierre Chareau

LES ANNÉES DE FORMATION, 1883-1919

LA NOTORIÉTÉ, 1919-1937

Le 54, rue Nollet
Le cercle de la rue Nollet
Un couple de collectionneurs
Musique, théâtre et cinéma
L'atelier Pierre Chareau : collaborateurs et artisans
La Boutique et ses expositions
Pierre Chareau éditeur

D'UNE EXPOSITION À L'AUTRE, 1919-1940

1919. Salon d'automne
1920. Salon d'automne
1921. Salon d'automne
1922. Salon des artistes décorateurs ; Salon d'automne
1923. Salon des artistes décorateurs ; Salon d'art décoratif contemporain ; Salon d'automne
1924. Salon des artistes décorateurs ; Salon d'art décoratif contemporain ; Salon d'automne
1925. Exposition internationale des arts décoratifs et industriels modernes
1926. Groupe des Cinq ; Salon des artistes décorateurs ; Salon d'automne
1927. Salon d'art décoratif contemporain ; groupe des Cinq ; Exposition européenne d'art appliqué de Leipzig ; Salon d'automne
1928. « Modern French Decorative Art », New York ; groupe des Cinq
1929. Groupe des Cinq ; Salon d'automne
1930. UAM
1931. UAM ; Salon d'automne
1932. UAM
1933. UAM
1934. Salon de la lumière ; Salon d'automne (UAM et OTUA)
1935. Exposition universelle et internationale de Bruxelles ; Salon de la lumière ; Groupe des artistes de ce temps ; Salon des artistes décorateurs
1936. « Cubism and Abstract Art », New York ; Salon d'automne (UAM et OTUA)
1937. Exposition internationale des arts et techniques de la vie moderne
1940. Salon de la France d'outre-mer ; « Artisans de France », *L'Architecture d'aujourd'hui*

LES ANNÉES SOMBRES, 1933-1940

Des embarras financiers
Un engagement politique
Une succursale en Suisse
L'émancipation de Dollie
L'antisémitisme
L'exode

EN AMÉRIQUE, 1941-1950

Solitaire à New York
Le voyage de Dollie
Pierre Birel-Rosset
Paris-sur-Hudson
La cantine La Marseillaise
Motherwell, une rencontre déterminante
L'impossible retour
Une improbable reconnaissance
Une précarité économique
L'activité professionnelle à New York
La mort en sa petite maison

L'ŒUVRE

La clientèle

LE MOBILIER

À la recherche d'une esthétique
Meubles fixes et meubles volants
Mobilité et confort
Modalités de fabrication
De la forme hexagonale aux pans coupés
Le rotin
Le métal plat
Le tube

LE LUMINAIRE

L'éclairage, un nouveau domaine
L'albâtre comme passion

NOTES

RÉPERTOIRE

ANNEXES

Collection Pierre et Dollie Chareau
Liste des aménagements d'habitations
Chronologie
Notices biographiques
Bibliographie
Les archives photographiques de Pierre Chareau au musée des Arts décoratifs
Index

REMERCIEMENTS

Nous tenons à exprimer notre grande reconnaissance à Muriel Jaeger, qui vient de disparaître, pour son témoignage et pour nous avoir permis de consulter des matériaux d'archives d'ordre épistolaire. Il en va de même pour Xavier Hermel de la Fondation Jean et Simone Lurçat pour les échanges, informations et documents partagés. Nos remerciements s'adressent également à Christian Leprette, qui nous a généreusement ouvert ses archives ; à Paul Galloway, responsable des collections du Architecture and Design Study Center du Museum of Modern Art de New York ; ainsi que, pour leur collaboration, à Rafael Manaças, Ann Scharff, Marianne Karnowski et Barbara Kilmarten de la Threefold Community of Chestnut Ridge, ou à Lorna Ashton de Gale Cengage Company. Notre gratitude va de la même manière à Amandine Fabre-Dalsace, à Charles Dreyfus et à son fils Michel, qui ont accepté de témoigner d'une tranche de vie.

Nous exprimons notre profonde gratitude à tous ceux qui ont contribué à la réalisation de cet ouvrage : Raphaële Billé pour sa connaissance du fonds d'archives photographiques du musée des Arts décoratifs ; Dominique Gagneux et Hélène Leroy, musée d'Art moderne de Paris ; Sabrina Dolla, Artcurial ; Sonja Ganne, Cécile Verdier et Pierre-Emmanuel Martin-Vivier, Christie's ; Jean-Jacques Wattel, Art Research Paris ; Cécile Tajan, Florent Jeanniard et Patricia de Fougerolle, Sotheby's ; ainsi que les galeristes : Julie Blum, galerie Anne-Sophie Duval ; Michel Giraud, galerie Michel Giraud ; Véronique et Emmanuel Jaeger, galerie Jeanne Bucher-Jeager ; Agnès Mulon et Jacques Lacoste, galerie Jacques Lacoste, qui nous ont ouvert leur documentation.

Nous adressons également notre plus sincère reconnaissance à Antoine Andremont, Stéphane Briolant, Olivier Devers, Michel Dreyfus, Mme Raoul Duval, Virginie Duval, Luce Eekman, Olivia Foucaud-Royer, Hervé Gompel, Jean-Claude Kraftchik, Elizabeth Krief, Laurent Moos, Robert Rubin, Pauline de Smedt, Yves Toutut, Denis Vaultier, Brigitte Zélany.

Nous avons eu la chance de bénéficier de l'assistance, de la patience et de la gentillesse de nombreux centres d'archives et bibliothèques ; que les conservateurs et bibliothécaires de ces institutions soient remerciés pour leur chaleureux accueil et leur formidable patience. Nous sommes particulièrement redevables à l'aide précieuse de Joël Brière du Centre des archives diplomatiques, Nicolas Courtin des Archives de Paris, Filine Wagner des GTA Archiv à Zurich.

Par ailleurs, Marc Bédarida exprime sa plus grande reconnaissance à Bernard Bauchet, Hélène Cauquil, Jacques Fredet, Jean Harari et Catherine Maumi, qui ont eu la persévérance de lire les premières versions de cet ouvrage. Tout au long de l'aventure, ils n'ont jamais cessé de lui prodiguer conseils et soutien. Les échanges avec Jean-Louis Cohen, Robin Middleton et Jan Molema furent particulièrement féconds ; qu'ils soient assurés de sa gratitude.
Ce travail est aussi nourri de nombreux dialogues avec des collègues ; qu'ils trouvent ici l'expression de sa reconnaissance. Parmi ces derniers, il tient à témoigner sa gratitude à Andrew Ayers, Nathalie Chabiland, Olivier Dufau, Emmanuel Gallo, Hugo Massire, ainsi qu'à Alain Guiheux, Élise Koering et Katerina Polychroniadi. Il adresse également son amitié à Olivier Cinqualbre, avec qui il entretient une passion commune depuis la préparation de l'exposition « Pierre Chareau » du Centre Georges-Pompidou, en 1993-1994. De plus, il témoigne d'une pensée toute particulière pour Brian Brace Taylor qui, le premier, lui a fait découvrir la Maison de verre.

Enfin, cet ouvrage n'aurait pas vu le jour sans l'enthousiasme initial de Maïté Hudry ; nous lui sommes reconnaissants d'avoir porté ce projet éditorial durant ces nombreuses années. Nous sommes profondément redevables à Matthieu Flory, de sa patience bienveillante et du soin apporté à la préparation de l'ouvrage. Lorraine Ouvrieu et Carole Daprey ont également grandement contribué à cette publication ; que chacune soit assurée de notre profonde gratitude.

L'éditeur tient à remercier le musée des Arts décoratifs, Chloé Demey, Marion Servant et Sébastien Quéquet, pour avoir mis à sa disposition leurs fonds iconographiques.

L'éditeur tient particulièrement à remercier l'Association Maison de verre qui a soutenu ce projet.

Coordination
Matthieu Flory, Maïté Hudry,
assistés de Élisa Nouaille, Irène Rodriguez,
Doriane Exertier

Révision
Lorraine Ouvrieu

Mise en pages
Carole Daprey

ISBN : 978-2-37666-053-8
© 2023 Éditions Norma
149, rue de Rennes, 75006 Paris, France
www.editions-norma.com

Achevé d'imprimer en mars 2023 sur les presses de OGM, Padoue

Photogravure
Les artisans du Regard, Paris